北学研究

主　编　康振海
执行主编　梁世和

第三辑

中国社会科学出版社

图书在版编目（CIP）数据

北学研究. 第三辑 / 康振海主编 . —北京：中国社会科学出版社，2023.6
ISBN 978 – 7 – 5227 – 2169 – 9

Ⅰ. ①北… Ⅱ. ①康… Ⅲ. ①文化史—河北—文集 Ⅳ. ①K292.2 – 53

中国国家版本馆 CIP 数据核字（2023）第 119022 号

出 版 人	赵剑英	
责任编辑	郝玉明	
责任校对	谢　静	
责任印制	王　超	

出　　版	中国社会科学出版社	
社　　址	北京鼓楼西大街甲 158 号	
邮　　编	100720	
网　　址	http://www.csspw.cn	
发 行 部	010 – 84083685	
门 市 部	010 – 84029450	
经　　销	新华书店及其他书店	
印　　刷	北京君升印刷有限公司	
装　　订	廊坊市广阳区广增装订厂	
版　　次	2023 年 6 月第 1 版	
印　　次	2023 年 6 月第 1 次印刷	

开　　本	710×1000　1/16	
印　　张	20	
字　　数	328 千字	
定　　价	108.00 元	

凡购买中国社会科学出版社图书，如有质量问题请与本社营销中心联系调换
电话：010 – 84083683
版权所有　侵权必究

《北学研究》编委会

学术委员(以姓氏笔画为序)

干春松　王　坚　冯金忠　孙继民　李存山
李洪卫　张京华　杜保瑞　张海晏　陈福滨
武占江　柳　理　唐文明　高士涛　梁　枢
梁　涛　梁　勇　黄兴涛　韩　星　喻　静
惠吉兴　程志华　彭永捷　董金裕　魏建震

主　　编：康振海
执行主编：梁世和
副 主 编：许　卉　倪　彬

目录 CONTENTS

【北学人物及思想】

外在超越与圣王政治
　　——郭店竹简《成之闻之》与荀子圣人观　／　梁　涛　／　3
儒家的隐者
　　——刘因的出处之道　／　韩　星　／　29
鹿善继的生平与思想　／　陈寒鸣　／　46
从夏峰哲学的"本体观"论"儒学本天"与"释学本心"
　　／　陈立骧　／　94
颜李学派与夏峰北学关系再探讨
　　——以孙奇逢、颜元对知行合一的探索为中心　／　王　坚　／　107
颜元践行哲学与重民生之政治伦理观　／　李洪卫　／　122

【北学文献】

刘因《四书集义精要》的文献学问题　／　刘立志　／　157
北学先驱王馀祐著作考　／　张京华　／　164
易县双峰书院始末考　／　孙居超　／　175

【北学与区域文化】

孟懿子是否为孔门弟子及孔子答其问孝内容试析
　　——附论孟武伯之事 / 董金裕 / 195
《墨子》思想的人文关怀 / 陈福滨 / 207
魏晋北朝时期的燕赵世族家学与乡邑师学 / 刘　洋 / 225
隋唐礼学研究路径简述及区域研究的意义 / 倪　彬 / 238
"文弱"话语与明清医学流派的南北畛域建构 / 董　琳 / 248

【文化发展与创新】

儒家文化的二元性与利玛窦的中国化策略 / 张　践 / 263
困境与出路
　　——新时代传统儒学"双创"探析 / 徐沐熙 / 278

【书讯与书评】

专精与兼通的学界楷模
　　——陈祖武先生《恩重如山》序 / 张新民 / 297

《北学研究》征稿启事 / 313

【北学人物及思想】

外在超越与圣王政治

——郭店竹简《成之闻之》与荀子圣人观[*]

梁 涛[**]

摘要：郭店竹简《成之闻之》的主题有二。一是提出"天降大常"，以天命的形式将忠恕上升为政治的最高原则，主张德治、身教，反对刑罚。二是探讨了圣人与常人的差别，认为圣人与常人虽然人性相同，但后天却有根本的差别，圣人是常人无法企及的，以说明圣人统治常人的合理性。《成之闻之》外在超越的天命论以及圣人观影响到以后的荀子，而与孟子有一定的差距。但荀子在受到竹简影响的同时，却放弃了"天降大常"的忠恕之道，不再强调德治、身教，而是隆礼重法，突出圣王与刑罚，从儒学的发展来看，不能不说是一种倒退。

关键词：《成之闻之》；外在超越；忠恕；圣人；荀子

郭店竹简《成之闻之》公布后，由于论及"天降大常"与圣人之性等问题，受到学界的格外关注，但在理解上存在较多问题。例如，学者往往将"天降大常"与"天命之谓性"（《礼记·中庸》）相联系，认为二者反映的均是内在超越的思想。同时由于《成之闻之》"圣人之性"章晦涩难懂，一直没有得到解读，影响到学者对该章乃至整篇文献的理解。郭店竹简公布已有二十余年，由于国内外学者的倾力参与，郭店竹简绝大部分文字已得到释读，各篇的思想内容也得到充分的分析和阐发，而《成之闻之》则是少数遗留下的难题之一，也是误读最多的一篇。可以说，蒙在《成之闻之》上的面纱，至今仍没有被解开。造成这一状况，固然是因为

---

[*] 本文部分内容曾以《郭店简〈成之闻之〉新探》为题，发表于《孔子研究》2021年第4期，此次为全文——编者注。

[**] 梁涛，中国人民大学国学院副院长、教授。

文字释读不易，但也与"孔孟之间"的成见有关。学者总是自觉不自觉地从思孟的角度展开探讨，而忽略了该篇与先秦儒家殿军荀子的联系。其实，《成之闻之》的"天降大常"并非内在超越，而是一种外在超越，如果不考虑"天降大常"的具体内容，仅就外在超越的形式而言，与其接近的并非以后的孟子，而是荀子。同样，《成之闻之》的圣人观对以后的荀子产生了较多影响，二者具有更为密切的联系。这样《成之闻之》便是郭店简中较为独特的一篇，为我们了解孔荀之间儒学的发展，以及儒家天人观与圣人观的内在联系，提供了重要材料。

一　竹简《成之闻之》新探

《成之闻之》（以下简称《成》）公布之初，整理者误将第28简当作第1简，将"君子贵成之。闻之曰：……"，读成"成之闻之曰：……"，故将此篇命名为《成之闻之》。后虽有学者对简序作出调整，并作了重新命名，但多数学者仍沿用以前的命名，本文亦如此处理。目前学术界一般认为，《成》第4简至第10简为第一章，第11简至第14简为第二章，第15简至第20简为第三章。以上编连分歧较少，其内容是提出治民当奉行推己及人的忠恕之道，强调"窃反诸己而可以知人"，并提出"欲人之爱己也，则必先爱人；欲人之敬己也，则必先敬人"，即"己所欲，施于人"。我们知道，儒家自孔子起便倡导德治、身教，反对刑罚、暴力，其背后蕴含的则是一种忠恕的仁道精神，是对民众人格的尊重和对道德自主的培养。"子曰：道之以政，齐之以刑，民免而无耻；道之以德，齐之以礼，有耻且格。"（《论语·为政》）对于民众，未尝不可以用政治、刑罚去教化，但其结果往往是民众虽免于违法，却变得毫无羞耻，失去了道德上的自觉、自主。相反，若是以道德、礼义去引导，民众不仅有羞耻心，还会自觉守法。可见孔子论政，不只是着眼于支配与服从，更是立足于人的道德自主，视其为政治的根本。而民众要做到道德自主，执政者的以身作则、表率示范便显得非常重要了。"政者，正也，子帅以正，孰敢不正？"（《颜渊》）《成》实际是沿着孔子的这一思想继续探讨，其开篇即提出：

君子之于教也，其导民也不浸（注：渍），则其淳（注：音zhūn，浇灌）也弗深矣。是故亡乎其身 1/4 而存乎其辞者，虽厚其命，民弗从之矣。是故威服刑罚之屡行也 2/5，由上之弗身也。昔者君子有言曰：战与刑，人君之坠德也。是故 3/6 上苟身服之，则民必有甚焉者。……是故君子之求诸己也深。不求诸其本而攻诸其 7/10 末，弗得矣。①

君子教导民众，如果不能深入其心，则其影响就不会深远。浸，学者或释为渐进，或训为浸淫，指长期的努力。② 以上皆不准确，浸，渍也，指渗入、渗透；从上下文看，应指深入其心。那么如何深入民众之心呢？当然是要执政者身体力行，而不能只是夸夸其谈了。民众对执政者失去信任，往往就是因为后者言行不一，"亡乎其身而存乎其辞"。最后不得已，执政者只能用暴力、刑罚来维持统治了。但在《成》看来，这恰恰是道德的堕落，是对政治根基的败坏。所以政治统治不能靠武力、刑罚，而只能靠德治、身教，如果执政者做出榜样，民众就会积极回应了。因此竹简反复强调君子要"求诸己也深"，认为"不求诸其本而攻诸其 7/10 末，弗得矣"。《成》所说的"本"指"求诸己"，指执政者的身教，而"末"，指执政者的言教，指"厚其命"。故竹简实际是主张身教重于言教，君子治民当行德治、身教。

是［故］君子之于言也，非从末流者之贵，穷源反本者之贵 8/11。苟不从其由，不反其本，未有可得也者。

执政者应贵本轻末，重身教轻言教，否则政治难有所成。而之所以如此，当然与《成》对政治的理解有关。

上不以其道，民之从之也难。是以民可 12/15 敬导也，而不可掩（注：掩盖，压制）也；可御也，而不可牵也。故君子不贵庶物，而

---

① 荆门市博物馆编：《郭店楚墓竹简》，文物出版社 1998 年版，第 167 页。为了便于理解，我们对竹简重新进行了编连，斜杠前为重新编连的简号，斜杠后为整理者原来的简号。由于公布的释文有争议，作者综合了其他学者的观点，重新作了释文，故与原文有差别。

② 参见单育辰《郭店〈尊德义〉〈成之闻之〉〈六德〉三篇整理与研究》，科学出版社 2015 年版，第 105—106 页。

贵与 13/16 民有同也。……故君子所复（注：回报）之不多，所求之不远，窃反诸己而可以 16/19 知人。是故欲人之爱己也，则必先爱人；欲人之敬己也，则必先敬人 17/20。

"上不以其道"的"道"指治民之道，是政治的主要内容。执政者如果不遵从治民之道，民众就不会服从。那么什么是治民之道呢？就是"与民有同也"。执政者并非高高在上，凌驾于民众，而是要做到与民众一样，实际是承认执政者与民众人格、精神上的平等。所以对于民众只可以恭敬地去引导，而不可压制；只可以驾驭，而不可强迫。可见，《成》将政治的根基建立在"与民有同"上，其理论根据则是孔子的仁道，也就是推己及人的忠恕之道。其实质是突出与强调人格独立和精神平等，因而达到了先秦儒家政治哲学的最高水平。为什么要"与民有同"？为什么要推己及人？就是因为人的基本欲求、愿望是大致相同的，更重要的是，人与人在人格与精神上是平等的，故在满足自己的欲求时也要顾及他人的愿望，在施行自己的意志时也要考虑他人的感受。"求之不远"，即反求诸己；"复之不多"，即同样地推及他人，实际就是"窃反诸己而可以 16/19 知人"，也就是推己及人。这可以说是政治的最高原则，"是故欲人之爱己也，则必先爱人；欲人之敬己也，则必先敬人 17/20"，借用孔子"己欲立而立人，己欲达而达人"（《论语·雍也》）的说法，可以表述为：己欲（被）爱而爱人，己欲（被）敬而敬人。也就是己所欲，施于人。接下来第 31 简至第 36 简为第四章，其承接前三章，将儒家的忠恕之道上升到天命的高度。

    天降大常，以理人伦。制为君臣之义，著为父子之亲，分 18/31 为夫妇之辨。是故小人乱天常以逆大道，君子治人伦以顺 19/32 天德。《大禹》曰："舍①兹宅天心"何？此言也，言舍之此而宅于天心也。是故 22/33 君子衽席之上，让而授幼②；朝廷之位，让而处贱，

---

① 原文作"余"，李学勤认为当读为"舍"。参见《试说郭店简〈成之闻之〉两章》，《烟台大学学报》（哲学社会科学版）2000 年第 4 期。
② 原文未作释读，李零释为"受幼"，认为是说受幼者之位。牛新房释为"受次"（《说〈成之闻之〉中的"受次"及相关诸字》，《古文字研究》第 29 辑，中华书局 2012 年版，第 487—491 页）。张光裕释为"授幼"（参见单育辰《郭店〈尊德义〉〈成之闻之〉〈六德〉三篇整理与研究》，第 139 页）。

所宅不远矣。小人 21/34 不逞人于能①，君子不逞人于礼。津梁争舟，其先也不若其后也。言 22/35 语噪之，其胜也不若其已也。君子曰：从允释过，则先者豫②，来者信 23/36。

"大常"即前三章所陈说的忠恕之道，《成》认为这是天降下的常道；"人伦"指君臣、父子、夫妇等社会关系。天降下大常，是为了处理人伦关系，具体表现为君臣之义、父子之亲、夫妇之辨等。盖大常是普遍的道德法则，而义、亲、辨是具体的人伦规范。普遍法则要表现为具体的人伦规范，而具体的人伦规范要符合普遍的道德法则。不过，天虽然降下大常，规定了人伦间的具体规范，但是人们对于大常、规范的态度则是不同的。这也是人间会有圣人与中人、君子与小人的原因所在，这里《成》是用小人与君子作对比。"小人乱天常以逆大道"，"天常"应该就是大常，"大道"应该是指君臣之义、父子之亲等，小人混乱了天常必然会悖逆大道。而"君子治人伦以顺天德"，君子治理君臣、父子、夫妇的人伦关系以顺应天德。"天德"应该就是大常或天常，天德、大常、天常所指相同，是同一内容的不同表达。可以看出，《成》强调的是天所降下的大常或普遍法则，需要落实到具体的人伦规范中。为说明这一点，竹简接着引《尚书·大禹谟》云："舍兹宅天心。""舍"，居也。"兹"，此也。《成》解释此句："言舍之此而宅于天心也。"即释"兹"为"此"。"舍之此"即居于此，"之"，于也。那么，什么是"兹"或"此"呢？显然就是上文所说的君臣、父子、夫妇的人伦关系了，《成》要求在人伦关系中确立规范以顺应天心。《尚书·康诰》："亦惟助王宅天命，做新民。"伪孔传："居顺天命，为民日新之教。""宅"为归顺、顺应之意。有学者认为"宅"当读为度，为揣度、估量之意，"宅天心"即揣度天心。③ 这涉及对"天心"的理解，如果不知天心为何，自然应该"度天心"。但如果对天心已

---

① 原文作"刃"，裘锡圭："'刃'疑当读为仁。"陈伟、李零读为恩。颜世铉、廖名春认为指兵刃。刘钊读为忍，指残忍、狠心（参见单育辰《郭店〈尊德义〉〈成之闻之〉〈六德〉三篇整理与研究》，第143—145页）。梁立勇认为当解为"能"，指技能。刃、能古音近可通（参见梁立勇《"小人不逞人于刃"解》，《古籍整理研究学刊》2007年第6期）。

② 原文作"余"，李零疑当读为除，或舍，指安置。颜世铉读为豫。参见单育辰《郭店〈尊德义〉〈成之闻之〉〈六德〉三篇整理与研究》，第146—147页。

③ 李学勤、刘钊读为度，认为有揣度、估量之意。参见刘钊《说"度天心"》，复旦大学出土文献与古文字研究中心网站，http://www.fdgwz.org.cn/Web/Show/302。

有所知，那就不应该是揣度天心，而只能是顺应天心了。从上文来看，"天心"的表现就是"天降大常"，所谓上天有心，其降下大常，为人类确立道德法则。故对于人而言，只能是"宅天心"，顺应天心，而不是揣度天心了。接受了天之大常，也就是顺应了天心，在处理人伦关系时，就不应自高自大，自以为是，而应推己及人，懂得谦卑礼让。虽为长者却能谦让幼者，虽居尊位却能甘处低位，这样就能"所宅不远矣"，在人伦切近处顺应大常、天命。有学者认为，此段文字与《大学》"所恶于上，毋以使下；所恶于下，毋以事上"的絜矩之道思想相近①，是有道理的。值得注意的是"小人不逞人于能，君子不逞人于礼"一句，此句表达的是应然，反过来讲，小人常以其多能、君子常以其知礼逞强于人，说明能做到顺应天心、恪守天常，推己及人、礼让谦卑，并非易事。"从允释过"一句的"允"，学者多释为诚信，认为此句是说遵循诚信的原则而不计较他人的过错。②按，允，恰当。《玉篇·儿部》："允，当也。"允应该是指恰当的原则，那么什么是恰当的原则呢？显然就是推己及人的谦卑礼让之道，也就是天所降的大常了。"过"与"允"相对，应是指"逞人于能""逞人于礼"之类不恰当的行为。遵从恰当的原则，改正过错的行为，先行者就会愉悦，追随者也会信服（"则先者豫，来者信"）。

第29简至第30简为第五章，不过目前学界关于第29简以下的编连颇有分歧。根据竹简的内容分析，其简序应为：29—23—21—22—30。③上一章提出天降大常，但又认为存在君子、小人之别，故本章紧承前文，提出君子之可贵，在于其能成就天常。

《君奭》曰："襄我二人，毋有合在音（言）"何？道不悦之辞也。君子曰：虽有其极而24/29行之不疾，未有能深之者也。勉之遂也，强之功也；堕之淹也，怠之功也25/23。是以知而求之不疾，其去人弗远矣。勇而行之不果，其疑也弗往矣26/21。是故凡物在疾之。《君奭》曰："唯勖丕单称德"何？言疾也。君子曰：疾之27/22可，能终之为难。"槁木三年，不必为邦旗"何？言偃之也。是以君子贵28/30成之。

---

① 参见崔海英《郭店简〈成之闻之〉研究》，硕士学位论文，曲阜师范大学，2008年。
② 参见廖名春《郭店简〈成之闻之〉的编连和命名问题》，《中国史研究》2001年第2期。
③ 参见拙文《郭店简〈成之闻之〉新探》，《孔子研究》2021年第4期。

《成》引《尚书·君奭》两句，以及"道不悦之辞也"的评论，让学者感到费解。据书序，"召公为保，周公为师，相成王为左右。召公不说，周公作《君奭》"①。故学者多从周、召关系来理解。其实竹简引《书》乃断章取义，"二人"不必实指周公、召公。前一段既言"舍兹宅天心"，要求在人伦关系中顺应天心，恪守天常。但现实中又存在"小人乱天常以逆大道，君子治人伦以顺天德"的负面、正面两种情况，前一章主要是从正面来立论，本章则论及正、负两方面的情况，故提出我们二人为何言语不合呢？"曩（注：以前）"是原文所有，引文不一定必要。"音"据今本《尚书》，应为"言"之讹。《成》认为这是表达不快之辞，实际是说人与人之间产生矛盾，发生不快。故竹简引《君奭》是为了引出人们之间的矛盾、不快，并通过"君子曰"对其原因作出分析、说明。"唯有其极"的"极"，本字作"亙"，李学勤先生认为应当是"亟（极）"的误字。"战国至汉初文字，'亙'与'亟'每相淆混，马王堆帛书《周易》的'太极'，就将'亟'写作'亙'，简文的情形相同。"②李说是。极，准则、法则也。这个极应该就是上一章的天常。《成》认为，虽然有了天常之类的法则，但如果不尽力实行，依然不能深入其中。下面两句分别说明正、反两种情况，意为努力的成功，是勤勉的结果，偷惰的失败，是怠慢的结果（"勉之遂也，强之功也；堕之淹也，怠之功也"）。③可见，由于人们对于道德法则（"极"）的态度不同，认识也不同，产生矛盾、发生不快便是难免的了。所以知道了作为道德法则的极，却不去尽力追求，其超出常人不会很远。虽然勇于追求，但行动没有结果，就会止步不前（"是以知而求之不疾，其去人弗远矣。勇而行之不果，其疑[注：止]也弗往矣"）。由此可知，君子之所以远远超出小人，是因为他们"知而行之疾""勇而行之果"。竹简强调的是，一切事情都在于要尽力（"是故凡物在疾之"），但是尽力可以做到，能够完成却很难（"疾之可，能终之为难"），而君子看重的恰恰是能够做到最终完成。所以君子与小人的不同，不仅在于其知道作为道德法则的极，更重要的是能够尽力践行，并最终能够完成。

---

① （汉）孔安国传，（唐）孔颖达疏：《尚书正义》，北京大学出版社1999年版，第438页。
② 李学勤：《郭店简"君子贵诚之"试解》，《中国历史文物》2002年第1期。
③ 邓少平：《郭店楚简〈成之闻之〉〈尊德义〉补释》，载《中国文字》新36期，台北：台湾艺文印书馆股份有限公司2011年版，第85页。

第1简至第3简及第24、25简为第六章，其简序为：1—2—3—24—25。从内容看，本章与前三章内容相近，强调"古之用民者，求之于己为极"。而"求之于己"就是要"身服善以先之，敬慎以守之"，也就是要身教而非言教，并认为"上之恒 32/24 务，在信于众。《詔命》曰：'允师济德'［何］？此言也，言信于众可以 33/25 济德也"。执政者始终追求的是取信于民，而取信于民才算成就了德，这里的德当然是为政之德，也就是不以"威服刑罚"，而是身体力行，强调"与民有同"之德。第26、27、28简为第七章，也就是"圣人之性"章，本章是前两章内容的延续，从人性论的角度讨论圣人与常人之别。

　　　　圣人之性与中人之性，其生而未有别之。节于而（能）也 34/26，则犹是也。唯其于善道也亦别有择，屡以移也。及其博 35/27 长而厚大也，则圣人不可由（注：从）与（注：而）效之。此以民皆有性，而圣人不可侔也 36/28。

"中人"，普通的人，也就是常人。本章前两句是说，圣人的性与常人的性，它们刚出生时无法作出分别。"节于而也"一句，解说颇为分歧，或释为"即于儒也"，认为"'节'读为'即'。'而'疑读为'儒'。……即于儒，指入学受六艺之教"①。或释为"即于能也"，认为是说"就是在才能方面，也是如此"②。按，"节于而也"的"节"应按本字理解，为征验之意。《荀子·性恶》："故善言古者必有节于今，善言天者必有征于人。"王引之曰："节，亦验也。《礼器》注云：'节，犹验也。'下文曰'有符验'，符验，即符节。"③ "而"，训"能"，指才能。《庄子·逍遥游》："故夫知效一官，行比一乡，德合一君，而征一国者，其自视也亦若此矣。"郭庆藩曰："'而'字当读为'能'，'而''能'古声近，通用也。官、乡、君、国相对，知、行、德、能亦相对，则'而'字非转语词明矣。《淮南·原道篇》'而以少正多'，高诱注：'而，能也。'"④ 郭说是。

---

① 李学勤：《试说郭店简〈成之闻之〉两章》，《烟台大学学报》（哲学社会科学版）2000年第4期。
② 陈伟：《郭店竹书别释》，湖北教育出版社2002年版，第141—143页。
③ （战国）荀况著，王天海校释：《荀子校释》，上海古籍出版社2005年版，下册，第949页。
④ （清）郭庆藩辑，王孝鱼整理：《庄子集释》，中华书局1961年版，第1册，第17页。

故"节于而也,则犹是也"是说,验之于圣人、中人的能力,则如同其性一样,也是没有差别的。"是",指上一句的"未有别之"。盖性是抽象的,能则是其实际能力和表现。《成》既主张圣人与中人之性本来没有差别,故又补充说,验之于他们的能力,亦是如此。只是圣人与常人对于善道有不同的选择,多次以后其性就发生变化。意为圣人选择善道而其性为善,常人背离善道而其性不及圣人,圣人与常人的差别即由此而来。下一句紧承此句:"及其尃长而厚大也,则圣人不可由与墠之。""其",代指下文的圣人。"尃"读为"博"。"由",训从。"与",训为而。裴学海曰:"'与'犹'而'也。'与'训'而','而'亦训'与'。"① "墠",李学勤读为"效"。② 等到圣人变得博大而厚重,则圣人不是常人可以效仿的了。"此以民皆有性,而圣人不可莫也。""莫",李学勤读为"慕",陈伟读为"侔"。③ 陈说是。此句是说,这就是人都有性,但是圣人却是常人不可等同的,意为圣人是常人无法企及、达到的。

第37简至第40简为第八章,作为全文的结尾,本章对《成》的两个主题"天降大常"与圣人、常人之别作出总结,既论及推己及人的忠恕之道,也强调了刑罚的重要。

> 唯君子道可近求,而可远措也④。昔者君子有言曰"圣人天德"何?37/37 言慎求之于己,而可以至顺天常矣。《康诰》曰"不还(注:今本《尚书》作'率')大戛(注:法),文王作罚38/38,刑兹无赦"何?此言也,言不逆(注:接受)大常者,文王之型(注:通"刑")莫厚焉。是39/39 故君子慎六位,以祀天常40/40。

"君子道"的"道"指忠恕之道,"可近求,而可远措"意近于孔子的"能近取譬"。"子曰:夫仁者,己欲立而立人,己欲达而达人。能近取譬,

---

① 裴学海:《古书虚字集释》,上海书店1933年版,第1页。
② 参见李学勤《试说郭店简〈成之闻之〉两章》,《烟台大学学报》(哲学社会科学版)2000年第4期。
③ 参见陈伟《郭店竹书别释》,第143页。
④ 原字隶为道,刘钊读为措,训为置。李零认为有阙文,释为"道可近求,而[不]可远借",补"不"字(参见单育辰《郭店〈尊德义〉〈成之闻之〉〈六德〉三篇整理与研究》,第201页),刘说是,李说误。

可谓仁之方也已。"(《论语·雍也》)"能近取譬"为能近取而譬之的省略语,朱熹曰:"近取诸身,以己所欲譬之他人,知其所欲亦犹是也。然后推其所欲以及于人,则恕之事而仁之术也。"① "近取"即"取诸身",譬之指推及他人,"可近求,而可远措"亦是此意。"近求"即"求之于己","远措"指推及远处的他人,用《成》的话说,就是"窃反诸己而可以知人"。但可以做到推己及人的只有少数君子,故说"唯君子……"。能够通过推己及人做到顺应天德、天常的便是圣人了。而对于大多数不能践行天常的人,就要靠圣人教化和惩罚了。故《成》引《尚书·康诰》曰,对于不遵从大法的人,要严厉惩罚。这与其主张的"战与刑,人君之坠德也"多少显得有些矛盾,但在《成》看来,既然大多数民众并不能自觉践行天常,而圣人与常人在智慧和能力上又存在根本的差别,那么由圣人惩罚常人便是正当的了,或者说为了维护天常,使用刑罚是必须和必要的。其所重视的还是天常,故篇末曰"慎(注:顺)六位,以祀天常","六位"指君臣、父子、夫妇。由于天常是天之所命,故应像祭祀上天那样敬奉天常,"祀天常"。这仍是强调要将作为天常的忠恕之道贯穿到人伦关系之中,与"天降大常,以理人伦"是前后呼应的。只不过"祀天常"的是圣人,受教化的则是常人,二者有着严格的区别。这样,《成》通过"天降大常"确立起人类社会的普遍法则,又以人们对大常或善道的不同态度和选择,说明必然会有圣人与常人的差别,而且这种差别是巨大的,一旦形成便难以改变,以此论证圣人教化、惩罚常人的合理和必要性。一方面圣人、君子应尊奉大常、大道,以德教、身教治民,而不可轻用刑罚。另一方面圣人、君子又具有绝对的权威性,对于不遵从大常、天命的小人,要严厉惩罚,杀之无赦。这看似矛盾的内容却统一在竹简《成》之中,成为一个有机整体,这实际也是圣王政治的特点所在。

二 "天降大常"与外在超越

根据前文所论,《成》的思想主要有两点。一是提出"天降大常",从天命的角度对孔子的仁尤其是忠恕作了形上的论证,强调为政当尊奉"与

---

① (宋)朱熹:《四书章句集注》,中华书局1983年版,第92页。

民有同"的忠恕之道。二是提出"圣人之性与常人之性",从人性论的角度对圣人与常人作出分析与说明,强调了二者的不同,为圣人统治、惩罚常人作出理论论证。以上两点又联系在一起,构成《成》的思想主题。而天命论与人性论及二者的关系也是早期儒学的一个重要内容,对以后儒学的发展产生了深远影响,值得认真分析和讨论。

关于"天降大常",目前学术界多结合《中庸》来理解。如郭沂称,本章包括《中庸》篇首"天命之谓性,率性之谓道,修道之谓教"之旨。"'大常',乃天之所降,性也;'人伦',乃大常之所理,道也;'君臣之义''父子之亲''夫妇之辨',乃人伦之所'制'、所'著'、所'分',教也。"① 此说实际是有问题的,不仅没有揭示《成》的思想特质,反而掩盖了竹简透露出的新信息。按,《中庸》"天命之谓性"是说天赋予我们的是性,实际是将天命落实于性,将性与天道相贯通。由于我们每一个人的性都来自天,所以我们在尽己之性的同时,也可以尽人之性,尽物之性,最终"可以赞天地之化育""与天地参"(《礼记·中庸》),达到天人合一的境界。借用牟宗三先生的说法,这是一种内在超越的思想。即一方面天道超越而内在,"天道高高在上,有超越的意义。天道贯注于人身之时,又内在于人而为人的性,这时天道又是内在的。……天道既超越又内在"②。这里"超越"主要是外在的意思,指"天道高高在上",外在于我们,是价值的根源和源头,而不必用康德的超验(transcendent,牟宗三译为超越)来理解。另一方面人道内在而超越,由于天道性命相贯通,人扩充自己的本性就可以上达天道,"与天地参"。这里的"超越"是指"人的自我超越,是人在道德实践方面的一种精神性的努力与追求,是一种精神境界上的自我提升"③。故内在超越实包含超越而内在与内在而超越之意,前后两个超越含义并不完全相同,但又存在一定的联系,有了外在超越者,人的自我超越才有方向和目标。需要说明的是,这种内在超越的思想是后起的,在郭店竹简《性自命出》和《中庸》中才出现,到孟子那里进一步完善。在此之前,《诗》《书》的天命观恰恰是一种外在超越。

---

① 郭沂:《郭店楚简〈天降大常〉(〈成之闻之〉)篇疏证》,《孔子研究》1998年第3期。
② 牟宗三:《中国哲学的特质》,台北:台湾学生书局1974年版,第30—31页。
③ 郑家栋:《"超越"与"内在超越"——牟宗三与康德之间》,《中国社会科学》2001年第4期。

我们知道殷周信奉以帝、天为核心的神灵系统，帝、天即外在超越者，它们不仅令风、令雨、降食，主宰天时，还颁布旨意，根据人们的表现降下福祸。《尚书·高宗肜日》记载商代贵族祖己曰："惟天监下民，典厥义，降年有永有不永。"天监视下民，令他们遵从义，并根据其表现赐予或长或短的寿命。这里的"义"即天的意志和命令，但它是外在的，是外在的命令或规范，而不是内在于心性。只不过殷人的义似还没有道德的含义，主要是一种禁忌的规范而不是伦理的规范。① 周人由于提出以德配天的思想，认为"皇天无亲，惟德是辅"（《左传·僖公五年》引《周书》），上天公正无私，不会永久保佑一族一姓，而是根据人们的德授予其天命，这里的德同样是外在的。在周人看来，"天亦哀于四方民，其眷（注：顾盼）命用懋（注：勤勉），王其疾敬德"（《召诰》）。上天同情四方民众，寻找任命勤勉者为民主，因而王应该尽快敬德。故德是君王根据天的意志去保民、惠民，它首先是外在的规范、法则，而不是内在的德性。《诗经·烝民》："天生烝民，有物有则。民之秉彝，好是懿德。"上天降生众民，有一事便有一事之法则。民秉持常法，喜好这美德。上文"彝"是常法之意，则、彝都是外在规则，而被称为德。《尚书·皋陶谟》："天叙有典，敕我五典五惇哉！天秩有礼，自我五礼有（注：或作'五'）庸哉！同寅协恭和衷哉！"天规定常法，告诫我要重视五典。天规定了礼法，令我奉行五礼，共同恭敬而和善。这里的"五典""五礼"都是外在的规则、礼法，是社会和谐的必要条件，因而也属于德的范畴。天所颁布的法则或者德往往是抽象的，不容易被理解和把握，这就需要圣王在天人之间发挥作用了。"惟乃丕显考文王，克明德慎罚，不敢侮鳏寡……闻于上帝，帝休，天乃大命文王。"（《尚书·康诰》）由于文王等先王以其美德上闻于天，受到上帝的喜爱，被授予天命，故文王的行为往往是符合德的，而"仪刑文王"（《诗经·文王》），效法文王便是认识天命的重要途径。天命与先王之法是联系在一起的，前者是抽象的，是基本原则，后者是具体的，是天命的落实和表现，圣人、先王是沟通、连接天人的核心与关键。《诗》《书》中的天命思想，显然与《中庸》的内在超越有所不同，而可以称为外在超越。即一方面天道超越而外在，作为超越

---

① 参见拙文《〈尚书·高宗肜日〉新探——兼论殷周的两次宗教变革及"民"的发现》，《学术月刊》2019年第1期。

者的上帝或天高高在上，它不是内在于人的性，而是颁布外在的规范、法则。另一方面人道外在而超越，人可以通过实践此外在的法则由外而内，转化自我，以实现自我的超越，但往往需要以圣人、先王为中介。这种外在超越显然比内在超越更为古老、久远，在孔子以后的儒学史上也发挥着更为重要的影响，只是受内在超越研究范式的影响，人们对其视而不见罢了。

作为儒学的创立者，孔子的天命观既有外在超越的一面，也有内在超越的一面，对以后儒学的发展产生重要影响。如学者指出的，孔子保留了周人的天命信仰，他自称"获罪于天，无所祷也"（《论语·八佾》），"吾谁欺，欺天乎?"（《子罕》）他主张"君子有三畏"，第一畏就是"畏天命"（《季氏》）。这里的天是超越的，其所命则是外在的。不过由于周人的天命更多是一个集体概念，主要针对一族一姓而言，受命者仅限于天子、君王。孔子则提出"天生德于予"（《述而》），打破了自"重黎绝地天通"以来少数贵族对天的垄断，使天与个人发生联系，成为个人的信仰对象和精神力量，具有重要意义。① 这样在孔子那里，天所生之德似乎便具有内在与外在的双重含义，尽管孔子尚没有给出明确的说明。从具体语境看，"子曰：天生德于予，恒魋其如予何?"（《述而》）似主要是针对天所赋予的复兴礼乐、传播文化的责任和使命而言，与"子畏于匡。曰：文王既没，文不在兹乎。天之将丧斯文也，后死者不得与于斯文也? 天之未丧斯文也，匡人其如予何"（《子罕》）思想相近，这样"德"便是外在的而不是内在的。但从孔子的其他论述如论仁的言论来看，其所谓德显然又具有内在的特点。另外，孔子又提出"下学而上达"（《宪问》），认为由"下学"可以上达天道，将天命与个人联系起来，为个人的安身立命、修身成德打开了通道。《论语》中"学"的对象至少包括仁与礼，牟宗三释"下学而上达"为"践仁知天"②，注意到仁而忽略了礼，似不够全面，称为"践仁行礼而知天"可能更合适。在孔子那里，仁更多表现为内在的，礼则是外在的，故孔子的天命观实际包含了内在超越与外在超越的不同面向。由于孔子自称"天生德于予"，又提出内在性的仁，虽然孔子没有说明，但不妨碍以仁去理解德，这样仁便成为遥契天道、沟通天人的超越性

---

① 参见拙文《不是请回上帝，而是多元一体》，《江苏行政学院学报》2016 年第 1 期。
② 牟宗三：《心体与性体》，上海古籍出版社 1999 年版，第 1 册，第 19—20 页。

概念，每个人都可以践仁而知天，成就个人的德性，这是一种内在超越。可是另一方面，在孔子那里，天又以外在的姿态向人垂则、立范，要求人们敬天、法天、畏天。"巍巍乎唯天为大，唯尧则之。"（《泰伯》）"咨！尔舜！天之历数在尔躬，允执其中！四海困穷，天禄永终。"（《尧曰》）天代表了世间的公正，既是君王效法的对象，也是人间礼法的原则和根据，这是一种外在超越，就礼法的制定而言，只能是少数圣人、君王的特权。故孔子的天命观实具有内、外两种维度，既讲内在超越，也讲外在超越。天既可以落实为人内在的德，成为人道德实践的根源和动力，也可以向人垂则、立范，成为人效法的对象，是人间礼法的形上根据。

孔子之后，儒家的天命观分别向内在超越和外在超越两个方面发展。郭店竹简《性自命出》提出："性自命出，命自天降。"将性与天道相贯通，显然属于内在超越，只不过其所谓性主要是自然人性。《中庸》则提出"诚者，天之道；诚之者，人之道"，以道德性的诚打通性与天道，对内在超越作出进一步发展。到了孟子，一方面提出"仁义礼智，非由外铄我也，我固有之也"（《孟子·告子上》），"此天之所与我者"（《告子上》），另一方面又主张"尽其心者，知其性也。知其性，则知天矣"（《尽心上》）。前者超越而内在，后者内在而超越，对内在超越作出总结和完善。由于港台新儒家的提倡，这一内在超越的思想广为人们所熟知，并被反复论述、引证，被视为儒家思想的精华和主流。但不可忽视的是，在内在超越之外，儒家同样还存在着外在超越的进路。《逸周书·命训》曰："天生民而成大命，命司德，正之以祸福。"天降生民众并向其颁布命令，命令其要遵守德，并根据其表现降祸或赐福。这里的大命或德是外在的，它不是落实于性，而是表现为外在的命令、规范。《逸周书·度训》亦曰："天生民而制其度。"天生育民众而为其制定法度，这里的"度"同样是外在的，它来自作为超越者的天，故超越而外在。但是明王用此法度教导民众，就可以做到"子孙习服（注：习惯，适应），鸟兽仁德"，故又是外在而超越。《命训》《度训》的天命观与《中庸》显然有所不同，而与《诗》《书》的天命观更为接近，属于外在超越的思想。《度训》《命训》《常训》为《逸周书》的前三篇，其内容前后呼应，向来被认为是一个整体，甚至可能是出于同一作者之手。其中《命训》在清华简中被再次发现，说明《命训》等三篇是可靠的战国文献，它们应该出于子夏后学之手,反映了儒家主外派的天命思想。① 荀子主张天生人成,其天不仅仅是经验天,同时也是本体天,天不仅赋予人天情、天君,同时还颁布天政,天政是外在的,是人间礼法的形上根据,荀子思想中也具有外在超越的面向。②

搞清了先秦儒家天命观的发展尤其是内在超越与外在超越的差别,就容易对《成》的天命观作出分析和判断了。《成》虽然提出"天降大常",但这里的"大常"指推己及人的忠恕之道,它不是落实于性,而是体现为处理人伦关系的原则,不是内在的,而是外在的,与《中庸》的内在超越不同,是一种外在超越。《成》在儒学史上的意义在于,它从外在超越的角度对孔子的仁尤其忠恕之道作出论证,将忠恕上升到天命的高度,为儒家的德治、身教提供形上根据。同时,由于《成》是从外在超越来立论的,故认为上天虽然为人间颁布法则,但是由于人们的选择和态度的不同,又存在着"小人乱天常以逆大道,君子治人伦以顺天德"的不同情况,这样就必须有政治权威,有圣人来维持"天常"的法则。故《成》的另一个主题便是圣人与中人的差别问题,并塑造了常人无法企及的圣人形象,这一定程度上也反映了外在超越所面临的困境和挑战。

三 《成之闻之》与荀子圣人观

《成》提出了"天降大常"的外在超越论,又探讨圣人与常人的差别,揭示了天人论与圣人论的内在联系,在儒学史上具有重要意义。我们知道,儒家以圣、圣人为最高品格或理想人格,人能否成圣以及如何成圣便成为儒家人性论的一个重要内容。一方面圣人也是人,需要听命、效法天或天道;另一方面圣人又超乎常人,具有常人不具有的道德品格、智慧才能。那么,"超越平凡、异乎寻常的圣人,其存在为什么是可能的?而且,圣人为什么能够超越平凡,异乎寻常?圣人和平凡、寻常之间又具有怎样

---

① 参见拙文《清华简〈命训〉"大命""小命"释疑——兼论〈逸周书〉"三训"的成书及学派归属》,《哲学动态》2021年第4期。

② 参见拙文《"天生人成"与政治形上学——荀子天论发微》,《中国哲学史》2021年第5期。

的关联？"① 自然成为需要探讨和回应的问题。不过从儒学实际发展来看，对这一问题的认识和讨论是逐步深入的，孔子虽然视圣人为理想人格，并从人性的角度对人与人的差别作出讨论，但还没有将天人论与圣人论结合在一起。之后孟子、荀子分别从内在超越与外在超越的角度对人何以成圣作了讨论和说明，提出"人皆可以为尧舜"（《孟子·告子下》）和"涂之人可以为禹"（《荀子·性恶》）两个看似相同而实际差别较大的命题，形成两种不同的圣人观。《成》的发现则使我们认识到，对这一问题的讨论实际在孟荀之前就已经开始，填补了儒学史上的一段空白。就《成》以"天降大常"的形式突出忠恕之道，肯定民众的人格尊严和精神平等而言，其对以后的孟子的影响更大，与孟子之关系也更为密切。但是由于《成》的"大常"是以外在超越的形式出现的，忠恕不是内在于心或性，而是作为超越者的天颁布的外在法则。面对这一法则，只有少数圣人能够选择、践行，并最终完成自我转化。这样圣人与常人便存在根本的差别，需要圣人去教化、惩罚常人，以维护天常的政治秩序。从这一点看，《成》与荀子的关系更为密切，其圣人观可能对以后的荀子产生过影响，而与孟子有一定的距离。从《成》到孟荀，反映了儒学内部复杂的发展变化。为说明这一点，我们首先对圣与圣人的观念作出考察，进而分析、比较《成》与孟荀两种不同圣人观的关系。

据学者研究，"圣"在甲骨文中已出现，从"口"从"耳"，一般用作"听"或"声"。这是因为"听""圣""声"三字义本关联，故古以一字表示。② 郭沫若说："听、声、圣乃一字。……从口、耳会意，言口有所言，耳得之而为声，其得声之动作则为听。……《左传》'圣姜'，《公》《谷》作'声姜'，知声、圣为古今字，后乃引申为贤圣字，三字遂分化矣。"③ 甲骨文中"圣"字从"口"从"耳"，或从"口""耳"下为"人"，后"耳"字下"人"演化为"壬"，后世繁体"聖"即由此而来。《说文解字》："圣，通也。"段玉裁注曰："《洪范》曰：'睿作圣。'凡一事精通，亦得谓之圣。"又说："《风俗通》曰：'圣者，声也。'言闻声知

---

① 王文亮：《中国圣人论》，中国社会科学出版社1993年版，第22页。
② 参见蔡树才《从出土文献看先秦"圣"观念的起源与演变》，载高华平、张永春主编《先秦诸子研究论文集》，凤凰出版社2018年版，第85页。
③ 郭沫若：《卜辞通纂》，科学出版社1983年版，第137页上。

情。"① 李孝定《说文解字集释》说:"圣之初谊为听觉官能之敏锐,故引申训'通';贤圣之意,又其引申也。……听、声、圣三字同源,其始当本一字。"② 日本学者白川静则认为,"圣(聖)"字中的"口",是收纳祝祷的器皿,圣的本义是向神祝祷,聆听神的应答和启示。③ 白氏对字形的分析未必成立,但他认为圣的本意是通神,聆听神的声音,则不无道理。盖上古之时,事神在人们的生活中占有重要地位,一切行为活动都要占问神意。《国语·楚语下》记载"古者民神不杂"时说到,"其智能上下比义,其圣能光远宣朗","如是则明神降之,在男曰觋,在女曰巫"。可见上古时代巫觋的主要功能是在神人之间传递信息,预测吉凶,指导人事,而"圣"是巫觋的重要素质之一。韦昭注:"圣,通也。"④ 圣指与神沟通的特殊能力。后又扩大到所有事物中,这就是伪孔传曰"于事无不通谓之圣"⑤,也就是段玉裁所说"凡一事精通,亦得谓之圣"。这里的"事"实际又可分为三个方面:一是事神,包括预测吉凶的能力;二是修养道德、人格;三是培养聪明、智慧。在这三个方面做到了"一事精通",都可以称为圣。《诗经》《尚书》中的圣,也主要是这三种含义。春秋时期,随着理性的觉醒,"事神"意义上的圣人已经式微,逐渐退出历史舞台,另一种体察天道的圣人开始出现。如《国语·越语下》记范蠡曰:"天因人,圣人因天。人自生之,天地形之,圣人因而成之。"天根据人,圣人也根据天。人怎么行动,天地就显示怎样的征兆,圣人根据天地的征兆去完成大事。这里的天虽然具有某种神秘的成分,但主要是指自然法则。除了这种意义的圣人外,圣人还指道德楷模、理想人格,以及具有特殊政治才能或政治功业的人,与《诗经》《尚书》中圣的三种含义基本是对应的。⑥

作为儒学的创立者,孔子也重视圣和圣人,他讲君子有三畏,其中一畏就是"畏圣人之言"(《论语·季氏》)。学者往往认为,仁是孔子最高

---

① (清)段玉裁:《说文解字注》,上海古籍出版社1988年版,第592页。
② 于省吾主编:《甲骨文字诂林》,中华书局1999年版,第1册,第664页。
③ 参见[日]白川静《字统》,转引自王文亮《中国圣人论》,第5页。日本学者窪田忍也持类似看法,参见[日]窪田忍《中国哲学思想史上的"圣"的起源》,载《学人》第1辑,江苏文艺出版社1991年版,第21页。
④ 徐元诰撰,王叔民、沈长云点校:《国语集解》,中华书局2002年版,第512页。
⑤ (汉)孔安国传,(唐)孔颖达疏:《尚书正义》,第303页。
⑥ 参见拙文《圣的起源与先秦儒家的圣人观》,《道德与文明》2021年第5期。

的德，但实际上仁之上还有圣。"子贡曰：'如有博施于民而能济众，何如？可谓仁乎？'子曰：'何事于仁！必也圣乎！尧舜其犹病诸！'"(《雍也》)仁是"己欲立而立人，己欲达而达人"(《雍也》)，是处理人与人关系的道德原则，而圣是"博施于民而能济众"，是济世安邦的政治功业。圣高于仁，是连尧舜这样的先王都难以做到的。所以圣人是孔子构想的能够平治天下的理想人物，往往高不可攀，遥不可及，更多是激励人们不断追求的目标和理想。故孔子说："圣人，吾不得而见之矣，得见君子者，斯可矣。"(《述而》)又说："若圣与仁，则吾岂敢？抑为之不厌，诲人不倦，则可谓云尔已矣。"(《述而》) 至于这种圣人如何可能？如何出现？孔子尚没有作出讨论。他说"性相近，习相远"(《阳货》)，人与人的差别是后天形成的，故也可以说圣人是后天努力的结果。但他又说"唯上智与下愚不移"(《阳货》)，似乎又承认某些人如圣人有天生的禀赋。另外，孔子称"唯天为大，唯尧则之"(《泰伯》)，似乎又认为圣人是效法天道者。

郭店儒简中多次出现圣和圣人的用法，其对圣的理解有两点值得关注。第一，圣人主要是指理想的君王，职责是制作礼乐，治民、教民，突出的是圣人"王者"的形象。[①] 如"圣人之治民也，民之道也。禹之行水，水之道也"(《尊德义》)。圣人是善于治民者。"夫圣人上事天，教民有尊也；下事地，教民有亲也；时事山川，教民有敬也；亲事祖庙，教民孝也。"(《唐虞之道》) 圣人是主祭祀以教民者。"圣人比其（注：指《诗》、《书》、礼乐）类而论会之，观其先后而逆顺之，体其义而节文之，理其情而出入之，然后复以教。教，所以生德于中者也。"(《性自命出》)圣人是以《诗》、《书》、礼乐教化民众者。第二，圣被看作内在的品德，甚至是最高的德。如《六德》将圣视为六德之一："何谓六德？圣、智也，仁、义也，忠、信也。圣与智就矣，仁与义就矣，忠与信就矣。作礼乐，制刑法，教此民尔，使之有向也，非圣智者莫之能也。"圣与智相互联系，其作用则是"作礼乐，制刑法"，教化民众，但主要强调的是内在品德。另外，《五行》将圣视为五种"形于内"的"德之行"之一，认为"闻而知之，圣也。圣人知天道也"。圣是一种直觉之知，可以体察天道。故《五行》与《六德》的圣虽然都指内在品德，但具体所指仍有所不同，前

[①] 参见晏昌贵《郭店儒家简中的"圣"与"圣人"的观念》，《江汉考古》2000年第3期。

者突出的不是政治、教化功能,而是一种道德直觉,尤其是"知天道"。当然,郭店儒简中讨论圣人最为集中和深入的还是《成》,尤其是"圣人之性"章,其圣人观主要包括五点。第一,圣人与常人在人性上是相同的,差别是后天形成的,与孔子"性相近,习相远"一致,实际是对后者的继承和发展。第二,圣人与常人的不同,是其"别有择"的结果,提出"择"是《成》的一个重要贡献和突破。第三,圣人不仅在于对"善道"的选择,还有对道德法则("极")的积极践行和持之以恒,要经过不断积累的过程,最终达到"博长而厚大"。第四,圣人一旦形成便与常人具有根本的差别,是常人无法企及的。第五,只有圣人可以察知天道、天德,进而有资格治理民众,圣人主要是执政者、王者。可以看到,《成》对圣人的理解与其外在超越的思想有一定关系,虽然其以天命的形式肯定了推己及人的忠恕之道,强调德治、身教的重要性,但作为天德或天常的忠恕,不是内在于人的性,而是一种外在法则,并表现为具体的人伦规范。对于这些法则、规范有一个选择认同、积极践行、长期积累的过程,不是每个人都可以做到的,只有圣人可以坚持到最后,或者说坚持到最后的是圣人。所以《成》一方面认为圣人与常人的人性相同,另一方面又主张二者有根本差别,其原因就在这里。

竹简《成》之后,孟子、荀子分别从内在超越与外在超越的天人论对圣人作出探讨,提出两种不同的圣人观。孟子继承《中庸》"天命之谓性"的内在超越思想,认为"仁义礼智,非由外铄我也,我固有之也"(《孟子·告子上》),"此天之所与我者"(《告子上》)。由于天平等地赋予每个人善性,因而圣人与人具有相同的本性。"凡同类者,举相似也,何独至于人而疑之?圣人与我同类者。"(《告子上》)只要扩充、培养善性,人人都可以成为圣人。"人皆可以为尧舜。"(《告子下》)"舜何人也,予何人也,有为者亦若是!"(《滕文公上》)这样圣人不再是高高在上,供人顶礼膜拜的偶像,而是人人应努力追求的目标。成为尧舜也不必"道在迩而求诸远"(《离娄上》),只需要从基本的孝悌、亲亲做起。"尧舜之道,孝弟而已矣。子服尧之服,诵尧之言,行尧之行,是尧而已矣。"(《告子下》)对于孟子的圣人观,一千多年后的朱熹曾评论道:"某十数岁时,读《孟子》言'圣人与我同类者',喜不可言,以为圣人亦易做,今方觉得难。"① "喜不可言"说明孟子圣人观在思想上的解放作用，而"今方觉得难"则说明孟子圣人观的理想化色彩。所以孟子的圣人主要是指具有崇高道德品质的人，是人伦的楷模、道德的典范。"孟子曰：规矩，方圆之至也；圣人，人伦之至也。"（《离娄上》）孟子眼中的尧舜不在其政治功业，而在其道德品质的卓越，舜之伟大是因为其能以"事亲之道"打动冥顽不灵的亲人，使破裂的家庭重归于好。这固然也难能可贵，但较之"博施于民而能济众"的事功，"是不为也，非不能也"（《梁惠王上》），只要发心祈愿，是人人可为的。所以孟子看重的是圣人的感化、激励作用，其圣人主要是师者而非王者。"孟子曰：圣人，百世之师也。"（《尽心下》）伯夷、柳下惠之所以被看作圣人，就是因为他们的道德风操具有强大的感染力，"奋乎百世之上，百世之下，闻者莫不兴起也。非圣人而能若是乎？"（《尽心下》）明乎此就容易理解，《孟子》一书中"圣王"仅出现1次，而"圣人"则有29次，所指包括周公、伯夷、伊尹等，其中最伟大者则是孔子。"自生民以来，未有盛于孔子也。""出于其类，拔乎其萃。"（《公孙丑上》）。孟子之所以推崇孔子，当然不是因为他是王者，而是因为他是师者，是教化的开创及推行者。孟子对圣也是这样定义的："可欲之谓善，有诸己之谓信，充实之谓美，充实而有光辉之谓大，大而化之之谓圣，圣而不可知之之谓神。"（《尽心下》）圣是内在的善充实、光大而能产生感化作用者。这种内在的善，在孟子那里主要是指仁。"孟子曰：形色，天性也。惟圣人然后可以践形。"（《尽心上》）"践形"是使内在的善性也就是仁在形体中表现出来，使身体精神化。圣人不仅可以践形，还可以察知天道。"圣人之于天道也，命也，有性焉，君子不谓命也。"（《尽心下》）由于善性来自天的赋予，故圣人把天道不是看作外在的命，而是内在的性，通过内在的善性就可以知天道。但在孟子那里，能够知天道的不只是圣人，由于具有道德本心，只要"尽其心""知其性"，每个人都可以做到"知天矣"（《尽心上》）。孟子也承认人与人的差别，面对弟子公都子"钧是人也，或为大人，或为小人，何也？"的提问，他认为这是因为有人"从其大体"，而有人"从其小体"。大体指心，小体指耳目五官。"心之官则思，思则得之，不思则不得也。"（《告子上》）由于心具善端，善内在于己，而不是外，只要思、反求诸己，"从其大

---

① （宋）黎靖德编，王星贤点校：《朱子语类》，中华书局1986年版，第7册，第2611页。

体","先立乎其大者"(《告子上》),就可以成为大人乃至圣人。所以圣人、常人虽有差别,但不是根本的。"舜居深山之中,与木石居,与鹿豕游,其所以异于深山之野人者几希。及其闻一善言,见一善行,若决江河,沛然莫之能御也。"(《尽心上》)舜之为野人、圣人只在一念之间,只要发明本心,扩充善性,人人可成圣人。故孟子多谈人禽之辨,少论圣凡之别,圣人与常人最多是"先知"与"后知"、"先觉"与"后觉"(《万章上》)的差别。

与孟子内在超越的进路不同,荀子主要从外在超越的角度论及天人关系,并对圣人作出说明。在《天论》篇中,荀子提出"天职既立,天功既成,形具而神生",认为人是天所生,人的形体、精神都是天赋予的。需要说明的是,这里的"天职""天功"是一种本体天,而非经验天,是有价值内涵的,故在赋予人天情、天君的同时,还颁布天政,天政乃人间礼法的形上根据,其性质类似于大常,是外在的法则。天赋予人的天情、天君虽然是内在的,但其颁布的天政(包括天德、天数等)则是外在的,人通过践行外在礼义才可能"通于神明,参于天地矣"(《荀子·性恶》),故荀子的天人观主要是一种外在超越[1],而能够顺应天政,制作礼义的只能是少数圣人。"圣人清其天君,正其天官,备其天养,顺其天政,养其天情,以全其天功。"(《天论》)此段论天生人成,加上"圣人"二字不恰当,天只赋予人天情、天君,颁布天政,并不会直接降下圣人,否则与荀子思想不相符。此句或可理解为"清其天君""顺其天政""养其天情"者为圣人,但这也说明,在荀子看来能够成为圣人的只能是少数人。所以与孟子不同,荀子既肯定圣人与常人相同的一面,也强调圣人有异于、高于常人的一面。"圣人之所以同于众,其不异于众者,性也;所以异而过众者,伪也。"(《性恶》)圣人同于众人的是性,异于并超过众人的是伪。荀子所说的性主要指情性,具体指人的情感、欲望等,在这方面圣人与众人是相同的。"饥而欲食,寒而欲暖,劳而欲息,好利而恶害,是人之所生而有也,是无待而然者也,是禹、桀之所同也。"(《荣辱》)荀子所说的伪主要指心的思虑及引发的活动,以及这种思虑与活动的结果,也就是习惯、能力。"心虑而能为之动谓之伪。虑积焉、能习焉而后成谓之伪。"

---

[1] 参见拙文《"天生人成"与政治形上学——荀子天论发微》,《中国哲学史》2021年第5期。

(《正名》)实际是心或天君的具体运用,在这方面圣人又远远超出了众人。故荀子所理解的人实际包括性与伪两个方面,性指情性,不加节制任其发展则为恶,伪是心或者天君的活动和运用,由于心好善、知善、行善,故可以为善,荀子的人性论实际是性恶心善论,而非性恶论。① 如果说孟子继承了孔子的"性相近",又把性落实为仁的话,那么荀子则发展了孔子的"习相远",尤其是"唯上智与下愚不移",强调由于知性的运用而导致圣人与众人的差异。所以荀子一方面承认圣人也是人,由常人发展而来。"圣人也者,人之所积也。"(《儒效》)"圣人者,人之所积而致矣。"(《性恶》)另一方面又强调圣人超于常人,是一种"超人",具有常人所不具有的智慧和能力。"积善而全尽谓之圣人。"(《儒效》)"圣人备道全美者也。"(《正论》)而圣人之所以能做到尽善尽美,主要是其运用知性的结果。所以与孟子强调善性或仁的扩充、培养不同,荀子主要突出圣人的知。"知之,圣人也。"(《解蔽》)"明之为圣人。"(《儒效》)"苟非圣,莫之能知也。"(《礼论》)圣人与他人的差别也在于知,"有圣人之知者,有士君子之知者,有小人之知者,有役夫之知者"(《性恶》)。而知主要是知礼义法度,具有很强的政治功能。"礼之中焉能思索,谓之能虑;礼之中焉能勿易,谓之能固。能虑能固,加好者焉,斯圣人矣。"(《礼论》)圣人是通过认识、实践礼义而自我成就的,同时又可以制作礼义,具有统治天下的卓越才能。所以荀子不仅重视圣人,也推崇圣王,《荀子》一书中圣人出现83次,圣王出现39次。从形式上看,圣王与圣人的差别在于一个在位,一个不在位。如仲尼、子弓是"圣人之不得势者也",而舜、禹是"圣人之得势者"(《非十二子》)。从内容上看,则在于"圣也者,尽伦者也;王也者,尽制者也;两尽者,足以为天下极矣"(《解蔽》)。伦,道也,理也。圣穷尽礼法之道,王则穷尽礼法之制,道要落实到制,故圣人最宜为王。"天下者,至大也,非圣人莫之能有也。"(《正论》)"非圣人莫之能王。"(《正论》)在荀子那里,圣人与圣王实际是相通的,他们能够制定礼法,推行教化,进行统治,是人间秩序的确立者与维护者。"天能生物,不能辨物也;地能载人,不能治人也;宇中万物、生人之属,待圣人然后分也。"(《礼论》)圣人区分万物与人类,划定其类别与等级,这样的圣人当然不是人人可为的,是常人无法企及的,

---

① 参见拙文《荀子人性论辨正——论荀子的性恶、心善说》,《哲学研究》2015年第5期。

只有"天下一隆",才能做到"致顺而治"。(《正论》)"平正和民之善,亿万之众而抟若一人。如是,则可谓圣人矣。"(《儒效》)圣人治理亿万之众若治一人,这样的圣人是"治人者",不是"治于人者"所能企及的。"古者圣王以人之性恶,以为偏险而不正,悖乱而不治,是以为之起礼义,制法度,以矫饰人之情性而正之,以扰化人之情性而导之也。"(《性恶》)圣王看到人性之恶,故为其制定礼义法度,对其进行教化、训导。圣人改造常人,常人依赖圣人,如果没有了圣王,必然是"强者害弱而夺之,众者暴寡而哗之,天下之悖乱而相亡不待顷矣"(《性恶》)。圣人虽然由常人发展而来,但一旦成为圣人,则不会变质、退化,是一种特殊的存在。"尽善挟治之谓神,万物莫足以倾之之谓固,神固之谓圣人。"(《儒效》)圣人不会被外物左右、影响,而永远保持神圣纯洁性,这与常人受情欲的支配而时时会滑向恶有根本不同。"权力导致腐败,绝对的权力导致绝对的腐败"的信条,在荀子的圣人这里是完全失效的。所以荀子虽然也提出"涂之人可以为禹"(《性恶》),但与孟子的"人皆可以为尧舜"有着根本的不同。孟子由于肯定性善,认为成圣的根据在内不在外,只有"为不为"的问题,没有"能不能"的问题。荀子主张性恶心善说,虽然理论上承认常人也可能成为圣人,但成圣是需要外在条件的,需要有礼义、圣王,否则是无法实现的。但既然已经有圣王,涂之人怎么可能再成为禹呢?岂不是天有二日,人有二隆?岂不是与荀子"隆一而治,二而乱"(《致士》)的主张相矛盾?"故涂之人可以为禹则然,涂之人能为禹,未必然也。"(《性恶》)常人成为圣人只具有可能性("可"),而不具有现实性("能")。"能不能之与可不可,其不同远矣,其不可以相为明矣。"(《致士》)可能性不等于现实性,常人成为圣人只具有可能性,而不具有现实性。所以不能因为孟荀两个命题形式上的相似,便忽略了二者实质上的差异。①

搞清了孟荀的圣人观,再来看其与《成》的关系便容易判断和理解了。首先,《成》认为圣人与常人的人性相同,差别是后天形成的,与其相近的当然是荀子。只不过《成》把先天的本性与后天的习性都看作性,故认为圣人与常人本性相同,后天的习性有根本的差别。而荀子由于提出了伪,把后天的习性称为伪,故认为"圣人之所以同于众,其不异于众

---

① 参见拙文《荀子对"孟子"性善论的批判》,《中国哲学史》2013年第4期。

者,性也;所以异而过众者,伪也"(《致士》),其性同伪异说显然受到《成》的影响,是从"圣人之性"章发展而来的。其次,《成》虽然没有说明,但其所说的性应该包括情性与知性,圣人与常人的情性是相同的,圣人"博长而厚大"的则是知性,这点与其相近的也是荀子。荀子称"凡人有所一同",认为人的情性是生而相同的,甚至"材性知能,君子小人一也"(《荣辱》)。这里的"知能"指认知的能力,而不是认知的结果,是"能知"而非"所知",人与人相同的是认知能力,不同的是认知的结果,也就是伪。荀子区分能知与所知,创造性地提出伪,较之《成》是一个发展,避免了概念使用中可能出现的混淆。相比较而言,孟子虽然主张"圣人与我同类者"(《告子上》),但圣人与人相同的是善性或仁性,这显然与《成》有所不同。还有,《成》认为圣人是个人选择的结果,这虽然在孟、荀那里都可以找到类似的说法,但就选择的对象是外在的善道而言,则与荀子更为接近。孟子称"从其大体为大人,从其小体为小人","思则得之,不思则不得也"(《告子上》)。从大体还是小体、思还是不思就是"择",是意志的选择。但孟子所思或择的是内在的善性,而不是外在的"善道",与《成》仍有一定的距离。荀子则认为,"好荣恶辱,好利恶害,是君子、小人之所同也,若其所以求之之道则异矣"(《荣辱》)。君子、小人虽然欲求相同,但选择实现欲求的道则不同。"君子道其常而小人道其怪。"(《荣辱》)君子遵循常道也就是善道,小人却选择怪道也就是邪道。"小人可以为君子而不肯为君子,君子可以为小人而不肯为小人。"(《性恶》)"可以"是可能性,"不肯"则是意志的选择。"小人、君子者,未尝不可以相为也,然而不相为者,可以而不可使也。"(《性恶》)"可以相为也"是说人既可以成为君子,也可以成为小人,具有选择的可能性,而"不可使也"则说明这种选择是个人性的,是他人无法强迫的。不难看出,在肯定意志自由,人是自己选择、塑造的结果上,荀子与《成》是一脉相承的。最后,《成》认为圣人是不断实践、积累的结果,与其相近的当然是荀子而非孟子。孟子认为"学问之道无他,求其放心而已矣"(《告子上》),其学主要是反求诸己。荀子则主张"博学而日参省乎己"(《劝学》),要求积善成德,化性起伪,与《成》当然更为接近。而《成》认为圣人一旦转化而成,便与常人存在根本的差别,是常人所无法企及的,与其相近的当然是荀子。虽然荀子与《成》一样,认为圣人与常人相同的是性,当一回到现实中,特别是论及社会的治理时,又极

【北学人物及思想】
外在超越与圣王政治

力夸大圣人与众人的差别，可见荀子思想中存在"人性平等说"与"圣凡差异说"的矛盾。① 现在看来，这种矛盾在竹简《成》中已经存在，而在荀子这里得到进一步发展，荀子与《成》具有思想上的内在联系。

当然，我们说荀子接近《成》的思想，甚至受到后者的影响，主要是就外在超越的天人论与圣人论而言的，如果联系到"天降大常"的具体内容，则不无遗憾地发现，《成》所突出、强调的忠恕之道恰恰为荀子所忽略。荀子以本体天所建构的政治形上学主要包括差等原则（"天数"）、和顺原则（"天政"）以及生养原则（"天德"）②，而缺乏一个忠恕的平等原则，这某种程度上也成为荀子思想的局限和不足。荀子夸大圣凡的差异，推崇圣王与权威，与其过分突出差等，忽视平等是有关的。而《成》对于儒学的一个重要突破，便是以天命的形式将儒家的忠恕之道上升为最高的政治原则，并以此规定和理解政治，表现出对人格独立和精神平等的肯定和尊重，达到先秦儒家政治哲学的最高水平。只不过在《成》那里，"天降大常"是以外在超越的形式出现的，它不是内在于人的性，而是外在的法则，对于大常或善道的选择和态度不同，必然会出现圣人与常人的差别，而且这种差别往往是巨大和难以逾越的，故《成》的另一个主题便是强调圣人与常人的差异，并又以此论证和说明君子、圣人统治、管理民众的必要。其中"天降大常"确立的是政治基本原则，可视为政道，"君子之于教"则是治理的原则和方法，可看作治道。政道与治道间虽存在一定的紧张和冲突，但又是相互联系的，是以政道规定治道，以治道落实政道。《成》思想上的某些突破，如以"天降大常"确立忠恕的政治原则，往往来自其外在超越说，而其可能引起争议的内容，如过分夸大圣人、中人的差别，实际也与其外在超越说有关。竹简《成》之后，荀子继承并发展了其圣凡差异说，但又放弃了"天降大常""与民有同"，不再强调德治、身教，而是隆礼重法，突出圣王与刑罚，虽然一定程度上与其所处战国末期的社会形势有关，但从儒学思想的发展来看，则不能不说是一种退步。相比较而言，孟子由于持内在超越说，"天之所予我者"（《告子上》）

---

① 参见拙文《〈荀子·性恶〉篇"伪"的多重含义及特殊表达——兼论荀子"圣凡差异说"与"人性平等说"的矛盾》，《中国哲学史》2019年第6期。
② 参见拙文《"天生人成"与政治形上学——荀子天论发微》，《中国哲学史》2021年第5期。

不是外在的法则，而是内在的善性，善性人人具有，思则得之，不再强调圣凡的差异，而是突出人的道德自觉。孟子所主张的"人人有贵于己者"（《告子上》）的内在尊严说，天爵高于人爵的人格平等说，都与其内在超越说有一定关系。孟子对于忠恕也较为重视，并发展出"推恩"与"推己"的不同论述，但主要是立足于性善论，而没有上升为最高的政治原则。① 从早期儒学的发展来看，"天降大常"的外在超越主要是确立政道，颁布政治原则，但这些原则主要针对君子、圣人而言，并不能为常人所理解和接受，故外在超越的另一方面便是强调圣凡差异，主张圣人对常人的刑罚、教化，其重视的往往是政治化的圣人。而"天命之谓性"的内在超越，由于将天命落实于内在的善性，因而肯定人的道德自主与人格平等，但主要是就道德实践而言，其塑造的更多是道德化的圣人。因此，如何将外在超越与内在超越贯通和结合，吸取孟子、荀子圣人观中合理的内容，统合孟荀，建构儒家双向超越的天人观，便成为儒学研究中的一个重要课题。

---

① 参见拙文《"道不远人"与"以人治人"——〈中庸〉"道不远人"章发微》，载《哲学与宗教》第9辑，社会科学文献出版社2021年版。

儒家的隐者

——刘因的出处之道

韩 星[*]

摘要：儒家从孔孟就形成了以道为标准的进退出处之道，隐逸也成为儒家的一个小传统。儒家的隐者表面上与隐士、道家相似，实质上避人而不避世。刘因有家学渊源，其学术思想主要源于程朱理学，是元初理学北传的一位代表人物，儒家道统传承的一个重要环节。他少有远大志向和经世抱负，希贤希圣、成圣成贤是其人生理想。刘因一生除了短暂的入仕，总体上是一位儒家的隐者，以教学为生，传承道统、学统，弘扬儒家文化，教书育人，教化一方。他隐居不仕的原因主要有对蒙古人杀戮掳掠的愤懑、对元初现状的不满、个人不能以道自尊等。

关键词：刘因；程朱理学；儒家的隐者；出处之道

一　儒家进退出处之道与隐逸传统

儒学强调经世致用，但具体如何致用？在传统社会，主要途径是参与政治，学而优则仕，居庙堂之上，为帝王师，得君行道。这是儒者的首要追求。但实际情况又往往比较复杂，出现违背人们的善良愿望和美好理想的现象。特别是世道衰微、贤路阻塞的时候，儒者就不得不选择隐退乡野，处于江湖之远，开门授徒，化民成俗。这就出现了进退出处之道的问题。所谓出处之道，"出"指"出仕为官"，"处"指"退处不仕"。儒者出处进退遵循什么原则？根据什么决断？儒家出处之道见于《周易·系辞上》子曰："君子之道，或出或处，或默或语。"孔孟有诸多论述，出处之

---

[*] 韩星，中国人民大学国学院教授。

道的基本原则就是"笃信好学,守死善道。危邦不入,乱邦不居。天下有道则见,无道则隐。邦有道,贫且贱焉,耻也;邦无道,富且贵焉,耻也"(《论语·泰伯》)。"邦有道则仕,邦无道则可卷而怀之。"(《论语·卫灵公》)"用之则行,舍之则藏。"(《论语·述而》)这些话都表达了以道为价值标准的人生道路选择。依据儒家出处之道,出仕要有作为,要行道;退为处士要坚守道德,要守道。

孟子提出"士穷不失义,达不离道。穷不失义,故士得己焉;达不离道,故民不失望焉。古之人,得志,泽加于民;不得志,修身见于世。穷则独善其身,达则兼善天下"(《孟子·尽心上》)。士人的穷达以道义为标准,穷则隐居独善,达则兼善天下。他以古代君子贤人的故事来表达进退出处之道。《孟子·万章上》万章问曰:"人有言:'伊尹以割烹要汤。'有诸?"孟子曰:"否,不然。伊尹耕于有莘之野,而乐尧舜之道焉。非其义也,非其道也,禄之以天下,弗顾也;系马千驷,弗视也。非其义也,非其道也,一介不以与人,一介不以取诸人。汤使人以币聘之,嚣嚣然曰:'我何以汤之聘币为哉?我岂若处畎亩之中,由是以乐尧舜之道哉?'汤三使往聘之,既而幡然改曰:'与我处畎亩之中,由是以乐尧舜之道,吾岂若使是君为尧舜之君哉?吾岂若使是民为尧舜之民哉?吾岂若于吾身亲见之哉?……'思天下之民,匹夫匹妇有不被尧舜之泽者,若己推而内之沟中。其自任以天下之重如此,故就汤而说之以伐夏救民。吾未闻枉己而正人者也,况辱己以正天下者乎?圣人之行不同也,或远,或近,或去,或不去,归洁其身而已矣。"孟子批驳"伊尹以割烹要汤",以伊尹为例申述士人进退出处之道,认为伊尹乐尧舜之道,汤闻其贤,三聘而用之,是"以尧舜之道要汤",而不是"割烹要汤"。伊尹或出或处都坚守道义,保持自身纯洁。他还举伯夷和柳下惠为例,《孟子·万章下》:"伯夷,目不视恶色,耳不听恶声。非其君不事,非其民不使。治则进,乱则退。横政之所出,横民之所止,不忍居也。思与乡人处,如以朝衣朝冠坐于涂炭也。当纣之时,居北海之滨,以待天下之清也。故闻伯夷之风者,顽夫廉,懦夫有立志。……柳下惠,不羞污君,不辞小官。进不隐贤,必以其道。遗佚而不怨,厄穷而不悯。与乡人处,由由然不忍去也。'尔为尔,我为我,虽袒裼裸裎于我侧,尔焉能浼我哉?'故闻柳下惠之风者,鄙夫宽,薄夫敦。"伯夷"治则进,乱则退",柳下惠"进不隐贤,必以其道",进退出处以道为依归,都产生了移风易俗、顽廉懦立、鄙宽薄敦

【北学人物及思想】
儒家的隐者

的社会效应。

儒家也有隐逸传统。孔子一生从政之不可得，促使他自我反思，晚年不时表示出对隐逸的向往和赞叹。如他说过："道不行，乘桴浮于海。"（《论语·公冶长》）他还有"居九夷"（《论语·子罕》）的想法，这都是一种隐逸思想。这种思想影响了他的弟子，在孔门就有颜回、原宪这样不追求官职，安贫乐道的隐者。他们忠实地实践孔子"危邦不入，乱邦不居"（《论语·泰伯》）和"邦有道，谷；邦无道，谷，耻也"（《论语·宪问》）的思想，颜回终身不仕，"孔子卒后，原宪退隐，居于卫"（《史记·仲尼弟子列传》）。他们隐居，尽管物资匮乏，生活艰苦，但都能够安贫乐道。颜回"一箪食，一瓢饮，在陋巷，人不堪其忧，回也不改其乐"（《论语·雍也》）。"原宪居鲁，环堵之室，茨以生草，蓬户不完，桑以为枢而瓮牖，二室，褐以为塞，上漏下湿，匡坐而弦。子贡乘大马，中绀而表素，轩车不容巷，往见原宪。原宪华冠纵履，杖藜而应门。子贡曰：'嘻！先生何病？'原宪应之曰：'宪闻之，无财谓之贫，学而不能行谓之病。今宪贫也，非病也。'子贡逡巡而有愧色。"（《庄子·让王》）原宪居住在鲁国，住房很狭窄，茅草盖的屋顶，蓬蒿编织的门，破瓮做的窗，上漏下湿，粗茶淡饭，生活极为清苦。然而，原宪却不以为然，整天端坐里面，兴致勃勃地弹琴歌唱。子贡结驷连骑来到原宪隐居的穷僻之地，过谢原宪。原宪摄敝衣冠见子贡。子贡耻笑他贫困，原宪回答说："无财谓之贫，学道而不能行者谓之病，我没有病，只不过穷而已。"子贡见他这个样子，很惭愧地走了。显然，原宪是因为当时社会不能行道而隐居，并抱道安贫，这更符合孔子的真精神；而子贡虽然既富且贵，但由于没有行儒家之道，已经丧失了儒学的真精神，在贫困的原宪面前他感到了真正的羞愧。颜回、原宪之后，历代都有这样的儒者，隐逸也成为儒家的一个小传统。

当然，儒家的隐者表面上与那些隐士、道家相似，隐居不仕，安贫乐道，但不同之处是他们笃信儒家的基本思想，如仁义礼智信，孝悌忠信礼义廉耻等，他们避人而不避世，不为官而做师，也不抛弃家庭亲情和尘世的友情，在民间社会以自己的道德人格，德风德草，风行草偃，影响周围的人和社会，往往成为地方贤达、乡间名士，成为正统儒学的朴素的花边，在腐败的时代往往还透露出一丝真实人性的亮色。《论语·微子》由隐者桀溺之口点出"儒家的隐逸"是"避人而不避世"。

（桀溺）曰："滔滔者，天下皆是也，而谁以易之？且而与其从辟人之士也，岂若从辟世之士哉？"朱熹《集注》"士有辟人之法，有辟世之法。长沮、桀溺谓孔子为士，从辟人之法；己之为士，则从辟世之法"，由"岂若从辟世之士哉？"一句，可见桀溺二人对孔子避人而不避世表示不解，而孔子对二人的不解未正面回应，而是"怃然"，叹惜桀溺不能理解自己的心意。《论语·宪问》载子曰："贤者辟世，其次辟地，其次辟色，其次辟言。""辟世"指天地闭，贤人隐，高蹈尘外，枕流漱石，天子诸侯不得而臣；"辟地"指未曾绝世，但择地而处，去乱国，适治邦；"辟色"指观君之颜色，若有厌己之色，乃去之；"辟言"指观色斯举，有恶言乃去之。这里的"辟地""辟色""辟言"都可以说是"避人"。所以儒者与隐士隐居的不同在于隐士避世也避人，儒者只是避人而不避世。就是说，隐士往往倾向于遗世独立，离群索居，彻底与世事隔绝，而儒家的隐者以儒家的出处之道为指导，主动选择了出仕之道，但又"未忘斯世"，退居江湖，心忧天下，更重要的是如果一有机会，政治清明，他们就不忘提出自己的思想见解和救世主张，而且在民间以道德人格感化世人，以儒家思想教育弟子，有许多可贵的事功，可以说是知行合一，德业兼备。

秦汉以后"儒家的隐者"往往在政治腐败、天下大乱的情况下，不得已选择隐退。这种隐退不像道家、道教隐退山林，与世隔绝，而是隐退在民间，不入仕做官，不参与政治而已。有的则先隐后仕，或先仕后隐，或隐、仕几次反复，大都出自主观的真诚。他们不是伪君子，他们的行动体现了儒家的出处之道，坚守着自己的信念。所以从中国文化总体来看，可分为道隐和儒隐。道隐是隐逸中的正宗，他们反感官场的恶浊，厌恶尘世的嚣扰，以隐为目的，不求富贵利禄，不慕权势声名，只求保身全性，在无拘无束、自由自在中度过自己的一生。儒隐是儒者面对官场的黑暗、仕途的险恶，怀着"达则兼济天下，穷则独善其身"，"邦有道则仕，邦无道则隐"的人生态度，根据实际情况决定自己的进退出处。君子之德风，小人之德草，儒隐能够发挥他这种道德人格的力量，以自己的道德楷模起到一种道德教化的作用，维护世道人心。元代的刘因就是这样一位儒家的隐者。

【北学人物及思想】
儒家的隐者

二 刘因的学术渊源与学术地位

刘因（1249—1293），字梦吉，一字梦骥，号静修，保定容城人。家世儒宗，生当宋、金、元三朝易代之际，入元后，精于理学，与许衡并为"元北方两大儒"，与许衡、吴澄并称为"元初三大理学家"。至元十九年（1282），应召为承德郎、右赞善大夫，旋辞归。至元二十八年（1291），再度征召为集贤学士、嘉议大夫，称疾固辞，以授徒终其余生。至元三十年（1293），刘因病逝，朝廷追赠翰林学士、资政大夫、上护军，追封容城郡公，谥文靖。主要著作有《四书精要》《四书语录》《易系辞说》《丁亥诗集》五卷等，并被收入《四库全书》。其编著的诗文集《静修集》，收入各体诗词八百余首，其散曲今仅存二首。

其父刘述兴趣广泛，对天文、历数、阴阳、医方、性学、史学等都有研究，亲身经历了金朝末年的战乱，而后曾短期在元朝做官，但主要过着隐居不仕的处士生活。据《元史》载："述，因之父也。岁壬辰，述始北归，刻意问学，邃性理之说，好长啸。中统初，左三部尚书刘肃宣抚真定，辟武邑令，以疾辞归。年四十未有子，叹曰：'天果使我无子则已，有子必令读书。'因生之夕，述梦神人马载一儿至其家，曰：'善养之。'既觉而生，乃名曰骃，字梦骥，后改今名及字。"① 刘述"刻意问学，邃性理之说"，学有所成，后来受到元朝政府的征辟，出任过武邑令，但不久即托病辞归，一心一意教育儿子，使刘因从小受到较为完备的儒家教育。时代的变迁、家族的盛衰、祖父辈的经历、家学的渊源，都在他的心灵中烙上深深的印迹，使他的思想和性格受到重要影响。他曾经在自己的画像上写下这样的题词："所以承先世之统者，如是其孤。所以当众人之望者，如是其虚。呜呼危乎！不有以持之，其何以居？"② "先世之统"显然是指他的家学传统。

苏天爵《静修先生墓表》说："先生天资绝人，三岁识书，日记千百

---

① （明）宋濂等：《元史》卷171《刘因传》，中华书局1976年版，第4007页。
② （元）刘因著，商聚德点校：《刘因集》，人民出版社2017年版，第215页。

言，随目所见，皆能成诵。六岁能诗，十岁能属文，落笔惊人。"① 年届二十，才华出众，性不苟合。早年时曾从南宋儒生砚弥坚受业研究经学，对训诂疏释多有探究。砚弥坚是当时著名的理学学者，德安应城（今湖北应城）人。蒙古军攻占汉水诸郡县时，慕其名，将他与江汉先生赵复等以名士身份招致北上。砚弥坚不仅才华出众，而且慧眼识珠。在他所教学生之中，力推刘因，预言刘因会成为名儒。《静修先生墓表》说："故国子司业砚公弥坚教授真定，先生从之游，同舍生皆莫能及，独中山滕公安上差可比。砚公皆异待之，谓先生父（指刘因父亲）曰：'令子经学贯通，文词浩瀚，当为名儒。'"但他曾经感叹说："圣人精义，殆不止此。"② 他不满足于汉唐经学，希望得到圣人真传。

据《宋元学案》："赵复，字仁甫，德安人。元师伐宋，屠德安。姚枢在军前，凡儒、道、释、医、卜占一艺者，活之以归，先生在其中……至燕，以所学教授学子，从者百余人。当是时，南北不通，程、朱之书不及于北，自先生而发之。枢与杨惟中建太极书院，立周子祠，以二程、张、杨、游、朱六君子配食，选取遗书八千余卷，请先生讲授其中。先生以周、程而后，其书广博，学者未能贯通，乃原羲、农、尧、舜所以继天立极，孔子、颜、孟所以垂世立教，周、程、张、朱所以发明绍续者，作《传道图》，而以书目条列于后。枢退隐苏门，以传其学，由是许衡、郝经、刘因皆得其书而崇信之。"③ 虽然刘因并未出于赵复门下，但他获得了赵复从南方带来的理学著作，对刘因学术思想的转变有重要影响。

至元十五年（1278），平章政事、户部尚书何玮邀请刘因来易州（今河北易县）家中设馆讲学，刘因在何家读书授馆三年。何玮是元代著名将领，但不是赳赳武夫，而是一位儒将、儒官，"事军旅而敦诗书，生阀阅而习政务"④。他重视发展教育事业，善于举荐人才。为官之余，他不惜重金购书，并将藏书用于家庭和公众教育。何玮曾参与伐宋之役，藏书中有不少是从南宋旧境携回的理学书籍，这些书在北方不易搜寻。刘因教书三年，有机会大量阅读何家的藏书。《静修先生墓表》载：何公家住易州，

---

① （元）苏天爵：《静修先生墓表》，载（元）刘因著，商聚德点校《刘因集》，第 503 页。
② （明）宋濂等：《元史》卷 171《刘因传》，第 4008 页。
③ （清）黄宗羲：《鲁斋学案》，载《宋元学案》，中华书局 1986 年版，第 4 册，第 2994 页。
④ （元）程钜夫：《雪楼集》卷 3《追封梁国公谥文正制》，《钦定四库全书》本。

【北学人物及思想】
儒家的隐者

"奉亲家居,藏书万卷,亦以教子为请",刘因"平生苦无书读,又乐易之风土,遂允其请。三年即归,何公赀以银币,皆谢不受"。① 执教三年,银币分文未取,体现了他"忧道不忧贫"的君子操守,视钱财为身外之物。三年后,回到家乡容城,继续传道授业。

《静修先生墓表》云:"先生年未弱冠,才气超卓,日阅方册,思得如古人者友之。"② 得到周、程、张、邵、朱这些理学家的书,一读就能够理解其中的精微义理,曰"我固谓当有是也"③。因而推崇理学,特别倾慕朱熹,因为朱熹是理学集大成者:"邵,至大也;周,至精也;程,至正也;朱子,极其大,尽其精,而贯之以正也。"④ 这段话被后人广泛引用,从中体现了刘因的"高见远识",也道出了他的学术思想渊源,得程朱理学精华而大成于元初。

成年后,刘因开始在家乡聚徒讲学,同时维持生计。容城附近士子负笈从游,据说有百人之多,其中包括杜萧、李道恒、刘君举、郝经的儿子郝彩鳞与三弟郝庸、房山的贾璞与贾璥兄弟等。刘因全身心投入,自编教材,勤奋著述,为元代初年理学向北方的传播作出了重要贡献。《元史》说他"家居教授,师道尊严,弟子造其门者,随材器教之,皆有成就"⑤。苏天爵所作《静修先生墓表》也说他"讲说诸经,理明义正,听者心领神会"⑥。因此,学界公认他也是理学北传的一位代表人物。黄百家云:"有元之学者,鲁斋、静修、草庐三人耳……若静修者,天分尽高,居然曾点气象。"⑦ "自赵江汉以南冠之因,吾道入北,而姚枢、窦默、许衡、刘因之徒得闻程朱之学以广其传,由是北方之学郁起。"⑧ 元末人赵汸云:"容城刘公又得以上求周、邵、程、张所尝论著,始超然有见于义理之当然、发于人心而不容己者。故其辨异端、辟邪说,皆真有所据,而非掇拾于前闻。出处进退之间,高风振于天下,而未尝决意于长往,则得之朱子者深

---

① (元)苏天爵:《静修先生墓表》,载(元)刘因著,商聚德点校《刘因集》,第504页。
② (元)苏天爵:《静修先生墓表》,载(元)刘因著,商聚德点校《刘因集》,第503页。
③ (明)宋濂等:《元史》卷171《刘因传》,第4008页。
④ (明)宋濂等:《元史》卷171《刘因传》,第4008页。
⑤ (明)宋濂等:《元史》卷171《刘因传》,第4008页。
⑥ (元)苏天爵:《静修先生墓表》,载(元)刘因著,商聚德点校《刘因集》,第505页。
⑦ (清)黄宗羲:《静修学案》,载《宋元学案》,第4册,第3021页。
⑧ (清)黄宗羲:《鲁斋学案》,载《宋元学案》,第4册,第2995页。

矣!"① 虞集则说:"予观于国朝混一之初,北方之学者高明坚勇,孰有过于静修者哉?"② 后人谓其"俯视一世,藐焉不满,其风节孤峻,真有凤凰翔于千仞之意"③。

刘因知识渊博,泛览群籍,会通经史子集,博观约取,没有浅尝辄止,没有固守一家之言。他以道自任,由学致道,自觉担当起复兴儒家道统、学统的历史责任,终生尊奉。他偶被征聘,奈何时日苦短,未能一展抱负,此后讲学授徒,传道授业解惑,传承儒家道统、学统,嘉惠后学,培养人才,教书著述,终成一代名儒、真儒。正如欧阳玄尝赞刘因画像曰:"微点之狂,而有沂上风雩之乐;资由之勇,而无北鄙鼓瑟之声。于裕皇之仁,而见不可留之四皓;以世祖之略,而遇不能致之两生。乌乎!麒麟凤凰,固宇内之不常有也,然而一鸣而《六典》作,一出而《春秋》成。则其志不欲遗世而独往也明矣,亦将从周公、孔子之后,为往圣继绝学,为来世开太平者邪!"④ 这个评价甚高。孙奇逢《理学宗传》自述该书"以叙列古名儒修德讲学之事,以明道统"为宗旨,把刘因列于元儒之首,看成道统传承的一个重要环节。

刘因去世后,至正九年(1349),元顺帝特颁圣旨,刊行刘因著作。圣旨中写道:"(刘因)负卓越之才,蕴高明之学。说经絜止于疏义,为文务去乎陈言。行必期于古人,事每论乎三代。汉唐诸子,莫之或先;周邵正传,庶乎可继……上可以禅国家之风化,下可以为学者之范模。"⑤ 称赞刘因才识卓越,学问高明,品格高尚,思想纯正,可与汉唐诸子媲美,是理学的正统继承人。这可以说是官方对他的盖棺论定。

三 少年之志与人生理想

青年时代的刘因抱着积极入世的态度,慨然有澄清天下之志,在诗篇中常坦率地表露自己的远大志向和经世抱负,期望能够贡献自己的力量使

---

① (元)赵汸:《东山先生存稿》卷2《滋溪文稿序》,康熙二十年刊本。
② (元)虞集:《道园学古录》卷6《安敬仲文集序》,《钦定四库全书》本。
③ (明)吴宽:《匏翁家藏集》卷38《新安县重建静修书院记》,四部丛刊本。
④ (明)宋濂等:《元史》卷171《刘因传》,第4010页。
⑤ (元)刘因著,商聚德点校:《刘因集》,第483页。

得社会变好,让民众享受到福祉。在十五岁时《秋夕感怀》诗云:

> 一日风会云,四方贤路辟。
> 致身青云间,高飞举六翮。
> 整顿乾坤了,千古功名立。①

他作诗明志云:"人生天地间……岂不志功名……鸿鹄凌云志,燕雀焉能知?"②他自云:"矫首望八荒,功业无可为……伟哉八尺躯,瞻世所稀。"③展示了其渴望建功立业的少年形象。

在《叙学》文末他这样表达自己为学的志向:"如是而治经治史,如是而读诸子及宋兴诸公书,如是而为诗文,如是而为字画,大小长短,浅深迟速,各底于成,则可以为君相,可以为将帅,可以致君为尧舜,可以措天下如泰山之安。时不与志,用不与材,则可以立德,可以立言,著书垂世,可以为大儒,不与草木共朽,碌碌以偷生,孑孑以自存。"④为学不仅仅治经史,写诗文,还要有做个学者、文人,为君相、为将帅、致君尧舜,治国平天下,立德立功立言,成为大儒的志向。

希贤希圣、成圣成贤是刘因的人生理想。至元四年(1267)他十九岁作《希圣解》一文,自称在梦中受到拙翁(指周敦颐)、无名公(指邵雍)、诚明中子(指张载)的训导,认识到"天地之间,理一而已。爰其厥中,散为万事。终焉而合,复为一理。天地,人也;人,天地也。圣贤,我也;我,圣贤也","天下之人皆可为圣人",立下了"希贤、希圣、希天"的宏伟志向,并以"天地间一清才"自命⑤,这是刘因理学人生观形成的重要标志。他在诗文中表达倾慕圣贤大儒之意,愿与古代士君子为友,经常写到孔子、颜回、周敦颐、张载、二程与朱熹。如《匏瓜亭》诗云:"感君亭上名,发我思圣喟。人知圣人言,孰有圣人志?圣人心如天,何时无生意……我生学圣人,栖栖形瘠癯。穷年忧道丧,漫自中

---

① (元)刘因著,商聚德点校:《刘因集》,第437页。
② (元)刘因著,商聚德点校:《刘因集》,第437页。
③ (元)刘因著,商聚德点校:《刘因集》,第229页。
④ (元)刘因著,商聚德点校:《刘因集》,第475页。
⑤ (元)刘因著,商聚德点校:《刘因集》,第399页。

肠沸。"①

他写于后来的《呈保定诸公》，可以说是他早年远大抱负的坦诚披露：

> 驷幼有大志，早游翰墨场。
> 八龄书草字，观者如堵墙。
> 九龄与《太玄》，十二能文章。
> 遨游《坟》《索》圃，期登颜孔堂。
> 远攀鲍谢驾，径入曹刘乡。
> 诗探苏李髓，赋薰班马香。
> 衙官宾屈宋，伯仲齿庐王。
> 斯文元李徒，我当拜其旁。
> 呼我刘昌谷，许我参翱翔。
> 眼高四海士，儿子空奔忙。
> 俗物付脱略，壮节持坚刚。②

他仰慕孔子、颜回，学习文人名士，全诗充满了"区区寸草心，依然报朝旭"③的济世凌云之气。在这里，刘因作为元初的文人，他的心态是积极向上的，丝毫没有出世之心。

他生长的时代虽然是一个乱世，但他渴望治世，也想有所作为："盖不能有以胜彼之气，则不能生于其气之中。而物之与是气俱生者，夫固必使有用于是气也。犹朱子谓：'天将降乱，必生弭乱之人以拟其后。'以此观之，世固无无用之人，人固无不可处之世也。"④表达了人生当有为于世，拨乱反正，匡时济世的雄心壮志。

他对老庄思想颇不认同，还提出批评。《退斋记》中他批评老氏之术："惟其窃是以济其术而自利，则有以害夫吾之义也。下，将以上也；后，将以先也；止将以富也；俭，将以广也；哀将以胜也；慈，将以勇也；不足，将以无损也；不敢，将以求活也；无私，将以成其私也；不大，将以

---

① （元）刘因著，商聚德点校：《刘因集》，第439页。
② （元）刘因著，商聚德点校：《刘因集》，第353—354页。
③ （元）刘因著，商聚德点校：《刘因集》，第20页。
④ （元）刘因著，商聚德点校：《刘因集》，第404—405页。

全其大也;柔弱,将以不为物所胜也;不自贵,将以贵也;无以生,将以生也。知洼必盈,于是乎洼。知弊必新,于是乎弊。知少必得,于是乎少。知朴素之可以文,于是乎为朴素。知溪谷之可以受,于是乎为溪谷。知瞰之势必污,盈之势必溢,锐之势必折,于是乎为婴儿,为处子,为昏闷晦寂。曰忿,曰武,曰争,曰伐,曰矜,凡物得以病之者,阉焉而不出其言。事则未极而先止也。故开物之所始,成物之所终,皆押焉而不与,而置己于可以先,可以后,可以上,可以下,可以进退,可以左右之地。方始而逆其终,未入而图其出,据会而要其归,阅衅而收其利,而又使人不见其迹焉。虽天地之相荡相生,相使相形,相倚相伏之不可测者,亦莫不在其术中,而况于人乎!故欲亲而不得亲,欲疏而不得疏,欲贵而不得贵,欲贱而不得贱,欲利而不得利,欲害而不得害。其关键橐钥,不可窥而知;其机纽本根,不可索而得;其恍惚杳冥,不可以形象而搏执也。呜呼!挟是术以往,则莫不以一身之利害,而节量天下之休戚,其终必至于误国而害民。"[1] 他较为全面地揭示了老氏之术自私自利,误国害民,乃至贻害天下的本质,与儒家的仁义道德背道而驰。所以,他尽管有隐逸思想,也是一位儒隐而不是道隐。

四 儒家的隐者

刘因虽为元代重要的儒学代表人物、北方理学名家,一生除了短暂的入仕,总体上是一位儒家的隐者。在政治上他采取与元代统治者不合作的态度,一生主要隐居以教学为生。刘因早年就过着不求仕进的隐居生活,其隐居有道在山林,道高于政的含义。苏天爵在《静修先生墓表》中说:"先生杜门授徒,深居简出,性不苟合,不妄接人。保定密迩京邑,公卿使过者众,闻先生名,往往来谒。先生逊避,不与相见。不知者或以为傲,先生弗恤也。"[2] 故称其为"乡间老儒"。他欣赏诸葛孔明《诫子书》中"君子之行,静以修身,俭以养德,非淡泊无以明志,非宁静无以致远"之语,就将居所题名为"静修",以自表心志。因为诸葛亮早年隐居,

---

[1] (元)刘因著,商聚德点校:《刘因集》,第181—182页。
[2] (元)刘因著,商聚德点校:《刘因集》,第503页。

后来刘备三顾茅庐而出山，一生还是做出了惊天动地的事业，自然是他心目中立德立功立言的楷模。在易州何尚书家坐馆三年，经常游览易州山水名胜，陶醉在山涧美景之中。他游狼山雷溪，作《观雷溪》，后又号雷溪真隐。

最初，刘因对统一的元王朝满怀希望，在忽必烈起用汉儒的那段时间里，他也一度雄心勃勃，跃跃欲试，欲施展宏图。元世祖至元十九年（1282），由不忽木举荐，擢承德郎、右赞善大夫，他一开始称疾不就，而朝廷"固辟之"①，就北上大都。可是入朝数月即以继母病辞归，时间短暂。至元二十八年（1291）召入朝，拟授以集贤学士，称病固辞，并上书丞相以明心意，元世祖表示："古有所谓不召之臣，其斯人之徒欤！"②"不召之臣"见于《孟子·公孙丑下》："故将大有为之君，必有所不召之臣。"指君王不能随意召唤有道之士为臣子。刘因一生为官不过数月，基本上过着隐逸生活。后人的确把他归为隐士，甚至对他多次辞官的原因作了种种推测。其实刘因是 位儒家的隐者。他在《退斋记》中对好友言"慎其退"，他所谓的"退"不是为自我私利的退，不是道家"以退为进"的退，不是名士"终南捷径"虚伪的退，而是以道为标准，"有道则仕，无道则可卷而怀之"（《论语·卫灵公》）的慎重选择。

陶宗仪《辍耕录》曰："初，许衡之应召也，道过真定，因谓曰：'公一聘而起，无乃速乎？'衡曰：'不如此则道不行。'及先生不受集贤之命，或问之，乃曰：'不如此则道不尊。'"③ 这件事情的具体情节是不真实的，学者们已作过考证，兹不论。可见，他以儒家之道为是否出仕的标准，出仕是为了实现儒家之道；如果不能推行儒家之道，宁愿退隐，以保持道的尊严。正因为这样，他对许衡仕元，尤其是其屡次隐退，屡次复出，甚为反感，多有批评，认为这是在玩弄"老氏之术"，以术欺世盗名，背离儒家之道。在《退斋记》中他不点明地批评许衡说：世有"挟是术以往，则莫不以一身之利害，而节量天下之休戚，其终必至于误国而害民。然而特立于万物之表，而不受其责焉。而彼方以孔孟之时义，程朱之名理，自居

---

① （明）宋濂等：《元史》卷115《裕宗》，第2891页。
② （明）宋濂等：《元史》卷171《刘因传》，第4010页。
③ （元）刘因著，商聚德点校：《刘因集》，第525页。

不疑，而人亦莫知夺之也……以术欺世，而以术自免也"①。这种批评可能有误解的成分在内，但刘因是以明道和行道来判断的，有其自己的思想逻辑。全祖望《书刘文靖公退斋记后》指出"文正（许衡）之仕元，世多遭议，予盖不尽以为然。由文靖之言观之，则知苟非行道之时，必不当出，亦不当择地而居之。盖立人之朝，即当行道，不仅以明道止。不能行道而思明道，不如居田间而明道之为愈也"②。刘因以儒家之道作为进退出处的价值标准，认为如果不是行道之时，必不应当出仕，也不应当择其地而居，试图走"终南捷径"。如果出仕入朝，那就应当行道，而不仅仅是明道。如果出仕不能行道还想着明道，那还不如怀抱大道，隐退田间。就是说，在进退出处的问题上，刘因的态度是为行道而进，为尊道而退，践行儒家"天下有道则见，无道则隐"（《论语·泰伯》），"邦有道，则仕；邦无道，则可卷而怀之"（《论语·卫灵公》）的出处之道。宋濂评价他"或出或潜，与道周旋"③，就是说他或出或处，都是以儒家之道为标准的，出仕以行"道"庇民，拒聘退隐以保持"道"和士人的尊严。士人要"志于道"，以道为己任，这是自儒学创立时就形成的传统，也是刘因人生追求的归旨。

他不同于古来一般的隐士，他在《玉漏迟泛舟东溪》一诗中自述："不学东山高卧，也不似，鹿门长往。"④"东山高卧"的典故是指晋谢安隐居东山，多次拒招，不肯出仕。"鹿门"是鹿门山省称，在湖北省襄阳市。后汉庞德公携妻子登鹿门山，采药不返，隐居不出，据说诸葛亮曾数拜床下，刘表数请不出。刘因在这里借以表达自己与谢安、庞公不同，不想做个终生不出的隐士，言外之意是如果有机会出仕，可以实现他的理想抱负，他不会坚辞不出。

如果说他早年羡慕诸葛亮，彻底隐退以后则心仪陶渊明。他留下的七十六首"和陶诗"就是归隐以后的生活纪实，抒发了他像陶渊明一样淡泊隐逸的情怀，可视之为他内心的自画像和精神写照。从"和陶诗"可以看出隐逸生活的艰辛与清苦，但他受陶渊明"不为五斗米折腰"的影响，隐

---

① （元）刘因著，商聚德点校：《刘因集》，第182—183页。
② （清）黄宗羲：《静修学案》，载《宋元学案》，第4册，第3023页。
③ （元）刘因著，商聚德点校：《刘因集》，第513页。
④ （元）刘因著，商聚德点校：《刘因集》，第125页。

居固守，不为荣华富贵而丧失人格尊严，而是学孔颜之乐，安贫乐道。与陶渊明更接近于道家"自然无为"的隐逸不同，他选择隐逸，并非消极避世，而是不忘斯世，始终胸怀家国天下，心存匡世之志。如《和饮酒（其五）》："饮酒不为忧，立善非有干。偶读形神诗，大笑陶长官。伤生遂委运，一如咽止餐。参回岂不乐？履薄心常寒。天运安敢委？天威不违颜。庄生虽旷达，与道不相关。"① 这首诗对庄子旷达、陶渊明隐逸颇有微词，表达了对曾子、颜回避世不避人，安贫乐道的认同。

刘因的隐逸不是世俗人认为的恃才傲物，索隐行怪，而是以其高尚的道德人格，崇道弘德的精神气象，对浇薄世风有移风易俗、顽廉懦立、鄙宽薄敦、民风归醇之效。吴明《乞褒赠刘公书》写道："臣闻，国家之有隐士，足以励薄俗，扶世教，英风清节，照映千古……伏见保定处士刘因，当先帝时，隐居教授，不求闻达。属裕宗在东宫，由布衣起为赞善大夫，旋以母老辞去。既又以集贤学士召，而不肯起。是其志趣高尚，有非时辈之敢望者……士之处世，不自贵重，闻一人之喻、一章之荐，或得人箪食豆羹，则喜见颜色，唯恐或失，不复知有廉耻羞辱等事……当风俗浇薄中，而忽得此人，足为奔竞者之劝。可谓颓波砥柱，绝无而仅有者也。"② 刘因能够做到"出处进退之间，高风振于天下"③。元人江存礼比较刘因和许衡说："刘梦吉之高明，许鲁斋之践履。"④ "高明"指精神境界上达天道。《尚书·洪范》："沉潜刚克，高明柔克。"孔传："高明谓天。"明人崔铣说："许鲁斋实行之儒，刘静修志道之儒。"⑤ 刘因的"高明"就是"志道"的结果。刘因作为"志道之儒"其进退出处自然以道为标准，与许衡"践履"的"实行之儒"有根本区别，也就是明道与行道的区别。在儒家思想中明道与行道本来是统一的，但在实际中不同儒者可能会有不同偏向。对刘因来说，他试图使明道与行道结合起来，强调行道先要明道，明道是为了行道。他既是"志道之儒"，也是"实行之儒"，据《元史·安熙传》载：刘"因得宋儒朱熹之书，即尊信力行之，故其教

---

① （元）刘因著，商聚德点校：《刘因集》，第37页。
② （元）刘因著，商聚德点校：《刘因集》，第501页。
③ （元）赵汸：《东山先生存稿》卷2《滋溪文稿序》，康熙二十年刊本。
④ （元）刘因著，商聚德点校：《刘因集》，第515页。
⑤ （明）崔铣：《洹词》卷9《休集》第61章，文渊阁《四库全书》本，第19页。

人，必尊朱氏。然因之为人，高明坚勇，其进莫遏"①。儒家的实行不仅仅是入仕做官、治国平天下的政治实践，传道授业、教书育人、教化一方，为天地立心（传承道统）、为生民立命（关心民瘼）、为往圣继绝学（传承学统）都是儒者的实行实践。刘因始终怀抱大道以经世致用。在他看来，经世致用不能局限于入仕做官，传承道统、学统，弘扬儒家文化、教书育人、教化一方也是经世致用。所以他彻底拒绝入仕，隐退民间后，仍然保持着对社会的关怀、对民生的忧患，这就是儒家的隐者。

五　刘因隐居不仕的原因

刘因的隐退不出原因很多，学界多有研究。首先，对蒙古人杀戮掳掠的愤懑。蒙古部族在夺取政权的过程中，大肆杀戮掳掠，给老百姓带来深重灾难，战乱流离之苦，成为他日常闻见，笔下不时述及，"保州屠城，惟匠者免"②，"凤翔之役，太宗（窝阔台）诏从臣分诛居民，违者以军法论……河南之役，汴既降，仍不听居民自出，日饿死不可计"③。这些都是对蒙古人恶行的如实记录。在《易州太守郭君墓志铭》中刘因写道："金贞祐，主南渡，而元军北还。是时河朔为墟，荡然无统。强焉弱凌，众焉寡暴。孰得而控制之？故其遗民自相吞噬殆尽。"④对元军所到的地方，庐舍为墟，遗民自相吞噬表示强烈愤懑。在《武强尉孙君墓铭》中他写道："金崇庆末，河朔大乱，凡二十余年，数千里间，人民杀戮殆尽，其存者以户口计，千百不一余。"⑤面对蒙古人的惨无人道和人民遭受的苦难，他对蒙古人建立的元朝自然就有埋藏于内心的愤怨之情。

其次，对蒙古人统一由认同到失望。元朝建立以后，刘因虽然以"金人"自居，发"故国"之思，也在对南宋腐朽的批判中不乏同情，但他对统一的元朝还是认同的，也抱有匡时济世之心。经受了长期分裂战乱的刘因赞同蒙古人统一："自北而南，天开元基。辽渐燕垂，金奠淮夷。厌分

---

① （明）宋濂等：《元史》卷189《安熙传》，第4328页。
② （元）刘因著，商聚德点校：《刘因集》，第407页。
③ （元）刘因著，商聚德点校：《刘因集》，第146页。
④ （元）刘因著，商聚德点校：《刘因集》，第171页。
⑤ （元）刘因著，商聚德点校：《刘因集》，第169页。

裂耶，孰彻藩篱。白雁一举，横绝天池。"① 他指出自北而南，辽、金、宋渐次为元所灭，天下统一。宋元之际分裂战乱，百姓流离失所，重归大一统对老百姓终究是一件好事。"中统元年，今天子即位，草昧一革，古制浸复。及至元改元，则建官立法，几于备矣。"② 这表明他对忽必烈还是认同的。但后来刘因越来越发现忽必烈虽然有图治之心，却难以改变蒙古人酷烈嗜杀的习性，渐渐感到他不像"大有为之主"，故"决去不顾耳"。明人马平泉也说："元之初政，大纲不立，奸匿横恣，世祖（忽必烈）虽有图治之心，而酷烈嗜杀，岂大有为之主哉！先生（刘因）所以决去不顾耳。"③

再次，对元初现状的不满。面对元初"当国者急于功利，儒者之言弗获进用"④ 的现状，刘因多次辞疾不起，其原因如全祖望所分析的，他"盖知元之不足有为也。其建国规模无可取者，故洁身而退……至其不肯仕元之意，亦皆见之于诗。其《咏四皓诗》曰：'智脱暴秦网，义动英主颜。鄙哉山林槁，拇也或可班。安得六黄鹄，五老相追攀。'四皓固尝入汉廷，希夷亦朝宋祖，而皆不仕，文靖以之自况也。又曰：'孺子诚可教，从容济时艰。出处今误我，惜哉不早还。'托兴于四皓之辅汉惠，而终不能安汉，以见己之不当留也，故《题严光诗》曰：'为陵成高节，此亦天子恩。中庸久芜没，矫激非天民。'其言皆和平中正，以求出处之宜……睹时政之谬，而思晦迹以自保……文靖生于元代，见宋、金相继而亡，而元又不足为辅，故南悲临安，北怅蔡州，集贤虽勉受命，终黹屣去之，此其实也。"⑤ 他首次，即唯一一次入仕后，就发现元朝统一初期国纲不立，奸臣横肆，颇感失望，"朝纲一紊国风沉，人道方乖鬼境侵"⑥，看透了"仕途尽看鼠为虎，若辈却教龙作鱼"⑦ 的官场。元代统一以后对汉人知识分子并不真正重用和尊重，为了维护蒙古贵族的特权，蒙古人采用"民分四等"的政策，也就是把全国人分为四等：一等蒙古人，二等色目人，三

---

① （元）刘因著，商聚德点校：《刘因集》，第151页。
② （元）刘因著，商聚德点校：《刘因集》，第145页。
③ （清）王梓材、冯云濠编撰，杨世文等点校：《宋元学案补遗》卷91《静修学案补遗》，人民出版社2012年版，第3516页。
④ （元）苏天爵：《静修先生墓表》，载（元）刘因著，商聚德点校《刘因集》，第504页。
⑤ （清）全祖望：《书文靖渡江赋后》，载《宋元学案》，第4册，第3025—3026页。
⑥ （元）刘因著，商聚德点校：《刘因集》，第108页。
⑦ （元）刘因著，商聚德点校：《刘因集》，第108页。

【北学人物及思想】
儒家的隐者

等汉人，四等南人。民间还有"九儒十丐"之说。这显然是赤裸裸的民族歧视政策。"朝廷乃自乐，山林为谁忧？视彼昂昂驹，奈此泛泛鸥。四维既不张，三纲遂横流。坐令蚩蚩民，谓兹圣与俦。蚩蚩尚可恕，儒臣岂无尤？"①在这样肆行民族歧视的王朝统治下，儒家道德纲常受到了前所未有的冲击，"四维既不张，三纲遂横流"二句，就是非常形象的概括。

最后，个人不能以道自尊。刘因《四皓二首》之二写道："留侯在汉庭，四老在南山。不知高祖意，但欲太子安。一读鸿鹄歌，令人心胆寒。高飞横四海，牝鸡生羽翰。孺子诚可教，从容济时艰。平生无遗策，此举良可叹。出处今误我，惜哉不早还。何必赤松子，商洛非人间。"②这首诗通过汉初商山四皓的故事，对照反思自己的出仕之举，颇有追悔之意。其中真金太子虽然是朝廷中的汉法派，准备重用儒生，但刘因入朝才发现太子并不是"可教"的"孺子"，蒙古贵族不能行儒家"尊师重道"的基本礼仪，把东宫的师傅看成皇太子的"家臣"，严主仆之分。得不到真正的尊重，以道自尊的刘因自然不能接受，于是"不有拨乱功，当乘浮海舟"③。明人邵宝《重刊静修先生文集序》颇能理解刘因："论者拟公两生、四皓，世以为名言。然两生责汉以德，四皓责汉以礼，而不谓其世之不可也。若公之世，盖大异于汉。公产其地，如硕果在剥，渺焉独存。再征再逊，而自靖以卒。知《春秋》之义者，当有以处公矣，尚奚以他求为哉！"④刘因所处的时代和境遇与汉初鲁地两儒生和商山四皓有同有异，其进退出处是合乎《春秋》之义的。

如果从个人私利来说，当时作为特聘来的正六品职官，刘因与处于社会底层的大多数汉族儒生不同，可以享受相当的优待。如果他只是为了功名利禄，在元朝也能混下去，但他出仕的目的是"吾道苟寸施，吾民犹寸庇"⑤，当他发现"道"在元初朝廷没有位置，"道"的尊严也谈不上的时候，他就毅然决然弃官而去。后来尽管又有多次征召，以道自尊的刘因，就再没有入仕之心了。

---

① （元）刘因著，商聚德点校：《刘因集》，第4页。
② （元）刘因著，商聚德点校：《刘因集》，第226页。
③ （元）刘因著，商聚德点校：《刘因集》，第4页。
④ （元）刘因著，商聚德点校：《刘因集》，第484页。
⑤ （元）刘因著，商聚德点校：《刘因集》，第439页。

鹿善继的生平与思想[*]

陈寒鸣[**]

摘要：鹿善继，谥号"忠节"，北直定兴（今河北定兴）人。其每阅《传习录》，则心动，于是"寝食其中，慨然有必为圣贤之志"。万历四十一年（1613）春，会试赐进士出身，观使兵部，后授户部山东司主事。天启元年（1621）因其突出的才干而改任兵部职方司主事。大学士孙承宗理兵部事，推心任之，倚之若左右手。崇祯九年（1636）七月，清兵攻定兴，与敌相持六日，城破死之，终年六十二。鹿善继著述甚丰，《四书说约》《认理提纲》《寻乐大旨》集中体现了其儒学思想。

关键词：鹿善继；阳明心学；燕南王学；节义之士；《鹿善继全集》

一

鹿善继（1575—1636），字伯顺，号乾岳，晚年自号江村渔隐，谥号"忠节"，北直定兴（今河北定兴）人。善继"端方谨恳"[①]，以节气著称。他自少读王阳明《传习录》而切入圣学，既入仕，不以功名为虑，独以天下国家为怀。

明神宗万历三年（1575）乙亥十月十三日，鹿善继出生于河北定兴江村。其先世乃小兴州人，明初内徙家于定兴之江村。善继祖父名久征，字子诚，号豫轩，《定兴鹿氏二续谱》说："公仪质端凝，风性峻洁。为诸生，隐然有公辅之器。郡守某行涴而貌似公，或指语之，公笑曰：'所不

---

[*] 本文是作者为其所整理点校的《鹿善继全集》所作的前言。——编者注
[**] 陈寒鸣，天津市工会管理干部学院。
[①] （清）张廷玉等：《明史》卷267《鹿善继传》，中华书局1974年版，第6889页。

心其心耳。'隆庆庚午，以《春秋》举乡试。"① 善继父名正，字以道，号成宇，封太常寺少卿。少为诸生，富学问裕经济，慨然有任天下之志，虽不以功名著称于世，但忠贞孝节，堪称一乡之善士与一国之善士，海内称鹿太公。孙奇逢《鹿太公传》说："侍御宦游，正拮据家务，一意以明农课子为己任，故侍御得无内顾忧，太常未尝北面一塾师而业就。"② 正生平勤俭持家，恤人之急甚于己；笃念手足，与弟直友欢，终生无间；性不解饮而雅好客，尤仗义急公。《定兴县志》称其"方严有道骨，浼视宠利，醉心于忠义节烈"③。陈铉编《明末鹿忠节公善继年谱》谓："先生生于积德之后，挺然以乾道任，自强不息，学者咸称乾岳先生。"④

善继生而凝重，少不嬉戏。祖父和父亲均不令就塾师，遂从丁忧在家的祖父久征受章句，久征服阕出仕后从父受庭训，自幼即深受祖父和父亲的影响。方象瑛《鹿忠节公传》说："善继端方谨悫，少以祖父为师。"⑤ 所以，善继虽从未受过塾师训诲，但在祖父、父亲的悉心教育下，少儿时即承传了家学。

万历二十一年（1593）癸巳，善继试有司，以第一人籍于黉宫。陈铉编《明末鹿忠节公善继年谱》卷上记："督学使者周公孔教雅擅人伦之鉴，咄咄赏异之。"⑥ 二十二年八月，应顺天府乡试，因场中题未得解，归而旁求诸家注义。见其中有采集王文成《传习录》中语者，每阅之辄心动。时，祖父久征方按苏松，善继特致信请求祖父帮助购买《传习录》。久征得信十分高兴，谕云：看字有曾点、漆雕开，已见大意。意思扩充得去，便是天地间第一等人，眼前功名无论也。（按：据《定兴鹿氏家谱》）久征按苏松时，购得《王文成公全书》与《王心斋遗录》，寄与善继。善继欣然习焉，此为他接触阳明心学之始。茅元仪撰《忠节公行状》，称他"生而端凝，长而嗜学，介然自守，无温饱之意。求姚江全书诵咏之，理学经纬皆本于此"⑦。从此，善继"以阳明所谓将

---

① 《定兴鹿氏二续谱》卷4，清光绪年间族刻本。
② （清）孙奇逢著，朱茂汉点校：《夏峰先生集》，中华书局2004年版，第156页。
③ 《定兴鹿氏二续谱》卷13《传状》，清光绪年间族刻本。
④ （清）陈铉编：《明末鹿忠节公善继年谱》，台北：台湾商务印书馆1978年版，第2页。
⑤ 《定兴鹿氏二续谱》卷13，清光绪年间族刻本。
⑥ （清）陈铉编：《明末鹿忠节公善继年谱》，第3页。
⑦ 《定兴鹿氏二续谱》卷14，清光绪年间族刻本。

本体只作一番光景玩弄为戒，自少至老，在邦在家，只求事事不亏本分，时时不愧本心，故能崛起北方，倡明绝学。卒之教身成仁，舍生取义，为有明一代真儒"①。

二十五年，孙奇逢总角游泮，文名蔚起。善继过容城闻之，遂定交焉。奇逢（1584—1675），字启泰，号钟元，直隶容城（今河北徐水）人，学者称夏峰先生。其学以慎独为宗，以体认天理为要，以日用伦常为实际。黄宗羲《明儒学案》卷54《诸儒学案下二·忠节鹿乾岳先生善继》说："先生与孙奇逢为友，定交杨忠愍祠下，皆慨然有杀身不悔之志。"二十七年，善继从学于朱学学者范锡。范锡不汲汲家人生产，布衣粝食，矮屋颓垣，终身如一日，以至于没后几无以殓。然轻财好施，急人疾苦，生平助币赠椟，赎人妻子不胜计。范锡的道德品格、处世风范，对善继有深刻影响。《定兴鹿氏二续谱》卷13录《定兴县旧志·列传》谓善继"谒一泉范先生，语次以做人为柄，大服佩之"。

二十九年起入山读书十年，经史子集，无所不窥。陈鋐编《明末鹿忠节公善继年谱》称，善继为文，愈益精进。凡作文，"五经""四书"无不连贯，且每至后幅皆有一段确然不拔之论，犹如同出一源者。有人问其至交孙奇逢，伯顺何以如此？奇逢转询，善继答曰："得力固在《传习录》尔。"黄宗羲《明儒学案·诸儒学案》述善继"读《传习录》而觉此心之无隔碍也。故人问其何所授受，曰：'即谓得之阳明可也'"②。

三十四年，三十二岁的善继领顺天乡荐，出王以悟之门。既登贤书，布衣草履如常，萧然诵读，究心于天下之大。

三十九年，为孝廉薛一鹗遭诬事，善继本已白于新县令胡嘉桂"持勘"，几得雪之，而邑绅之不类者复簧鼓郡守，善继愈益愤然，遂召集孙奇逢等孝廉诸生三十六人为告于守令，守令语侵善继，善继愤曰："某等颇知自爱，从前未尝来，此后定不来，独此义愤所激不容不来尔！"③侃侃昌言，守令为气夺。又告于观察刘洪谟；洪谟以风节著，与善继意合，遂使冤事得白。为雪诬谤，主持正义，鹿善继发动学运，共集孝廉诸生三十六人为告于守，并且愤然与有司抗辩，卒获成功。善继后来作诗赠孙奇逢

---

① （清）陈鋐编：《明末鹿忠节公善继年谱》，第4页。
② （清）黄宗羲著，沈芝盈点校：《明儒学案》，中华书局1985年版，下册，第1305页。
③ （清）陈鋐编：《明末鹿忠节公善继年谱》，第12页。

【北学人物及思想】
鹿善继的生平与思想

并纪此事。①

四十一年春会试,中进士,出徐光启门。徐光启赞善继其文"真朴",特拔擢之。善继后来在祭悼徐光启的文章中自述此次受光启知遇事,说:"某受师恩,在风尘格套外。追忆及门,群为执贽;某具八行,以红白柬当锦绣缎,人皆目笑,师独心嘉。每于旅进旅退之余,容以不衫不履之度。"②可见善继不是将光启如常礼般地视作座师,而是真正敬奉为自己的老师。徐光启乃焦竑(弱侯)门生,而竑又是罗汝芳的学生,故而在学脉上,善继与泰州学派有亲缘关系。

善继中进士后奉旨观政兵部,萧条高寄,不屑逐新贵风尘,不久即请假返里。告假归里后开门授徒,有执贽及门者辄诲焉,"日取四子书相与讨论,举先圣先贤奥义,无不抉出而示之人,复无不证入而归之我,谓圣贤往而圣贤之心至今在,特患不反求尔,故名其所著曰《说约》,盖欲人之反也"③。故而自是年起,门人始进。后丁母忧,居丧不废讲学,四方来学者益众,如坐春风,《年谱》谓其"性严毅,是非好恶未尝少徇于人,而同心者则无不饮以和、迎以善,春风之座,嘘入肺腑,殆不独发彼群蒙也"。而他所讲论者尽在《四书说约》中,门弟子认为《说约》一书,句句据先圣之心法,句句针后学之顶门。

四十七年六月,善继服阙,补户部河南司主事,复署广东司。后刻所著文章十五种,高阳孙承宗题曰《认真草》。被谪归里的善继,教授如曩时,"道日以尊,门人日以进"(《行状》)④。这是他平生第三次开展集中讲学活动。四十八年八月,光宗即位,因范景文疏请起用而有旨复官,被委以典新饷。不久,沈阳、辽阳相继失陷,辽东更加危急。善继于天启元年(1621)以才望改兵部,主职方司事,管题复,"入署,与同舍郎叶公震生、耿公如杞誓竭忠无贰"⑤。天启二年八月,孙承宗自请督师榆关,善继请求随同至关,茅元仪《行状》说:"时议欲用公为符丞,又欲以为铨

---

① 参见《无欲斋诗钞》,上海图书馆藏"四库全书直隶总督采进"本。善继诗前题道:"定兴至庚、辛之交,士气尽矣。容城孙启泰时寓都门,千里赴义,豪宕感激,事平北上,赋此为赋。"
② 梁家勉编著:《徐光启年谱》,上海古籍出版社1981年版,第103—104页。
③ (清)陈鋐编:《明末鹿忠节公善继年谱》,第17页。
④ 《定兴鹿氏二续谱》卷14,清光绪年间族刻本。
⑤ (清)陈鋐编:《明末鹿忠节公善继年谱》,第36页。

· 49 ·

部,公辞曰:'使某丹徼之间回首想此,诸君子亦何所取而用之?'其事乃已。"① 遂奉旨参幕事。孙铨编《孙文正公年谱》记道:"公(承宗)乃辞职方主事鹿善继、王则古赞画军务。"②

据《年谱》,善继参赞军务,以君父之急,从枢辅于行间,尝曰:"吾人生天地间,第一等愿要报国家,而报国家又全在安危存亡之际。"他在《与刘方壶书》中说"师相三年","昼夜拮据,无一念不在复辽",而他自己"辽一日未复,食能一日下咽耶?"③ 他不仅襄助承宗定筑宁远城之计,而且更竭尽心力地协助承宗革除关防陋习,一切馈贻请托皆痛绝之,茅元仪《忠节公行状》曾忆述与善继从孙承宗参赞军务事道:

> 高阳在关复辽疆四百里,凡五城二十七堡。惟余与公造膝密画,公出而授诸大将,余时以身先之。盖与公同参军事,共卧起日息者三岁。公澄然若止水,而计画周密,决机奋迅。其谋谟调剂之功有他人不及知,惟高阳与余知之。高阳公曰:"伯顺在座,使人非几尽杜,俨若严师。其助我神明者,不止谋谟矣!"④

他尤其称道善继襄助孙承宗立军法申军纪,"公之力居多,余愧不及也"。而"至今二十年,名将无不出高阳之门,天下言军政者无不称高阳"⑤,此亦可想见善继襄助之功。四年九月,善继获升兵部员外郎,不返京回部任职,而仍从孙承宗在关外参赞军务。

自任边事以来,孙承宗即备受猜忌,善继谓:"师相身任东事,其算竟局之著数于丝棼鼎沸之时,一眼到底,不减淮阴登台、隆中抵掌,而其提全镇之精神者,寓紧于松、寓明于晦、寓远于近,脱脂换骨而人不惊。所称胆智,此其人欤?使师相不在师中,而天下事之去久矣。"⑥ 尽管竭尽心力,却疑忌日重,百般掣肘,以至于欲入京面奏军务,犹被阉党阻于通

---

① 《定兴鹿氏二续谱》卷14,清光绪年间族刻本。
② 李红权辑录点校:《孙承宗集·附录三》,学苑出版社2014年版,下册,第1446页。
③ 《认真草》卷14,清光绪五年刻,畿辅丛书本。
④ 《定兴鹿氏二续谱》卷14,清光绪年间族刻本。
⑤ 《定兴鹿氏二续谱》卷14,清光绪年间族刻本。
⑥ 《认真草》卷14《答郭金谿书》,清光绪五年刻,畿辅丛书本。

州，不得入京见帝。茅元仪撰善继《行状》述："十二车营成，高阳将渡河同公入奏，抵通州矣。时逆珰新用事，人有言'高阳将清君侧'者，珰恚，望拒之。或曰：'功成之日复能拒乎？将无死所矣！当以省饷之法减兵以掣之。'"① 善继说孙承宗"明知中朝有不悦恢复之事者，一面出师，一面告病，不得已而阴阳之。乃朝士觑破欲进之意，即佯信其请告之词，而欲以骑劫代乎？""三年来千辛万苦，所办垂成之绪废于一旦，此岳武穆之所以恸哭于金牌十二也！""于师相身上，有何不可？独可为宗社恸耳！"并坦言："师相必不趋朝，弟亦必不还部。近日所备干粮煤炒，唾手为渡河之用者，今且为归田之用矣。"②

五年冬，孙承宗获准归里养疾，善继亦经再三恳请而于次年春得允归里养病。《年谱》记："先生抵里门后，教授生徒如待放时，而门人日益进。"③ 从这时到崇祯九年（1636）至守定兴遇害止，长达十二年间，是他第四次，也是生平最后一次集中讲学时期。他讲学的内容后尽汇辑于《四书说约》一书之中。

崇祯二年（1629）鹿善继以太常寺卿、管光禄寺寺丞事还朝，代友人作《陈治体疏》，希望"皇上勿好小察，务持大体，永塞告密之门，以杜暗窃之渐"④，这是他总结魏珰窃政、东厂用事的深刻教训而提出的重要政治主张。二年冬，烽火又起，金兵阑入，几逼都城，掠畿以南，明军溃散。是时，善继特撰《城守议》，并据实陈言，重叙承宗督师实绩，方才竭尽努力，使得"士大夫信而和之，上乃召还高阳，世龙脱桎梏，秉将篆，卒以复四城，获全胜，千里宁帖，公功第一"⑤。

善继虽以力言起用孙承宗等而大有功于社稷，然"时忌者以危法中公，赖上得免，遂谢病去，再疏始允归，而教授如曩时"⑥。既归，善继遂以"渔隐"自居，《年谱》谓其"有临河而叹，退修六经之志，因自号曰江村渔隐"。退居江村的善继，对于朝政和专制王权失望到了极点，授徒讲学是他里居期间的主要活动。

---

① 《定兴鹿氏二续谱》卷14，清光绪年间族刻本。
② 《认真草》卷14《与王翌圣书》，清光绪五年刻，畿辅丛书本。
③ （清）陈鋐编：《明末鹿忠节公善继年谱》，第60页。
④ 《认真草》卷16，清光绪五年刻，畿辅丛书本。
⑤ 《定兴鹿氏二续谱》卷14《行状》，清光绪年间族刻本。
⑥ 《定兴鹿氏二续谱》卷14《行状》，清光绪年间族刻本。

崇祯九年七月三十一日，善继令子化麟护侍父亲鹿正并携家人往容城避难后①，立即应召守定兴城邑。每夜亲巡周堞。孙奇逢记云：

是年秋七月，东事急，邑令病，守御弛甚。太常鹿公善继家居江村，（马）洁与工部郎范文源走江村，促之入城，誓以死守。城陷，洁与鹿公俱死之。继配田亦死殉。呜呼，洁一诸生耳，生以慷慨磊落雄里闬间，终以大义激烈而死。②

八月二十二日，清兵至城下。二十七日，善继亲至南门抗御清兵，被砍三刀，复被一箭，遂遇害。③奇逢《鹿忠节公传》曰："丙子秋七月，东兵破定兴。是时公移疾江村，无城守之责，毅然于望风奔溃臣节之扫地也，援兵登陴，死守七日而城陷，东兵挟刃逼公，公不为动，遂死之。当事者以殉义闻，诏赠嘉议大夫、大理寺卿，荫一子入监读书，专祠，赐谥，予祭葬。"④《孙夏峰先生年谱》说："定兴失守，鹿伯顺死之。……伯顺之太公暨子化麟携家入容城，幸得全。巡抚张其平疏略云：原任太常寺少卿鹿善继，千秋正气，一代伟人。服官数十载，功绩茂著。及养高林泉，惟知修身淑世。当人心风鹤之日，远居乡村，尽可避难本官，闻变激烈，毅然入城，止以'忠义'二字倡率士民，为效死勿去之计。迨城破，正色受刃，以圣贤道义之学，为忠臣义士之举。生有令德，死著芳名。"⑤

---

① 化麟在《赠刘克极使君四首·引》中说："使君，东海名家也。学本通方，才湛剸剧。丙子七月以清苑县佐视容城篆，时虏氛已炽，祸迫震邻。甫下车即拮据，料备仓廪中不改整暇之度。盖君曾以莱阳扼孔贼，兵事其所素谙也。未几，房果薄城下，环攻者数日，日每数次。君率长箭手射之，纵火焚其缘城之梯，更伏神器碎其冲门之车，虏之糜烂折伤者不胜计。士气激扬，各拼死绥，妇人、孺子皆踊跃趋事。虽微福于大神默若有以助之，非君之鼓励，不及此。邻壤如定兴、安肃、雄县、安州，俱相继陷，而容独屹然无恙，可谓劳苦功高矣。予携家辟地抵容，已午夜，君亲启户纳之。日在城头，备聆风旨，倾盖间若对故人。嗣闻家难。仓皇缒城，君挥泪相看，未忍判袂。拜辞赠马，徒跣奔号。日月跳丸，忽忽岁尽。予既克襄大事，君亦返辔樊舆。眷言明德，一日直千秋也。"《北海亭诗文集》，明崇祯十二年（1639），鹿静观刻本。
② （清）孙奇逢著，朱茂汉点校：《夏峰先生集》，第185页。
③ 按：此事陈氏年谱不录，仅引其子向朝廷请恤暨抚按勘查文，以纪其事。
④ （清）孙奇逢著，朱茂汉点校：《夏峰先生集》，第160页。
⑤ 张显清主编：《孙奇逢集》（中），中州古籍出版社2003年版，第1392—1393页。

二

《定兴县志》称："善继端方谨悫，岿然如断山。小章句，薄温饱，慨然有必为圣贤之志，故能崛起北方，倡明绝学，以做人为人生根本，以希贤希圣希天为做人规模，以正心诚意为做人把柄，以知耻为做人机窍，以视听言动为做人所借以通天下之关会，以非礼奉承为自坏其人生平，一意实践，神常内守，不屑屑与古今人角同异、滋议论、为一家言。孙征君奇逢叙《理学宗传》，自董江都以至善继，谓为理学中之子静、伯安。又叙忠臣自方正学以至善继，谓与高景逸、刘念台同以理学而兼忠节，载其行谊、语录极详。"① 孙奇逢称鹿善继为理学中之陆王且以理学兼忠节。颜元赞孙承宗、鹿善继、孙奇逢树帜河北："高阳相公与太常鹿先生、征君孙先生三君子，讲学论道，树帜河北。呜呼盛哉！"② 又谓："善继讲学，宗王守仁，而躬行切实过之。"③ 费密亦谓善继"有得王守仁之学"④。茅元仪说善继："其学大约本于余姚而折衷伊洛，出入朱陆，不为一家之言。每举象山自立之语为谈柄，以做人为人生根本，以希贤希圣希天为做人规模，以正心诚意为做人把柄，以知耻为做人机窍，以视听言动为做人所借以通天下之关会，以非礼奉承躯壳者自坏其人也。"⑤ 卢象升谓鹿善继"学本于余姚，出入朱陆，不为一家言，天下称其躬行实践"⑥。

黄宗羲《明儒学案》卷54谓："先生读《传习录》，而觉此心之无隔碍也。故人问其学何所授受，曰：'即谓得之于阳明可也。'"⑦ 鹿善继甚有阳明学之担当情怀，其自述读《传习录》云："我读《传习录》后发志愿担起这担子，力破流俗，一点一画，丝毫不敢假借，既见信于天下，然

---

① 《定兴鹿氏二续谱》卷13载引《定兴县志·乡贤事实》，清光绪年间族刻本。
② 《与高阳孙衷渊书》，载（清）颜元著，王星贤等点校《颜元集》，中华书局1987年版，第455页。
③ 《颜习斋年谱》卷下，商务丛书集成本，第51页。
④ （明）费密：《孙征君先生传》，《夏峰集》卷首，道光乙巳大梁书院刊本。
⑤ 《定兴鹿氏二续谱》卷14《行状》，清光绪年间族刻本。
⑥ 《定兴鹿氏二续谱》卷13《鹿太常传》，清光绪年间族刻本。
⑦ （清）黄宗羲著，沈芝盈点校：《明儒学案》，下册，第1305页。

后渐渐宽绰。将来到如今，事到眼前，亦不大费安排了。"① 孙奇逢曾述其狂狷气象："每与同侪谈说经旨，曲折尽变动中妙理，同侪谓其能记忆也。公对曰：'只是要醒，如何要记？醒的如何？是我，则由我而周程而孔孟而汤文尧舜，无不觌面以相质，六经四书皆我注脚，夫岂有疑于心乎！'自是而论交日盛。"②《明儒学案》亦记曰："首善书院之会，先生将入，闻其相戒不言朝政，不谈职掌，曰：'离职掌言学，则学为无用之物，圣贤为无用之人矣。'遂不往。先生之学，颇近东林诸子，一无搀和夹杂，其斯谓之狂狷与？"③ 而在鹿善继之学躬行实践甚得阳明"知行合一"之旨方面，世论有更高的评价："窃惟公（善继）事事不亏本分，时时不愧本心，生平券此两语，学本姚江，而能以姚江所称'将本体只作一番光景玩弄者'为戒，故随其所在，必提本来之心，按当下之身，此日此时此事此心便可下手，此知行合一之功也。昔贤以濂溪为孟子之闻知，阳明为濂溪之闻知，诚千古不易之论，姚江而后，公其嗣响矣。榆关之行，南门之役，则又武侯所为鞠躬尽瘁，文山所谓成仁取义者也。"④ 盖谓善继为阳明之"嗣响"真传。方苞立足于程朱立场，亦不得不对鹿善继躬行王学之"志节事功"大表钦佩，以为"其身心即由阳明氏以入，不害为圣贤之徒"，其发论云："余尝谓自阳明氏作，程朱相传之统绪几为所夺，然窃怪亲及其门者，多猖狂无忌，而自明之季以至于今，燕南、河北、关西之学者能自竖立而以志节事功振拔于一时，大抵闻阳明氏之风而兴起者也。……吾闻忠节公之少也，即以圣贤为必可企，而所从入则自阳明氏，观其佐孙高阳及急杨左诸公之难，其于阳明氏之志节事功，信可无愧矣。终则致命遂志，成孝与忠，虽程朱处此，亦无以易公之义也。用此知学者果以学之讲为自事，其身心即由阳明氏以入，不害为圣贤之徒。"⑤ 盖谓鹿善继虽学宗阳明，却躬行实践，不蹈虚空，以节义自期而又事功显著，是超乎学派纷争之上，而深得儒者的真精神。

具体说来，鹿善继绍继陆王心学是以阳明学为主而上及于陆象山，下

---

① 《定兴鹿氏二续谱》卷10《忠节公年谱语录》，清光绪年间族刻本。
② 《定兴鹿氏二续谱》卷13《理学宗传·鹿忠节传》，清光绪年间族刻本。
③ （清）黄宗羲著，沈芝盈点校：《明儒学案》，下册，第1305页。
④ 《定兴鹿氏二续谱》卷4《鹿善继传》，清光绪年间族刻本。
⑤ 《定兴鹿氏二续谱》卷8《鹿忠节公祠堂记》，清光绪年间族刻本。另见《望溪集》卷14，中国书店影印本，第202页。

【北学人物及思想】
鹿善继的生平与思想

及于罗念庵的。门人陈鋐所编次之《年谱》谓："阳明崛起姚江,直接洙泗嫡传,尼山之奥,因之以穷;尼山之覆,因之以发。《传习录》一书泄漏天机尽矣,阳明之后,其道在念庵,念庵之后,其道在先生。念庵之于《传习录》也,奔假而手抄之;先生之于《传习录》,索之侍御公按吴时,洞见源本,身体力行,庶几光大阳明而不第绍述之已也。"① 又谓鹿善继"平生无书不读,而更深心于语录,尝欲纂诸儒论著,汇为一书,而未竟也。所已抄者,阳明二册,象山一册,念庵二册,盖先生所北面者阳明也,所比肩者,象山、念庵也"②。由此看来,鹿氏之学是承接着罗念庵而得以成为晚明王学重要一脉的。罗念庵之学,胡庐山谓有三变,即十五岁开始有志圣学,"以斯道为己任","既仕之后,其学主无欲,所举主静归寂辨答千言,要皆不逾其旨,力践之二十余年;然后廓然大悟,沛然真得,始自信于不惑之地"③。今略玩念庵著作,大体罗氏之学早期倡致虚主静说,有试图调和朱、陆,以纠正阳明后学之极端的倾向;中期主良知现成说,倾心于王龙溪;后期则专意于良知归寂说;晚期则揭经世致用之旨,倡言:"儒者之学在经世,以无欲为本。夫惟无欲,然后用之经世者,智精而力巨。"④ 他"五十前后,睹时事日非,始绝意仕宦,然饥溺由己挞市引辜之衷,未尝一日不业举也"⑤,如发现其家乡田赋有许多弊端,便要求官府改革弊政,并收到了一些成效;见家乡闹饥荒,便移书郡县,得谷数千石以赈济灾民等。虽然罗念庵晚年仍讲"主静",并以病谢客,屏居止止所中,不复窥户,但这已非早岁那种孤介清洁,自守一隅的静坐归寂了,而是一种在济天下之务的同时多言知止的有效手段。正是念庵晚期的这种思想与行为对鹿善继影响最为深巨。

另外,鹿善继受泰州学派影响的痕迹也十分明显。如鹿善继"圣学只在常行中"的观点明显是受王艮"百姓日用即道"的学旨影响的。他说:"圣人恁的直截说,后儒犹婉转不已。只是把圣学看的太高,不敢在尝行

---

① 陈鋐编:《明末鹿忠节公善继年谱》,第138页。
② 陈鋐编:《明末鹿忠节公善继年谱》,第140页。
③ 《念庵集》卷首《念庵罗先生文集序》,载徐儒宗编整理《罗洪先集·附录二·念菴罗先生文集序》,上海古籍出版社2007年版,下册,第1407页。
④ (明)胡直:《念庵先生行状》,载张昭炜编校《胡直集》,上海古籍出版社2015年版,上册,第463页。
⑤ (明)胡直:《念庵先生行状》,载张昭炜编校《胡直集》,上册,第470页。

中讨他，却不知圣人高处，政为生活在尝行中真实着脚，不比悬空解悟，你试为之好容易理学大儒个个于此字费力，果其能之，一点生意，遍满六合。尧舜，性之忠恕也。汤武，反之忠恕也。……"① 又如王艮之学不重著述、唯贵心悟、唯重实践的特点对鹿氏亦应有相当之影响。《定兴县志》谓鹿氏"一意实践，神常内守，不屑屑与古今人角同异、滋议论，为一家言"②，这与泰州学派传统是十分相近的。尽管鹿氏之学也受到泰州学派的影响，但这并不能掩盖鹿善继与泰州学派之间存在着巨大鸿沟。鹿善继基于强烈的入世情怀和士绅出身，并不能完全认同泰州学派"百姓日用之学"的平民儒学性格，而是强调应以事功报效君国，这一点与刘宗周是相同的。③ 士绅之儒与平民之儒的分野，于此亦略可得见。

黄宗羲说鹿善继之学"近于东林诸子"之说，显然是注意到鹿善继亦受到东林诸儒思想影响的。鹿善继与左光斗、魏大中、周顺昌、高攀龙等东林党人有着极为密切的交往。《年谱》记"魏大中过江村，访先生……相与莫逆"，计六奇《明季北略·鹿善继传》："与吴郡周顺昌、吴桥范景文襆被萧寺，鸡鸣风雨，以节义相期也。"方向瑛《鹿忠节公传》载"桐城左光斗、嘉善魏大中、长洲周顺昌闻而访之，定交于萧寺中"，云云。东林党人受阉党迫害时，远近避之不及，而鹿善继与其父鹿太公不惧罹祸而大施援手，其与东林党人情谊之深可以想见。又，鹿善继尝投书高攀龙表达其仰慕之情说："某何幸，以平生的仰为山斗者而交臂遇之，即俗骨浊胎无受教之地，只邂逅真儒便足了落地一番大事。"④ 并称其为"东林滴（嫡）派，洙泗正脉"⑤，但我们并不能因之而将鹿善继归于东林一脉。鹿氏之学根于阳明，而东林诸儒的学术宗旨乃在朱熹理学，其间的思想异趣是不容混淆的。所以，上引那些资料表明，与其说鹿善继在儒学思想上受到东林诸儒的影响，还不如说他在政治主张、人格气节上与东林诸儒息息相通。事实上，鹿氏之学最近东林处在其躬行实践，力矫时弊以为世范上，这与东林诸子揭橥朱学徽帜，试图以儒学力挽世风的精神相契合。但不能因此认为其学渊源就是程朱。陈鼎将鹿善继列入《东林列传》并说他

---

① 《四书说约》上论卷4"参乎吾道"章，清道光戊申年重刻本（六世孙丕宗校）。
② 《定兴鹿氏二续谱》卷13载引《定兴县志·乡贤事实》，清光绪年间族刻本。
③ 参见陈寒鸣《刘宗周与晚明儒学》，《中华文化论坛》2000年第3期。
④ 《鹿忠节公集》卷18《与高景逸书》，清光绪五年刻，畿辅丛书本。
⑤ 《鹿忠节公集》卷13《高景逸先生像赞》，清光绪五年刻，畿辅丛书本。

【北学人物及思想】
鹿善继的生平与思想

"与攀龙、光斗等交,遂得程朱之传……每拈程朱大旨教诸生,大要以认理为根,主敬为本……"①并不合乎事实。鹿氏著《认理提纲》是为启示门人路径,并非"以认理为根",其学是以阳明学的"良知""良心"为本,故"认理为根""主敬为本"的说法亦不确切。退一步说,即使鹿氏"以认理为根",其所认之"理"也是阳明的"良知即天理"的"理",这与朱熹理学之"理"迥然有别。

最能反映鹿善继儒学思想的,是《四书说约》一书。这是他撰著的一部有关"四书"的著作。善继并不是从纯学术角度精心结构这部书,而是在以"四书"教授诸生的过程中形成其心学化的经学思想,撰述而成《四书说约》的。《定兴县志》谓善继"究心理学,教授生徒,以绍往开来为己任,痛除将就冒认影响浮游之病,而一言一动触处逢源,《说约》一编,日与同人谆复口授,四方来学者以数百计,舍不能容,邻居僧院几无闲室,彬彬有邹鲁风"②。

孙奇逢《重刻〈四书说约〉序》谓:"鹿子伯顺为及门说《四书》,矢口了然,言无滞义,汇为《说约》,久已梓行。其旨盖取子舆博学详说将以反约之意。夫博与约非二也,博原自约出,非博不能约,约原自博具,非约不为博。是义也,孔子尝言之,颜子亦身承之,故曾子之修齐治平一本于诚意,子思之中和位育,一归于慎独。即上溯尧放勋、舜重华、禹平成,博矣,而一廷授受,不外执中,何其约也。岂独帝王,四时行,百物生,博莫博于天矣,而维天之命,於穆不已,万古此行生也,万古此於穆也,又何其约也。一越其宗,即为畔道。诸儒继起,各以所见为发明,如周之无欲,程之主敬,朱之穷理,陆之本心,王之良知,皆从浩博中体认精微,所谓殊途而同归,百虑而一致,无非《说约》之旨耳。今天锡复刻此编于越,附以《近溪语录》,意谓伯顺之说得之阳明最深,而近溪之说与阳明合符。予谓由阳明而子静,而纯公、元公,岂有不符哉?由纯公、元公而颜、曾、思、孟以溯之孔子,岂有不符哉?由孔子而建天地,质鬼神,考三王,俟后圣,亦岂有不符哉?总之,本诸身者是,则言无不合;言合而本诸身者非,即合亦离也。窃愿学人因伯顺之说,观伯顺之行。予自丁酉交伯顺至丙子盖四十载,深知其为浑成亏、齐得丧、一死

---

① 《定兴鹿氏二续谱》卷13《东林列传·鹿善继传》,清光绪年间族刻本。
② 《定兴鹿氏二续谱》卷13《乡贤事实》,清光绪年间族刻本。

生之人,故其所说皆躬之所行,未可以语言文字为融通了晰观也。伯顺生平极服膺朱子,晚年定论,谓王子为朱子功臣。又何有朱、陆之异而约之不合一哉?"① 可见,虽然鹿善继之学根底于阳明心学著此书,但他有感于王学末流泛滥于佗谈空论之弊,故而汇辑其平生讲学中的思想而成《四书说约》一书,重申阳明原旨,强调反求于心的躬行实践工夫。在《四书说约》卷首,他开宗明义极有针对性地点明其著此书的指向:"孔子曰:博学于文,约之以礼。礼者理也。心外无理,是所以约之也。孔子以博文约礼,铸颜渊亦就颜渊自有之理铸之。特自有者,不能自现,不无待于循循之诱,因诱而自得其颜渊,原不借理于孔子。故曰博我以文,约我以礼,颜之认我,即孟之所谓反也,吾惧学者不味反之义,而止以论说当之,则不约滋甚。夫读圣贤书而不反求之心,延平所比之于玩物丧志者,可汗人背也。即云反求之心,而一切着落,不以身实践之,徒以天倪之顿见虚为承当,阳明所称将本体只作一番光景玩弄者,更可汗人背也。故反约之道无他,于圣贤之言随其所指,居上为下,在邦在家,利害死生,辞受去就,无不提本来之心。按当下之身一一质对,如涉水者之浅深自酌,如饮水者之冷暖自知,决不敢以实未了然之心,含糊归依,尤不敢以实未凑泊之身将就冒认,则圣经贤传总会归于无言之地,不求约而约在焉。颜子复礼,其目在视听言动。约之实际固如此,然哆谈名理,到身便难。八字着脚,真实理会做工夫者,晦翁于己与子静之外,不再许人。颜子之复礼,颜子之克己也,己之不克,礼于何约?愿与学者反而求之,勿徒以口说者以身谤也。"②

兹以《四书说约》为基础,参稽鹿氏其他著作,考察、探析其儒学思想。

(一) 心体说

鹿善继自"口舌"之"言"上探究其根源,得出了"万法固从心生"的结论。他说:"'生心'二字是悟头寻出言的根源,才照出言的下落。天下大害只在言上定夺,谁知口舌中偌大干系。夫子不知言,无以知人,就

---

① (清)孙奇逢著,朱茂汉点校:《夏峰先生集》,第131—132页。
② (明)鹿善继:《四书说约引》,《四书说约》卷首,清道光戊申年重刻本(六世孙丕宗校)。

【北学人物及思想】
鹿善继的生平与思想

是杜祸本、塞乱源的本领。不动心，真少此学问不得，奈何说不得。于言勿求于心，养气离不了心，知言离不了心，万法固从心生。"① 他由是而提出了"真者，心之本体"的"心体说"：

> 天下万事，皆从心起。不患事不就，但患心不真。真者，心之本体。从来称天下有心人，为其真也。真则热，热则遇而即粘，不能秦越视。真则耐，耐则挫而益坚，不因迟久灰。②

他认为，正因为"真"是"心之本体"，故而"有心人"才能具"热""耐"的特性，从而热情任事、愈挫愈坚，挺立起坚卓的人格主体。而这个心体又"如太虚，应万物而无迹，受万事而不盈，即勋勤奠定，冠古烁今，亦加不得一毫意气。从来大圣贤穷居说个不损，大行说个不加，性分原是如此"③。大圣贤之所以"穷居说个不损，大行说个不加"，也就是因为其性分中是"真"之心体——"性"即"心"，"性体"即"心体"。鹿善继在《中庸》"唯天下至诚"章下论曰：

> 性者，人所得于天而以为心者也。天地万物，通为一体。本来面目原如此，特人被私欲夹杂，不能尽耳。性之体既包天地人物，则性之尽就在天地人物上下手。不能尽人物参天地，不叫做尽性，故说个能尽其性，便是把人物尽天地参了。非曰既把性先尽完，而后去尽人物参天地也。论实地，只在人物上是下手处，非于尽人物之外又有个参天地也。参天地，在赞化育上，天地能与人物以性，而不能尽人物之性，便是化育所不及处。向非至诚的出来，则人物有性终难自尽。随时随处都溷淆败坏，不成个世界。便是化育穷了，幸得尽性的圣人一点真精贯彻三界，尽人尽物，使天地成了全功，亏他虽是个七尺之躯，真真与天地门当户对，并列无惭。谁知我这径寸中藏着个通天彻地的神通，自不提起，憧憧伎俩有多大乾坤。④

---

① 《定兴鹿氏二续谱》卷10《四书说约》节录，清光绪年间族刻本。
② 沈乃文主编：《明别集丛刊》第5辑，黄山书社2015年版，第20册，第405页。
③ 《四书说约》上论卷3"管仲之器"章，清道光戊申年重刻本（六世孙丕宗校）。
④ 《四书说约》中庸卷3"唯天下至诚"章，清道光戊申年重刻本（六世孙丕宗校）。

在这里，鹿善继的王学面目是十分清晰的，因为"性者，人所得于天而以为心者也"，所以他以为尽性的是"圣人一点真精"，亦即"径寸中藏着个通天彻地的神通"——"心体"，这样才"尽人尽物，使天地成了全功"。朱熹《四书章句集注》中注此章云："天下至诚，谓圣人之德之实。天下莫能加也。尽其性者，德无不实，故无人欲之私。而天命之在我者……亦我之性。但以所赋形气不同而有异耳。能尽之者，谓知之无不明，而处之无不当也。"朱子以为尽性的是"圣人之德之实"，而王阳明则倡言"心之本体即是天理"，又以"诚"为"心"之本体，如《传习录下》记其语曰："诚是心之本体，求复其本体，便是思诚的工夫。"显然，鹿善继所论与朱熹有明显的分野，而与阳明心学则颇为契合。

毫无疑问，鹿善继之"心体说"是有着先验的根据的。他明白地指明这一心体是"天与我"且"今下生成"的"一点灵根"：

> 天与我一点灵根，是人之所以为人，而即天之所以为天也。天之所覆亦无不覆，地之所载亦无不载，故曰万物一体。自其形体也，谓之天，主宰也，谓之帝，流行也，谓之命，赋于人，谓之性；主于身，谓之心，一而已矣。此一点灵根，是合下生成，历劫不化底，虽当剥蚀之后，一提便醒，人能于知痛知痒时，识其端倪，便觉鱼鸟皆亲，当时离地三尺。①

而这先验的心体——"良心"是"不为一毫人为的本体"，万万不可"挽上后天意思"，否则便是害道，"此处不着实下手"，后果是极其严重的，君子深知此中利害。他郑重地告诫说：

> 人生来都抱着一点"天地万物一体"的良心，不离方寸，涵盖乾坤，这便是现在生成，不费一毫人为的本体。顺而行之，莫挽上后天意思便是道，挽上意思便把道坏了，故君子为天下教主，只是修道，道原不是须臾可离的东西，而人之离道不是在见显上才离，其失着处全在不睹不闻之中。盖人心与天性争权处全在此，此处不着实下手，容贼在内，我以为隐微而容之，渠得我一容遂逞其志，天下之溃决泛

---

① （清）陈鋐编：《明末鹿忠节公善继年谱》，第11页。

滥不可收拾者，即是此物君子眼明手快，拼死力与他鏖战，务要斩尽杀绝者，诚知道十分利害而不得如此小心也。人在见显上怕，君子在隐微上怕……①

那么，如何把握、体认心体呢？鹿善继提出了"反之吾心"的直接办法："人自有父母，生时肫然一念，是人自具之太始，不必从黄虞问古道也。因识天下人同有父母，生时肫然一念，是天下人同具之太始，不必按坟典想古风也。以同此心之人每叹人心之不可知，以为古道之不可见于今日，试反之吾心可知否？吾自具之太始曾见否？"②这一办法之所以是可行的，是因为"天下人同有父母"，故"同具太始"，只消"反之吾心"寻求"吾自具之太始"便可以了。这样，人心可知，古道亦可见于今日。鹿善继还有所谓"明本心"的办法与此相类，他谈《孟子》中"齐桓晋文"一章时讲："人都有心而都不觉，有偶然触着才露一端，而随露随迷，全不得济。孟子设此征心之法，使人各觉有本心，即此为天德，即此为王道。陆象山以杨慈湖断扇讼是非明本心，与此同机。"③鹿氏的这种心性修养方法源自王阳明。阳明"龙场之悟"提出格物不应向外求理，而应反求诸心，遂将"格物"变为"求心"，《传习录上》记其语云："意之所在便是物，如意在于事亲，则事亲便是一物……意在于事君，即事君便是一物……意在于视听言动，即视听言动便是一物。"

因此，鹿善继主张"以心求理"，他说：

吾辈读有字的书，却要识没字的理，理岂在语言文字哉！只就此日此时此事求一个此心过的去，便是理也。仁义忠孝，名色万千，皆随所在而强为指称也，奈何执指称者求理乎？指称种种，原为人觌面相违，不得不随在指点，求以省悟，而人复就指点处成执滞，谈玄说妙，较量一字之间，何啻千里之差也。④

---

① 《四书说约》中庸卷1"天命之谓"章，清道光戊申年重刻本（六世孙丕宗校）。
② 《定兴鹿氏二续谱》卷10《鹿忠节公年谱语录》，清光绪年间族刻本。
③ 《四书说约》上孟卷1"齐桓晋文"章，清道光戊申年重刻本（六世孙丕宗校）。
④ 《定兴鹿氏二续谱》卷10《认理提纲》节要，清光绪年间族刻本。

而"此理不是落畦径的,只要主以无私之心事,不论常变,见不论偏全,事不论成败,名不论污洁,清可也,任可也,和可也,去可也,死可也,囚可也,故曰君子仁而已矣,何必同"①。故鹿善继认为,认识的过程不过是为"心"解蔽的过程。他这样解释"知":"知字原自有正解,只在不昧其心。"② 由是,他进而指出,圣人的"千经万典"都是"为人心发挥心体"的。在谈到《论语》"学而不思"一章时,他又发挥道:

> 千经万典都是为人心发挥心体,无穷境界,被他一一道尽,学而思则合古人于我,而以体验自得;思而学则合我于古人,而以印证自安。夫子说罔、殆两样,断尽学者病痛。③

总之,鹿善继的"心体说"是其思想学说的哲学内核,显露出鲜明的陆王之学的印记,其论学、论知、论礼乐、论做人等无不以此为前提和根底。

(二)论学:以"时习"为工夫

鹿善继论学大彰陆王之学"尊德性"之旨。指出"大学之道"是"以明德为头脑,以天下国家为着落,以诚意为把柄",因而明确标举出"诚意只是慎独,此外无学也"。他在《四书说约》中系统论述道:

> 《论语》开卷这一个学字是学个甚么?时习是甚么事?寻常论学,动以博文约礼为解,记诵考究便是工夫,却不知博文离不得约礼,离礼言文便不是学。孔子原有正经注脚,则大学之道是也。以明德为头脑,以天下国家为着落,以诚意为把柄,诚意只是慎独,此外无学也。《中庸》天命之性即明德也,天地万物即天下国家也,而戒慎恐惧,同此慎独。孔子之所谓学,即子思之所谓教也。《论语》言仁即性也,即德也。孟子言心即性也,即德也。又恐人据当下之人心以为心,故又曰良心,又曰本心。本心乃性也,乃德也。故虞廷不能不以人心为心,而必曰道心,正见人之所自以为心多非本心,须用精一,

---

① 《定兴鹿氏二续谱》卷10《认理提纲》节要,清光绪年间族刻本。
② 《四书说约》上论卷2"由诲女知"章,清道光戊申年重刻本(六世孙丕宗校)。
③ 《四书说约》上论卷2"学而不思"章,清道光戊申年重刻本(六世孙丕宗校)。

乃执厥中，精一何处用？所谓慎独也。故闻见莫非学之功，则考究记诵，延平以为玩物丧志，谓其于本心实际无干也。只这"时习"章曰说曰乐曰不愠，此何等滋味！向非于人不见之地，有内省不疚之功，怎得这样真切，这样超脱，岂是考究记诵摸得著？此章是孔子自写生面，全重时习。盖本心难昧，未尝不自修持，只转念易乖，学而易厌，时习则工夫无间，本体流行，深造自得，欲罢不能，说可知已。远朋就正一脉道气，何乐可以代此？不知不愠，学原为己，非为人知，然名根未断，纵强支持，终有愠意，则学便不足色。试把千古英雄勘到屋漏无言之地，要说十分中全无一分为名的意思，恐文王孔子而外，未敢多许也。这个学，一生只此一件的生活做不尽。默识，识此也；不厌不倦，皆此也；志学，志此也；共学，共此也；下学上达，即此是下，即此是上也；朝闻夕可，闻此也；吾斯未信，信此也。自其在物上应的曲当，谓之格物。自其径行了所知，谓之致知。自其成了个人品，谓之修身。随其居处有高下，作用有广狭，如在家上学，便谓之齐家；如在国上学，便谓之治国；如在天下上学，便谓之平天下。心正身修，即是中和；国治天下平，即是位育。先看《学》《庸》，后看《论语》便醒。①

鹿善继反对"动以博文约礼为解，记诵考究便是工夫"来看待"学"的观点，并且对之深恶痛绝，以"玩物丧志"相责难。他说："圣贤经传，原是发人心性之理，以为力行之助，而后世记诵之学，把所载的话头、根原、主意全不理会，与自己身上了无干涉，只在口里讲，面前说，这样学文算不得学文，先儒谓之玩物丧志。"② 这里又表现出其重"心性之理"（陆王）轻"记诵之学"（程朱）的陆王学旨。既然"记诵之学"有"玩物丧志"之弊，既然不能以"记诵考究"作为为学工夫，那么，以何为工夫呢？上文所引鹿善继意味深长地点示"时习是什么事？"——"时习"便是工夫。他指出，《论语》"学而时习"章"曰说曰乐曰不愠，此何等滋味！向非于人所不见之地，有内省不疚之功，怎得这样真切，这样超脱，岂是考究记诵摸得着？……此章全重时习"。这里，鹿善继体认入微

---

① 《定兴鹿氏二续谱》卷10《四书说约》节录，清光绪年间族刻本。
② 《四书说约》上论卷1"弟子入则"章，清道光戊申年重刻本（六世孙丕宗校）。

地层层推展"时习"工夫之切实有效的过程:虽然"本心难昧,未尝不自修持",但是因为"转念易乖"则"学而易厌",须不间断地下"时习"工夫,才能取得"本体流行,深造自得,欲罢不能"的效果。这样才会真正"不亦说乎",也才能够真正做到"乐"和"不愠"。正是由于有这"无间"的"时习"工夫,"学"则是活泼泼的终身体认之学、实践之学,因之"这个学,一生只此一件的生活做不尽。默识,识此也;不厌不倦,皆此也;志学,志此也;共学,共此也;下学上达,即此是下,即此是上也;朝闻道夕可闻,此也;吾斯未信,信此也。自其在物上应的曲当,谓之格物。自其径行了所知,谓之致知。自其成个人品,谓之修身。随其居处有高下,作用有广狭,如在家上学,便谓之齐家;如在国上学,便谓之治国;如在天下上学,便谓之平天下。心正身修,即是中和;国治天下平,即是位育。先看《学》《庸》,后看《论语》便醒"。可以说,"大学之道""四书"的枢机,无不可在"时习"工夫中讨出分晓。故鹿善继拈出"时习"以为工夫,深得为学要害。

"时习"无间,则必致"温故而知新"。鹿善继谓:"温故知新是尊德性的学问。广大高明,精微中庸,良知所包,原无尽藏,向此处用时习之功,无处非故物所摄入,无时非新机所迸出,愈温愈知,愈故愈新,故故无穷,新新不已。可以为师者,有本之学,才能提醒群蒙也。糟粕俗学,穷年故我,全无一些灵气来动得人,为不得师。"[1] 既然"温故知新是尊德性的学问",那么,以"问学"作为"尊德性"的途程和手段则必是理所当然,故鹿善继进而提出"君子以问学而尊德性"的观点。他深入论析道:

> 德者一点天理良心,所谓性也。圣人这道是从这性上制出,你看三千三百都是良心之自然而然,不得不然的。则德性是道的根本。君子要凝道,便望着道之根本上着工夫,故尊起德性来,不会尊,须要学;不知尊,须要问。这学问工夫,着实干去,把心要广大着。宽广廓大,原是本性。狭小是人自着私欲束缚了,故要致广大。然广大原不是离了日用仪节的,如嫌伦尝为小节而任意疏略,则一事打点不到,便是德性的一块破绽,求广大越不广大了,故致广大要尽精微于

---

[1]《四书说约》上论卷2"温故而知"章,清道光戊申年重刻本(六世孙丕宗校)。

【北学人物及思想】
鹿善继的生平与思想

伦尝中,事事物物都要尽心,不使一处疏略,便是致广大的法儿。把心要高明着。超脱透朗,原是本心。卑暗是人自着私欲锢蔽了,故要极高明。然高明原不是离了平尝坦易的,如嫌尝道为无奇,而专意放旷,则一事不踏实地,便是德性的一块亏欠,求高明越不高明了。故极高明要道中庸于伦常中,桩桩件件都要平实,不使一处放旷,此便是极高明的法儿。温故便指致尽极道的工夫,说这工夫终身以之,终日去干,那有遍数?体验既熟,识见日进,把道之根原渐渐看的亲切了,这便是知新。既看破道之根原,礼仪威仪上一些粉饰,也用不着,只是尽这一点极诚实的心,这便是敦厚以崇礼。崇者有这实心才成了礼了,把礼才掀起来,使立于天地之间,不如一向之凌夷衰微也。这便是德至了,便就做道凝了。是故"为上不骄,为下不倍,有道足兴,无道足容",何也?人不能行圣人之道,都是好逞意见。不知尊德性的人,凡事只要上达,却不下学,以伦尝日用为粗浅,故离却精微以求广大,离却中庸以求高明,终日求新奇,而终身不能见道。处处无有真实,而事事败坏名教,他为上便意傲不能下,为下便技痒不能忍,有道时不能欺世,无道时偏足招灾。君子以问学尊德性,凡事都不是凭意见的广大,以精微而致高明,以中庸而极识见,生于温故之余,经、曲振于真实之内,怎的得倍?怎的得信?怎不足兴?怎不足容?诗上说明理省事的人能保其身。上而骄也,下而倍也,见弃于有道也,不免于无道也,都是不能保身。君子以问学尊德性,便是明哲;上下治乱,无处不可,便是保身。①

在这里,鹿善继又进一步重申强调了"时习"(温故)工夫,指出:"温故便指致尽极道的工夫,说这工夫终身以之,终日去干,那有遍数?体验既熟,识见日进,把道之根原渐渐看的亲切了,这便是知新。"而只有循此工夫"终身以之""终日去干"才是真正的"尊德性"。由是,他批评那些"不知尊德性的人":"凡事只要上达,却不下学,以伦尝日用为粗浅,故离却精微以求广大,离却中庸以求高明,终日求新奇,而终身不能见道。"因此,"君子以问学尊德性",而这样也便是"明哲保身"了。不必说,亦由此可得"心体"之正了。鹿氏此一观点,既是程敏政《道一

---

① 《四书说约》中庸卷4"大哉圣人"章,清道光戊申年重刻本(六世孙丕宗校)。

编》所谓"尊德性、道问学只是一事"的历史回响,更是对王阳明相关思想的发挥。此外,鹿善继在一篇名为《陈范彭入学序》的文章中借表彰弟子陈范彭,指出,"德性中原有无穷智慧","特人自不著手耳"。他说:"(陈)范彭闻余谈学,而深信真举业不在学外也。探经考传,务求实底,举微危消息,欺慊关键,悉就吾身日用间认之,不敢据纸上为活计。故人所穷年占毕,苦于望洋者,范彭以数月得其要领。问切思近,领略甚速,始信德性中原有无穷智慧,特人自不着手耳。薛文清云:'读书吾得其要,天命之性是也。'范彭,范彭,可与言《读书录》矣。"①——说到底,还是个"时习"工夫。只不过,这个"时习"的"学"却不只是读有字的书,而更要深入人伦日用中去才得其真。用鹿善继的话来说,就是"学不在人伦上讨实际,要学作甚么用?"他说:"除了接人处事,何处讨本性著落?除了戒惧慎独,何处讨复性工夫,四子书中总发此理。学不在人伦上讨实际,要学作甚么用?学者须要输心拼死向这上面求足色,才不枉称学者。"②因为"人伦日用皆性中物":

> 人伦日用,满天地间,皆性中物,皆分内事。而欲置一桩于度外不可,然万事的当然却是一个总规矩所出,如月满千江,只是一月,《中庸》论道,归之率性。性无二性,道安有二道乎?如脱落伦尝以求道,则涉于虚寂,即循执迹象以求道,又涉于支离。博文约礼是修道真诀,博约非二事,乃两句话说一个工夫也。③

因此,他不主张分"学术""功业"为二事:"故天地造化,天地之寻常;帝王经纶,帝王之日用,那有学术功业之分,穷养达施之异乎!是亦为政'吾与点也',其理自明。"④按:"尊德性"与"道问学"之争以及作为此争的另一种表现形式"博文"与"约礼"之辨,是宋明儒学常常谈论的话头。而鹿善继以"时习"为工夫,并不断强调重申之,终以此为机窍将陆王之学"尊德性"学旨贯彻发挥得十分赅洽圆通。这不但可见其深于陆王

---

① 《归里草·贺陈范彭入学序》,《认真草》十五种,清光绪五年刻,畿辅丛书本。
② 《定兴鹿氏二续谱》卷10《忠节公年谱语录》,清光绪年间族刻本。
③ 《四书说约》上论卷9"颜渊喟然"章,清道光戊申年重刻本(六世孙丕宗校)。
④ 《定兴鹿氏二续谱》卷10《认理提纲》节要,清光绪年间族刻本。

之学的学养积淀，而且于绍述陆王尤其是阳明学的过程中彰显了自身的特色。

（三）以奋进为乐

"孔颜乐处"是宋明理学一大节目。自周敦颐以此指示二程，后世儒者无不悉心体认、探求。鹿善继对此则有自己的看法。他以为"孔颜乐处"便是"乐学"，他讲：

> 周茂叔语两程寻孔子颜子乐处，乐者，生人之趣，如其不乐，为圣贤何益！孔子颜子当日原乐，而其乐处何在？岂没主意的放旷，原有入手著脚的生活。孔子自谓时习、谓颜子不惰，学时便是乐时，而这个生活有端倪无文字。①

此处显然是受到了泰州学派的影响。王艮最为学者所传诵的《乐学歌》云："人心本自乐，自将私欲缚。私欲一萌时，良知还自觉。一觉便消除，人心依旧乐。乐学乐此学，学是学此乐。不乐不是学，不学不是乐。乐便然后学，学便然后乐。乐是学，学是乐。呜呼，天下之乐，何如此学，天下之学，何如此乐。"鹿善继所说的"学时便是乐时，而这个生活有端倪无文字"，自情感与心理活动角度对之予以体认的方面看，在精神实质上与王艮并无本质差别。但鹿善继却并不仅仅从"乐学"的角度来认识"孔颜乐处"。"乐学"只是手段，只是修为过程，而其指向应该是确立起一个"我"，从而体认"天命之性"，追求"为圣为贤"。因而他又借谈《论语·里仁》中"不仁者不可以久处约，不可以长处乐。仁者安仁，智者利仁"章指出：

> 以身入世，约在约上弄倒，乐在乐上弄倒。这境界专能撮弄人，个个都走样了，人自有一个入水不溺，入火不焚的故物，天命之性是也。此物不失，一心尝惺，万境超然，便是孔颜乐处。②

---

① 《定兴鹿氏二续谱》卷10《寻乐大旨》节录，清光绪年间族刻本。
② 《四书说约》上论卷4"不仁者不"章，清道光戊申年重刻本（六世孙丕宗校）。

体认"天命之性"的"故物","此物不失,一心尝惺,万境超然,便是孔颜乐处"。但这还不够,必须切实地挺立起确然不拔的主体——"我",才是指向。"把柄在己,着落在物,离却一体万物,再没有自成的法儿。"①所以,鹿善继十分重视主观能动性:"丈夫举头天外,此心此理既同,为圣为贤在我,爱的是狂狷,恶的是乡愿。"②故学孔寻乐绝不可以在形迹上求、表象上追,而应立足于"我"上的实践和体认,他于是进而强调"认得我时不必寻孔颜问乐","世上只有两个题,曰义曰利,人各自做。世界只有两般味,曰乐曰苦,人各自受。苦海无边,回头是岸,从命上醒一醒,从吾上认一认,人自有乐,举世皆迷,认得我时不必寻孔颜问乐,愿学孔子的,已先寻着乐处"。③ 如此之注重"我"及主观能动性,又与泰州后学颜钧(山农)的"大中"之学颇相契合。山农有言曰,"大自我大,中自我中,学自我学,庸自我庸",且其相互间加以错综,如其所谓,"大中学庸,学大庸中,中学大庸,庸中学大,互发交乘乎心性,吻合造化乎时育",乃至以之与《周易》六龙相配,"所谓时乘六龙以御天,独造化也"④。又据程学颜所《衍述大学中庸》所记,山农是有番创造性诠释的,即"大":"自我广远无外者,名为大";"学":"自我凝聚员神者,名为学";"中":"自我主宰无倚者,名为中";"庸":"自我妙应无迹者,名为庸"。颜钧的这种诠解,突出强调的是"自我",亦即强调了认识的主体,进而更强调"心之神工莫测",亦即强调了人的主体精神及其能动作用。鹿善继所论与之暗合,而这从又一个侧面表明其学与泰州王学在精神上确有相通之处。

这样,落实在人生体验与社会实践中,鹿善继便理所当然地提倡"以奋进为乐"。他申论道:

> 人在世间,谁不求乐而常得忧?周茂叔寻孔颜乐地,此善度身世的法门,故乐自有真,不是逍遥闲旷的生活。吾人心中有趣才得乐,而趣从何生?从不愧不怍而生。愧怍何由去?从自尽本分而去,如不

---

① 《四书说约》中庸卷3"诚者自成"章,清道光戊申年重刻本(六世孙丕宗校)。
② 《定兴鹿氏二续谱》卷10《寻乐大旨》节录,清光绪年间族刻本。
③ 《定兴鹿氏二续谱》卷10《寻乐大旨》节录,清光绪年间族刻本。
④ 《耕樵问答·晰大学中庸》《论大学中庸》,俱见(明)颜多原著,黄宣民点校,(明)韩贞原著,黄宣民重订《颜钧集》,中国社会科学出版社1996年版。

【北学人物及思想】
鹿善继的生平与思想

奋发做起，只一味随俗浮沉，则本来之面目不开，世俗之缠缚渐固，因无用力处，遂无得意处，毕世戚戚，那有出头的日子，故须把自己万物一体的本性提起，用十分力量保护之，于随时随处，实实求尽一棒一痕，一掴一血，这样吃紧工夫，才得本性常伸，与天地万物共呼吸于一气。孔子自谓发愤忘食，乐以忘忧，盖愤处就是乐处，常愤便常乐。愤乐无穷，并行不悖，故仁为己任，即工夫已到，难忘犹病之怀，而内省不疚，即恂慄无息自有心逸之妙。君子以众寡小大无敢慢为泰，名教中乐地固若此也，人不于此处求乐而求于境，岂知待境而乐已在难，必之天，且人心无足，孰是开眉之日？孔颜疏水曲肱，箪瓢陋巷，一曰乐在其中，一曰不改其乐，彼原自有把柄也，"万物皆备"一章，乐之本体工夫皆尽矣。①

不"自尽本分""不奋发做起"就不会有"出头的日子"。他举孔子为例说"孔子自谓发愤忘食，乐以忘忧，盖愤处就是乐处，常愤便常乐"。"名教中乐地固若此也"，这个"乐"是不出名教之外的。在人生体验与社会实践中以奋进为乐，那么这个"乐"便不能不充溢着勇猛精进的入世豪情。他说："当下便是乐地，愿外便惹愁肠。不处富贵，不去贫贱，岂无人情。只为要做君子，遂不得咬定精铁，士在当日，原非爱名，并不怕死，只是个方寸属我，一夫雄于九军。"② 在这里，鹿氏将佛家勇猛精进、道家无为而无不为的精神融入儒家思想之中，对人生采取一种达观进取的态度，认为乐处乃生人之趣，如其不乐，则为圣贤也无益。但乐不是"逍遥闲旷""随俗浮沉"，而是当下"奋发做起"，痛下"一棒一痕，一掴一血，这样吃紧工夫"。这样，鹿善继以奋发精进为乐，创造性地对"孔颜乐处"问题作出了积极解释。联系到晚明危亡、焦烂的世局，以考量鹿善继"以奋进为乐"解读"孔颜乐处"，显然具有无法抹杀的时代所赋予真儒者的强烈色彩。其实，又何独晚明一时、伯顺一人为然？纵观历史，每当危亡深重之时，真正的儒者又有谁不以《易传》所谓"天行健，君子以自强不息"的精神刚奋有为于世呢？此亦可视为中国儒学的精神特质之一。

---

① 《定兴鹿氏二续谱》卷10《认理提纲》节要，清光绪年间族刻本。
② 《定兴鹿氏二续谱》卷10《寻乐大旨》节录，清光绪年间族刻本。

（四）论做人

鹿善继践履沉实，躬行不辍，忠正节义，于做人上并无半点亏缺，故做人之论尤为令人心折。《定兴县志》以"岿然如断山"来形容其坚卓的人格，并以"做人"二字来概括其做人之学云：

> 善继端方谨悫，岿然如断山。小章句，薄温饱，慨然有必为圣贤之志，故能崛起北方，倡明绝学，以做人为人生根本，以希贤希圣希天为做人规模，以正心诚意为做人把柄，以知耻为做人几窍，在视听言动为做人所借以通天下之关令，以非礼奉承躯壳者为自坏其人生平。①

较之鹿氏生平事实，委实是赅洽确然之论。孙奇逢在评鹿善继《四书说约》时结合鹿氏生平中体现其人格的重大事件，亦对其坚卓人格高度称誉，以为相对于陆九渊的"喊天喊地"、孟子的"塞天塞地"之论，鹿善继躬行实践而"身有之"，似更可宝贵。孙奇逢谓：

> 迩有读鹿伯顺《说约》者，极服其快论。然谓其论猛，其气胜。予曰："诚然，鹿子服膺不降其志，不辱其身，且与人相砥砺，居然凤翔千仞，俯视流俗。其发金花也，触神皇帝之怒，而神皇帝不能夺其志。其上书叶首揆座师也，触首揆之怒，而首揆不能夺其志，其疏辨马御史也，触举朝台省之怒，而举朝台省不能夺其志，尝题联官署云：官要钱瞒不过吏，不怕对天对地对神明，只怕对吏；士无耻成不得人，漫言做圣做贤做豪杰，且言做人。陆子之喊天喊地，孟子之塞天塞地，鹿子身有之，故其言如此。"②

其中所录鹿善继所题官署对联"官要钱瞒不过吏，不怕对天对地对神明只怕对吏；士无耻成不得人，漫言做圣做贤做豪杰且言做人"，尤为精警。由此可见，鹿善继的做人论当是体现其儒学思想及把握儒者真精神的重要

---

① 《定兴鹿氏二续谱》卷13引《定兴县志·乡贤事实》，清光绪年间族刻本。
② 《夏峰集》卷2《语录》，道光乙巳大梁书院刊本。

内容。

首先，鹿善继本儒学一贯之旨，指出做人的"孝弟"是体认"万物一体之本心"的"仁"的着落，他说："仁者，万物一体之本心也，人而置一物于度外，便非为仁。然这个一体之心，其通其塞，全从事亲从兄上起。盖一本之亲，尤是生意结聚处，此处能忍，再不消讲别人了。故亲亲者自然仁民爱物，而所厚者薄，无有不薄，尧舜之道只算做孝弟，《论语》发为仁条件种种，胪列而说，为仁的根本，提出孝弟当头，煞有深意。"①而所谓"大人本领"也不过只是个"尽性""不失赤子之心"，他指出："赤子是孩提心，就无伪说，盖情识未开，不知有机械也。非指天命之性。赤子无伪时，其性虽蒙而不伤，到成立后，情伪出而性体伤矣。大人本领，尽民物，参天地，只是个尽其性，而性禁不得一毫诈伪。赤子非知存诚，只凭他不知有伪，故其性在大人，至诚只是不失赤子之心，此语要善看。"② 这本是儒学的根本看法，鹿善继不过是予以点示解说罢了。他在此基础上标举出人的主体性"人自有一天"，从而强调人的能动性，倒是颇有其自身特色的。他说："人自有一天，人各有一天。孔子只知了己，便为天之知己。吾辈只知了我，便为孔之知己。天不在天，孔不在孔，万古此下学，万古此上达，只要寂寂寞寞，苦自进修，毋以大不看顾，人不做美，稍灰此心耳。"③ 并且"治天下的算计都从本来面目上生出，离却治身径去治人，便是以昏镜照物，安得不以修身为本"④？

其次，鹿善继认为做人须有"真榜样触他"，而"榜样若真一触便动"。他说：

> 大凡习俗沉溺既深，自己天光不得透露，固做不起人来，即天光偶露，而习俗遮拦以为怪异，又主张不起来，然只要认得真，把得定，不止认吾性之善，又要认人性之皆善；其习为不善是没有真榜样触他，榜样若真一触便动，上下感应，原是不爽。所可虑者，只怕当众论纷纭之时，自己软了，便大家做成糊涂账，举世界无一处得现人

---

① 《四书说约》上论卷1"其为人也"章，清道光戊申年重刻本（六世孙丕宗校）。
② 《四书说约》下孟卷4"大人者不"章，清道光戊申年重刻本（六世孙丕宗校）。
③ 《四书说约》下论卷14"莫我知也"章，清道光戊申年重刻本（六世孙丕宗校）。
④ 《四书说约》大学卷1"大学之道"章，清道光戊申年重刻本（六世孙丕宗校）。

性本相。①

此间的关键问题是,有了真榜样触动,还须坚定信念,特立独行,执意去做,不能为"众论"和"俗眼"所左右:"观此便见,要做人,明知俗眼不喜,切莫和他商量,越商量越误事。只硬做,将来他们自然归依。"②"真榜样"是谁人?自然是圣人——那种"无处不在的圣人"。如何认出圣人呢?鹿善继点示说:"天地间一处没有圣人,便臭街烂巷,你只静中观万物,看他位置,其妥当处亏了谁,不止一时尽性,万万世人物都是赖当初圣人过活,即圣人既往,圣人制度浸微,而到底有坏不尽的大纲。"③ 此处所谓"天地间一处没有圣人"与阳明"满街都是圣人"的说法实有异曲同工之妙,于此亦可见鹿氏的王学面目。

再次,鹿善继认为做人须经过富贵贫贱的"大关头",若"过不得此关,休讲人品"。他说:

> 富贵贫贱是身世大关头,超凡入圣,全在此处。所欲所恶,人情不远,不处不去,只为天理良心上过不去耳。靠此一点良心,抵住两般俗念,死挣个君子出来。然说个不去,仁是无时可去的生活。盖富贵贫贱之交,我虽打发过去,然非一往而不再来之物,则我之欲恶非一灭而不再生之情,终身搅扯,无时无处非其所乘,我一有松懈,抵隙而入,从前功行尽成灰矣。故君子于仁是终食无违的,即造次颠沛,一针不错。
>
> 看这般用功,才跳出樊笼之外,静若山,动若水,造化为徒,好个君子。孔之浮云富贵,颜之箪瓢陋巷,孟子大骂,受非义万钟为失其本心,是一脉学问,过不得此关,休讲人品。④

故而,鹿善继提出"君子一生,只是卑迩"的观点,做人自当从眼前身下做起,须辩证地看待"高远"与"卑迩"之间的关系。他指出:"天地间

---

① 《四书说约》上孟卷3"滕定公薨"章,清道光戊申年重刻本(六世孙丕宗校)。
② 《四书说约》上孟卷3"滕定公薨"章,清道光戊申年重刻本(六世孙丕宗校)。
③ 《四书说约》中庸卷3"唯天下至诚"章,清道光戊申年重刻本(六世孙丕宗校)。
④ 《四书说约》上论卷4"富与贵人"章,清道光戊申年重刻本(六世孙丕宗校)。

甚么高？惟卑是高。甚么远？惟迩是远。真真要有高远之志的，只得把全力交付在庸行上。君子一生，只是卑迩，便是会登高行远的作家，所谓下学而上达也。以刑于友爱而顺父母，目前便是高远之实底，莫另补高远。"① 由此，他严厉地斥责虽"志于道"但却"耻恶衣恶食"的人："人疑既是志道，何为又耻恶衣恶食？然天下却真有这等事，且都是这等事。一把凡火，从里面隐隐烧起，把天与灵根已自烧断，而却犹貌上妆，口里讲，俨然自以为有道，不悟其质之已非也，学者影神被孔子总描在此。"②

最后，鹿善继认为做人须深辨"君子""小人"与"狂狷""乡愿"。对《论语》"君子成人之美不成人之恶，小人反是"一章，鹿善继极有感触地说："此是孔子道眼看破，故如此说。人知谁是君子、谁是小人而避就之哉？人岂有知小人是成我恶、败我美而甘随之者：君子所成所不成，反觉难亲；小人所成所不成，反觉易入，故自远于君子而近小人耳。小人作用，他把美恶来颠倒一番，使人既便于私情，而复得托于名理，怎不去从？到此令人深恨那小人。"③ 这种"小人"由于具有极大的迷惑性，故"到此令人深恨"。"乡愿"本是小人，但总是披上君子的外衣，其害更甚。"狂"者与"狷"者一为"中行之神"，一为"中行之骨"，"去俗俱远，于性俱近"④，故鹿善继誉"狂狷"而恶"乡愿"："丈夫举头天外，此心此理既同，为圣为贤在我，爱的是狂狷，恶的是乡愿。"⑤

（五）论礼乐

鹿善继的心体论亦贯穿于他的礼乐论之中，发挥王学处尤为显明。首先，他以"心""良心"来解释礼乐。他说："人秉天命，各有良心。但要得出头，非有所触发不可；要得站定，非有所凭据不可；要得圆熟，非有所销镕不可。圣人做下诗、礼、乐，就是触发、凭据、销镕的家活。夫子指破消息，教人下手，观此才见穷经的主意，如烂熟三经而真心犹然，不得分毫之力，可怜死！可怜死。"⑥ 又曰："诗是心之机括，礼是心之条

---

① 《四书说约》中庸卷2"君子之道"章，清道光戊申年重刻本（六世孙丕宗校）。
② 《四书说约》上论卷4"士志于道"章，清道光戊申年重刻本（六世孙丕宗校）。
③ 《四书说约》下论卷12"君子成人"章，清道光戊申年重刻本（六世孙丕宗校）。
④ 《四书说约》下论卷13"不得中行"章，清道光戊申年重刻本（六世孙丕宗校）。
⑤ 《定兴鹿氏二续谱》卷10《寻乐大旨》节录，清光绪年间族刻本。
⑥ 《四书说约》上论卷8"兴于诗立"章，清道光戊申年重刻本（六世孙丕宗校）。

目,乐是心之意味。"① 这里遵循着这样的逻辑:人各自的"良心"要"得出头",非有所触发、凭据、销镕不可,圣人做诗、礼、乐就是"触发、凭据、销镕的家活",故"诗是心之机括,礼是心之条目,乐是心之意味",而借习经以做触发、凭据、销镕的工夫,从而返归"自有"的"良心",这才是"穷经"的本来意义。鹿善继举出王阳明申论"六经者非他,吾心之常道也","六经者,吾心之记籍也"的《尊经阁记》,指示学者"宜味之"。鹿氏在阳明基础上的发挥显然更具体、更形象。他认为礼乐其实"都是模写他心之不能自已处"。鹿善继说:

> 人只为这点恻然生意,难以欺灭,遂做出礼乐来,其有声有色,可观可听的仪节,都是模写他心之不能自已处。②

又说:"礼乐虽自有个规矩,然却不可以方体定在求也,只是以良心为主,而因时因势,随处求个妥贴便是。这个礼乐,看起来原是范围天地,曲成万物的大道理,然明明白白在世上,现现成成在心中,而无人能与之合者,盖此非冥行者之所能偶合,亦非袭取者之所能附会。"③ 这里所强调的"礼乐""以良心为主"的观点,更彻头彻尾的是王学内容。

其次,"礼乐是性之中和",是成圣之具。鹿善继说:"礼乐是性之中和,乃天则也。才具铸以中和,则全是天性作用,非智廉勇艺之可名矣。此见成人全在涵养,恃其才质,物而不化,只是凡胎。"④ "有了'礼乐'二字便成圣人矣。中和之气一团涵养得来。夫子说到此语,岂不是人的足色,而忽上心来,深有慨于今之士习全无行谊,却只一味圆熟,把人的本色全然丧尽,因只举行己的根基,且不消细论涵养而曰云云。"⑤ 鹿氏此论,多少有些以"礼乐"代"天理"的意味。这开启了后来清代儒者凌廷堪以"礼"代论的先河。

最后,鹿善继认为,"礼乐不是钟鼓玉帛","礼乐不是度数",而应是圣人的教化。其隐意则是将"礼乐"与"文化"等同。如他说:

---

① 《四书说约》上论卷8"兴于诗立"章,清道光戊申年重刻本(六世孙丕宗校)。
② 《四书说约》上论卷3"人而不仁"章,清道光戊申年重刻本(六世孙丕宗校)。
③ 《四书说约》下论卷16"益者三乐"章,清道光戊申年重刻本(六世孙丕宗校)。
④ 《四书说约》下论卷14"子路问成"章,清道光戊申年重刻本(六世孙丕宗校)。
⑤ 《四书说约》下论卷14"子路问成"章,清道光戊申年重刻本(六世孙丕宗校)。

礼乐不是钟鼓玉帛，节不是声容制度，全在日用间应事接物上讨求，应接中其当然而然极其中的去处，叫做礼；其自然而然极其和的去处，叫做乐。故曰礼乐不可斯须去身者，此之谓也。两个字又却是一个理，未有不合礼而得成乐，不合乐而得成礼者，吾人细体之自见。①

礼乐不是度数，夫子以仁教群贤，即此便是礼乐。观"爱人""易使"字，则"道"字可知弦歌，岂是以度数论哉！所以有此弦歌之声者，其雍然之意可知太和在宇宙间矣。②

孔门只凭尊所闻，今之从政者何如？③

证之以《论语》所记孔子之语："人而不仁，如礼何？人而不仁，如乐何？""礼云礼云，玉帛云乎哉？乐云乐云，钟鼓云乎哉？"可见鹿氏的这种理解无疑是符合儒学真精神的。

（六）义利观

"义利之辨"向为儒学的基本命题之一。晚明时代的早期启蒙思想家，尤其是泰州学派及其后学（如李贽）早已揭橥"利"的旗帜来肯定人类的合理欲望与个人利益，从而提出了具有思想启蒙意义的新义利观。生当其时的鹿善继不能不受到影响，但鹿氏又十分不同于那些狂飙突进的"异端"思想家，他的义利观是和为仁联系在一起的。在义利观上他有自己的特色。

首先，鹿善继认为"义利之辨是学术，即是治术"。他说："战国策士专讲利害，仁义原也迂阔，然求利者得害仁义，固所以利之也。此天地间易不得的事理，还是仲尼之徒醒的利害。……义利之辨是学术，即是治术。"④"义利之辨"不仅是学术问题，而且是事关国家政治生活的"治术"，其重可知。

其次，他深入指出要害问题："如今的义都是利。"所以舍"利"言

---

① 《四书说约》下论卷16"益者三乐"章，清道光戊申年重刻本（六世孙丕宗校）。
② 《四书说约》下论卷17"子之武城"章，清道光戊申年重刻本（六世孙丕宗校）。
③ 《四书说约》下论卷17"子之武城"章，清道光戊申年重刻本（六世孙丕宗校）。
④ 《四书说约》上孟卷1"孟子见梁"章，清道光戊申年重刻本（六世孙丕宗校）。

"义"是不可想象的事情。他说:"君子一生何尝自全形迹,小人一生何尝自外名教?而君子成就了君子,小人成就了小人,都从义利之间分楚汉,于不言之处定纵横,南轩以无为而为、有为而为分义利,象山溯喻于志怪不得,冬月汗出,才知道如今的义都是利,乃一样生活,两样主意。"① 他所点出"一样生活,两样主意"是注重了动机的考察:若为"利"而"义",那么这个"义"不是"利"是什么?陆象山"冬月汗出",良有以也。

最后,鹿善继从民生角度强调"礼义生于富足"。他说:"论为国便从民事着手,此国之本也。而民之为道一段痛切淋漓,得力在此。盖治民不知民之为道便做出罔民的事。民无恒产,自无恒心,而所以无恒产,只是君横取,以不俭夺人耳。……盖有恒产者有恒心,礼义生于富足,从善也,轻易为教耳。……"② 这既是对孟子"民本"思想的发展,亦有取于荀子"礼"论及后世事功之儒(如南宋陈亮、叶适)的思想。

他进而又从实际事务及社会民生角度指出"利者,义之和也","利原是天下公物"。他说:"利者,义之和也。今而欲有为于地方,迫现之机宜,不能以空拳应我避赎锾、火耗之名,不几以黜利者废义乎!"③ 从为官执掌的实际事务角度看,作为工作成绩的"利"是符合"义"的,毋宁说,在这里"利"就是"义"。进而基于社会民生的宏观角度,他又提出"利原是天下公物"的观点:"利原是天下公物,放的人便只见是一己的物。夫利既是众人的生活,放利只得碍着人,我从人的性命处碍着,怎不伤心?"④ 如此讲论义利,显非腐儒空谈。

鹿善继的义利观与"仁"者追求紧密联系在一起。如他提出仁者"以财发身"必"公财于天下","天下无义外之利"的观点说:

若曰财为民命,原不浚民以生。君子絜矩,政以此为大段。即军国之需,原不可少,而生以大道,自不必聚。仁者,公财于天下,而抚我唯后,是谓以财发身。身不仁者私财于一己,而虐我唯仇,是谓

---

① 《四书说约》上论卷4"君子喻于"章,清道光戊申年重刻本(六世孙丕宗校)。
② 《四书说约》上孟卷3"滕文公问"章,清道光戊申年重刻本(六世孙丕宗校)。
③ 《鹿忠节公文集》卷7《送王中诏令君之南仪部序》,清光绪五年刻本。
④ 《四书说约》上论卷4"放于利而"章,清道光戊申年重刻本(六世孙丕宗校)。

【北学人物及思想】
鹿善继的生平与思想

以身发财，财即可重，孰与吾身国？而求利莫如以义，你看终事守财、义民之所以自效者，散财之仁主，占尽福分，天灾人害，国事之莫可谁何者，务财之君长，折尽便宜，则财可聚乎！不可聚乎？我也不是说国不当利，只为天下无义外之利，而以利为利大不利耳。要图利的，还跟我来。①

这里有个"公""私"之辨的问题。"只见是一己之物"或"私财于一己"都是不仁的"私欲"，是恶的，应该予以消除。鹿善继就此点示说："恶之一字，其根深，其绪多，其势悍。……盖私欲炽时，万难禁御，只提起本来天性照一照，便冷然自醒，狂兴索然了。故恶非自起，乃从本性不现而有之一性，当权万妄瓦解。千万之恶，只是个自私自利，志于仁，一点生意，胞民与物，便把恶的根由绝了。"② 因为这恶的"私欲"戕害了我的"万物一体之心"，是"害我性命的对头"，所以只有"费尽十分力"彻底地剿灭之，才能得仁。鹿善继道：

万物一体之心，原是我的性命。自私自利之意，就是害我性命的对头。性命出亡，只因对头得胜。如今为仁时要恢复性命，只得和对头尽力鏖战，求个你死我活，即礼是仁，非二物也；即克是复，非两功也。一日克复，即一日天下归仁，非两候也。为甚么把个八荒我闼的家当自家隔开，这勾当我不自家拼死力去做，待谁提调，故要复我的性命，须索寻住对头，费尽十分力，斩尽杀绝我那闼八荒的家当，才即时出现，而着手处就在视听言动上看，非礼勿字，捧住天根，力剿私欲，是何等力气！不如此，做不得仁者。请事斯语，投袂而起，千载下读之，便见作圣的在行先儒乾道之说亦妙。

害仁的是己，克己的还是己。猛虎项下金铃，谁能解得？系者解得。③

这场拼斗别人却帮不上忙，"解铃还须系铃人"，只能"自家拼死力去

---

① 《四书说约》大学卷2"所谓平天"章，清道光戊申年重刻本（六世孙丕宗校）。
② 《四书说约》上论卷4"苟志于仁"章，清道光戊申年重刻本（六世孙丕宗校）。
③ 《四书说约》下论卷12"颜渊问仁"章，清道光戊申年重刻本（六世孙丕宗校）。

做"。但这并不妨碍鹿善继指出战斗的窍门:用"良心"来退"私欲":"私欲横来,怎能克得?日还禀起良心来,扶他作主,而后私欲可退。颜渊四勿,禀礼为君,孔论无恶在于志仁,不如此怎得他去。"①

综观鹿善继的儒学思想,有两大特别值得注意的特色。其一是重实践。鹿善继重实践躬行无疑是其儒学思想最主要的特色。诚如其挚友孙奇逢晚年所说:"老夫九十矣。往时见鹿伯顺谈见利思义,渠管新饷便不私一文,谈见危授命,渠发金花,便慷慨认罪,略无引避。谈久要不忘,渠一言许从孙阁部入关,便辞吏部习官而赴危疆,此之学在躬行而不在口语者也。迩来谈学者口里极精密而身上愈疏漏,即自命为知学,于宋儒荆棘林中掉臂横行者,吾未敢轻信也。"② 俨然视鹿善继的躬行实践与躬行实践之学为某种模范或标杆。

《定兴鹿氏二续谱》卷13引《定兴县志·乡贤事实》中有一段话,颇堪玩味:"善继端方谨悫,岿然如断山。小章句,薄温饱,慨然有必为圣贤之志,故能崛起北方,倡明绝学,以做人为人生根本,以希贤希圣为做人规模,以正心诚意为做人把柄,以知耻为做人几窍,在视听言动为做人所借以通天下之关令,以非礼奉承躯壳者为自坏其人生平。一意实践,神常内守,不屑屑与古今人角同异、滋议论,为一家言"。因他"一意实践"将儒学精义均落实于其人生实践过程中,故"神常内守",并不以构建自己的学问体系为意,即所谓"不屑屑与古今人角同异、滋议论,为一家言"。因而,他在阐论儒学之时不断倡言实践躬行。如他对《论语》"人则孝,出则弟"章发论曰:"此是孔子教条。良心人所自具,而得力全在实践上。孝弟敬信,爱众亲仁,总是力行,而学文者亦非枝叶闻见也。盖此心此理,今古所同,合千古圣贤之议论注撮,始发挥详尽,学文所以为吾行也,印其行之所已合,开其行之所未到,孟子尚论古人,孔子好古敏求,同此路数。"③ 又如他在《四书说约引》中讲:"一切着落,不以身实践之,徒以天倪之顿见虚为承当,阳明所称将本体只作一番光景玩弄者,更可汗人背也。"④

---

① 《四书说约》下论卷14"克伐怨欲"章,清道光戊申年重刻本(六世孙丕宗校)。
② 《夏峰集》卷2《语录》,道光乙巳大梁书院刊本。
③ 《四书说约》上论卷1"弟子入则"章,清道光戊申年重刻本(六世孙丕宗校)。
④ 《四书说约》卷首《四书说约引》,清道光戊申年重刻本(六世孙丕宗校)。

【北学人物及思想】
鹿善继的生平与思想

突出表现其儒学思想的躬行特色的,是他的"不动心说""破惧之学"及报国思想。

1."不动心说"

鹿善继在《四书说约》中提出了他的"不动心说",以为是"千古圣贤衣钵":

> 做天下事要个不动心,此真实落脚,千古圣贤衣钵,而不动心要从工夫中得之,说个四十便见由工夫也。告子先我,先字原不消工夫,若消工夫则先不得。曾子闻大勇于孔子,只论自反,就是不动心的主柄,人好勇只是凭气,圣贤却凭理,后边集义不使行有慊于心,即此意也。①
>
> "生心"二字是悟头寻出言的根源,才照出言的下落。天下大害只在言上定夺,谁知口舌中偌大干系。夫子不知言,无以知人,就是杜祸本、塞乱源的本领。不动心,真少此学问不得,奈何说不得。于言勿求于心,养气离不了心,知言离不了心,万法固从心生。②

"不动心"不但如其所说是"做天下事"的"真实落脚",并且是其"心体说"之"真实落脚"。"万法固从心生",所以要"不动心",要做到"不动心"须下"自反"工夫,体认那一点灵明的"良心"、体认那"万物一体之本心"。故"不动心说"实是"心体说"与实践躬行的重要中间环节。与其说鹿善继的"不动心说"是做到了亲身实践,毋宁说"不动心说"是他从亲身实践中总结提炼出来的。前文曾引陈鋐《年谱》,记善继"被谪日,急宣户部堂司官,声如雷动,先生适食于贾公寓,坐客失色,先生食自若,食毕,徐着衣去。贾公后语启泰先生曰:当此时,食犹能下咽乎! 吾于是觇公不动心之学矣"。可谓活生生的写照。

2."破惧之学"

鹿善继"破惧之学"实与"不动心说"相表里。时有名"五修"者请教鹿善继的挚友孙奇逢:"伯顺先生一段破惧之学是如何?"孙奇逢亦举鹿氏被谪时不失常度事告诉他:"伯顺曾以发金花银触神宗,怒遣中使,

---

① 《四书说约》上孟卷2"夫子加齐"章,清道光戊申年重刻本(六世孙丕宗校)。
② 《定兴鹿氏二续谱》卷10《四书说约》节录,清光绪年间族刻本。

召入，天威不测，时伯顺在贾孔澜寓，饮食起居不失常度，总缘平时见得分明，故临时不致错乱，惧是非，惧风波，惧利害，以至患难死生之际，有一毫疚心愧色，便不得无忧无惧，真正豪杰从战兢惕励中来，能戒慎恐惧，才能破惧；到得能破惧时，则喜怒哀乐亦无不甚不中节处。"① 孙奇逢指出"真正豪杰从战兢惕励中来，能戒慎恐惧，才能破惧；到得能破惧时，则喜怒哀乐亦无不甚不中节处"。这是鹿善继长期修养历练躬行实践的结果。

鹿善继"破惧之学"首要破的便是封建时代最可怕的专制君主——皇帝。他在《四书说约》中，借谈《孟子》"离娄之明"章，影射、批评皇帝"上梁不正底梁歪"是"亡国之象"时云："孟子对时君开口便讲先王之道，人必谓强君以难，能是迂阔不切于事情处。不知治天下离不得先王之道，先王原费尽心思，制此不可更易之道。因之，何等省力；不因便要播恶。上无道揆，下便照样，俗所谓上梁不正底梁歪也，此是丧国之象，谁为臣了，尚得泄泄视之。"另　处规劝皇帝"莫贼民"，并指出其严重后果说："臣不敬君，君便贼民。民受贼不过，何事不有？当身遭横事，身后还留骂名，说到此处，不可不鉴。"② 由是便不难理解其何以在"金花银"事件中敢与万历皇帝"以死争"了。

正如其弟子陈鋐在《年谱》中所叹："呜呼，先生之学于斯益见矣。居恒尝语启泰先生（孙奇逢——引者注）曰：'我辈学问须打破死生关头，才能无入不自得。'则先生之谈笑入城，城陷而死，殆其日用常行乎！……先生平生做人，一点一画，未有丝毫假借，顾当颠沛而不于是，偷生苟色与庸众为伍，何以为先生。"

3. 报国思想

鹿善继生逢明廷江河日下，内焦外困，世局糜烂之时，他禀儒者强烈的担当意识、用世精神，而投入政治生活当中。天启三年（1623）时鹿善继正在孙承宗幕，随其督师辽东。他在《答满愫丹》的书信中表达他的"报国思想说"：

> 吾人生天地之间第一等愿，要报国家，而报国家又全在安危存亡

---

① 《夏峰集》卷1《语录》，道光乙巳大梁书院刊本。
② 《四书说约》下孟卷4"规矩方圆"章，清道光戊申年重刻本（六世孙丕宗校）。

之际。台兄前守宁远,凭城以战,挫敌人累胜之威;后救锦州,身先士卒,矢石相薄,折敌人长驱之势,台兄之功在社稷,其自高皇帝而下实式临之,固不枉孙师相推毂一场,而不佞亦得从交游之末,借光不浅,即赏未酬功,而此段功劳自在,天地遏之而愈扬善,妒者喙长三尺,只为大英雄洗发精神耳。①

以在安危存亡之际报效国家而相互勉励,满怀豪情地说:"妒者喙长三尺,只为大英雄洗发精神耳。"这正体现了鹿氏"以明德为头脑,以天下国家为着落,以诚意为把柄,诚意只是慎独,此外无学也"②的学旨。突出体现了其儒学思想的实践性特色。

鹿氏"一意实践"的实践之学又曾归结为"慎独"学旨,故他说"诚意只是慎独,此外无学也"。其弟子陈铉说得明白:"先生在朝言朝,在乡言乡,各有以自见,身之所值而位育随之,然先生之位育从中和来,先生之中和从慎独来,夫慎独之功,铉于《说约》见之矣。"③这与刘宗周的"慎独"学旨甚相契合。刘宗周认为:"《大学》之道,诚意而已矣;诚意之功,慎独而已矣。意也者,至善归宿之地,其为物不二,故曰独。……惟于意字不明,故并于独字不明,遂使格、致、诚、正俱无着落,修、齐、治、平递失原委。……夫道一而已矣,学亦一而已矣。《大学》之道,慎独而已矣;《中庸》之道,慎独而已矣;《语》《孟》'六经'之道,慎独而已矣。慎独,而天下之能事毕矣。"(《刘子全书》卷25《读大学》)刘宗周此说是受到泰州学派影响的,鹿善继当亦如是。

鹿善继儒学思想实践性特色的形成,约略说来有四个原因。一是鹿氏家学家风皆笃实而敢于任事,这便使得鹿善继自幼便以节义自期、以躬行自励。二是王学末流的空谈心性而疏于任事之弊积之甚深,鹿善继深以为耻。三是明代兴起的重视伦理生活实践,高扬道德主体性的思潮,到了晚明发生了重大变化:一方面由伦理生活的实践转型为个体日用生活的实

---

① 《鹿忠节公集》卷21,清光绪五年刻,畿辅丛书本。又见《年谱》卷上"天启三年癸亥(1623)",另见《再归草》卷下《答满愫丹》。
② 《四书说约》上论卷1"学而时习"章,清道光戊申年重刻本(六世孙丕宗校)。
③ 陈铉编:《明末鹿忠节公善继年谱》,第142页。

践;另一方面由德性实践转型为社会政治生活的实践。①鹿善继受启于泰州学派"百姓日用之学"的重实践传统,复如黄宗羲在《明儒学案》中说鹿善继之学颇近于注重社会政治生活实践即所谓"经世"之学的东林诸子,可见他是深受这种实践转型影响的。四是明廷政局、世局的危亡与糜烂也大大地激发出作为儒者的鹿善继挽狂澜于既倒的责任感与使命感,从而使其全身心投入政治与道德的实践中,并将之与自己的思想学说高度融为一体。志节、事功两不分离,学术、功业两不分离,在实践中出色地继承和发扬了阳明的"知行合一"学旨。

其二是学派的超越性。鹿善继所受之家学为陆王之学,他亦自谓与王学最合符契,甚有得于王守仁之学。另据《清史列传》载:"孙奇逢守程朱甚笃,自鹿善继诱以文成讲习,遂复异趣。尝邀讲学诸人结会,每一会静坐七昼夜,验心学。"②其醉心王学如此。如前文所揭,其王学面目昭昭然。然而,鹿善继并未因此陷入狭隘的学派攻讦中去,而是表现出相当的学派超越性。

鹿善继对朱学既有批评又有肯定。在具体的学术观点上,《四书说约》中对朱熹的《四书集注》颇有批评、驳正。如《论语》"棘子成曰"章:"棘子成曰:'君子质而已矣,何以文为?'子贡曰:'惜乎,夫子之说君子也,驷不及舌。文犹质也,质犹文也,虎豹之鞟,犹犬羊之鞟。'"朱注云:"鞟,皮去毛者也。言文质等耳。不可相无,若必尽去其文,而独存其质,则君子小人无以辨矣。夫棘子成矫当时之弊,固失之过,而子贡矫子成之弊,又无本末轻重之差,胥失之矣。"鹿善继深入论析"文、质"关系,指出文、质"不离者文质之本体,强离者世人之意见",对朱注驳正道:"文质原是离不得的,离质而文不成个文,不止害质;离文而质,不成个质,不止害文。不离者文质之本体,强离者世人之意见。所谓合则双美,离则两伤者也。当时文胜,故子成之说君子存质去文,其意亦好,特未识文质的本体。依他说时,亦自有病。文犹质也,文是质之文,非质无由生文;质犹文也,质是文之质,非文无由见质。子贡之说是彬彬之

---

① 参见朱汉民《宋明理学通论———一种文化学的诠释》,湖南教育出版社2000年版,第481页。
② 《清史列传》卷66,中华书局本,第5275页。

【北学人物及思想】
鹿善继的生平与思想

旨，何云'胥失'?"① 又如《论语》"司马牛忧"章："司马牛忧曰：'人皆有兄弟，我独亡。'子夏曰：'商闻之矣：死生有命，富贵在天。君子敬而无失，与人恭而有礼，四海之内皆兄弟也。君子何患乎无兄弟也？'"朱注云："即安于命，又当修其在亡者，故又言苟能持亡己以敬而不意断，接人以恭而有节文，则天下之人皆受敬之如兄弟矣。盖子夏欲以宽牛之忧，故为是不得已之辞。读者不以辞害意可也。"鹿善继对朱子的这种解说十分不满，他批评朱注"非矣"，并热情地赞扬了子夏的"四海兄弟之言"，他说："无意思的人，同堂即胡越。有意思的人，四海皆同胞。四海兄弟之言，真是宇宙间一段消息，豁开心胸，展放眼界。注乃深为驳正，非矣。"② 而在具体学术路向上，鹿善继重"心性之学"（陆王）轻"记诵之学"（程朱），显然是高度认同王学的，因而对朱学亦有所批评。如他说："寻常论学，动以博文为解，记诵考究便是工夫，却不知博文离不得约礼，离礼言文便不是学……说德说性说天命，不似说心更易醒人，而又恐人据当下之人心以为心，故又曰良心，又曰本心。本心乃性也，乃德也，故虞廷不能不以人心为心，而必曰道心，政见人之所自以为心，多非本心，须用精一，乃执厥中。"③

但在儒学作为"为道"之学的更宏观层面，鹿善继对朱子却是肯定的。他认为"朱、陆未尝不同"，并且朱、陆相辅相成，对孔子之道有互相发明的同赞之功，二者都值得崇信。他说：

孟子之后有周程朱陆，人知周程之同以传道也，而不知周程亦自不同，明道、伊川亦自不同，特以师生兄弟未分门户耳。人知朱陆之不同也，而不知朱陆未尝不同也。八字着脚，真实理会做工夫者，南渡以后惟此二人，其不同者各有所着力，同一为道也。妙在有陆而朱乃不偏，孔子之道大明于天下，见知越信该得两个。④

尤其是"妙在有陆而朱乃不偏，孔子之道大明于天下"之论，揭示出正是

---

① 《四书说约》下论卷12"棘子成曰"章，清道光戊申年重刻本（六世孙丕宗校）。
② 《四书说约》下论卷12"司马牛忧"章，清道光戊申年重刻本（六世孙丕宗校）。
③ 《四书说约》上论卷1"学而时习"章，清道光戊申年重刻本（六世孙丕宗校）。
④ 《四书说约》下孟卷7"由尧舜至"章，清道光戊申年重刻本（六世孙丕宗校）。

对立学派的存在才促进了学术的发展,允称卓见。孙奇逢在《重刻四书说约序》中对鹿善继在宏观层面上会通程、朱、陆、王,论之甚详,认为这正是其代表性著作《四书说约》的主旨。他说:"诸儒继起,各以所见为发明,如周之无欲,程之主敬,朱之穷理,陆之本心,王之良知,皆从浩博中体认精微,所谓殊途而同归,百虑而一致,正此《说约》之旨耳。今王子天锡复刻此篇于楚,意谓伯顺之说得之阳明最深,而说最相合符,予谓由阳明而子静,而周程张朱,岂有不符者哉!由孔子而建天地,质鬼神,考三王俟后圣,亦岂有不符者哉!总之,本诸身者是则言无不合,言合而本诸身非即合亦离也。切愿学者因伯顺之说而观伯顺之行。予自丁酉从伯顺至丙子殉义之年,盖四十载,将知其为浑成天齐,得丧一死生之人,故其所说皆躬之所行,未可以语言文字观也。伯顺生平极服膺《朱子晚年定论》,谓王子为朱子功臣,又何有朱陆之异而约之不合一哉?"① 孙奇逢的这段话中,"本诸身者是则言无不合,言合而本诸身非即合亦离也。切愿学者因伯顺之说而观伯顺之行"。"其所说皆躬之所行,未可以语言文字观也。""伯顺生平极服膺《朱子晚年定论》,谓王子为朱子功臣,又何有朱陆之异而约之不合一哉?"这几句话尤值得重视。从中我们很容易明白:鹿善继宗王学亦认同朱学的学派超越性,正是基于其儒学思想的实践性特色,基于其对儒学真精神的把握,基于其对儒学作为"为道之学"的宏观认识。这样,我们便不难理解,鹿善继何以在实践过程中与主程朱之学的学者(如东林诸儒)过从甚密了,以至于黄宗羲在《明儒学案》中谓其"先生之学,颇近东林诸子"②。

同样,从鹿善继之学的重视实践的角度着眼,则可以认识其对禅学的批评、认同,从中又可见鹿氏之学的另一种学派超越性。当然,宋明理学本是儒、释、道三教合流的产物,带有大量释、老二氏之学的色彩。鹿善继作为宋明理学中人,自然无所逃于二氏的影响,然而鹿善继对禅学的批评与认同是完全基于儒者毅然挺立起的主体道德实践与政治生活实践方面考量的,鹿善继对儒学与二氏之学的学派超越性正是基于此。这里亦突出显现鹿善继儒学思想的自身特色。

首先,鹿善继从"名教"中修炼、寻乐之难的角度,指出了"儒门淡

---

① 《夏峰集》卷4《重刻四书说约序》,道光乙巳大梁书院刊本。
② (清)黄宗羲著,沈芝盈点校:《明儒学案》,第1305页。

泊，皆归禅氏"的原因，含蓄地批评了禅的"逃世"是受不了世上"炼性"之难的一种软弱和逃避。这显然是针对晚明王学之流弊有感而发的。鹿氏说：

> 人自生后，日被惑、忧、惧三盘捆倒，落得个穷也戚戚，达也戚戚，苦海无边，回头宜早，就世出世，名教中自有乐地。周茂叔教两程寻孔颜乐处，所乐何事？政是洙泗嫡传，"无欲故静"是拨开群阴，扶起孤阳的本领在世界上着落，而非逃之虚也。"时习"二字因在世界上习动中炼性原难，所以人多熬不过，每每半途，不如逃在世外较易脱洒，所谓儒门淡泊，收拾不住，皆归禅氏也。圣人强处，政在难熬处，超然才得真性命，完全为天地立心，为生民立命，"索隐行怪"与"道不远人"两章政好参看，乐从苦中生，莫落俗尘，尤忌立径。①

他认为，恒常人们理解的儒家在世上寻"孔颜乐处"以及"无欲故静"的工夫并不是禅氏的"逃之虚也"，而是"就世出世"，是"名教"中的"乐地"。但做到这些需要"在世界上习动中炼性"，换言之，需要更坚强的意志和更勤奋的努力，如他所谓"圣人强处，正在难熬处"。无疑，在他眼中儒学这种"乐从苦中生"的入世态度与境界是远高于禅氏的。

其次，鹿善继认为"我儒家也有遁法"——儒家在世间、在"名教"中也能实现超越。他认为，相对于释、老二氏的"逃世""避世"的所谓"遁法"，护持、体认"天与的这一点本心"，不避艰难险阻，循道直行，"一片精神竟跳出声尘之外"，是儒家实现精神超越的"遁法"。他说：

> 吾辈为人，一生着底，寻个落脚，只有天与的这一点本心是我家当。自己牢牢跟住，如行船掌舵，直直到底，如射箭离弦，我自顾自家性命，除了这个，纵奇奇怪怪，足博好异者之绍述，而于我性命毫不相干，这一路是情不肯为的，即遵道而中废者，亦不知其何解。我的性命，我自奉持一点真精，翩翩独往，即艰难险阻，怎容半点退怯？单看君子上场，"依"字极妙，如人着衣，同起同止。"遁"字极妙，名姓乡贯，虽在世间，而一片精神竟跳出声尘之外。我儒家也有

---

① 《四书说约》上论卷1"学而时习"章，清道光戊申年重刻本（六世孙丕宗校）。

遁法。"不悔",悔字极妙,血肉之身,名心难冷,初间虽不出口,然实大声宏人就知他则落得做个人情……①

"翩翩独往"恰好说明实践主体在积极入世中循道直行的以苦为乐的精神状态。这种超越性的精神状态与释、老二氏形成鲜明对照:儒家的"遁法"是入世的超越之法,而释、老二氏的"遁法"则是"逃世""避世"的超越之法。

最后,鹿善继在理解释氏之学时,从儒家的理解立场出发,对之又甚有称许。他与僧人颇有交游,在与之对谈的过程中,他对释氏的理论并不感兴趣,一再说自己"不谙无生法""不解玄妙法""不喜玄妙语",于是"不敢问其悟,只叩其修",但在交流碰撞中他时有所得,所以每相称许,乐此不疲。他尝自述其与印上人、养玄上人的交往道:

余与印上人为童时交,每过精舍,剧谈快心事快心人,仿李泰伯以读史下酒意,每得一快心即满碗苦茗相伴咽下,上人谈其友养玄事,遂连举数碗,习习欲飞也。余痴人也,不解玄妙法,遂不喜玄妙语,即与缁衣语,不敢问其悟,只叩其修,又不欲以梵诵讲解,当修必叩其寻常日用,待人处世之作何状,而所贵于其状,又不欲在局外,只求在分内,三教圣人各有师,各有徒,各有分,而其徒之各以身谤,总之,不守其分而已。本分事不玄不妙,而真玄真妙,舍此无寄。特以人之习而生玩,遂于终日交臂之场而成终身永隔之域,宣尼致慨于"觚不觚",此正名之说,即尽分之旨。士而怀居,不足为士。盖谓士不士也,而谚有所谓"僧不僧,俗不俗"者,可与"士不士"共附于"觚不觚"之圈外注,余不敢作谐语,尝语印上人谓士不士所坏在衙门,僧不僧所坏在山门。相对叹息,不能不服膺养玄耳。养玄所长人,第以通梵华之章,谙律吕之妙,推为山门祭酒,而实不足尽养玄也。能仁非无名之寺,当其盛时,规则清肃为诸刹冠。而后乃浸衰。最可憾者,苟图蝇利,星布店坊,变法界为饮博之场,化金田为招摇之所,山门劫运,莫甚于斯!而一举廓清之者,养玄也。……②

---

① 《四书说约》中庸卷1"素隐行怪"章,清道光戊申年重刻本(六世孙丕宗校)。
② 《待放草·赠养玄上人序》,《认真草》十五种,清光绪五年刻,畿辅丛书本。

【北学人物及思想】
鹿善继的生平与思想

在这里，鹿善继认为"三教圣人各有师，各有徒，各有分"，从"各尽本分"上沟通释、儒，达成了共识。如不能各尽自己的本分，则"士不士所坏在衙门，僧不僧所坏在山门"。从寻常日用方面的修为来讲，二者是毫无二致的。因此他得出"儒佛不同，为人则一"①的结论。

三

鹿善继六十岁时自辑所著十五种，孙承宗总定其书名为《认真草》，并题曰：

> 今载笔之官曰史，即画家盘礴亦曰史。史家叙述娓娓，期尽其人之真；画家阿堵三毛，亦期尽其真。约以笔无不致之情，而后其真无賸致。士君子任天下以真，独若斯史乎？予读六大经，概不言真，而真乃在经。后世于百千人中标其一二人，曰真人、曰真儒、曰真忠，即英雄将相间，题之以真。盖古人情不外匿，行不久迁，善善恶恶，凫短鹤长。夫亦人耳，儒耳、忠臣、英雄耳，无弗真。而何以标真之名？后之君子惭凫企鹤，窜端匿迹，当其栖迟薜越，希荫高华，故膏唇拭舌，缘饰其寝佾，及借翰晨风，遣登槐岳，啐尝而类弃之，如峤客、如脱卒、如寄袒之儿，于此遂标真而别于赝。嗟乎！苟廉纤谨，规行矩溺，而轻俊自将，又或和声于促柱，正不图见伯顺之真也。伯顺倏然清远，衷贮峨眉、姑射，至其驾驭长材，坚挺大节，招不来、麾不去，真有古大臣之风！当其矫发金花也，署掾环请曰："非专责，何苦认真，独烦一推署符耳？"予快此掾语，摹天下诿诿不任者，故题伯顺所著十五种书曰《认真草》。夫真起于别赝，而认真又起于赝之笑真。即如今天下谈兵，媒进者赝耳。乃若屉铨司，驰塞上，对强敌者三年，习十万兵，携六七大将，行十城百万中，同二三友人，恢四百里封疆⋯⋯同进者旅据大位，而身不拾一级，即圣明之世恬如也。将无真乎？渝水辽泽，强阳却步，胡褰裳就之，顿历岁时。其护死忠诸君子，他人危之，伯顺不危，而亦卒不危。即金花，逢上怒，大司

---

① 《待放草·大慈庵碑记》，《认真草》十五种，清光绪五年刻，畿辅丛书本。

农手战落出恚语,伯顺自若,韩稚圭不与人胆乎?予每题伯顺真材真品,伯顺亦称肝胆患不真,故其众推独任,众趋独辞,惟是真肝胆,而所至析利敝极精,酌古法极细,其夜思而旦营之,坐画而立继之行,所见极决。其与正人合,如金如石,极坚且久。口不骋黄马剧谈,即千里赫啼,率真手奏。其所许与录列,若所扶孤、减赋,洎司农司枢司奉常,光禄中所执奏,行一意有少利归官归民,真视其身为公家有而不敢私。盖其事具在诸书。书又称为国求真才、做真事,其摹真而自写以痴,曰:"真者空而无私,痴者顽而不解私。"予读他氏论真,亦曰息以踵,心以珠在渊,盖气沉而神潜也。伯顺集不问菀枯,途不辞险易,力不程轻重,任不观利害,盖以真心用豪杰之才,气沉而神潜,安得有私?每谓天下事,论不可负之己,岂论不可知之人?论不可错过之今日,岂论或有变态之异日?是宜语儒、语忠、语英雄。曰真而独曰痴不解私,夫私成于解耳,唐安市卒乘高,当集矢四应不乱,文皇喜甚,侍臣曰:"渠未思耳。"文皇恚甚。解人利害分明,得无伤于思也。方今日月中天,黎邱不幻,而或不识吾真。予得持《认真草》比折菱之爱乎?陆放翁以文知人,即仓卒书牍、符檄书判,概见心能。然读《认真草》,宁惟认伯顺,抑自认吾真矣。①

"畿辅丛书"本《认真草》目次后云:"按《年谱》,崇祯七年,先生年六十岁,刊《认真草》十五种成。先生所手辑,高阳孙文正公所命名者也。'金花始末'二卷、'马房本末'一卷、'籽粒本末'四卷、'扶孤始末'一卷、'簏余'一卷、'农曹草'一卷、'粤东盐法'一卷、'福建盐法'一卷、'读礼草'二卷、'待放草'三卷、'典饷草'二卷、'枢曹草'三卷、'榆关草'四卷、'再归草'四卷、'奉常草'五卷,板久佚失,鲜有存者。世传《鹿忠节公集》,乃茅止生元仪所辑,以文分类,去十五种之目,而此书之本旨失矣。十五种之命名,或以事、或以官、或以时,孙夏峰述先生之言曰:'随地随时,各有其事。无文以志之,则精神亦恍惚而不可据。故借此语言,以寄其行事,不欲使人名我为文人也。'观先生此言,可以知其书之旨趣矣。考此书编辑,未立体例,'金花''马房''籽粒'三种内,他人之文窜入大半,籽粒折征一事耳,而衍为四卷,未免重

---

① 《认真草》卷首,清光绪五年刻,畿辅丛书本。

【北学人物及思想】
鹿善继的生平与思想

复烦冗之病。他种内亦有闲文当删者,量加裁汰,并为十六卷,仍存十五种之目。高阳序仍弁于卷首。先生之文,尚有《三归草》,盖任太常告归、六十以后之作,夏峰先生曰:'《认真草》,壮岁文字,以见节。《三归草》,多晚年见道语。范质公刻之南都,未及传而板已灰烬。'夫先生学阳明之学者也,直剖良心,务求实用,'认真'一篇,既以节义经济见矣。《三归草》访得稿本,再校勘付梓。"《年谱》谓《认真草》十五种"不以文类分,而以时、地分。此时之遭际、此地之经营,无不利于指掌,善观者当自得之"。

编刻《认真草》后一年,善继将《四书说约》刻行:"有诗以纪之云:'说约何来苦欲镌,约从说觅已纷然。支离更烈秦人火,奇僻尤深杨子玄。饮水凭谁知冷暖?传灯柱自论机缘。澄心默效延平坐,体认原于未发前。'然则先生之行在《认真草》,而先生之学在《说约》。行与学,果可岐视之也耶?"①清道光年间,是书重印,贺长龄《重刻四书说约序》论曰:"古无所谓读书讲学也,各事其事,以即乎心之所安而已。……故其时道一风同,无文字之繁而奸伪不生,无他歧之惑而心志自静,人人游于道之中而志乎其为道,犹鱼之在水而志乎其为水也。逮周之衰君失其道,举世贸贸焉莫知所从。……自春秋时,各家之说已不胜其纷纷矣。此世道一大升降也。然自孔子删定六经,群言尽息,数千年来一遵吾夫子之教而莫之敢异者,则以言必指夫事,事必轨于道,道必本乎天。……四子书,圣人之言之精者也,实则人人心中之所欲言而人人不能言,圣人言之,而人人仍莫之喻。盖自有宋诸大儒讲明以后,凌夷迄于明世,而学益多歧矣。于是,忠节鹿先生慨然兴,曰:'呜呼,是失其本心也!离心言事则无体,是刑名法术之流弊也;离事言心则无用,是清静寂灭之余毒也。岂圣人立言之本意哉!'于是以书证心,凡书中所言之事皆吾心中所有之理也;以心证事,凡心之所不安皆事之所不顺也。于是返而证之此心,凡书中之所已言者循之而行,则理得事顺,而于心无弗安也。即凡书中之所未言者,而借此事以例他事、就一理以衡众理,顺之则心安,反是则未有能安焉者也。而后知圣人之书乃天理民彝之记载,字字句句无不可见圣人之心。圣人之心无事之不体,即天地之心也;天地之心无物之不普,即人人之心也。溯厥由来,印以现在,即事即心,即心即道,约莫约

---

① 陈鋐编:《明末鹿忠节公善继年谱》,第106—107页。

于此矣，而实无所不有取之。左右逢其源，且若日见其新，溥博渊泉而时出，此圣门'一贯'之旨也。质诸前后圣而无不合，放之南北海而无不准，此心同、此理同也，特借先生一申之耳。"①

《四书说约》外，善继又有《认理提纲》，也是在其讲学过程中形成的反映他儒学思想的著作。《认理提纲》与《四书说约》其实是不可分的，前者似可视为后者的纲要。所以，在中国社会科学院历史研究所图书馆藏清道光戊申年重刻本（六世孙丕宗校）的《四书说约》中，《认理提纲》是置于卷端的。陈鋐编《明末鹿忠节公善继年谱》认为善继著《认理提纲》，用以开发学子，"大抵引人入孔颜乐处，从乍见孺子一端，体认良心云"。鹿氏之论对孙奇逢影响很大；奇逢后来憾《认理提纲》"篇章太简"，故邀杜君异等择采伯顺精论，"大家拈出，面目一新，是亦我辈传习之功，省身之一也"②。他更发挥《认理提纲》中有关寻乐的思想道："鹿伯顺云：'当下便是乐地，愿外便惹愁肠。'然无时非当下，穷通得丧无一可以错过，便是无人不自得家法。如必身名俱泰，子孙荣昌，不风波而登卿相，无疾厄而享期颐，方以为君子之自全，恐万万不能得者。恺阳、伯顺两先生殉城之惨，人莫不见苦。设两先生当城破之日，偷生苟全，尚堪施面目于今日乎？总之，此心无愧怍，则得固得，失亦得；此心有愧怍，则败固败，成亦败。学人第一吃紧，先破死生之关。此关一破，游刃有余。即如潘子美以求生而得死，亦是据理以任数。夫岂有遗恨哉？况此时，既不欲做官，便是乐事；既居都下，则都下，便是乐地。时势至此，虑鲜万全。较量于多寡之间，而为趋避之计，仍不出'据理任数'一言以蔽之耳。仆入任之念久绝，而青山白石无地无时不可结束。从来谋生智短，况值岁饥，未免有沟壑之虑，正恐我辈非志士耳。然则沟壑何尝非乐地乎？周茂叔语二程寻孔、颜乐处。乐者，生人之趣；如其不乐，为圣贤何益？孔子一生老于道涂，而颜子未免以贫夭。而曰'乐以忘忧''不改其乐'，正见无人不乐，无地不乐，无时不乐，此区区所望于知己者。"③

善继虽素不欲人目其为诗人，但平生颇好吟哦，尤其从军四载，多有

---

① 《四书说约》卷首，清道光戊申年重刻本（六世孙丕宗校）。
② （清）孙奇逢著，朱茂汉点校：《夏峰先生集》卷2《寄杜君异》，第64页。
③ （清）孙奇逢著，朱茂汉点校：《夏峰先生集》卷1《复王天锡》，第35页。

【北学人物及思想】
鹿善继的生平与思想

诗作抒怀。他的诗被辑为《无欲斋诗钞》行世。《四库全书总目提要》卷180云："明鹿善继撰。善继有《四书说约》，已著录。此乃所作诗稿，称成云洞定本。诗后间有评语，不知何人所选辑也。案李光地有《成云洞诗韵》，或光地所评欤？善继成仁取义，大节凛然，诗笔亦有遒劲之气，而不耐苦吟，未免失之粗率。"

此外，善继殉难后不久，有《鹿忠节公集》行世，范景文序曰："余自癸丑通籍，与定兴鹿伯顺、吴门周景文同试政司马署中。志意叶洽，彼此以名节相砥，期为岁寒交。嗣余与景文先后出理齐、闽，而伯顺为计部郎，以争留金花饷边，左迁去。予庚申入吏部，引景文为同舍而就家，以原官起伯顺。辛酉，予休沐里居，移书长安荐伯顺可入吏部。议既定时，高阳相公行边，伯顺自愿辞铨，相随军中五年，量移尚玺。己巳转奉常，浸浸大用矣。心慊柄人，竟移疾归。海内颙颙，方以公出处卜世道隆替，丙子之变竟殉城以死。呜呼！伯顺生平大概若此矣。其人固无需文以传，而予又论定其文，梓之序之，岂其人之必待文以传哉？则固以为伯顺之文也，已爱其人者，即其人之词组只字宝若天球琳琅，况伯顺之文实足以传者乎？方今鸡坛错峙，鏧悦徒工，即使振起作者之林，步武先民之轨，以是而称词人之雄止耳，于世道人心固未有赖也。今伯顺文具在，用意忠厚，摘词恳恻。与君父言仁慈，臣子言敬孝，兄弟言友恭，朋友言贞信。上自军国朝庙之容，下及闺阃帷房之故，言必究情，语无留旨。笔光墨渖，剥露血腥，剩楮残笺，刉剔肠肾。使读之者欢爱鼓舞，悲愤留连，忾然以思，卒然相感，而中正之心油油乎以生。繇是而究伯顺立言之意，不模古、不规今，发乎情、止乎义理，百世之下闻者犹将兴起焉。然此伯顺之文，亦即伯顺之人也！垂白孺慕，四世一庖。家无嘻嘻，人风静穆，其植本良厚矣。故帑可以无争也，以续三军之命而毅然争；铨可以无辞也，急君父之难而洒然辞；官可以无去也，愤柄人之慊而飘然去。最后殉城，计不返顾。使素庇一尘。咄嗟！遇难或牵于难割之家累，徼夫幸全之金汤，又或怵功令束文法，与存与亡计无复之，乃死耳；伯顺有一于是哉？然则伯顺固可以无死也。夫可以无然者，圣人不以之律人，而贤者以之自见至性所存不可强，抑善学圣人者孰如伯顺乎？躯命不惜，浩气常存，扶进淳风，廉立顽懦。伯顺果死也哉！因是而覆绎集中忠孝之语，伯顺自为写生留照。人传文乎？文传人乎？则是集之有功于天下后世匪浅勘矣。宁屑与缀文之士计工拙耶？伯顺尝自题其草曰'认真'，故人与文两传矣。"① 茅元仪序曰："往余落拓长安酒人中，时天下新有大故，士大夫以及五侯七贵竞向余问兵。时，杨都尉之子允谐亦时相过从。一日诣其家，遇一老先生，布袍苍髭，如穷措大举动，朴直如田间父。迫视之，精光炯炯，非韦布中人也。徐讯之，知为伯顺。后再遇之张太常榻前，见其谈边事，侃侃无所避，遂与心盟。又二年，奉命参高阳公军事。入幕，见同舍生，则伯顺也。至此则天幕地席，霜袍雨骑，无不与共。如此两载余而别。伯顺坚卧田园，余周遭刀锯。又两载，余以环召至其家。未几，受上殊遇，旋触谗而罢，复为势人罗钳。舍其家，岁且半。伯顺入为尚玺奉常，而余以边衅仓皇入辽西，仍留家人于其家，与之共避兵火，出入生死，复半载，而余罢，伯顺亦乞身归子舍。及余再被银铛，托身请室，半载而事竟。伯顺醉劳，村舍余轩轩如故，而伯顺黯然不胜矣。再别六年，余以勤王罢归，过其家，而伯顺已以殉节死。狼藉血肉，浅埋闤阓间，余哭不能起。知其家经兵燹不能为殓，乃脱骖赠之。归而谋所以永伯顺者。伯顺事功节义，昭然耳目，自足不朽，唯有传其言而已。先两年，伯顺已自刻其言，曰《认真草》。吾师高阳公为序之。乃简为二十二卷，吾师吴桥公，伯顺之执友也，慨然为寿传焉。余于是喟然而叹曰：言之不可已也，如是夫！朴直如伯顺，使无其言，则清忠节烈与日月不磨者，苟非作者极意摹写，不足以传其神。今读其言，不必知其居身立朝、赞军殉死，未有不如见其鬓眉颐颊者也。文人之言饰、辩士之言伪，见之而靡然自失其所挟。此有诸衷、形诸外，精光炯炯如见其人，可以知其概，不待智者而后察也。此高阳、吴桥与余欲永其言之意也。"②

今人所编《明别集丛刊》第五辑第20册，汇集了鹿善继《四书说约》以外的著作，《认真草》《三归草》《无欲斋诗钞》均在其中。经查检，《三归草》二卷，卷首有善继弟子杜越所作序，序文曰："高阳相国序先师集，题曰《认真草》。取椽吏尼发金花语集十五种，刻江村草堂。《三归草》则奉常致政时笔，未刻而丙子难作。尝与门人管公式言，此草出晚年，识弥高、笔弥老而不可得。管子不胜遗珠为憾。今岁壬子菊月，携儿郊访陈范翁父子涞水上，为订先师年谱。次君国镇乃出是草，余喜跃起。

---

① 《鹿忠节公集》卷首，清光绪五年刻，畿辅丛书本。
② 《鹿忠节公集》卷首，清光绪五年刻，畿辅丛书本。

【北学人物及思想】
鹿善继的生平与思想

持归示管子，管子亦谓斗闲气色，何幸复合！浃两旬钞成帙，每对阅，不减石公读文长《阙编集》光景。管子质不胜衣，而任道勇，于先师私淑在抱。平时揆披晤对，一言一行，须眉若忾，今于此钞益信抑相国序有修然淡远、衷贮峨眉姑射，管子渴嗜道，世味若浼，芥石相投，殆惟其有之欤？往《认真》并《说约》诸刻未得奔假手钞，大类念菴子于《传习录》。后念菴宗传，奚若余抠衣江干？若而年头出头没，竟如急濑船不离处所。大约问学关头，着不得姑待二字。管子之勇激烈，可想知于宗传有当也。私淑一灯，合符邹国，则仍为之诵文长诗：'期功五世开千叶，江汉双流濯两人。'当不效他人谦起来，曰然而无有乎尔。"①

兹将鹿善继《认真草》《三归草》《鹿忠节公集》《无欲斋诗钞》《四书说约》加以点校，另附以陈鋐《鹿忠节公年谱》、善继子化麟《北海亭诗文集》，以及有关善继传记资料和善继弟子名录，都名之曰《鹿善继全集》。既编成，遂为吟云：冀南燕北出英豪，江村渔隐寓鹿门。伯顺之学底姚江，功利无求甘痴人。积学而约讲四书，圣义化心为民求；切己祇是公家事，金花银夺世无侪。籽粒利为勋戚有，虎口争夺二十秋。辞去京华就边塞，抱病从戎四载谋。林下闲居无职守，振衣奋出对夷虏；孤城困守血洒也，身遭矢刃志不休。端坐长啸望天月，此心光明昭乾坤。

———
① 《三归草》卷首，上海图书馆藏明崇祯年间刻本。

从夏峰哲学的"本体观"
论"儒学本天"与"释学本心"

陈立骧*

摘要：本文旨在从孙奇逢（夏峰）哲学的"本体观"，来论述"儒（圣）学本天"与"释（禅）学本心"这一议题。一者，指出夏峰赞同"儒学本天"与"释学本心"之说的原因；二者，说明夏峰哲学虽是以"本天之学"为宗旨，但其实亦可说是"本心之学"，两者并无矛盾；三者，厘清"儒学本心"的"心"与"释学本心"的"心"两者之异；四者，凸显夏峰哲学的特色；五者，将本文论点提供给北学及夏峰学术的专家学者们酌参。本文的结论，主要有四点。

第一，因夏峰哲学的"本体观"系属"全体论与整体实存的思路"型态，故对夏峰来说，本体是即"气"即"理"即"道"即"天"即"易"即"中"即"性"即"命"即"诚"即"乾"即"善"即"太极"与即"心"的。"气""理""道""天""易""中""性""命""诚""乾""善""太极"与"心"等词，其实都只是本体的不同称谓而已！它们根本是"一物而多名"与"一体之多面"的。

第二，虽然对夏峰来说，本体有各种不同的称谓，但他却特别重视从"天"来说本体，并标榜其学为"本天之学"。唯夏峰虽侧重从"天"来说本体，但因其"本体观"系属"全体论与整体实存的思路"型态，故我们当然也可说：本体的称谓既可是"天"，也可是"心"。只不过"天"是超越、客观、统体、根源与主宰地说，而"心"是内在、主观、灵明、觉知与感通地说罢了！两者根本是"一物而两名"与"一体之两面"的。

---

* 陈立骧，台湾高苑科技大学通识教育中心退休教授、主任，现为高雄、正修与辅英科技大学等校之兼任教授。学术专长为中国哲学与通识教育等。学术著作有《孟子性善说研究》《宋明儒学新论》与《中国哲学理解、诠释与分判之研究》等。

【北学人物及思想】
从夏峰哲学的"本体观"论"儒学本天"与"释学本心"

在这样的情况下,于是我们便可说:夏峰哲学既是以"天"为本的"本天之学",亦是以"心"为本的"本心之学",而且两者是没有矛盾的。

第三,夏峰之所以特别强调"儒学本天",其理据有二:一是"天"既是"至善无恶",而"性"又"命于天",故"性"亦是"至善无恶",而道"性善"的"儒学"自然也是"本天"的至善之学;二是因"本天"的"儒学""以天地万物为一体",故它系感通无外,能"兼善天下",并为"统体之理"的至善之学。而夏峰之所以说"释学本心",可能是因为他所理解的释学的"心"之义有二:一是无善无恶、纯形式而无道德内容的"自性清净心";二是自私自利、只了自己、只图自己离苦得乐的私心。

第四,由于夏峰:一者,亟欲厘清儒、佛之别;二者,担心学者们混淆了儒、佛两家所说的"心"及其学说内容;三者,受到了明朝中晚期整个学界反阳明"心学"末流的时代风气影响,因此,他便不说"儒学本心",而主张"儒学本天",并与"释学本心"相对举,以凸显其学的宗旨、特色以及儒学进于优于释学的殊胜处。

关键词:孙夏峰;本体观;儒学本天;释学本心;全体论与整体实存的思路

一　前言

在正式论述明末清初大儒孙奇逢(1584—1675,世称夏峰先生,以下一律称为夏峰)的"本体观"[①]之前,本文拟交代以下几点研究事项,以作为学界方家们理解本文论点的根据与参考。

(一) 本文的问题意识

本文的问题意识,主要有如下两个方面。

1. 为何夏峰赞同与主张"儒学本天"与"释学本心"之说?[②] 他所持

[①] 所谓"本体观",其实就是对宇宙本体的系统性见解与看法,亦可称为"本体论"。

[②] "儒学本天"与"释学本心"之说,最早系由北宋大儒程颐为分判儒、佛之别所提出,只是他的用词原本是"圣人本天,释氏本心"(《河南程氏遗书》卷21下),而后来的宋明儒者则用词稍有变化,如变更一二字而为"圣学本天,禅学本心""儒学本天,释氏本心"与"圣学本天,释学本心"等语词。

·95·

的理由与根据究系为何？

2. 夏峰哲学既然以"本天之学"为宗旨①，那么它是否也可说是"本心之学"？又，若它也可说是"本心之学"，则其"心"与"释学本心"的"心"又有何不同？

（二）本文的研究缘起

笔者先前曾撰有《试论孙奇逢的"理气论"》一文，后发表于《北学研究》第二辑中。② 在该文中，笔者曾通过"负面遮拨"与"正面表诠"两个方式进行论证。

1. 夏峰反对以（笔者所谓的）"分解的思路"来看待"理""气"的关系：他反对将"理""气"二分，反对在"气"之前、之上或之外，有形上、超越的"理"可独立自存的论点。相反，他是用（笔者所谓的）"全体论与整体实存的思路"来看待"理""气"之关系的：他主张"理""气"是一，是同一实存的宇宙本体的两个不同的面向或样貌——"同指而异名"——而已！③

2. 对夏峰来说，宇宙本体既是"气"，也是"理""道""天""易""中""性""命""诚""善"与"乾"等，同时也是"太极"。换言之，"理""道""天""易""中""性""命""诚""善""乾"与"太极"等，都只是本体的不同称谓而已！它们其实也是"一物而多名"与"一体之多面"的。

虽然该文以夏峰的"理气论"为题，但所论者其实就是夏峰的"本体观"，因此，我们便可将该文的结论，当成夏峰对宇宙本体的大致见解与观点。

---

① 夏峰哲学以"本天之学"为宗旨，此夏峰本人及其高弟们曾多次提及。有关他们的说法，请参见本文第二节末以及梁世和《天人儒学：夏峰北学之宗旨》一文，《中国哲学史》2022 年第 2 期（总第 124 期）。

② 参见康振海主编，梁世和执行主编《北学研究》第二辑，中国社会科学出版社 2022 年版。

③ 换言之，孙奇逢的"理气论"，其实并没有预设"超越的分解"的理论架构。他就"实存的宇宙之总体存在与流行"（气）来说本体，而并不承认在实存的宇宙之前、之上或背后，有所谓"独立自存、永恒普遍的超越本体"（理）存在。又，有关笔者所提的上述两种"思路"之义，详请参见拙著《中国哲学理解、诠释与分判之研究》，台北：万卷楼图书公司 2013 年版；《宋明儒学新论》，高雄：复文图书出版社 2005 年版。

【北学人物及思想】
从夏峰哲学的"本体观"论"儒学本天"与"释学本心"

而在不久前,笔者又有幸拜读了河北省社会科学院梁世和先生的《天人儒学:夏峰北学之宗旨》一文,梁先生在该文中的论述极为精彩①,笔者于研读之后自觉获益良多,唯同时亦感其中有若干值得说明、厘清之处,于是勉力撰成本文,以说明夏峰哲学的若干问题,并提供些许浅见以供梁先生与学界方家参考。

(三)本文的研究目的

本文的研究目的,主要是从夏峰哲学"本体观"的正面表诠出发,来进一步论述"儒学本天"与"释学本心"此一议题,以:一者,指出夏峰赞同与主张"儒学本天"与"释学本心"之说的原因;二者,说明夏峰之学虽是以"本天之学"为宗旨,但其实亦可说是"本心之学",两者并不矛盾;三者,厘清"儒学本心"的"心"与"释学本心"的"心"两者之异同;四者,凸显夏峰哲学的"特色";五者,将本文论点提供给北学及夏峰学的专家学者与博雅君子们酌参。

(四)本文的研究次第

由本文的问题意识出发,笔者于是拟出以下处理本问题的研究次第:首先,说明夏峰哲学的"本体观";其次,论述"儒学本天"与"释学本心"这一议题;最后,综览全文,并作一总结,以简要呈现本文的论点。

---

① 梁先生之文,精彩处约有以下几点:一是标举夏峰哲学系"本天之学";二是"天"是中华传统、儒学传统与夏峰哲学所说的"本体",系存有之根与价值之源;三是论证作为"本天之学"的夏峰学,其"天"之意涵除了有"理""气"之外,更有"人格神"之意味,而值得吾人敬畏、祈祷、体察与奉祀;四是说明具有"人格神"意味的"天"以及人们对"天"的信仰,早在中华文化的开端或唐尧虞舜时即已建立,只是后来发展到宋明理学时,"天"的"理"(天理、天道)意味独显,而其"人格神"内涵竟逐渐消失了;五是由于夏峰学不仅恢复了中华传统与儒学传统的"天"之"人格神"内涵,也确立了吾人对"天"的"人格神"之信仰,同时还指出"人"与"天"沟通的基本原则与具体方法,因此,其对当今儒学的创造性转化和创新性发展,实在具有重要的启示意义。

又,对于梁先生之说,笔者愿在此作一补充说明:其实,中华传统与儒学传统中的"天",除了具有"天理"(天道)与"天气"诸义外,一直都有"人格神"(天公、天帝、天神等)的意涵,只是历来儒者,多半并没有把讲学与奋斗的重心放在形上的"人格神"信仰本身,而是关注于现实的"自我管理"(内圣)与"管理他人"(外王)等问题,因此,"天"的"人格神"意涵,自然就被淡化或忽略了——但它其实一直都在。

二　夏峰哲学的"本体观"

由于笔者之前的《试论孙奇逢的"理气论"》一文，就已经以"思路"（思维方式）为准，来论述过夏峰对宇宙本体的看法，因此，以下笔者即直接采用"赋"（正面表诠）的方式，来清楚呈现夏峰的"本体观"。

所谓"本体"，其形式意义系指现象世界与经验世界一切存在、一切活动之根本、永恒、普遍与终极的依据。它是自然之所以为自然，社会之所以为社会，人文之所以为人文的存有原理。就一般的情形说，"本体"具有根本义、永恒义、普遍义与终极义等；但若就"全体论与整体实存的思路"之思想家或哲学家（按：如横渠、船山、蕺山、夏峰与梨洲等人）来说，则"本体"除了具有根本义、永恒义、普遍义与终极义外，尚具有"全体义"一义。这实在是因为他们是就整个"实存的宇宙之总体存在与流行"来说本体之故也。

就中国儒学发展史来说，先秦儒家的经典与义理，虽然有提及与蕴含本体思想者，但儒者真正自觉、大量地论述本体以及弘扬、彰显本体思想者，则是北宋儒学兴起后之事。因此，传统中国儒学的本体思想，可以说是由宋明儒者所讲明与阐发的。[①] 不过，值得注意的是：绝对、唯一、无限的本体原本就不可道、不可说、不可言诠、不可规定，而只能契入与体悟。只是由于每位理学家或思想家契入、体悟本体的途径与进路不同，加上对本体的表述与诠释方式也有所差异，因此，那绝对、唯一、无限的本体，遂宛然展现出许多不同的面向与样貌——"一体而多面"；然而面向与样貌虽繁多，外表虽看似有异，但究其实仍只是同一本体也——"多面而一体"。职是之故，我们便可依照各个理学家或思想家，契入、体悟本体途径与进路之不同以及表诠方式之差异，而称之为"即 X 言体"（就 X

---

① 宋明儒者之所以讲明与阐发"本体"思想，其原因主要有三：一是积极提出儒家对道德之根与存有之源的正面主张：宇宙本体系健动不已与生生不息的道德创生原理（实理、实体）；二是消极厘清儒学与佛、老之学的分际：佛学基于缘起及寂灭原理（空理、空体），道家则基于冲虚与无为原理（虚理、虚体）；三是凸显儒学进于、优于佛、老之学的殊胜之处：兼具形式与内容的儒家实理、实体，诚进于、优于徒具形式而无内容的佛家空理、空体以及道家虚理、虚体也。

【北学人物及思想】
从夏峰哲学的"本体观"论"儒学本天"与"释学本心"

来说本体),如:"即心言体"(就心来说本体)曰"心体","即性言体"(就性来说本体)曰"性体"以及"即道言体"(就道来说本体)曰"道体"等。然不论"即X言体"之本体称谓有多少,其实皆只表示本体是绝对、唯一与无限之义也。①

既是如此,加以夏峰又是一位"全体论与整体实存的思路"型态之思想家,于是我们便可依据夏峰分别是由哪种途径或进路来契悟与指点本体,而赋予本体种种不同的称谓。

就本体之充塞天地、弥漫六合、连通天人,以及运旋于古往今来与万物周身的,称之为"气"(气体),此是夏峰"即气言体"(就气来说本体,气即是体)也。②

就本体作为灵动妙运、变化不已的"气"自身的条理、秩序与主宰来说,则称之为"理"(理体),此是夏峰"即理言体"(就理来说本体,理即是体)也。③

就本体为"万物无所不禀",则称之为"命"(命体、天命流行之体),此是夏峰"即命言体"(就命来说本体,命即是体)也。④

就本体为"万物无所不本",则称之为"性"(性体),此是夏峰"即性言体"(就性来说本体,性即是体)也。⑤

就本体为"万物无所不主",且"其消息总得之于天",则称之为

---

① 依当代大儒牟宗三先生之说,宋明儒者所说的"本体",其性质有"只存有不活动"以及"即存有即活动"之分。如:伊川、朱子所说的"理""性"与"太极"等,即属"只存有不活动"的静态本体,它们只具有形上、超越的存有义,而不具有活动义;至于明道所说的"天理",阳明所说的"良知"以及蕺山所说的"意根"与"独体"等,则属"即存有即活动"的动态本体,而兼具形上、超越之存有义与活动义。有关牟先生之说,详请参见其所著《心体与性体》(三册),台北:正中书局1987年版;《从陆象山到刘蕺山》,台北:台湾学生书局1979年版,以及《中国哲学十九讲》,台北:台湾学生书局1991年版,等等。
② 如夏峰说,"浑沌之初,一气而已","盈天地间,知觉、运动、聚散流峙,皆气之为也","吾身通天地万物为一体,千古上下皆联属于呼吸一气之中"以及"天地间气有聚散,物因而有成败"等(以上皆见《夏峰先生语录》卷1),是"即气言体"也。
③ 如夏峰说,"一气……其主宰处为理","盈天地间……气……知觉有知觉之理,运动有运动之理,聚散流峙有聚散流峙之理"以及"理一而已矣"等(以上皆见《夏峰先生语录》卷1)是"即理言体"也。
④ 如夏峰说:"万物无所不禀,则谓之曰命。"(《夏峰先生语录》卷1)是"即命言体"也。
⑤ 如夏峰说,"万物无所不本,则谓之曰性。"(《夏峰先生语录》卷1)是"即性言体"也。

"天"（天体），此是夏峰"即天言体"（就天来说本体，天即是体）也。①

就本体之"与天地万物圆融和会，无终始离合之可言。自古及今，无时不存，无事不在"，而为"极致之理"，则称之为"太极"（太极之体、太极之理），此是夏峰"即太极言体"（就太极来说本体，太极即是体）也。②

就本体之"无物不有，无时不然""不可须臾离""能尽人性尽物性"以及"不离日用常行内，直造先天未画前"，而为人人所应走、应由的人生大道，则称之为"道"（道体），此是夏峰"即道言体"（就道来说本体，道即是体）也。③

就本体为"吾人一点性灵，为天地古今之大主宰"，为"万物无所不生"，而能"与天同"，"与天地同流"，"与性、命、天、道融会，无少间隔"，且"尽性、立命、知天，皆本于心"，同时又能"一天地"而与"上下四方、往古来今，元无隔碍"，则称之为"心"（心体），此是夏峰"即心言体"（就心来说本体，心即是体）也。④

就本体的恻隐、感通、觉用之无限，之"以天地万物为一体"，之能"覆天下"，并使"天下归"之，则称之为"仁"（仁体），此是夏峰"即仁言体"（就仁来说本体，仁即是体）也。⑤

此外，夏峰还从其他各种不同的进路契悟本体，而又赋予本体另外许多称谓，如：诚、易、中、善与性命等，试观以下几则引文，便可知本文所言不虚：

> 问："圣人之心何以能与性命天道融会，无少间隔？"曰："万物无所不禀，则谓之曰命；万物无所不本，则谓之曰性；万物无所不主，则谓之曰天；万物无所不生，则谓之曰心，其实一也。"（《夏峰

---

① 如夏峰说，"万物无所不主，则谓之曰天"以及"其消息总得之于天"（以上皆见《夏峰先生语录》卷1）是"即天言体"也。
② 如夏峰说，"太极者，极致之理也"以及太极"与天地万物圆融和会，无终始离合之可言。自古及今，无时不存，无事不在"（以上皆见《夏峰先生语录》卷1），是"即太极言体"也。
③ 上引夏峰"即道言体"诸文，均见《夏峰先生语录》卷1。
④ 上引夏峰"即心言体"诸文，请见《夏峰先生语录》卷1与《夏峰先生语录》卷2。
⑤ 如夏峰说："仁以天地万物为一体……一是仁覆天下，一是天下归仁，非两件物两件事。"（《夏峰先生语录》卷1）是"即仁言体"也。

【北学人物及思想】
从夏峰哲学的"本体观"论"儒学本天"与"释学本心"

先生语录》卷1)

周元公识彻全体,学透本源,其儒之宗乎?诚即太极即乾,千古神圣只此命脉,天地人物从此化生,曰道,曰善,曰易,曰性命,皆诚之异名耳。(《夏峰先生语录》卷1)

问:"道何在?"曰:"无物不有,无时不然。"问:"中何在?"曰:"无物不有,无时不然。"问:"易何在?"曰:"无物不有,无时不然。"……尧、舜后虽无尧、舜,尧、舜之心至今在;孔子后虽无孔子,孔子之心至今在……其消息总得之于天。(《夏峰先生语录》卷1)

因此,对夏峰来说,宇宙本体既是"气",也是"理",也是"道",也是"仁",也是"中",也是"易",也是"性",也是"命",也是"诚",也是"善",也是"太极",也是"心",当然也是"天"。亦即:本体是即"气"即"理"即"道"即"仁"即"中"即"易"即"性"即"命"即"诚"即"善"即"太极"即"心"与即"天"的。换言之,"气""理""道""仁""中""易""性""命""诚""善""太极""心"与"天"等,通通都只是本体的不同称谓而已,它们根本就是"异名而同指""一体之多面"与"一物而多名"的。

值得注意的是:若放在宋明儒学的脉络中来说,同样是在"全体论与整体实存的思路"之"本体观"下,则蕺山侧重从"意"(意根)与"独"(独体)来说本体;横渠侧重从"太虚"与"气"等来说本体;至于夏峰,则"特别重视"从"天"来说本体,来说宇宙万有之终极根源与最高依据。

夏峰说:"儒者之学乃所以本诸天也。"① 又说:"王者欲有所为,宜求端于天。"② 又说:"论学之宗传,而不本诸天者,其非善学者也。"③

又说:"学不以天为准,皆其志满、量狭、意衿之病。"④ 夏峰还批评"诸不本天之学者",说他们使"学术日晦"而"究不知何所底极也"⑤。

---

① (清)孙奇逢:《孙奇逢集》(上),中州古籍出版社2003年版,第620—621页。
② (清)孙奇逢:《理学宗传》,凤凰出版社2015年版,第212页。
③ (清)孙奇逢:《孙奇逢集》(上),第620—621页。
④ (清)孙奇逢:《孙奇逢集》(下),第611页。
⑤ (清)孙奇逢:《理学宗传》,第16页。

他又赞同朱元璋"圣人之学,以天为准"(《明太祖宝训》卷二)之说,并推崇董仲舒"道之大原出于天,神圣继之"①之论,诚"议得本原,所以度越诸子也"。夏峰的上述种种说法,都足以证明:他的确是"特别重视"从"天"来说本体,来说宇宙万有之终极根源与最高依据的。

除了夏峰本人的说法外,夏峰的高弟张沐也曾说:"钟元孙先生集理学之书,以宗传为名,宗诸天也。"② 同时,夏峰另一弟子赵御众也明白表示:夏峰之学,"以天为归,以孔为的"③。凡此,亦足以佐证:夏峰确实是特别侧重从"天"来说本体,来说存有之根与价值之源的。

由上述夏峰本人及其弟子的诸多言论,便可合理推知:本文说在"全体论与整体实存的思路"之"本体观"下,夏峰"特别重视"从"天"来说本体,来说宇宙万有之终极根源与最高依据的论点,是持之有据与言之成理的。

三 "儒学本天"与"释学本心"

从上节的论述中,我们可以得知:虽然夏峰特别侧重从"天"来说本体,来说存有之根与价值之源,但由于其学问特性及"本体观"系属"全体论与整体实存的思路"型态,因此,对夏峰来说,"天""理""道""仁""中""易""性""命""诚""善""太极""心"与"气"等,均可作为本体的不同称谓,而皆指涉与代表着本体的某一面相、特性或样貌。既然如此,我们当然可说:本体的称谓可以是"天",也可以是"心",只不过"天"是绝对、超越、统体、义理与主宰地说,而"心"是内在、主体、灵明、觉知与感通地说而已!两者根本是"一物之两名"与"一体之两面"的。而在这样的情况下,于是我们便可说:虽然夏峰及其弟子们认同及主张夏峰哲学是以"天"为本的"本天之学",但其实也可以说它是以"心"为本的"本心之学"。只是当我们这样说时,必须很清楚地交代:可以作为"本心之学"的夏峰哲学,这个"心"指的是儒学

---

① 有关董仲舒之言,转引自《孙奇逢集》(上),第620—621页。
② (清)孙奇逢:《理学宗传》,第13页。
③ 徐世昌:《大清畿辅先哲传》(上),北京古籍出版社1992年版,第334页。

意义（而不是佛、道与世俗意义）的"心"，是超越善恶、粹然至善的仁心、良知、良能或四端之心等，是"即存有即活动"的道德之根与价值之源，它既是道德的主体，同时也是道德的本体。

既然如此，那么为何夏峰要认同与主张"儒（圣）学本天"与"释（禅）学本心"之说呢？他为何不说"儒学"亦可"本心"、亦是"本心之学"呢？而却只说"儒（圣）学本天"，同时还认为"本天"与"本心"，是儒、佛的分判标准所在，究竟个中原因为何？

要解答上述问题，就让我们从以下两则夏峰原典的引文探讨起：

> 程子云："圣学本天，禅学本心。"本天者，性善也；本心者，无善无恶也。（《夏峰先生语录》卷1）
>
> 孔伯问："儒学本天，释学本心。心无二理，何以与吾儒异？"曰："心无善无不善，此禅宗也，释氏本心之说也。性命于天，自是至善无恶，孟子所以道性善，此圣学本天之说也。本天以天地万物为一体，故能兼善天下；本心只了当一己，故谓之自私自利。有统体之理，有一偏之理，理有偏全，学术自别。"（《夏峰先生语录》卷2）

在以上的两则引文中，夏峰其实已大部分解答了本文所提的几个问题。

首先，为何夏峰只强调"儒（圣）学本天"？这实在是因为他认为：由于"天"（为天理、天道，故）是"至善无恶"的，而"性"又"命于天"，因此，天所命、所赋予我们的"性"，自然也是"至善无恶"的，是以"本天者，性善也"以及"孟子所以道性善"也，而这正是"圣学本天"的主要理据。此外，由于"本天"的"儒学"（圣学）系"以天地万物为一体"之学，因此，它感通无外，而能"兼善天下"，并为"统体之理"的至善之学。而夏峰哲学既然自诩、自承为儒学正统，那它当然也是至善的"本天之学"了，当然也是以"本天"为其讲学宗旨了。[①]

其次，为何夏峰又说"释（佛）学本心"？依笔者拙见，可能是因为

---

① 其实，"全体论与整体实存的思路"型态之夏峰哲学，其所言之"天"至少有天理（天道）、天气、天帝（人格神）三义。换言之，天既是理，亦是气，亦是神。然不管是天理、天气或天帝，皆是存有之根与价值之源，皆指涉那超越善恶与粹然至善的宇宙本体。又，有关夏峰所说的"天"的人格神意涵，详请参见梁世和《天人儒学：夏峰北学之宗旨》一文。

他所理解的释（禅、佛）学的"心"之指涉与意义，主要有二：一是无善无恶、纯形式而无道德内容的"自性清净心"（或如来藏自性清净心、清净心、般若智心等），是以他才说"本心者，无善无恶也"①，才说"心无善无不善，此禅宗也，释氏本心之说也"；二是自私自利、只了自己、只图自己离苦得乐的私心，因此，他才说"本心只了当一己，故谓之自私自利"，才说释（禅、佛）学为"一偏之理"的学问。②

最后，为何夏峰不说"儒（圣）学本心"？对此，拙意以为原因至少有三：一是夏峰亟欲厘清儒、佛之别，拟简明、扼要地标举儒、佛各自的特色与宗旨；二是担心学者们混淆了儒、佛两家所说的"心"及其学说内容，因而读书求学与做人处事误入歧途；三是受到了明朝中晚期整个学界反阳明"心学"末流的时代风气影响，所以他便不说"儒学本心"，而"儒学本天"，并与"释学本心"相对举，以由此凸显其学的宗旨、特色以及儒学高于、优于释学的殊胜之处。③

四　结论

综合以上所述，可以得到四点结论。第一，由于夏峰就"实存宇宙的总体存在与流行"来说本体，因此，其哲学之"本体观"系属"全体论与整体实存的思路"之型态，故对夏峰来说，本体既是"气"，亦是"理"，

---

① 严格来说，中国哲学或思想史上所说的"无善无恶"，是有多种指涉与意涵的，如：告子人性论的"无善无恶"系指形下现象层的无善无恶；阳明"四句教"中"心体"的"无善无恶"系指形上超越层的绝对至善，良知是超越相对善恶，且无相对善恶的至善本体；道家义的"无善无恶"系指超越相对善恶，但无道德内容的纯形式之道体、灵台心或虚灵、逍遥境界；佛家义的"无善无恶"系指超越相对善恶，亦无道德内容的纯形式之般若智心、空慧或空灵、寂灭境界等。

② 其实，禅学或佛学所说的"心"，除了夏峰所理解的无善无恶、纯形式而无道德内容的自性清净心，以及自私自利、只了自己、只图自己离苦得乐的私心外，尚有现实的、经验的、发生意义上的情识心、染污心等，因本文所关注者仅是夏峰所理解的禅学或佛学所说的心，故在此就不再对此一问题多作论述了。读者若对禅学或佛学所说的"心"之诸义有兴趣，可参见吴汝钧《游戏三昧：禅的实践与终极关怀》，台北：台湾学生书局1993年版；赖永海《中国佛性论》，台北：佛光文化事业公司1997年版，第5—6章；牟宗三《佛性与般若》，台北：台湾学生书局1982年版，第1039—1042页；拙文《南宗禅与北宗禅之分判标准新论》，载《中国禅学》第6卷，大象出版社2012年版，第四小节。

③ 这是笔者研究宋明儒学多年以及研读夏峰著作的一个小小心得与判断。

【北学人物及思想】
从夏峰哲学的"本体观"论"儒学本天"与"释学本心"

亦是"道",亦是"天",亦是"易",亦是"中",亦是"性",亦是"命",亦是"诚",亦是"乾",亦是"善",亦是"心",且亦是"太极"。换言之,本体是即"气"即"理"即"道"即"天"即"易"即"中"即"性"即"命"即"诚"即"乾"即"善"即"心"与即"太极"的。"气""理""道""天""易""中""性""命""诚""乾""善""太极"与"心"等词,其实都只是本体的不同称谓或代表而已!它们任一者,皆指涉或指点本体的某一面向与样貌,它们根本就是"一物(存有)而多名""多名而一物""多面而一体"与"一体之多面"的。

第二,虽然对夏峰来说,本体有"气""理""道""天""易""中""性""命""诚""乾""善""太极"与"心"等各种不同的称谓,但他却特别重视从"天"来说本体,来说宇宙万物的存有之根与价值之源,并标榜其学为"本天之学"。唯夏峰虽侧重从"天"来说本体,但因其学问特性及"本体观"系属"全体论与整体实存的思路"型态,因此,我们当然也可以说:本体的称谓既可以是"天",也可以是"心"。只不过"天"是超越、客观、统体、根源与主宰地说,而"心"是内在、主观、灵明、觉知与感通地说而已!两者根本是"一物之两名"与"一体之两面"的。

而在这样的情况下,我们便可说:夏峰哲学既是以"天"为本的"本天之学",亦是以"心"为本的"本心之学",而且"本天之学"与"本心之学"是没有矛盾的。只是须注意的是:"儒学本天"的"天"(天体)与"儒学本心"的"心"(心体),两者的"实质内容"皆是"即存有即活动"的超越相对善恶相之至善的道德原理、规范与意志,而为现象与经验世界一切存在、一切活动之根本的、永恒的、普遍的、终极的与全体的依据。故"天""心"及其"实质内容",对夏峰来说,根本是"三面一体"与"一体三面"的。这就如同基督教的"圣父"(天主、上帝等)是客观地说,"圣子"(耶稣、基督)是主观地说,"圣灵"是主客合一地说,但究其实三者根本是"三位一体"与"一体三位"的。

第三,夏峰之所以特别强调"儒(圣)学本天",其理据主要有二:一是"天"是"至善无恶"的,而"性"又"命于天",故"性"也是"至善无恶"的,是以道"性善"的"儒学"(圣学)自然也是"本天"的至善之学了;二是由于"本天"的"儒学"(圣学)系"以天地万物为一体"之学,因此,它感通无外,而能"兼善天下",并为"统体之理"的至善之学。

· 105 ·

而夏峰之所以说"禅（释）学本心"，可能是因为他所理解的禅（释）学的"心"之指涉与意义，主要有二：一是无善无恶、纯形式而无道德内容的"自性清净心"（或如来藏自性清净心、清净心、般若智心等），是以他才说"本心者，无善无恶也"，才说"心无善无不善，此禅宗也，释氏本心之说也"；二是自私自利、只了自己、只图自己离苦得乐的私心，因此，他才说"本心只了当一己，故谓之自私自利"，才说禅（释）学为"一偏之理"的学问。

第四，由于夏峰：一者，亟欲厘清儒、佛之别，拟简明、扼要地标举儒、佛各自的特色与宗旨；二者，担心学者们混淆了儒、佛两家所说的"心"及其学说内容，因而走上错误的读书学习与做人处事的道路；三者，受到了明朝中晚期整个学界反阳明"心学"末流的时代风气的影响，因此，他便不说或少说"儒（圣）学本心"，而赞同与主张"儒学本天"，并与"释学本心"相对举，以由此凸显其学的宗旨、特色以及儒学高于、优于释学的殊胜处。

颜李学派与夏峰北学关系再探讨

——以孙奇逢、颜元对知行合一的探索为中心

王 坚*

摘要：由于理想与现实、价值理性与工具理性的矛盾，如何在内圣外王层面知行合一成为明清之际儒学的时代课题。清初，孙奇逢在儒学体系内严格圣人标准，把知行关系细化为寻、行"孔子之道"，以其回归、重释孔孟经典来整合理学各派的内圣实践和在"舍三纲五常无道术"基础上"礼理合一"的外王实践来弥合知行关系。颜元则在更加严格圣人取舍上，只承认周公孔子的圣人品格，以寻、行"周孔正道"为旗帜，在儒学体系内回归三代圣王及孔子，熔铸"三事六府"、六艺实学、文武等资源，开辟出一条新路。颜元的学术探索植根于清初北方学术生态，是夏峰北学寻求知行合一的一个路向。

关键词：颜元；孙奇逢；颜李学派；夏峰北学；知行合一

以孙奇逢为领军的夏峰北学与以颜元为领军的颜李学派作为清代北方学术两大流派，关系历来纠葛，学界虽逐步认识到二者存在承继关系，但缺乏有效梳理。[①] 本文以知行合一这个明清之际普遍关注的中心问题为线索，以图全面梳理二者关系。

---

* 王坚，河北师范大学历史文化学院副教授，主要研究方向：清代学术史、史学史。
① 相关探讨参见嵇文甫《记马平泉的学说》，载《嵇文甫文集》下，河南人民出版社1990年版，第692—703页；李之鉴《从孙奇逢到颜习斋》，《黄淮学刊》（哲学社会科学版）1997年第1期；王坚《离异与回归：论颜李学派与夏峰北学的分与合——以孙奇逢与颜元"圣人论"为中心》，载香港浸会大学《人文中国学报》编辑委员会编《人文中国学报》（第十八期），上海古籍出版社2012年版，第103—134页。

一 寻、行"孔子之道":孙奇逢对知行合一的探索

从百家争鸣中一个有影响的学派到成为大一统中华帝国的意识形态,儒学在产生后的两千多年里走过了一条极不平凡的演进之路。特别是在皇权时代,在"天高皇帝近"与"诸子皆王官"的制度设计中,儒生们既是儒学实践主体,在学理上推进儒学发展责无旁贷,又"学而优则仕",是帝国官僚主体,在技术层面具体管理整个帝国。正是这种双重身份,反映在学术上,就是在知行问题上,儒学在理想与现实、"价值理性"与"工具理性"的二律背反中不断调整方向。到明中叶,随着占主导地位的程朱理学积弊不断暴露,儒生们又掀起波澜壮阔的变革浪潮。

本来,鉴于魏晋南北朝以来儒学不振的局面,早在理学产生的两宋时期,秉持"为天地立心,为生民立命,为往圣继绝学,为万世开太平"的价值理念,理学家就意欲返本开新,超越汉唐回复到三代"道治合一"的黄金时代,但在具体实践中,理学派和心学派虽都承认"天理"的至上性,却在如何体认天理上产生了分歧。朱熹讲究"居敬穷理",主张认识事物之"理"后,下学而上达,陆九渊则在整个宇宙视野下,拈出"心即理"与朱熹抗衡,更讲究"直指本心",强调"先立乎其大",由于采用"心即理"的论证模式,因而心学不免依附于理学。元明时代"四书"成为八股取士的官方依据,形成理学派独占的局面。但由于过于注重"枝枝节节"及科举制过分强调格式化、工具化,到明中叶,理学不但没有达到预期目的,反而"在八股下的科举中,儒家已完全演化为一种道具……至于其真正的内容反而被掩蔽了,从而思想便失去了其内在的活力而走向僵化甚至僵死,儒学便由此转化为利禄之途"[①]。鉴于此,儒生们掀起新一轮革新浪潮,而怎样在返本开新中调节儒学理想与现实、价值理性与工具理性之间的矛盾以知行合一成为学界关心的时代课题。最终,以王阳明为宗师的阳明学派以"知行合一"和"致良知"为号召,把儒学革新运动推向高潮。

王阳明开创的风气是一种思想解放潮流,正是阳明学一马当先,成为

---

① 干春松:《制度化儒家及其解体》,中国人民大学出版社2003年版,第112页。

【北学人物及思想】
颜李学派与夏峰北学关系再探讨

晚明思想变动的标志和基础性力量。王阳明死后，由于阳明后学实践的多样性，阳明学迅速分化。有如刘宗周等以王阳明为最高权威者；有顺着王阳明思路，离开孔孟道统而注重孔颜，认为"颜子没而圣人之学亡"，尊崇孔子弟子颜渊的；有诸如李贽、袁黄、林兆恩等直接跳出儒学，进而蔑视权威，攻击理学成立的前提假设，攻击孔子及整个儒生共同体，批判社会秩序之合理性的。与之相对，强调工夫的右派王学、东林党及阳明学修正派先后兴起。由此，晚明不同学者的"圣人"观五花八门：有认可王阳明的，有认可程朱的，有认可颜渊的，还有跳出儒学之外，圣人观呈现儒释交融的。①

所以，王阳明虽提出知行合一，以外王践履来砥砺内圣思辨，熔铸儒学理想与现实、价值理性与工具理性于"致良知"内，开晚明回归原始儒学先河，但却是探索有余，落实有限，再加上后学不断分化和晚明日渐凋敝的形势，不但没有达到预期，反而连"圣人"的标准，学界也莫衷一是。顾宪成说："阳明先生开发有余，收束不足。当士人桎梏于训诂辞章间，骤而闻良知之说，一时心目俱醒，恍若拨云雾而见白日，岂不大快？然而此窍一凿，混沌几亡。……陵夷至今，议论益玄。高之放诞而不经，卑之顽钝而无耻。仁人君子又相顾裴回，喟然叹息，以为倡始者殆亦不能无能无遗虑焉而追惜之。"② 即为现实写照。

随着阳明学风行天下，清初，以孙奇逢为领军的夏峰北学在儒学体系内严格圣人标准，不但把知行关系细化为寻、行"孔子之道"，而且以其回归、重释孔孟经典来整合理学各派的内圣实践和在"舍三纲五常无道术"基础上"礼理合一"的外王实践来弥合知行关系。③

在内圣方面，寻"孔子之道"。跳出狭窄的理学视野，在整体儒学视野下编辑《理学宗传》等典籍，由程、朱、陆、王走向孔、孟以至于尧、舜、禹、汤、文、武、周公"三代圣王"，重构儒家道统，理顺各派关系。

---

① 参见吕妙芬《颜子之传：一个为阳明学争取正统的声音》，《汉学研究》（台北），第15卷第1期，1997年6月，第73—92页；《圣学教化的吊诡：对晚明阳明学的一些观察》，《中央研究院近代史研究所集刊》（台北），第30期，1998年12月，第29—64页；《儒释交融的圣人观：从晚明儒家圣人与菩萨形象相似处及对生死议题的关注谈起》，《中央研究院近代史研究所集刊》（台北），第32期，1999年12月，第165—208页。
② （明）顾宪成：《小心斋札记》卷3，《顾端文公遗书》，清康熙刻本，第16页。
③ 孙奇逢思想与夏峰北学情况，参见王坚、雷戈《论夏峰北学》，《辽宁大学学报》（哲学社会科学版）2009年第3、4期。

当理学发展到了明代，八股的惯性使程朱派把程朱言论当成最大权威，明初大儒薛瑄说"自考亭（朱熹）以还，斯道已大明，无烦著作，直须躬行耳"①。"只说孔子错，不认程朱非"成为对他们的典型概括，直到清初，元明以来程朱权威远超孔孟的习气未得根本改变，而崛起的阳明学则把陆王言论当成最大权威，刘宗周宣称："良知之教，如日中天。昔人谓：'天不生仲尼，万古如长夜。'然使三千年而后，不复生先生，又谁与取日虞渊，洗光咸池乎？"② 由此两派儒生攻击不已，任何企图会通程朱陆王于一体者，要么是以程朱为准，要么是以陆王为准，不但没有调节两派之矛盾反而火上浇油。

在理学圈子内，会通程朱陆王无法实现，但理学毕竟属于儒学，它只是儒学一个阶段的发展形态，它的任何理论，相对于儒学这个大传统来说，都是一个小传统，程朱陆王被尊崇得再高也不可能超过孔子，在孔子面前，程朱陆王就不是权威了。正因为如此，孙奇逢在明清之际率先走出狭窄的理学视野，以知行合一为鹄的，拉出孔子这个大权威，在整个儒学视野下以寻、行"孔子之道"重构儒学道统来会通程朱陆王："孔圣人万世之师，道之宗也。学者立必为圣人之志，只折衷于孔子是矣。"③

在《理学宗传》中，孙奇逢首先就提出儒学理想与现实、价值理性与工具理性等知行合一的问题。"学以圣人为归，无论在上在下，一衷于理而已矣。理者，乾之元也，天之命也，人之性也。得志，则放之家国天下者，而理未尝有所增。不得志，则敛诸身心意知者，而理未尝有所损。故见之于行事与寄之空言，原不作歧视之。舍是，天莫属其心，人莫必其命，而王路道术遂为天下裂矣。"之后，他建构起从上古伏羲直到晚明顾宪成的新道统。"学之有宗，犹国之有统，家之有系也。系之宗有大有小，国之统有正有闰，而学之宗有天有心。今欲稽国之运数，当必分正统焉；溯家之本原，当先定大宗焉。……尧、舜而上，乾之元也；尧、舜而下，其亨也。洙、泗、邹、鲁，其利也，濂、洛、关、闽，其贞也。分而言之，上古则羲皇其元，尧、舜其亨，禹、汤其利，文、武、周公其贞乎？

---

① （清）张廷玉等：《明史》卷170《薛瑄传》，中华书局1974年版，第7229页。
② （明）刘宗周：《重刻阳明先生传习录序》，载《王阳明全集》下，上海古籍出版社2011年版，第1788页。
③ （清）孙奇逢：《孙征君日谱录存》卷7，清光绪十一年刻本，第140页。

【北学人物及思想】
颜李学派与夏峰北学关系再探讨

中古之统,元其仲尼,亨其颜、曾,利其子思,贞其孟子乎?近古之统,元其周子,亨其程、张,利其朱子,孰为今日之贞乎?……则姚江岂非紫阳之贞乎?余谓元公接孔子生知之统,而孟子自负为见知。静言思之,接周子之统者,非姚江其谁与归?程、朱固元公之见知也,罗文恭、顾端文意有所属矣。"①

历来论孙奇逢新道统者,大多只注意他所建构的"近古之统",即其道统中理学那一部分,实际上,孙奇逢建构的道统分为三部分:上古之统、中古之统、近古之统。在建构理学道统(近古之统)后,他扩张视野,在超越理学"道统"基础之上来构建儒学传承的大"道统"。换句话说,孙奇逢的视野是从理学走向整个儒学:"窃思道统肇自伏羲,而尧、舜、禹、汤、文、武、周公以至孔子,自孔子而颜、曾、思、孟以至周、程、张、朱其人止矣。"分而言之,"上古则羲皇其元,尧、舜其亨,禹、汤其利,文、武、周公其贞乎?中古之统,元其仲尼,亨其颜、曾,利其子思,贞其孟子乎?近古之统……"②

在这些道统中,孙奇逢认为最关键的是孔子:"窃尝思之,学以孔子为昆仑,颜曾思孟则五岳四渎也,濂溪以周,伊洛以程,横渠以张,紫阳以朱,象山以陆,皆能为其山川重,所谓小德川流,总之以海为归宿。"他们是儒学精髓的主要体现者。除此之外,对于大大小小的儒生,他们可能"与圣人端诸微有所不同",或"区区较量于字句口耳之习",或"务为新奇以自饰其好高眩外之智",或"更有以理为入门之障而以顿悟为得道之捷者",虽然孙奇逢对他们不免有所批评,但还是认为"见不必相同,意不必相非",承认他们"地各有其人,人各鸣其说,虽见有偏全,识有大小,莫不分圣人之一体焉"而列入儒门。因此,笔者认为,孙奇逢建构的道统,不但包括孔子本人建构之理论及实践,也包括后代儒生们对之的申发及实践,不但包括一代名儒,也包括不计其数的一般儒生。可以说,在理学系统内,孙奇逢把包容性推向极致,也正是这种极致,理学以至于整个儒学体系内的多样性与共通性显露无遗,使得他能够突破常规,在求同存异中进行别具一格的开拓。

在外王方面,行"孔子之道"。孙奇逢提倡以天下为己任,着力于对

---

① (清)孙奇逢著,朱茂汉点校:《夏峰先生集》,中华书局2004年版,第135—136页。
② (清)孙奇逢著,朱茂汉点校:《夏峰先生集》,第135—136页。

伦理纲常的躬行实践，落脚于"理""礼"合一，由对"理"的阐发走向对"礼"的实践。

首先，孙奇逢区分儒学与释、老，认为"吾儒以经世为业，可以兼收二氏之长；二氏以出世为心，自不能合并吾儒为用"。因此，儒生在实践中，应该扬长避短，出世以整合人伦为立足之本，"学则三代共之，皆所以明人伦也。释氏只弃人伦，便有老大罪过"①。要发挥理学服务于社会之功用，儒生们"便要以天下为己任，区区辞章记诵，腐儒而不适于用者也。孔子志在东周，孟子志安天下，此是孔孟之学术"②。最终，理学的发展与社会秩序名教的维护相与为一，"内圣之学，舍三纲五常无学术，外王之道，舍三纲五常无道术"③。

其次，为达到不折不扣地躬行实践，要学习圣人以成就"成圣之道"。"或问：'学何为也哉？'曰：'学为圣人而已。'曰：'圣人可学而能乎？'曰：'可。'孟子曰：'乃所愿，则学孔子也。'"④为此，要注意平常日用之间，"日用之间可以证圣"⑤；要立本心，要脚踏实地，要履满守谦、"平心和易"、"不求名声"、"不逞才智"、"随分自尽"，要遵守发扬伦理纲常，最终就是做一个道德学问之楷模，"饥饿穷愁困不倒，声色货利浸不倒，死生患难考不倒，人之事毕矣"⑥。

为保证躬行实践的效用，孙奇逢更为实践外王之道找到了一个现实着力点——礼。为此，他复兴了元明以来湮没已久的"三礼学"，"以其对古礼的践履，揭开了清代复兴礼学的序幕"⑦。

他认为"礼所该甚广，一切法则皆礼也"。所以，礼也是修身治国之本，对于个人，应该谨身守礼。对于家国天下，也要以礼为治国之本，"世之治也无他，食以礼而已矣，色以礼而已矣。上之人寡欲清心，下之人安分守法，如所谓絻兄臂而逾东家墙事自无，有人亦共信，而礼之重于天下也，此何待言也，世之乱也，亦无他，食不以礼而已矣，色不以礼而

---

① （清）孙奇逢：《孙征君日谱录存》卷33，清光绪十一年刻本，第775页。
② （清）孙奇逢著，朱茂汉点校：《夏峰先生集》，第342—343页。
③ 张显清主编：《孙奇逢集》（下册），中州古籍出版社2003年版，第594页。
④ （清）孙奇逢著，朱茂汉点校：《夏峰先生集》，第129—130页。
⑤ （清）孙奇逢著，朱茂汉点校：《夏峰先生集》，第564页。
⑥ （清）孙奇逢：《孙征君日谱录存》卷35，清光绪十一年刻本，第816页。
⑦ 林存阳：《清初三礼学》，社会科学文献出版社2002年版，第92页。

已矣"①。鉴于"自周末文胜而渐趋于靡。遂有以为'礼者，忠信之薄，而伪之首也'"的偏见，孙奇逢再三强调"夫伪岂礼哉？敦厚以崇礼，家庭与朝廷无异，上古与叔季无异，防万民之伪而教之中，高皇稽古之意深矣"。所以，在生活中他制定一系列"礼"予以实施，如《孝友堂家规》《家祭仪注》《家礼酌》《苏门会约》等。

二 寻、行"周孔正道"：颜元的探索及解决之道

就颜元与孙奇逢的关系来看，他应该属于孙奇逢弟子门人序列。"先生尝自言：'私淑孙征君，又所父事者五人：曰张石卿、曰刁蒙吉、曰王介祺、曰李晦夫、曰张公仪。兄事者二人：曰王五修，曰吕文辅。友交者三人：曰郭敬公、曰王法乾、曰赵太若。'皆有以修先生。"② 除孙奇逢外，其他十人全部为孙奇逢门人弟子。在思想承续上，孙奇逢侠儒兼收，文武并用，拉出孔子这个大权威，以寻、行"孔子之道"来重构理学体系，早年颜元亦是一如孙奇逢，兼容并包、学为圣人、返本开新以求知行合一。"学者，学为圣人也。"③ "圣人小人也，其口鼻耳目与人同，惟能立志用功，则与人异耳。故圣人是肯做工夫庸人，庸人是不肯做工夫圣人。"④ 为此，他"二十一岁得《纲鉴》而阅之，至忘寝食，遂废八股业，绝意青紫。二十三岁见兵书悦之，遂学兵法，究战守事宜，尝彻夜不寐，技击亦学焉。二十四岁始开家塾，教子弟，名其斋曰思古，自号思古人"。其对于理学也是兼容并包，"尊陆、王，学程、朱，屹然以道自任，谓圣人必可学，期于主敬存诚，日静坐八九次，谤毁交集，尝敝衣敝冠出，人望而笑之，不恤也"⑤。

颜元对孙奇逢为学方向有所意见，是发生在孙奇逢去世前后。在养祖母去世后，颜元一准古礼守孝，结果身体每况愈下几乎死亡，在经历生死考验后，颜元突然发现理学与原始孔孟儒学之间内在的某种张力。在《上

---

① （清）孙奇逢：《孙征君日谱录存》卷9，清光绪十一年刻本，第205页。
② （清）颜元著，王星贤等点校：《颜元集》，中华书局1987年版，第620页。
③ （清）颜元著，王星贤等点校：《颜元集》，第670页。
④ （清）颜元著，王星贤等点校：《颜元集》，第628页。
⑤ （清）颜元著，王星贤等点校：《颜元集》，第618页。

征君孙钟元先生书》中，颜元说"某静中猛思，宋儒发明气质之性，似不及孟子之言性善最真。变化气质之恶，三代圣人全未道及。将天生一副作圣全体，参杂以习染，谓之有恶，未免不使人去其本无而使人憎其本有，蒙晦先圣尽性之旨而授世间无志人一口柄。又想周公、孔子教人以礼、乐、射、御、书、数……近世言学者，心性之外无余理，静敬之外无余功。细考其气象，疑与孔门若不相似然。即有谈经济者，亦不过说场话、著种书而已"①。也就是在此，颜元与孙奇逢在返本开新之程度上发生离异：虽然还是要返本开新、"学为圣人"，但在此时颜元的视野中，孙奇逢返本开新的程度有限，圣贤标准过于宽泛，以致程朱、陆王，甚至于连一般儒生都有可能获得圣人之一得。如此，儒学几千年来发展相互抵牾处很多，谁为仲裁者？换句话说，如果仅仅拉出孔子这个大权威却还在理学体系内，是否能够真正知行合一？正是在这种差异中，为完全知行合一，必须跳出理学等三代之后的儒学体系，直接回归上古三代，由此，不但一般儒生根本就进不入其视野，就是程朱陆王也严重偏离原始儒学体系。换言之，为追求更加知行合一，在圣人取舍上，颜元采取一种更加严格的态度：只有周公、孔子具有圣人品格，而孙奇逢所认定的后来其他圣贤皆是不合格的。既如此，要学为圣人，只学习周公、孔子之道即可，其他皆为异端，由此颜元从孙奇逢主张的寻、行"孔子之道"走向寻、行"周孔正道"，"周孔正道"成为颜元思想的旗帜。

首先，在内圣方面，寻"周孔正道"。又分为两个层次：（1）批判以宋明理学为代表的三代后儒学形态；（2）回归儒家经典，重建以"周孔正道"为核心，以"三事六府"、六艺实学、文武兼收为内容的儒学新体系。

颜元认为，理学不论程朱陆王，虽自命为孔孟真传，却完全与周孔所提倡的"三事六府"之学背道而驰。程朱派"以主敬致知为宗旨，以静坐读书为功夫，以讲论性命天人为授受，以释经注传纂集书史为事业"，完全不同于周孔所提倡的学习实事、实物，今日习礼、明日习射。陆王派中"陆子分析义利，听者垂泣；先立其大，通体宇宙，见者无不竦动。王子以致良知为宗旨，以为善去恶为格物，无事则闭目静坐，遇事则知行合一"，亦不同于周孔所提倡。一言以蔽之，如果用周孔"三事六府"作为标准，程朱陆王，要么支离，要么近禅，皆非正道。"惟其不出于此，故

---

① （清）颜元著，王星贤等点校：《颜元集》，第46页。

【北学人物及思想】
颜李学派与夏峰北学关系再探讨

既卑汉、唐之训诂而复事训诂，斥佛、老之虚无而终蹈虚无，以致纸上之性天愈透而学陆者进支离之讥，非讥也，诚支离也；心头之觉悟愈捷而宗朱者供近禅之诮，非诮也，诚近禅也。"①

既然三代后儒学形态绝非儒学真传，那么只有回归以"三事六府"、六艺实学、文武兼收为内容的"周孔正道"，才能返本开新。"尧、舜之世，道不外'六府'、'三事'，学不外'和其事'、'修其府'。""申明尧、舜、周、孔三事、六府、六德、六行、六艺之道，大旨明道不在诗书章句，学不在颖悟诵读，而在期如孔门博文约礼，身实学之，身实习之，终身不解者。"具体言之，就是《周礼》中"六德""六行""六艺"和《尚书》中"六府""三事"。"六德"是智、仁、圣、义、忠、和，"六行"是孝、友、睦、姻、任、恤，"六艺"是礼、乐、射、御、书、数；"六府"是金、木、水、火、土、谷，"三事"是正德、利用、厚生。颜元认为，这些才是三代儒学的核心，只有在这些具体事物上下功夫，才是正学，才是尧舜周孔的正道。除此之外，都是外道。落实于当时，即"以七字富天下：垦荒，均田，兴水利；以六字强天下：人皆兵，官皆将；以九字安天下：举人才，正大经，兴礼乐"②。即通过"复井田、兴学校、尚武备、重征举、靖异端"等来实现其恢复三代的政治理想。

其次，在外王方面，要践履"周孔正道"。因为颜元出身下层，没有治国平天下的机会，所以，其践履主要是在诚心正意、修身齐家方面下功夫。在此方面，以下几点值得注意。

在学习内容上，注重日常践履。颜元反对宋明理学"空谈心性"，认为程朱理学直接与孔门相对立。"必破一分程朱，始入一分孔孟。"反映在学术上，就是颜李学派特别注重下学而上达，从日常做起，注重日谱等日用常行个人践履功课。"颜李学派所订的常仪功与宋明理学所重视的相当不同，不只是心性之涵养，还有一大堆烦琐的仪礼与容貌举止的规则。"③

在学习手段上，注重文武兼收，侠儒并行。在实际教学中，颜元指导"凡弟子从游者，则令某也学礼，某也学乐，某也兵农，某也水火，某也

---

① （清）颜元著，王星贤等点校：《颜元集》，第45页。
② （清）颜元著，王星贤等点校：《颜元集》，第763页。
③ 王汎森：《日谱与明末清初思想家——以颜李学派为主的讨论》，载《晚明清初思想十论》，复旦大学出版社2008年版，第156页。

兼数艺，某也尤精几艺"①。其六十二岁时欲在漳南书院开设课程，中为"习讲堂"，东一斋为"文事"，"课礼、乐、书、数、天文、地理等科"。西一斋为"武备"，"课黄帝、太公、孙、吴诸子兵机，攻守、营阵，水陆诸战法，射御、技击等科"。东二斋为"经史"，"课《十三经》、历代史、制诰、章奏、诗文等科"。西二斋为"艺能"，"课水学、火学、工学、象数等科"，门内直东有"理学斋"，西有"帖括斋"，"习程、朱、陆、王及制举业者居之"，"门内左六房，设客榻；右六厦，容车骑。东'更衣亭'，西'射圃堂'，东北隅庖厨仓库，西北积薪"。②

在培养标准上，提倡专业性圣人。虽然颜元严格圣人的选取标准，梦想着周孔正道，但落实起来却是改造传统圣人论，进一步扩大圣人选取范围而走上兼容并包的轨道。在颜元的视野里，圣人不再是追求"人欲净尽，天理流行"的"醇儒"，而是"通儒济济，泽被苍生"的"通儒"。"通儒"不是人人都能做到的，如若不成"通儒"，"宁为一端一节之实，无为全体大用之虚。如六艺不能兼，终身止精一艺可也"③。也就是说，只要具备"一端一节之实"就称得上经世之材，极端高明者即为圣人，"全体者为全体之圣贤，偏胜者为偏至之圣贤"④。在颜元看来，人才重在对社会有用，学用一致，力求所学即所用，学一技用一技，只要具备一技之长，一专之能，都可以成圣成贤。"人于六艺，但能究心一二端，深之以讨论，重之以体验，便可见之施行，则禹终身司空，弃终身教稼，皋终身专刑，契终身专教，而已皆成其圣矣。如仲之专治赋，冉之专足民，公西之专礼乐，而已各成其贤矣。"⑤

应该说，颜元的探索，深入儒学产生的源头上古三代，以其寻、行"周孔正道"为知行合一找到了立足的总前提，一扫明清之际学界深层焦虑，因而取得巨大成功。康雍时代"理学名臣"张伯行认为颜元学说四方响应，可以杀人于无形。"艾东乡曰：'李卓吾书，一字一句皆可杀人。'今习斋之说，亦可以杀人也。而四方响和者，方靡靡然不知所止，可慨也

---

① （清）颜元著，王星贤等点校：《颜元集》，第44页。
② （清）颜元著，王星贤等点校：《颜元集》，第704页。
③ （清）颜元著，王星贤等点校：《颜元集》，第54页。
④ （清）颜元著，王星贤等点校：《颜元集》，第31页。
⑤ （清）颜元著，王星贤等点校：《颜元集》，第670页。

夫!"① 在清代学术史上,仅就各派领军学者而言,除桐城派开山方苞早年出入颜李学、清初考据学派领军毛奇龄对颜李学先扬后抑外,浙东学派中坚万斯同、乾嘉考据学派领军戴震均直接受到颜李学影响。

万斯同在京以布衣身份参修明史期间,结识颜元传人李塨,他非常佩服颜李学,称之为"圣学","先生负圣学正传,某惭与先生识,久为所包,不知先生。……今得见先生,乃知圣道自有正涂也"。康熙四十年(1701)四月,万斯同开讲会,讲授之前把李塨推向前台,"向众揖先生曰:'此李恕谷先生也,负圣学正传,非予所敢望。今且后言郊社,请先讲李先生学,以为求道者路。'"② 戴震名著《孟子字义疏证》以程廷祚③为中介也受到颜李学思想影响。晚清戴望说:"乾隆中戴吉士震作《孟子绪言》(引者注:即《孟子字义疏证》),始本先生此说言性而畅发其旨。"章太炎说:"叔世有大儒二人:一曰颜元,再曰戴震。"他不但将颜、戴合称为"颜戴之学",还探讨颜、戴的渊源,"颜氏明三物出于司徒之官,举必循礼,与荀卿相似。戴君道性善,为孟轲之徒,持术虽异,悉推本于晚周大师,近校宋儒为得真"④。而《戴震评传》更认为"颜李的理论,后来在戴震那里引起强烈的回响……从思想史的发展看,从颜李到戴震,前后一贯,许多提法如出一辙。戴震和颜元、李塨思想有着内在逻辑上的天然联系"⑤。

三 颜李学派与夏峰北学关系及清初南北
　　学术生态中的颜李学派

在清初学界,返本开新已成为共识,各学派在前代遗产和社会现实的磨合中辗转挪移。在清初各大学派领军中,颜元年龄最小,辈分最低,颜

---

① (清)张伯行:《正谊堂文集》卷9《论学》,清光绪刻本,第79页。
② (清)李塨著,邓子平、陈山榜点校:《李塨年谱》,载《李塨文集》,河北人民出版社2011年版,第754、755页。
③ (清)程廷祚(1691—1767),二十岁得见颜李之书,二十四岁上书李塨,并著《闲道录》,与常州恽鹤生并为清代中期颜李学在南方最著名的两大信徒。
④ 章太炎著,徐复点校:《太炎文录初编·说林上》,载《章太炎全集》,上海人民出版社2014年版,第117页。
⑤ 李开:《戴震评传》,南京大学出版社1992年版,第170页。

李学派人数最少,成员身居社会中下层;仅就对理学的批判而言,除颜元外,清初不乏其人。比如浙江慈溪潘平格也批判宋明理学,说"朱子禅、陆子道",并"建构了一个体系,用'仁者浑然与天地万物为一体'将宋明理学以来一切问题装进去,并加以改造,使得理学体系能与'保天下,救四海'的哲学结合起来"①,不但与黄宗羲、张履祥、吕留良皆有往来,而且引得当时著名学者归庄称弟子,黄宗羲弟子毛文强、郑兴、颜长文等背叛师门,连万斯同都一度为止游离,但却是昙花一现。这一切都说明颜元的探索及颜李学派的推进,除依赖于明清之际对知行合一探索的时代潮流之外,也依赖于他们生长的清初北方学术生态。换言之,颜李学派的探索植根于清初北方学术,是其多重流向之一。其中,夏峰北学对颜李学派成长起了巨大作用。② 所以,在孙奇逢弟子后学中,也有一如颜元致力于对知行合一的探索,比如费密。

费密,字此度,号燕峰,四川新繁人。其父费经虞治汉儒考据训诂之学,密承之,少年时正值明清鼎革,因此,他一度披甲上阵,后由于孙奇逢《岁寒集》流入四川,费经虞见之深受影响,于是费密在年近五十之时,从父遗命,不远万里,从四川到河南辉县拜孙奇逢为师,从学经年,师徒相欢,孙奇逢称之"汉儒知己",临别,手书"吾道其南"相赠,并赋诗为之送行。"若翁遗命令从游,北地天寒喜应求。闻所闻兮见所见,归携何物慰冥幽。"③ 而费密别孙奇逢后,思想大变,"自拜征君后,归来又闭门""冥躬著述"。孙奇逢死后,"密哭于泰州,设主受吊,二十一日始焚主,然心丧未去怀也"④。

费密对孙奇逢寻、行"孔子之道"的细化与重构集中表现在《弘道书》中。具体言之,第一,费密全面接受孙奇逢以孔子为"上古之统"殿军、后代儒学渊源的看法。他说"圣人自孔子而止,王道亦自孔子而存,上承二帝三代之典谟,下开修齐治平之学脉"⑤。第二,在此基础上,费密

---

① 王汎森:《潘平格与清初的思想界》,载《晚明清初思想十论》,第292—329页。
② 不光颜元,李塨也受到夏峰北学的巨大影响。参见王坚《承继的多重性及其悖论——以李塨对颜元继承的分合为中心》,《史学月刊》2013年第9期。
③ (清)费冕:《费燕峰先生年谱》,载《北京图书馆藏珍本年谱丛刊》,北京图书馆出版社2001年版,第76册,第599、601页。
④ 王钟翰点校:《儒林传上一·费密传》,载《清史列传》,中华书局1987年版,第5276—5277页。
⑤ (清)费密:《弘道书》卷中《吾道述》,中华民国九年怡兰堂刻本,第53页。

提出了其"中实之道"传承的两条途径：在帝王间传承不息的称"道统"，在圣门师儒间传授不断的称"道脉"。① 道统是"中实之道"传承的主线，道脉是辅线。② 第三，道统又可以分为"君之道"和"臣之道"。三代之时，政道合一，孔子以后，道统的主体从宋明理学主张的周、程、张、朱等儒生变为历代帝王君臣，在野师儒们所传的只是道脉。③ 第四，就道统来说，费密认为二帝、三王之德行是儒道的本源。同时，虽然道统只有在帝王身上获得合一，但在三代后的实际运作中，历代帝王表现不尽如人意，必须有公卿辅佐行道，师儒阐明使之不晦，因此形成以帝王为道统、公卿师儒为道脉的"上下之道"。④ 第五，就道脉来说，则是在上古"二帝三皇"后，"师儒"传授的蕴含于六经的"孔子之道"，而非宋明儒生所标榜的"宗旨"。⑤ 第六，与孙奇逢"下学而上达"而把寻、行"孔子之道"落实于个人"践履"以求知行合一不同，费密特别注重道之载体——经书，在具体所指中，经书又损益为孔子七十二弟子之学术和汉唐儒学。⑥ 在此基础上，为区别于宋明理学道统谱系，费密建构出"上古先王—夏商周三代—秦—汉—后汉"的新道统谱系⑦和以"尊经"为特色的"孔子—孔门弟子—汉唐儒学"道脉谱系⑧。第七，在新道统道脉谱系的基

---

① "孔子欲先王之政教行之于万世而无铎也。乃以为六经传之，而绵绵永存为道脉矣。"（清）费密：《弘道书》卷上《原教》，第2页。

② "帝王然后可言道统。……帝王所以创基保土，非一人之得已也，皆有良臣为之股肱焉，心口焉，爪牙焉，乃能永定弘业，传世保位。夫君犹五岳四渎名山大川也，佐辅之臣则山之巨木茂草，鸟兽所栖息，川之涛波萦洞鱼龙所鼓口也。"（清）费密：《弘道书》卷上《弼辅录论》，第5页。

③ （清）费密：《弘道书》卷上《祖述宪章表》，第23页。

④ "故上之道在先王立典政以为治，其统则朝廷，历代帝王因之，公卿将相辅焉，下之道在圣门授受而为脉，其传则胶序，后世师儒弟子守之，前言在行存焉，苟无帝王受天明命宰育万汇，有磨砺一世之大权，优善惩恶，公卿行之以动荡九服，取儒生空辞虚说，欲以行教化而淳风俗，必不能矣，王天下者之之道，本也。公卿行焉，师儒言焉，支也。道者何，射之鹄也。"（清）费密：《弘道书》卷上《统典论》，第5页。

⑤ "以孔子之道自治则德修，以孔子之道治天下国家则政备。宗孔子，则二帝三王之道可明矣。故一于帝王，道则为统。传于孔子，道则为脉。""圣门所谓道也，非后儒'宗旨'之谓也。"（清）费密：《弘道书》卷上《统典论》，第5页。

⑥ "苟非七十子之与汉唐诸儒，遗经又绝，不传之学何自而得哉？"（清）费密：《弘道书》卷上《道脉谱论》，第12页。

⑦ （清）费密：《弘道书》卷上《大统相继表》，第7页。

⑧ "后世去圣人日远，欲闻圣人之道，必以经文为准。不合于经、虚僻哓哗，自鸣有得，其谁信之，经传则道传也。"（清）费密：《弘道书》卷上《道脉谱论》，第12页。

础上，费密从内圣走向外王，从理论走向具体制度设计，概言之，就是王道政治。① 费密认为，王道政治的核心在"使群黎乐业、海宇无扰足矣"，其精髓应该更多蕴藏在"去古未远"的汉唐儒学，而非宋明理学中。② 正是如此，费密一反宋明理学的成见，"不认政治史上三代以后全是'势力把持，牵滞过日'，也不认道术史上孟子以后学遂无传人。他们用历史事实来指出秦、汉以下的传经诸儒皆是七十子的真正传人。但从历史上看来，汉儒尤为重要"③。

为实现王道政治，费密认为，在制度设计上，第一，就是要求天子统道、师儒讲传道脉、公卿辅行道统的政治模式。④ 第二，用于日用常行，费密要求帝王、公卿（官僚）、师儒各就其位⑤，在大统传续中，君道与臣道相互配合。就帝王来说就是要励精图治而不能以欲望而行⑥，就官僚来说就是老成干练、经世致用，悉心辅佐⑦。针对这种制度设计，胡适说"这种道统论，认事业即是道德，政治史即是道统"，"他们把儒者看作一种'政治匠'，他的职业是治天下，和木工的治木器一样"。"用帝王公卿治安天下的政治史作道统。"⑧

由于都是对孙奇逢思想的继承，费密与颜元表现出很大相似性。(1) 都寻求儒学知行合一，反对宋明理学，区别在于费密局部性地返本开

---

① "吾先子尝训密以王道，曰：'夫子谓今用之吾从周，论政以身所当者为定，考古斟酌调剂之，仁义礼乐遵二帝三王为法，至于典制政刑，采之历代庶可施行。'"（清）费密：《弘道书》卷中《先王传道述》，第40页。

② "二帝三代之王政定制始不湮没……舍汉儒所传何能道三代风旨文辞乎？故汉儒之于圣门，犹启甲成康之于禹汤文武也。"（清）费密：《弘道书》卷上《原教》，第24页。

③ 胡适：《费经虞与费密：清学的两个先驱》，载《胡适文集》，北京大学出版社1998年版，第3册，第56页。

④ "帝王为道之本，行之以公卿，讲之以师儒。"（清）费密：《弘道书》卷上《天子统道表》，第7页。

⑤ "非先王之远谟鸿烈则孔子无所述，非孔子之纂修删定则先王无所存。先王以君道振之于前，孔子以师道集之于后。"（清）费密：《弘道书》卷上《祖述宪章表》，第22页。

⑥ "后世圣人，如孔子不得在位，列国殊政多未合于道。各趋嗜好，习久相化而道亡。"（清）费密：《弘道书》卷上《统典论》，第5页。

⑦ "诚能用元先儒袁桷《国学旧议》令习实事如礼、乐、兵、农、漕运、河工、盐法、茶马、刑算，一切国家要务，皆平日细心讲求，使胸朋本未定见，异日得施于政，在学十年选而仕之，使自署其习云，能某事，得以课勤其实，悉考为伍贰，禄俸足以养廉，历练国事，能则迁升，不能罢去，则朝廷成就许多人才，而草野亦少饥寒之士矣。"（清）费密：《弘道书》卷上《原教》，第27页。

⑧ 胡适：《费经虞与费密：清学的两个先驱》，载《胡适文集》，第3册，第55—56页。

【北学人物及思想】
颜李学派与夏峰北学关系再探讨

新,把宋明与汉唐对立,推崇汉唐而贬抑宋明,注重汉唐儒学,而颜元终极性地返本开新,以寻、行"周孔正道"为旗帜。(2)都是对孙奇逢寻、行"孔子之道"截其一端。颜元是在孙奇逢建构道统内,否定孔子以后诸儒的传道地位而直接寻儒学源头,内圣于"周孔正道",外王于"三事六府";费密则是把孙奇逢建构新道统与家学渊源相杂糅,否定宋明理学的传道地位,内圣于汉唐儒学,外王于道统道脉,道治合一。就当时来看,费密与颜元都着力于对现实制度的宏大设计而缺乏技术支撑,只能在纸面上下功夫,不免沦为体制外思考。(3)就后世意义来看,颜元、费密以孙奇逢对知行合一的探索出发,分别重构出两套制度设计的具体方案:颜元的"三事六府",费密的王道政治,两者都以儒家"三代理想"为鹄的,致力于解决儒学理想与现实、价值理性与工具理性之间的矛盾。但却呈现出不同命运:颜元的"三事六府"虽不合于时,被弃之不用,但历来却被不断关注,费密的王道政治则基本无人问津。之所以会有如此差异,很重要的原因在于颜李学派一直深根于清初北方学术沃土不断探索,有夏峰北学等北方主流学派作积淀,人数虽少,居于下层,却旗帜鲜明,虽有学者非议,但能借重清代北方学术积淀不断推进而屹立桥头,费密生长于西南边陲,虽一度受教于孙奇逢,但旋即南下,学术生态的差异使之难以引领潮流,贫病交加。颜李学派二代领军李塨从三十岁开始,就不断致书费密探讨学术,到三十七岁时,更是南下拜访,但此时费密"病不能会",只能"遣其次子滋衡来谒"。①

---

① 关于李塨与费密的交往情况,参见(清)李塨著,邓子平、陈山榜点校《李塨年谱》,载《李塨文集》,第719、730页。

颜元践行哲学与重民生之政治伦理观

李洪卫[*]

摘要：颜元的真实之学就是个体的身体之学和社会的民生之学。在颜元看来，这才是儒家真正的一体之学，而宋儒则将它们割裂了。"自己性分"是身体和生命，是个人气质之性的充分展露，是身体强健、气质浑厚、才艺凸显，而非道德理性的内部探究。颜元认为，无论是善的气质还是恶的气质，都有偏向，善的气质本身也是不完善的，也是需要补充的，而偏向于"恶"的气质则需要"明明德"的工夫加以调整，通过涵养、修炼和培育等方式的磨砺使之发生改变。颜元认为，孔、孟之学教与国家治理是一体的。颜元强调通过封建分权破天下之私。

关键词：颜元；力行；气质之性；学治一体；封建

颜元（1635—1704），明末清初思想家、教育家，颜李学派创始人。名元，字易直，又字浑然，号习斋，直隶博野县北杨村（今河北保定博野县）人。据《颜习斋先生传》，颜元因家境贫寒，幼时被过继到蠡县刘村朱九祚（号盛轩）家为养子，改姓朱，名朱邦良，后近中年归宗姓颜。据《传记》记载，颜元幼时聪颖，"读书二三过辄不忘"[①]，曾习神仙导引术，后知其妄乃"折节读书"，"年二十余，尊陆、王学，未几归程、朱"。[②] 颜元自幼修习兵法、技击、驰射、阴阳等，术无不精，"遇豪杰，无贵贱莫不深交之。而其论治，则以不法三代为苟道，举井田、封建、学校、乡举里选诸法，作《王道论》，后更名为《存治编》。又著《会典大政记》。

---

[*] 李洪卫，河北省社会科学院哲学研究所所长、研究员。
[①]《颜习斋先生传》，载（清）颜元著，王星贤等点校《颜元集》，中华书局1987年版，第701页。
[②]《颜习斋先生传》，载（清）颜元著，王星贤等点校《颜元集》，第701页。

曰:'如有用我,举而错之耳。'乃隐居数十年,不见用于世"①。

颜习斋虽早期有一个从陆王归本程朱的经历,但是到后来,则重在反理学,尤反对静坐、背诵教条等修身养性的工夫,皆痛诋为佛禅,批判理学不是真正的孔孟之学,提倡身体力行的实践学问。颜元毕生从事教育,以隐居教书为业,但是,他反对读书和著书,他认为举世之著述都是宋儒的误解,宋儒是"误解的书生",他自己则是"不误解的书生"。颜习斋主张以《尚书》的"三物",即六德、六行、六艺和孔子的四教来教育学生,每日率学生从事礼、乐、射、书、数的学习,研究兵、农、水、火等实用之学,后所谓清初"实学"即以颜元思想和践履为中心之一的学说。梁启超认为,颜元及其门人李塨学术的建设性成就姑且不论,仅就其批判性和反对性来说就具有震古烁今的威力:"至于破坏方面,其见识之高,胆量之大,我敢说从古及今未有其比。"②颜元的政治思想以提倡"三代之治"为中心,但并不是宋明儒家的以德性涵养为根基的君子之治,而是重在民生民利的获得方面,这既是他思想的出发点,也是最有特色之处。

一 气质之性的肯定与力行哲学

明末清初由于明王朝覆灭这样一个巨大的历史冲击,带给当时的知识分子以深刻的影响,其中他们思考的一个问题就是王朝灭亡的原因。职是之故,对理学的批判成为历史的主流,而在此之前,心学内部和民间社会思潮已经发生了相应的反思运动,包括吕坤、李贽等人反思和批判理学统治的思想。他们的思想中包含对个人价值的肯定,当然就是对程朱理学统治以及皇权对程朱理学之利用的强烈反弹。而颜元的思想则是一个既在理学内部又试图彻底打破理学倾向的哲学运动,在现代研究中常被称作"实学"。颜元及其门人李塨的颜李学派当然不限于新的哲学运动,他的哲学内部也包含对社会和政治思想的反思、批判及其理想的设定。

"实学"概念大体已经能够反映这个学派的实质与内核,其核心就是以"经世致用"取代"格物求理",不管是向外部的程朱理学之求理,还

---

① 《颜习斋先生传》,载(清)颜元著,王星贤等点校《颜元集》,第704页。
② 梁启超:《中国近三百年学术史》,东方出版社2004年版,第124页。

是面向自己内心的陆王心学的求理，统统都在颜元思想的打击范围之内。但是，颜元思想打的旗号并不是反儒家，而是反宋学。

他的实学的旗帜中一个目标是回复到尧舜孔孟的真实之学，而不是汉儒宋儒的训诂、心性之学。他们所谓的真实之学就是个体的身体之学和社会的民生之学。在颜元看来，这才是儒家真正的一体之学，而宋儒则将它们割裂了。颜元说："学也，教也，治也，后世分为三；古之圣贤只是看就一事，做成一串。学也，教也，治也，后儒之用功又习为三，作闲眼看、闲口说、闲笔著；古之圣贤只是完自己性分，与天下人共完性分，'成己成物'四字便了。"①"完自己性分"，本来是宋儒以来的格言，但是颜元却反其道而行之，他的"自己性分"是身体和生命，是个人气质之性的充分展露，是身体强健、气质浑厚、才艺凸显，而非道德理性的内部探究，甚至于偏枯读书求理等施为。

（一）理气一片，气质之性非恶

天地之性与气质之性的分野是宋儒的创造，从而在具体层面展开了孟子所谓"大体"与"小体"二元对立的格局。朱子说"且如天地间人物草木禽兽，其生也，莫不有种，定不会无种子白地生出一个物事，这个都是气。若理，则只是个净洁空阔底世界，无形迹，他却不会造作；气则能酝酿凝聚生物也。但有此气，则理便在其中"②。这种理的先验性和普遍性给理论设计带来的一个影响是：理是形上的、普遍的、先天的；气是形下的、具体的、后天的，理和气二者之间构成了一种内在紧张性。理气结合而构成世界万物，但是，世界万物又是多种多样、彼此不同的，朱子认为，这种差异是由气的差异造成的。"同者理也，不同者气也。"③"理固不可以偏正通塞言，然气禀既殊，则气之偏者便只得理之偏，气之塞者便自与理相隔，是理之在人，亦不能无偏塞也。"④ 所谓"偏塞"者就是气质之性的具体展现。对这个问题阐述得比较清楚的是张载："湛一，气之

---

① 《四书正误》卷2，载（清）颜元著，王星贤等点校《颜元集》，第170页。
② （宋）黎靖德编，王星贤点校：《朱子语类》，中华书局1986年版，第1册，第3页。
③ （宋）黎靖德编，王星贤点校：《朱子语类》，第1册，第9页。
④ （宋）朱熹：《朱子全书》，上海古籍出版社、安徽教育出版社2010年版，第23册，第3000页。

【北学人物及思想】
颜元践行哲学与重民生之政治伦理观

本;攻取,气之欲。口腹于饮食,鼻舌于臭味,皆攻取之性也。"①"形而后有气质之性,善反之则天地之性存焉。"②"人之刚柔、缓急、有才与不才,气之偏也。"③"气质犹人言性气,气有刚柔、缓速、清浊之气也。质,才也。气质是一物,若草木之生亦可言气质。"④气质在宋儒看来是天理附丽于其上的具体存在,是形下的"某物",按照朱子的说法,形上的本体性理虽然在,但是不可见,形下的人与物的气质禀赋千差万别,它与先天本性之理即道德理性之间构成了对冲关系。个人涵养德性的目标就是回复到先天的天地之性之本质上去,方式就是格物求理,涵养和发明本心,包括日常的各种工夫;凡此种种正是颜元所极力反对的。颜元所要肯定的是个体生命的感性存在的必然性和合理性,这是最紧要的,即身或身体的合理性,当然这也同时包括了身体所含有的欲望以及才能气质的合理性。他首先肯定人的感官是古人所要求的成圣成贤的必要条件,也是自然,而这个自然不是恶,而是本性,是天然的,人能够成为尧舜圣贤,不是基于颜元所不承认的某种内核,而是恰恰在于这个耳目口鼻四足百骸之秀:"不知耳目、口鼻、手足、五脏、六腑、筋骨、血肉、毛发俱秀且备者,人之质也,虽蠢,犹异于物也;呼吸充周荣润,运用乎五官百骸粹且灵者,人之气也,虽蠢,犹异于物也;故曰'人为万物之灵',故曰'人皆可以为尧、舜'。其灵而能为者,即气质也。非气质无以为性,非气质无以见性也。今乃以本来之气质而恶之,其势不并本来之性而恶之不已也。以作圣之气质而视为污性、坏性、害性之物,明是禅家六贼之说,其势不混儒、释而一之不已也。能不为此惧乎!"⑤

颜元十分反感宋儒将气质看作坏性、害性、污性的东西,反而将身体看作性或天性或天理的载体:"'气质正吾性之附丽处,正吾性作用处,正性功着手处。'惕若问:'如何着手?'曰:'如敬之功,非手何以做出恭?孝之功,非面何以做愉色婉容?'"⑥颜元认为,没有手舞足蹈,没有身体力行,所谓的性如何发用、如何展现呢?它的实现方式是什么呢?所以,

---

① (宋)张载著,章锡琛点校:《正蒙·诚明》,载《张载集》,中华书局1978年版,第22页。
② (宋)张载著,章锡琛点校:《正蒙·诚明》,载《张载集》,第23页。
③ (宋)张载著,章锡琛点校:《正蒙·诚明》,载《张载集》,第23页。
④ (宋)张载著,章锡琛点校:《经学理窟·学大原上》,载《张载集》,第281页。
⑤ 《存性编》卷1,载(清)颜元著,王星贤等点校《颜元集》,第15页。
⑥ 《王次亭第十二》,载(清)颜元著,王星贤等点校《颜元集》,第664页。

他坚决反对所谓"变化气质"的说法，认为气质就是先天的天赋而成，不需要"变化"，当然这个变化是宋儒意义上的"变化"。

> 笃周问"变化气质"之说。先生曰："是'戕贼人以为仁义'也。吾性所自有，吾气质所自有，皆天之赋我，无论清、厚、浊、薄，半清、半厚，皆扩而充之，以尽吾本有之性，尽吾气质之能，则圣贤矣，非变化其本然也。"笃周未达。曰："必疑刚化柔，柔化刚，为学力也。试观甚刚人，亦必有柔处；甚柔人亦必有刚处，只是偏任惯了。今加学问之功，则吾本有之柔自会胜刚，而刚德合于天则；本有之刚自会胜柔，而柔德合于天则，《书》云'高明柔克，沉潜刚克'，是也。非是变化其刚柔也。正如技击者好动脚，教师教他动手以济脚，非是变化其脚也。"①

颜元强调"吾性所自有，吾气质所自有，皆天之赋我"。任何人的气质之性都是天性，这个天性是天赋的，只要我们自己扩充完善之，即通过他理解的"学问工夫"使之完善，而不是所谓宋儒所理解的二者敌对，然后把一个先天改造成或回复到另一个先天。他认为，理是附丽于气的，则理气为一，而朱子却说理可以独立存在，在颜元看来，这种说法不可思议，不能理解："朱子曰：'气有不存而理却常在。'又曰：'有是气则有是理，无是气则无此理。'后言不且以己矛刺己盾乎？"② 朱子前面的理可以独立存在，后面没有这种气就没有这样的理，二者之间是自相矛盾的。颜元认为，孔孟所讨论的性是理气合一，兼容二者的："孔、孟言性之异，略而论之，则夫子杂乎气质而言之，孟子乃专言其性之理。杂乎气质而言之，故不曰'同'而曰'近'。盖以为不能无善恶之殊，但未至如所习之远耳。"③ 他认为，反复读朱子的书不能懂，后来才突然明白，那是因为，朱子与尧舜孔孟的思想是不一致的，因为尧舜孔孟从来没有说过气质是恶的这样的话："检《性理》一册，至朱子《性图》，反覆不能解。久之，猛思朱子盖为气质之性而图也，猛思尧、舜、禹、汤以及周、孔诸圣皆未尝

---

① 《王次亭第十二》，载（清）颜元著，王星贤等点校《颜元集》，第664页。
② 《存性编》卷1，载（清）颜元著，王星贤等点校《颜元集》，第6页。
③ 《存性编》卷1，载（清）颜元著，王星贤等点校《颜元集》，第6页。

【北学人物及思想】
颜元践行哲学与重民生之政治伦理观

言气质之性有恶也，猛思孟子性善、才情皆可为善之论，诚可以建天地，质鬼神，考前王，俟百世，而诸儒不能及也。乃为妄见图凡七，以申明孟子本意，此则其总图也。"① 从此角度，颜元确认，宇宙之中，理气原为一体，浑然一片。

> 知理气融为一片，则知阴阳二气，天道之良能也；元、亨、利、贞四德，阴阳二气之良能也；化生万物，元、亨、利、贞四德之良能也。知天道之二气，二气之四德，四德之生万物莫非良能，则可以观此图矣。万物之性，此理之赋也；万物之气质，此气之凝也。正者此理此气也，间者亦此理此气也，交杂者莫非此理此气也；高明者此理此气也，卑暗者亦此理此气也，清厚者此理此气也，浊薄者亦此理此气也，长短、偏全、通塞莫非此理此气也。至于人，则尤为万物之粹，所谓"得天地之中以生"者也。二气四德者，未凝结之人也；人者，已凝结之二气四德也。存之为仁、义、礼、智，谓之性者，以在内之元、亨、利、贞名之也；发之为恻隐、羞恶、辞让、是非，谓之情者，以及物之元、亨、利、贞言之也；才者，性之为情者也，是元、亨、利、贞之力也。谓情有恶，是谓已发之元、亨、利、贞，非未发之元、亨、利、贞也。谓才有恶，是谓蓄者元、亨、利、贞，能作者非元、亨、利、贞也；谓气质有恶，是元、亨、利、贞之理谓之天道，元、亨、利、贞之气不谓之天道也。噫！天下有无理之气乎？有无气之理乎？有二气四德外之理气乎？恶其发者，是即恶其存之渐也；恶其力者，是即恶其本之渐也；恶其气者，是即恶其理之渐也。何也？人之性，即天之道也。以性为有恶，则必以天道为有恶矣；以情为有恶，则必以元、亨、利、贞为有恶矣；以才为有恶，则必以天道流行乾乾不息者亦有恶矣；其势不尽取三才而毁灭之不已也。②

颜元认为，自然界或人类都是理气二元一体构成的，人性就是天性，就是天道，如果说人性有恶，那无异于说天道有恶，这是反儒家思想的。而现实世界中的存在都是由气质之性中的各种具体材料构成的，即儒家所说的

---

① 《存性编》卷2，载（清）颜元著，王星贤等点校《颜元集》，第20页。
② 《存性编》卷2，载（清）颜元著，王星贤等点校《颜元集》，第21—22页。

"材质"或"才具",这都是后天的,都是气质之性,但是它们能"曲成万物",肯定不是恶:"六行乃吾性设施,六艺乃吾性材具,九容乃吾性发现,九德乃吾性成就;制礼作乐,燮理阴阳,裁成天地,乃吾性舒张,万物咸若,地平天成,太和宇宙,乃吾性结果。故谓变化气质为养性之效则可,如德润身,睟面盎背,施于四体之类是也;谓变化气质之恶以复性则不可,以其问罪于兵而责染于丝也。知此,则宋儒之言性气皆不亲切。"[1]太和宇宙都是气的流动而成,怎么是恶呢?这是引用了张载的思想来反对宋儒的思想。因为张横渠讲"太和氤氲",而颜元认为,太和宇宙都是气,气化流行不过是气质的舒展得到的,而不是"复性"得到的。

(二)恶的来源

如果气质无恶,那么现实社会中的罪恶从何而来,这不仅是儒家思考的问题,也是西方世界哲学界和宗教界,譬如道德哲学之自由意志论所常探讨的话题。颜元认为,孔子所认为的"性相近,习相远"可以一言以蔽之矣!首先,颜元认为,理气一体,并无二致,理善气亦善:"若谓气恶,则理亦恶,若谓理善,则气亦善。盖气即理之气,理即气之理,乌得谓理纯一善而气质偏有恶哉!譬之目矣:眶、疱、睛,气质也;其中光明能见物者,性也。将谓光明之理专视正色,眶、疱、睛乃视邪色乎?余谓光明之理固是天命,眶、疱、睛皆是天命,更不必分何者是天命之性,何者是气质之性;只宜言天命人以目之性,光明能视即目之性善,其视之也则情之善,其视之详略远近则才之强弱,皆不可以恶言。"[2]那么恶的来源是什么呢?"盖详且远者固善,即略且近亦第善不精耳,恶于何加!惟因有邪色引动,障蔽其明,然后有淫视而恶始名焉。然其为之引动者,性之咎乎,气质之咎乎?若归咎于气质,是必无此目而后可全目之性矣,非释氏六贼之说而何!"[3]颜元的答案就是外因诱惑引动,导致感官本身之明遮蔽,并非气质本身之过。"呜呼!祸始于引蔽,成于习染,以耳目、口鼻、四肢、百骸可为圣人之身,竟呼之曰禽兽,犹币帛素色,而既污之后,遂

---

[1] 《存性编》卷1,载(清)颜元著,王星贤等点校《颜元集》,第2页。
[2] 《存性编》卷1,载(清)颜元著,王星贤等点校《颜元集》,第1页。
[3] 《存性编》卷1,载(清)颜元著,王星贤等点校《颜元集》,第1页。

呼之曰赤帛黑帛也，而岂其材之本然哉！"① 颜元认为，布匹原色本素，只是被污染之后，就被说成赤帛黑帛，这是十分冤枉的。人的四肢百骸原本天性自然，它们是个体形成为圣人的基本条件，但是现在被说成恶，甚至被呼为禽兽，同样是冤枉的。在颜元看来，这种思维本身也是愚蠢的。孟子本来是既言理又说才情的，但是被宋儒者说成单纯的性理论，这也是严重的错误，只有"人皆可以为尧舜"与"性相近也，习相远也"才是合理的解释。

> 愚谓识得孔、孟言性原不异，方可与言性。孟子明言"为不善非才之罪"，"非天之降才尔殊"，"乃若其情则可以为善"，又曰"形色，天性也"，何尝专言理？况曰性善，谓圣凡之性同是善耳，亦未尝谓全无差等。观言"人皆可以为尧、舜"，将生安、学利、困勉无不在内，非言当前皆与尧、舜同也。宋儒强命之曰"孟子专以理言"，冤矣！孔子曰："性相近也，习相远也。"此二语乃自罕言中偶一言之，遂为千古言性之准。性之相近如真金，轻重多寡虽不同，其为金俱相若也。惟其有差等，故不曰"同"；惟其同一善，故曰"近"。将天下圣贤、豪杰、常人不一之恣性，皆于"性相近"一言包括，故曰"人皆可以为尧、舜"；将世人引蔽习染、好色好货以至弑君弑父无穷之罪恶，皆于"习相远"一句定案，故曰"非才之罪也"，"非天之降材尔殊也"，孔、孟之旨一也。昔太甲颠覆典刑，如程、朱作阿衡，必将曰"此气质之恶"。而伊尹则曰"兹乃不义，习与性成"。大约孔、孟而前，责之习，使人去其所本无，程、朱以后，责之气，使人憎其所本有，是以人多以气质自诿，竟有"山河易改，本性难移"之谚矣，其误世岂浅哉！②

人的气质之本性无善无恶，只是由于外物相牵引才造成善恶差别与对立。人的性情如孟子所言，四端之心人皆有之，但是人拥有的气质是有所偏的，这既是先天禀赋的结果，也是后天成恶的原因。不是因为气质之偏本身造成恶，而是后天的外物诱导所致。

---

① 《存性编》卷2，载（清）颜元著，王星贤等点校《颜元集》，第29页。
② 《存性编》卷1，载（清）颜元著，王星贤等点校《颜元集》，第6—7页。

呜呼！世岂有皆恻隐而无羞恶，皆羞恶而无恻隐之人耶？岂有皆恻隐而无羞恶，皆羞恶而无恻隐之性耶？不过偏胜者偏用事耳。今即有人偏胜之甚，一身皆是恻隐，非偏于仁之人乎？其人上焉而学以至之，则为圣也，当如伊尹；次焉而学不至，亦不失为屈原一流人；其下顽不知学，则轻者成一姑息好人，重者成一贪溺昧罔之人。然其贪溺昧罔，亦必有外物引之，遂为所蔽而僻焉，久之相习而成，遂莫辨其为后起、为本来，此好色好货，大率偏于仁者为之也。若当其未有引蔽，未有习染，而指其一身之恻隐曰，此是好色，此是好货，岂不诬乎？①

颜元认为，无论是善的气质还是恶的气质，都有偏向，善的气质本身也是不完善的，也是需要补充的，而偏向于"恶"的气质则需要"明明德"的工夫加以调整，通过涵养、修炼和培育等方式的磨砺使之发生改变："然则气质偏驳者，欲使私欲不能引染，如之何？惟在明明德而已。存养省察，磨励乎《诗》《书》之中，涵濡乎礼乐之场，周、孔教人之成法固在也。自治以此，治人即以此。使天下相习于善，而预远其引蔽习染，所谓'以人治人'也。若静坐阖眼，但可供精神短浅者一时之葆摄；训诂著述，亦止许承接秦火者一时之补苴。如谓此为主敬，此为致知，此为有功民物，仆则不敢为诸先正党也。"② 如何避免气质上的污染，唯一的办法就是"涵濡乎礼乐之场"，通过熏陶、教化的环境改变个体，而不是静坐、冥想等方式，这是颜元所坚决反对的。颜元自己坚定地认为，他的发明不是发明，只是为了阐发尧舜孔孟的真义理，荀子、扬雄以及宋儒已经将孔孟之道严重歪曲了，必须纠正过来，这也是他的使命："虽然，即使天下后世果各出其心意以会乎仆一线之意，遂因以见乎孔、孟之意，犹非区区苦心之所望也。仆所望者，明乎孔、孟之性道，而荀、扬、周、程、张、朱、释、老之性道可以不言也，明乎孔、孟之不欲言性道，而孔、孟之性道亦可以不言也，而性道始可明矣。"③

---

① 《存性编》卷1，载（清）颜元著，王星贤等点校《颜元集》，第9页。
② 《存性编》卷2，载（清）颜元著，王星贤等点校《颜元集》，第30—31页。
③ 《存性编》卷2，载（清）颜元著，王星贤等点校《颜元集》，第32—33页。

（三）身体的"格"物与"践形"

颜元对于周张程朱的批评并非都是合理的，他的理论本身也不是完善的，其中也包含对宋明理学家的曲解。但是在程朱理学成为官方意识形态的条件下，在当时将义理的"存天理，灭人欲"当成社会基本法则的社会中，个体的人生基本愿望和欲望被人为地压制，这是一个残缺不全的社会，是一个被少数皇帝和官僚将宋明儒家的思想借用来加以强化统治的时代，在这个背景下，颜元的思想就具有了特殊且重要的意义。他的最主要的意义在于，不将天理天道抽象化、刻板化，即便是善德也要彼此有所补充与支援，因为按照颜元的解释，每个人禀赋不同，需要彼此照顾才能避免受到错误的诱导。

> 故《大学》之道曰"明明德"，《尚书》赞尧，首曰"钦明"，舜曰"浚哲"，文曰"克明"，《中庸》曰"尊德性"，既尊且明，则无所不照。譬之居高肆望，指挥大众，当恻隐者即恻隐，当羞恶者即羞恶，仁不足以恃者即以义济之，义不足以恃者即以仁济之。或用三德并济一德，或行一德兼成四德，当视即视，当听即听，不当即否。使气质皆如其天则之正，一切邪色淫声自不得引蔽，又何习于恶、染于恶之足患乎！是吾性以尊明而得其中正也。①

而其实现的核心是实施孟子的"践形"的思想，即让身体的本真机能敞开："孟子一生苦心，见人即言性善，言性善必取才情故迹一一指示，而直指曰：'形色，天性也，惟圣人然后可以践形。'明乎人不能作圣，皆负此形也，人至圣人乃充满此形也；此形非他，气质之谓也。以作圣之具而谓其有恶，人必将贱恶吾气质，程、朱敬身之训，又谁肯信而行之乎？"②

显然，颜元最欣赏孟子的这一句话："形色，天性也，惟圣人然后可以践形。"践形则是自身尤其是身体层面的展开、充满、扩张，而不是自我变异，这是颜元的主要理解，这个解释对当时的社会价值观显然是一个鲜明的挑战。在颜元该思想的阐述中，他尤其反对宋儒的"格物求理"

---

① 《存性编》卷1，载（清）颜元著，王星贤等点校《颜元集》，第2页。
② 《存性编》卷1，载（清）颜元著，王星贤等点校《颜元集》，第3页。

说，因为那个说法本身在颜元看来就是死读书、读死书的格调，而不是身体力行的方式，这是因为宋儒讲"复性"，即回复先天之本性；而颜元强调的是实现先天禀赋的本质的现实展开。所以，颜元的"格物"之格不是"穷理"，不是冥想，而是现实世界的具体活动的各种展开，格物不是读书、诵经之类："思周公、孔子当逆知后世离事物以为道，舍事物以为学，故德行、艺统名之曰'三物'，明乎艺固事物之功，德行亦在事物上修德制行，悬空当不得他，名目混不得。《大学》'三纲领'、'八条目'何等大？何等繁？而总归下手处，乃曰'在格物'。谓之'物'，则空寂光莹固混不得，即书本、经文亦当不得；谓之'格'，则必犯手搏弄，不惟静、敬、顿悟等混不得，即读、作、讲解都当不得。如此真切，如此提防，犹有佛、仙离物之道，汉、宋舍物之学，乾坤何不幸也！"[1]

颜元认为，格物必须是身体活动，人只有通过身体活动才能获得真知，否则就不是真知，其实这和阳明思想颇有相近与一致之处。不过，阳明只是从道德活动言之，而颜元则是从现实生活的各个方面展开，且这种展开必须是身体的具体实践。

> 按"格物"之"格"，王门训"正"，朱门训"至"，汉儒训"来"，似皆未稳。窃闻未窥圣人之行者，宜证之圣人之言；未解圣人之言者，宜证诸圣人之行。但观圣门如何用功，便定格物之训矣。元谓当如史书"手格猛兽"之"格"、"手格杀之"之"格"，乃犯手捶打搓弄之义，即孔门六艺之教，是也。如欲知礼，凭人悬空思悟，口读耳听，不如跪拜起居，周旋进退，捧玉帛，陈笾豆，所谓致知乎礼者，斯确在乎是矣；如欲知乐，凭人悬空思悟，口读耳听，不如手舞足蹈，搏拊考击，把吹竹，口歌诗，所谓致知乎乐者，斯确在乎是矣。推之万理皆然，似稽文义、质圣学为不谬，而汉儒、朱、陆三家失孔子学宗者，亦从可知矣。[2]

颜元认为，只有身体的亲自实践才是具体行动的实现方式，否则就不能真正获得，就只是虚文假说和空谈而已。颜元总结自己早年的学习经历，认

---

[1] 《三代第九》，载（清）颜元著，王星贤等点校《颜元集》，第652页。
[2] 《阅张氏王学质疑评》，载（清）颜元著，王星贤等点校《颜元集》，第491—492页。

【北学人物及思想】
颜元践行哲学与重民生之政治伦理观

为开始受了宋明儒者的误导，只是读书求理，静坐养心，完全错了，其实真正的儒学就是经世济民的林林总总："仆少年狂妄，辄欲希古圣贤之所为，闻为古圣贤者辄造庐拜访，师之，友之，求切劘我，提相我。一时所得诸长者，率究心于主敬存诚，静坐著书，为程、朱、陆、王把持门户。求其留心经世济民之业，而身可行之、手可办之者，吾乡之北，惟督亢五公山人，吾乡之南惟中博计公杨先生，吾乡之东，惟蠡吾张子文升，则侪行矣。"① 真知是身体力行然后获得的具体"知识"。

辟如欲知礼，任读几百遍礼书，讲问几十次，思辨几十层，总不算知。直须跪拜周旋，捧玉爵，执币帛，亲下手一番，方知礼是如此，知礼者斯至矣。辟如欲知乐，任读乐谱几百遍，讲问、思辨几十层，总不能知。直须搏拊击吹，口歌身舞，亲下手一番，方知乐是如此，知乐者斯至矣。是谓"物格而后知至"。故吾断以为"物"即三物之物，"格"即手格猛兽之格，手格杀之之格。此二格字见古史及《汉书》。秀问："不先明理，如何行？"予曰："试观孔子，何不先教学文，而先孝弟、谨信、泛爱乎？又何不先教性、道、一贯而先三物乎？且如此冠，虽三代圣人，不知何朝之制也。虽从闻见知为肃慎之冠，亦不知皮之如何暖也。必手取而加诸首，乃知是如此取暖。如此蔌蔬，虽上智、老圃，不知为可食之物也。虽从形色料为可食之物，亦不知味之如何辛也，必箸取而纳之口，乃知如此味辛。故曰：'手格其物，而后知至'。"②

颜元在上面举了很多例子说明，习乐歌舞，戴帽穿衣，知寒知热等，都是身体性的行为方式，而不是心理内部的意识活动，必须从身体层面即技能层面获得真实的感受并形成技艺，才能获得最终的把握性的知识和理解。这就是颜元所提出的"格物"新说。这个"格物"新说显然具有极大的创造性，可以说是儒学历史所仅见。虽然，阳明的"知行合一"思想已经浸透了这种新的身体性知识理解，但还是主要从道德意识的能动性出发的，即身心一体的学问，这一点在程明道即已经有了。但是这种纯粹类似于当

---

① 《送安平杨静甫作幕序》，载（清）颜元著，王星贤等点校《颜元集》，第406页。
② 《四书正误》卷1，载（清）颜元著，王星贤等点校《颜元集》，第159页。

· 133 ·

代默会知识论如波兰尼式的经验知识论,而不仅仅是美国实用主义类型的认识论,其实在颜元那里已经有了雏形。

从上述可知,颜元的学说是一个反宋学的知识论样本,而且是极端性的,但是又是大有裨益的。他称:"理者,木中纹理也。其中原有条理,故谚云顺条顺理。"① 理不在物外,而在物中,这是基本的,它是和气质本身相互融合包含的。他从此理论出发,强调一种实践哲学,反对冥想和道德说教,更反对刻舟求剑式的书本式读书治学,这个"实践哲学"就是以身体的活动为真正的活动,以身体的机能展开和技能的获得为真正的收获,这是真学问。而在他的眼中,宋儒的学问则是假学问,因为它不能身体力行、不能经世济民。这是明末清初思想家对明朝覆亡教训体察的一个结果,虽然可能对原因的考察是一个误解,但是,它的思想的重新阐发却击中了将思想的活的学说变成僵化教条甚至统治工具的传统理学和礼教的根源。颜元反对心性的理论,显然他也反对修身养性的学说,他提倡的"实学"就是新的社会伦理和政治伦理,虽然它还是以一件复古的外衣呈现出来的。

二 实学与功利之价值观

颜元思想之精华在于其生命之真、身体之真和实用之真三者。生命之真指的是他的思想之独立性和求自己真解的意愿、意向之真实性,不唯他人是从,这也可以说是阳明及其后学乃至于李贽思想的特点。阳明及其后学并没有反理学,但是他们在传统儒学的范畴之内思考其自身何以安身立命的方式,即真的方式究竟是什么?由此与朱子学拉开了距离。李贽则是更多依据其自身性情而非思想或学派的角度以及对社会黑暗没落的愤怒而发出的声音。颜元这里又是一种类型,他出于一种思想和方法上的严重分歧,产生了对居于社会和政治统治地位的程朱理学尤其是朱子学的意见。颜元这个意见与阳明学派有共性,即反对文字注解式地搬弄经典。阳明学派并不脱离求一个普遍的天理,而且认为那是德性的纯化;而颜元则否定了德性纯化的思维方式,认为理气一体,万物都是理气的合成物。真正的

---

① 《四书正误》卷6,载(清)颜元著,王星贤等点校《颜元集》,第246页。

知识是尧舜的经世致用之学，即民生之学。民生之学就是万千众生的个体生命和生活。从个人来说，其目标是强健体魄、身心健康，然后是从事于某一种像孔子门人那样的各种职业而生活，而不是注经、读经和冥想。民生之学是真学问，注经和静坐主敬之学不是学问。

（一）宋学的弊端

颜元反对以朱子思想为中心的宋学，他认为，宋学违背了孔孟思想的真谛，是假学问。换句话说，颜元并不否定"学问"以及研究学问，但是他所认定的学问不是宋儒提倡的明心见性、涵养自身的德性的学说。他认为，这种学说的引导带来极为严重的恶果："宋、元来儒者却习成妇女态，甚可羞。无事袖手谈心性，临危一死报君王，即为上品矣。岂若真学一复，户有经济，使乾坤中永享治安之泽乎！"①"率古今之文字，食天下之神智。"②"故仆妄论宋儒，谓是集汉、晋、释、老之大成者则可，谓是尧、舜、周、孔之正派则不可。"③颜元的批评可谓严厉至极，因为他曾膜拜宋儒，将他们视作儒家的神明，认为通过宋代儒者的学说可以为圣为师。因为颜元自始至终对古代礼学和礼制都抱有崇高的信仰和兴趣，认为那是修身养性的唯一途径，其余都应该归入具体实物的学说。但是等他知道自己的身世后，知道自己不姓朱之后，突然间对朱子学丧失了兴趣，他自述在二十五六岁的时候，得到《性理大全》一书，十分喜欢，认真拜读，认为里面讲的就是圣人之道，"学得如周、程、张、朱乃人矣"。在自己家里立上孔子牌位，题上宋儒配享"出入告面，事如父师"。农闲时候，就静坐冥想，读讲《近思录》《太极图》《西铭》等，推崇宋代诸儒为真圣人。④"至康熙戊申，遭先恩祖妣大过，式遵文公《家礼》，尺寸不敢违，觉有拂戾性情者；第谓圣人定礼如此，不敢疑其非周公之旧也。岁梢，忽知予非朱姓，哀杀，不能伏庐中。偶取阅《性理》《气质之性总论》《为学》等篇，始觉宋儒之言性，非孟子本旨；宋儒之为学，非尧、舜、周、孔旧道；而有《存性》《存学》之作，然未敢以示人也。"⑤颜元对朱子家礼严

---

① 《存学编》卷1，载（清）颜元著，王星贤等点校《颜元集》，第51页。
② 《四书正误》卷4，载（清）颜元著，王星贤等点校《颜元集》，第229页。
③ 《上太仓陆桴亭先生书》，载（清）颜元著，王星贤等点校《颜元集》，第48页。
④ 参见《未坠集序》，载（清）颜元著，王星贤等点校《颜元集》，第397页。
⑤ 《未坠集序》，载（清）颜元著，王星贤等点校《颜元集》，第397页。

格遵循、一丝不苟,但是等发觉自己本不是朱氏后裔,再读性理气质等言论,却产生了严重的怀疑,觉得那并不是孟子的学说。自从他回到博野以后,逐渐进一步认识到宋儒学说与孔孟思想的不合。

> 归博来,医术渐行,声气渐通,乃知圣人之道绝传矣;然犹不敢犯宋儒赫赫之势焰,不忍悖少年引我之初步,欲扶持将就,作儒统之饩羊,予本志也。迨辛未游中州,就正于名下士,见人人禅宗,家家训诂,确信宋室诸儒即孔、孟,牢不可破。① 口敝舌罢,去一分程、朱方见一分孔、孟;不然,则终此乾坤,圣道不明,苍生无命矣。盖学术者,人才之本也;人才者,政事之本也;政事者,民命之本也。无学术则无人才,无人才则无政事,无政事则无治平,无民命,其如儒统何!其如世道何!于是始信程、朱之道不熄,周、孔之道不著,圣人复起,不易吾言矣!乃断与之判为两途。望天下之急舍后世新局,力复前圣故道,则或不至终此乾坤,无复儒道也;岂敢犯之哉,岂忍悖之哉,不得已也。②

这个不合显然是因为颜元发现了宋儒的训诂和禅趣与自己的思想格格不入。宋儒原则上是排斥汉代儒家那种训诂方式的,同时他们也反对科举取士,有卓然独立的气概。但是,宋代儒者尊重心性论、德性论而反对事功或者说反对治世以事功为标准,这是与颜元自己的思想正相反对的。所以,他说:"无学术则无人才,无人才则无政事,无政事则无治平,无民命,其如儒统何!"这就是他反对宋儒的真实心理。韩非子说,孔子殁后,儒分为八,那么什么或哪一派才是真孔子?"然去圣未远,传授必真,不过贤各行其所长,如清、任、和、圣,各成其所优,而其实,圣皆尧、舜之道,贤皆孔子之学,小异大同,未失尧、舜六府,周公、孔子六艺之传也。降自汉、魏,注疏、文章,冒认孔氏,而尧、舜、周、孔之道坠地

---

① 这里明显有误植。颜元早期信仰宋儒,但是这句话"见人人禅宗,家家训诂,确信宋室诸儒即孔、孟,牢不可破"与颜元思想明显不通,不可能相信"人人禅宗,家家训诂"是真孔孟;又与下文也自相矛盾:"口敝舌罢,去一分程、朱方见一分孔、孟。"故该句应变为"确信宋室诸儒非孔、孟",意思方通。

② 《未坠集序》,载(清)颜元著,王星贤等点校《颜元集》,第397—398页。

矣。"① 颜元认为，从汉代开始，注疏、文章成风，这就败坏了孔学，而到宋代名义上自称为圣道重光，其实都是禅宗的模样。

> 祸及赵宋，名为圣道重光，而其实晦往圣之道益甚。盖汉儒之冒乱也浅而易见，宋人之冒乱也深而难知。为朱者曰我真孔子也，凡不由朱者皆斥之；为陆者曰我真孔子也，凡不由陆者皆斥之。吾乡若孙钟元先生又以为合朱、陆而成其为真孔子也。而以孔门礼、乐、射、御、书、数观之，皆未有一焉；有其一亦口头文字而已矣。以孔门明德、亲民之道律之，皆未有似焉；有其似，亦禅宗虚局而已矣。②

颜元认为，宋儒没有真正的明德和亲民的学说。他所理解的明德与亲民，就是实实在在的经世济民的民生政策和措施，以及儒生们各自安分自己的职业，做有益于经济民生的职业，这才是真正的儒学。在颜元看来，理学内部的朱陆之争、朱王之争，都没有意义，都是不顾及天下民生的禅学，潜力赤地、朝野无人，都是儒学沦丧真谛，空谈心性的结果。

> 评"呜呼是何言"一段，曰：朱子看陆子之弊甚透，王子看朱子之弊亦甚透，武承看王子之弊又甚透，而不思尧、舜之三事，周、孔之三物，果何道也？圣道之亡，岂非天哉！吾尝见宗王子者指朱子为门外汉，吾不与之深谈；其意中尊王而诋朱，未必不如是也。噫！果息王学而朱学独行，不杀人耶！果息朱学而独行王学，不杀人耶！今天下百里无一士，千里无一贤，朝无政事，野无善俗，生民沦丧，谁执其咎耶！吾每一思斯世斯民，辄为泪下！③

颜元认为，孔孟之后，天下大乱，训诂、清谈、禅宗、乡愿是四大祸害，这个祸害比秦始皇焚书坑儒还严重，宋明儒家的训诂比之汉代更加泡沫化，是祸乱之根源。

---

① 《寄关中李复元处士》，载（清）颜元著，王星贤等点校《颜元集》，第434页。
② 《寄关中李复元处士》，载（清）颜元著，王星贤等点校《颜元集》，第434页。
③ 《阅张氏王学质疑评》，载（清）颜元著，王星贤等点校《颜元集》，第494页。

> 世人所谓圣贤豪杰者，吾惑焉。试观孔、孟逝后，二千年中大乱大滞，乱天下之治人、治法，滞天下之起机、起色者，非训诂、清谈、禅宗、乡原乎？此四者灭尧、舜、周、孔之道，陷溺甚于洪水，而人不见其波；酷烈甚于秦火，而人不见其焰；以致海外之洪水，泛滥乎寰中者，千余年矣；再见之癸、受、政、羽屠毒于苍生者，千余年矣。而近世之圣贤豪杰，方阖眼静坐，著书立言，自以为独得之妙，而天下群然奉之，祀孔庙，立宗传；非惟不治其乱也，从而益乱；非惟不起其滞也，从而加滞。宋、明之训诂，视汉不益浮而虚乎？宋、明之清谈，视晋不益文而册乎？宋、明之禅宗，视释、道不益附以经书，冒儒旨乎？宋、明之乡原，视孔孟时不益众悦，益自是，"不可入尧、舜之道"乎？吾人苟欲勉于此二语，非宋之胡文昭、明之韩苑洛，其孰与归！①

颜元言辞偏于激烈，认为宋儒不是真儒，只是乡愿，这是宋儒不能接受的。问题仅仅在于，什么是真正的孔孟之道？这才是颜元提出的真问题！颜元认为，他自己的理解是正确的，当然，宋明儒家则会认为他们自己的理解才是正确的。所以梁启超才说："但我们须要牢牢紧记，习斋反对读书，并非反对学问。他因为认定读书与学问截然两事，而且认读书妨碍学问，所以反对它。"② 所谓读书妨碍学问，就是不能正确理解孔孟之道是什么，结果贻害无穷。

> 吾读《甲申殉难录》，至"愧无半策匡时难，惟余一死报君恩"，未尝不凄然泣下也！至览和靖祭伊川"不背其师有之，有益于世则未"二语，又不觉废卷浩叹，为生民怆惶久之！夫周、孔以六艺教人，载在经传，子罕言仁、命，不语神，性道不可得闻，予欲无言，博文约礼等语，出之孔子之言及诸贤所记者，昭然可考，而宋儒若未之见也。专肆力于讲读，发明性命，闲心静敬，著述书史。伊川明见其及门皆入于禅而不悟，和靖自觉其无益于世而不悟，甚至求一守言语者亦不可得，其弊不大可见哉！至于朱子追述，似有憾于和靖而亦

---

① 《夫子志乱而治之滞而起之》，载（清）颜元著，王星贤等点校《颜元集》，第557页。
② 梁启超：《中国近三百年学术史》，第128页。

不悟也。然则吾道之不行,岂非气数使之乎!①

李自成攻陷北京,崇祯吊于煤山,众大臣多纷纷自缢,其中左副都御史施邦曜闻变恸哭,题词于几曰:"愧无半策匡时难,但有微躯报主恩。"并也自缢身亡。这是颜元读史感奋忧伤的诱因,所谓"临危一死报君王"的愤慨;同时他又读到伊川门人尹淳祭奠程伊川之文中,感叹自己(尹淳)虽然学问未离开师门,但是并没有感到多少有益于社会的地方。这是尹淳的谦辞,但却引发了颜元的感慨:宋儒及其后学的学术不是真正的儒学,不是他所理解的关乎社稷民生的学术。在颜元看来,朱子对此仍然执迷不悟,这真是儒学的气数到头了!所以,颜元要痛下决心,开天辟地地提出他自己的真学问:实学。

(二)实学为民生之学和社会功利之学

颜元所理解、所认同的"学问"只有一种,即经世济民的"术",而不是什么神秘的"道",他说宋儒貌似发明的道法不过就是《中庸》的思想余绪夹杂一些禅宗老庄的内容,支离割裂,在颜元看来这不是孔孟的学问。他认为,所谓孔孟的学问就是尧舜的经世之术。

> 道不可以言传也,言传者有先于言者也,颜、曾守此不失。子思时,异端将盛,或亦逆知天地气薄,自此将不生孔子其人,势必失性、学、治本旨,不得已而作《中庸》,直指性天,已近太泻。故孟子承之,教人必以规矩,引而不发,断不为拙工改废绳墨。《离娄》《方员》《深造》诸章,尤于先王成法致意焉。至宋而程、朱出,乃动谈性命,相推发先儒所未发。以仆观之,何曾出《中庸》分毫!但见支离分裂,参杂于释、老,徒令异端轻视吾道耳。若是者何也?以程、朱失尧、舜以来学、教之成法也。何不观精一之旨,惟尧、禹得闻,天下所可见者,命九官、十二牧所为而已。阴阳秘旨,文、周寄之于《易》;天下所可见者,王政、制礼、作乐而已。一贯之道,惟曾、赐得闻;及门与天下所可见者,《诗》《书》、六艺而已。乌得以

---

① 《存学编》卷2,载(清)颜元著,王星贤等点校《颜元集》,第62页。

天道性命常举诸口而人人语之哉!①

颜元说陆象山的"六经皆我注脚"是最到位的话语:"此是陆子最精语,亦最真语。我者,天生本体也,即'万物皆备于我'之'我',六经是圣人就我所皆备者画出,非注我者何?"② 六经都是个体生命展开之后之精神状态的写照,而不是别的。世界上只有两种学问,一种是假学问,一种是真学问:"有读尽注脚,全不干于我,历代文人是也,有习行注脚,即尽其我,周、孔三物之学是也。"③ 颜元认为,这两派互相论辩毫无意义,没有对错之分,因为闭目静坐、读、讲、著述之学,见到处俱同镜花水月,这些本身就是不合理的,根本不是学问,因此毋须辩驳;而"反之身措之世,俱非尧舜正德、利用、厚生,周、孔六德、六行、六艺路径;虽致良知者见吾心真足以统万物,主敬、著、读者认吾学真足以达万理,终是画饼望梅。画饼倍肖,望梅倍真,无补于身也;况将饮食一世哉!"④ 颜元认为,宋儒所说的"气质之恶"古人根本没说过,孟子也没说过."某静中猛思,宋儒发明气质之性,似不及孟子之言性善最真。变化气质之恶,三代圣人全未道及。将天生一副作圣全体,参杂以习染,谓之有恶,未免不使人去其本无而使人憎其本有,蒙晦先圣尽性之旨而授世间无志人一口柄。"⑤ 他认为,宋儒的理解使人们本有的东西丧失,使身体这个救世济民的具体的"工具"沦落掉,因此,只有周公孔子教人"六艺",修习各种国家经营和治理的方法才是大道:"又想周公、孔子教人以礼、乐、射、御、书、数,故曰'以三物教万民而宾兴之';故曰'身通六艺者七十二人'。故性道不可闻,而某长治赋、某长礼乐、某长足民,一如唐、虞之廷某农、某刑、某礼、某乐之旧,未之有爽也。近世言学者,心性之外无余理,静敬之外无余功。细考其气象,疑与孔门若不相似然。即有谈经济者,亦不过说场话、著种书而已。"⑥ 颜元所谓"三物"即"六德"(知、仁、圣、义、忠、和)、"六行"(孝、友、睦、姻、任、恤)、

---

① 《存学编》卷1,载(清)颜元著,王星贤等点校《颜元集》,第39—40页。
② 《阅张氏王学质疑评》,载(清)颜元著,王星贤等点校《颜元集》,第493页。
③ 《阅张氏王学质疑评》,载(清)颜元著,王星贤等点校《颜元集》,第493页。
④ 《阅张氏王学质疑评》,载(清)颜元著,王星贤等点校《颜元集》,第493页。
⑤ 《上征君孙钟元先生书》,载(清)颜元著,王星贤等点校《颜元集》,第46页。
⑥ 《上征君孙钟元先生书》,载(清)颜元著,王星贤等点校《颜元集》,第46页。

【北学人物及思想】
颜元践行哲学与重民生之政治伦理观

"六艺"(礼、乐、射、御、书、数)。但是他最习惯于挂在口头上的是"三事",即"正德、利用、厚生"。在《尚书·大禹谟》中大禹为舜解释所谓"六府"即设置并调理好金、木、水、火、土、谷六个管理机构的职能,这是六府。在此基础上,实现"三事",将德性修养和民生事业安排梳理,这是为政者的本分,亦是政治治理的主要内容。颜元认为,这些内容才是民生事业的核心,以及儒家的职责和本分,所以,他的学说与宋明儒者修身养性大相径庭,他所倡导的核心是经济民生和实现经济发展的政治方式。

颜元认为,所谓儒家"性道"不是玄而又玄的性理或天道,而是社稷民生的具体生活内容。如果按照这些内容展开,就是天性天德,就是尽了人性和天性:"或曰:吾儒不言性道,将何以体性道,尽性道? 余曰:吾儒日言性道而天下不闻也,日体性道而天下相安也,日尽性道而天下相忘也。惟言乎性道之作用,则六德、六行、六艺也;惟体乎性道之功力,则习行乎六德、六行、六艺也;惟各究乎性道之事业,则在下者师若弟,在上者君臣及民,无不相化乎德与行艺,而此外无学教,无成平也。"[①] 所谓性道不过就是"三物"即六德、六行、六艺,就是个人道德、社会伦理和六艺,即人们的经济职业本分,这些总起来构成社会的基本存在形态。能够完善治理好这些内容,就是儒家的真正价值目标。所以,颜元的道是尧舜之道,同时借用了孔孟的名号。当然,这也不尽然,因为六艺既是古人所有,又是孔子所传授的技艺。而除此之外,在颜元看来,没有真正的学。真正的学是与社会教化和国家治理以及社会民生完全一体的。但是,他这个一体并不就是《大学》的"三纲领""八条目"之内圣外王的一体。即不是从涵养道德的本心出发,然后在个人修养基础上实现皇帝和士大夫的善治。颜元的思想重心就是尧舜事业与万民一体的整合,是学、教与治的一体。

> 圣人学、教、治,皆一致也。"民可使由之,不可使知之",是孔子明言千圣百王持世成法,守之则易简而有功,失之徒繁难而寡效。故罕言命,自处也;性道不可得闻,教人也;立法鲁民歌怨,为治也。他如《予欲无言》《无行不与》《莫我知》诸章,何莫非此意哉!

[①] 《存性编》卷2,载(清)颜元著,王星贤等点校《颜元集》,第33页。

当时及门皆望孔子以言，孔子惟率之以下学而上达，非吝也，学、教之成法固如是也。①

他说，"程、朱当远宗孔子，近师安定，以六德、六行、六艺及兵农、钱谷、水火、工虞之类教其门人，成就数十百通儒。朝廷大政，天下所不能办，吾门人皆办之；险重繁难，天下所不敢任，吾门人皆任之，吾道自尊显，释、老自消亡矣"②。他认为，只要将这些事务完成后，儒家的道就呈现了，而佛老自然消失，天下自然安定。

颜元基于这样的思想基础，自然倾向于现实的、社会的功利主义，而批判那种在他看来属于空想空谈的"道义论"：

> 郝公函问："董子'正谊明道'二句，似即'谋道不谋食'之旨，先生不取，何也？"曰："世有耕种，而不谋收获者乎？世有荷网持钩，而不计得鱼者乎？抑将恭而不望其不侮，宽而不计其得众乎？这'不谋、不计'两'不'字，便是老无、释空之根；惟吾夫子'先难后获''先事后得''敬事后食'三'后'字无弊。盖'正谊'便谋利，'明道'便计功，是欲速，是助长；全不谋利计功，是空寂，是腐儒。"公函曰："悟矣。请问'谋道不谋食'。"曰："宋儒正从此误，后人遂不谋生，不知后儒之道全非孔门之道。孔门六艺，进可以获禄，退可以食力，如委吏之会计，《简兮》之伶官可见。故耕者犹有馁，学也必无饥，夫子申结不忧贫，以道信之也。若宋儒之学不谋食，能无饥乎！"③

他嘲笑所谓的"谋道不谋食"，认为其只是空谈，只有学习孔门"六艺"才是正道。颜元认为宋儒不谋食之学，是无稽之谈，因为人不能不吃饭穿衣。当然，颜元这样评价宋儒失之偏颇，宋明儒家讲道义论，当然不会不吃饭穿衣，但是，这种道义论的内容讲多了，并不能解决现实问题，这是颜元所忧虑的地方。而且，颜元认为，其实只有施行实学才能王道兴，天

---

① 《存学编》卷1，载（清）颜元著，王星贤等点校《颜元集》，第39页。
② 《存学编》卷1，载（清）颜元著，王星贤等点校《颜元集》，第40页。
③ 《教及门第十四》，载（清）颜元著，王星贤等点校《颜元集》，第671页。

下治，这个法则是具体的形下学的，而不是抽象的形上学的，是下学上达之法：

> 他不具论，即如朱、陆两先生，倘有一人守孔子下学之成法，而身习夫礼、乐、射、御、书、数以及兵农、钱谷、水火、工虞之属而精之。凡弟子从游者，则令某也学礼，某也学乐，某也兵农，某也水火，某也兼数艺，某也尤精几艺，则及门皆通儒，进退周旋无非性命也，声音度数无非涵养也，政事文学同归也，人己事物一致也，所谓下学而上达也，合内外之道也。如此，不惟必有一人虚心以相下，而且君相必实得其用，天下必实被其泽，人才既兴，王道次举，异端可靖，太平可期。正《书》所谓府修事和，为吾儒致中和之实地，位育之功，出处皆得致者也；是谓明亲一理，《大学》之道也。①

颜元的"实学"在当时是十分惊人和激进的学说，对宋明理学是极大的冲击和挑战，这是一个哲学方法论和政治价值上的新变化，甚至是革命，虽然它还不是近代意义上的思想革命，只是儒学内部关于正统的革命。侯外庐说，"颜元的思想史论，与其说是争道统，毋宁说也是改变道统（主词）的述词"②。"颜元虽言真传，却不执一个心传，反把真传说成各尽其才的分工的事物世界。因此，他论孔子真传不必在曾孟，而七十子也各具所长。"③ "这一分工的世界，在形式上披了唐虞成周的古衣古裳，而其内容却为事与物的世界或'习行经济'的社会。"④ 侯外庐这个评价是真实有力的，是对颜元的认识论、伦理学和政治观统一性的高度概括。

三　治道之理：价值的复古与重新厘定

颜元的政治观念比较特殊，一方面他在认识论上十分激进，另一方面

---

① 《存学编》卷1，载（清）颜元著，王星贤等点校《颜元集》，第44—45页。
② 侯外庐：《中国思想通史》第5卷，人民出版社1956年版，第333页。
③ 侯外庐：《中国思想通史》第5卷，第334页。
④ 侯外庐：《中国思想通史》第5卷，第335页。

在政治理想上又是貌似十分保守的，即他特别推崇上古三代之治。一般来说，推崇三代之治是所有儒家的共同价值观，包括上古三代与夏商周三代，但是，显然颜元是最真实的。他不限于将之设定为尧舜文武等圣王的德性和与民同乐，而是更加强调其中的制度设计和具体事务展现，即他所说的学、教与治的统一，这其中还包括学校的设定。颜元的学校考量与黄宗羲之间有同有异，颜元重视的是其中技艺的教育，而黄宗羲更重视它可能发挥的协商与制衡的政治制度设计。从不同程度上，各有千秋，但是从复古的角度说，颜元显然是更回归传统儒家一些，即侯外庐所说的道统的主词的转换，在这一点上来说，他显然不如黄宗羲来得深刻。颜元也有他自己的一些特色，这也是需要注意的一点。即从颜元的哲学来说，其哲学是"身体哲学"，是"力行哲学"，是"技艺哲学"，因此他所推崇的社会制度体系必须是一个职业分工细密和合理布局的社会，这正是颜元政治理想之根本特色。

（一）王道与封建的重估

1. 分工学技，祖述尧舜

颜元说："昔张横渠对神宗曰：'为治不法三代，终苟道也。'然欲法三代，宜何如哉？井田、封建、学校，皆斟酌复之，则无一民一物之不得其所，是之谓王道。不然者不治。"[1] 各得其所，是颜元思想尤其是政治理想的核心。他曾举大禹治水的例子说明，治理天下如同大禹治水一样，不是一个人亲身治理所有事务，而是彼此分工协作的结果。

> 尧、舜之治，即其学也，教也，其精一执中，一二人秘受而已。百官所奉行，天下所被泽者，如其命九官、十二牧所为耳。禹之治水，非禹一身尽治天下之水，必天下士长于水学者分治之而禹总其成；伯夷之司礼，非伯夷一身尽治天下之礼，必天下士长于礼学者分司之而伯夷掌其成。推于九官、群牧咸若是，是以能平地成天也。文、周之治，亦即其学也，教也，其阴阳天人之旨，寄之于《易》而已。百官所奉行，天下所被泽者，如其治岐之政，制礼作乐耳。其进秀民而教之者，六德、六行、六艺仍本唐、虞敷教典乐之法，未之有

---

[1] 《存治编》，载（清）颜元著，王星贤等点校《颜元集》，第103页。

改，是以太和宇宙也。孔、孟之学教，即其治也。孔子一贯性道之微，传之颜、曾、端木而已。作当身之学，与教及门士以待后人私淑者，庸言庸德，兵农礼乐耳，仍本诸唐、虞、成周之法，未之有改。故不惟期月、三年、五年、七年胸藏其具，而且小试于鲁，三月大治，暂师于滕，四方归之，单父、武城亦见分体，是以万世永遵也。①

颜元认为尧舜、文武和孔子的治理也好，文教也好，从其手段上是一回事。治理也是教，教也是治理。核心是第一，明确各自职能和分工；第二，一切治或学都是身体力行的"学术"，因此，都是技艺和工夫，明确分工，教习技能，各司其职，天下可治。天下出于彼此分工协作，是事务而不是心理或德性，则天下的治理必须遵循尧舜治理天下的法则，行三物为六事："唐、虞之世，学治俱在六府、三事，外六府、三事而别有学术，便是异端。周、孔之时，学治只有个三物，外三物而别有学术，便是外道。"② 尧、舜是颜元所称谓的儒家根基，孔子只是祖述尧舜，是传承尧舜的事迹和业绩而来的，而不是另辟蹊径："孔子'祖述尧、舜'，孟子'言必称尧、舜'，正见明、新兼至之学，原是学作君相。后世单宗孔子，不祖尧、舜，虽亦或言孔子即尧、舜，其实是明体不达用之隐病所伏也。"③ 他认为，自从孔子以后，人们所谓学孔子，只学孔子讲说《诗》《书》，把尧舜孔子新民的精髓全丢了，即便是涵养道德即明明德处，也"不过假捏禅法，不惟其成就不堪帝，不堪王，不堪将，不堪相，乃从其立志下功本处，便是于帝、王、将、相之外，世间另做个儒者"④。颜元感慨道："噫！岂不可怪也哉。历代相承，又交相掩护其癖而莫为之发，是其割疗无日，将残疾羸疲之儒脉，卒至沦胥以亡而后已也。噫！岂不可哀也哉。"⑤ 他认为，这是将儒家道统的精华完全抛弃了。因此，颜元认为，所谓后世的《大学》之明明德与新民（他这里不是用的亲民，而是朱子的新民），只是尧舜的政治治理法则和规范，即学作君相，而不是单纯地讲道德、讲伦理。否则就不是儒家，而是另立门户的儒家。显然，在颜元那

---

① 《存学编》卷1，载（清）颜元著，王星贤等点校《颜元集》，第43页。
② 《世情第十七》，载（清）颜元著，王星贤等点校《颜元集》，第685页。
③ 《世情第十七》，载（清）颜元著，王星贤等点校《颜元集》，第685页。
④ 《世情第十七》，载（清）颜元著，王星贤等点校《颜元集》，第685页。
⑤ 《世情第十七》，载（清）颜元著，王星贤等点校《颜元集》，第685页。

里，儒家本身的本怀就是治世而不是修身，是安民乐民，而不是个人超凡入圣。做到各司其职，各安其分，各有其能，这才是王道，别的不是王道。

2. 分封建制与礼乐教化的统合

对封建的思考是明末清初一个很重要的话题，当时几乎所有重要的思想家都已经谈到该问题。颜元的思考主要有两个方面：第一，后世臣子不敢言封建，怕被说成要分权，这正好遂了君主之愿，即他可以自己独裁天下，以天下为私；第二，分封建制或封邦建国有利有弊，但是，在颜元看来，利大于弊。只要是明君贤相，就不会出现诸侯乱国的问题。也就是说，封建的好处是既能通过这种制度构成一个国家边塞力量的防御，实现层层防御，同时又能促进礼乐教化的推行。当然，反之，如果礼乐教化不能推行，而且共主德不修，学不讲，则天下不治。他说：

> 后世人臣不敢建言封建，人主亦乐其自私天下也，又幸郡县易制也，而甘于孤立，使生民社稷交受其祸，乱亡而不悔，可谓愚矣。如六国之势，识者尝言韩、魏、赵为燕、齐、楚之藩蔽，嬴氏蚕食，楚、齐、燕绝不之救，是自坏其藩蔽也。侯国且如此，以天下共主，可无藩蔽耶！层层厚护，宁不更佳耶！《板》之诗云："大邦维屏，宗子维城，无俾城坏，无独斯畏。"道尽建侯之利，不建侯之害矣。如农家度日，其大乡多邻而我处其中之为安乎，抑吞邻灭比而孤栖一蕞之为安乎？①

他说，如果说三代亡于封建，但它也是因为封建而维持了长久的统治。他说："使非封建，三代亦乌能享国至二千岁耶！"② "凡诸大义皆不违恤，而君不主，臣不赞，绝意封建者，不过见夏、商之亡于诸侯与汉七国、唐藩镇之祸而忌言之耳。殊不知三代以封建而亡，正以封建而久；汉、唐受分封藩镇之害，亦获分封藩镇之利。"③ 颜元认为，从制度上说，封建是一个国家体系的基础，但是仅仅有封建的制度体系还不够，还要辅之以礼乐

---

① 《存治编》，载（清）颜元著，王星贤等点校《颜元集》，第111页。
② 《存治编》，载（清）颜元著，王星贤等点校《颜元集》，第112页。
③ 《存治编》，载（清）颜元著，王星贤等点校《颜元集》，第112页。

教化，这是古代的重要特征。

> 或问于思古人曰：世风递下，人心日浇，以公治之而害伏，以诚御之而奸出。是以汉之大封同姓，亦成周伯叔诸姬之意，而转目已成反畔；唐之优权藩镇，仅古人甥舅伯侯之似，而李社即以败亡。故宋鼎既定，盏酒以敬勋臣；明运方兴，亦世官而酬汗马。非故惜茅土也，诚以小则不足藩维，大则适养跋扈，封建之难也。子何道以处之，可使得宜乎？①
>
> 思古人曰：善哉问！此不可以空言论也。先王遗典，封建无单举之理，大经大法毕著咸张，则礼乐教化自能潜消反侧，纲纪名分皆可预杜骄奢，而又经理周密。师古之意，不必袭古之迹。②

颜元认为，从古代传统政治来说，封建不是单独存在的，它必须有大经大法和礼乐教化作为前提条件，二者相资以为用，就会实现长治久安。

（二）废科举之奴，兴学校之教

颜元哲学的精髓就是重实效而不重形式，因此他将治国所需要的人才看作重中之重。因为，他的所谓王道不是修身养性的每个人为圣为贤，而是国治家安，人人各怀其能，各司其职，所以他认为，"人才既兴，王道次举，异端可靖，太平可期。正《书》所谓府修事和，为吾儒致中和之实地，位育之功，出处皆得致者也；是谓明亲一理，《大学》之道也"③。"有国者诚痛洗数代之陋，用奋帝王之猷，俾家有塾，党有庠，州有序，国有学，浮文是戒，实行是崇，使天下群知所向，则人材辈出，而大法行，而天下平矣。故人才王道为相生。倘仍旧习，将朴钝者终归无用，精力困于纸笔；聪明者逞其才华，《诗》《书》反资寇粮。无惑乎家读尧、舜、孔、孟之书，而风俗愈坏；代有崇儒重道之名，而真才不出也。可胜叹哉！"④

---

① 《存治编》，载（清）颜元著，王星贤等点校《颜元集》，第110—111页。
② 《存治编》，载（清）颜元著，王星贤等点校《颜元集》，第111页。
③ 《存学编》卷1，载（清）颜元著，王星贤等点校《颜元集》，第45页。
④ 《存治编》，载（清）颜元著，王星贤等点校《颜元集》，第109页。

颜元强调了两点：第一，王道实现的依托是人才，人才与王道相伴随，相资而生，即所谓达致中和之地，位育之功；第二，人才必须是真才。现在科举取士没有获得"真才"，代代都高举崇儒重道的旗号，都是饱读诗书，但是毫无功用，因为他们全都困惑于笔墨纸砚的工夫，稍微聪明的人最多只是呈现一点儿才华，甚至于不过逞能而已，并无真才实学。颜元所说的真才实学就是基于他的身心气质之正的理论，展开每个人天生的才具是根本，每个人身怀各自的用世的技能，而不是那些口吐莲花、妙笔生花，毫无实际能力和技艺的人。这就是由科举取士所致："迨于魏、晋，学政不修，唐、宋诗文是尚。其毒流至今日，国家之取士者，文字而已，贤宰师之劝课者，文字而已，父兄之提示，朋友之切磋，亦文字而已，不则曰'诗'，已为余事矣。求天下之治，又乌可得哉？"[1] 搬弄文字的工夫是科举选拔人才的方式，"近自唐、宋，试之以诗，弄之以文，上轭曰选士，曰较士，曰恩额，曰赐第；士则曰赴考，曰赴科，曰赴选。县而府，府而京，学而乡，乡而会；其间问先，察貌，索结，登年，巡视，搜检，解衣，跣足，而名而应，挫辱不可殚言。呜呼！奴之耶，盗之耶？无论庸庸辈不足有为，即有一二杰士，迨于出仕，气丧八九矣，宜道义自好者不屑就也"[2]。

颜元对这种方式表达了极大的愤怒和蔑视，认为这种方式其实骨子里是对人格的侮辱，考试搜身、检查，一级一级考辩应对，并无考察的实效，最后都变成庸碌之辈的竞技场，即便有一个贤能的人才进入仕途官场，最后也是士气丧尽，而真正有道义的人士干脆弃绝科举罢了。他对宋、明两代科举取士的方式感到沮丧和痛心："而更异其以文取士也。夫言自学问中来者，尚谓'有言不必有德'，况今之制艺，递相袭窃，通不知梅枣，便自言酸甜。不特士以此欺人，取士者亦以自欺，彼卿相皆从此孔穿过，岂不见考试之丧气，浮文之无用乎，顾甘以此诬天下也！观之宋、明，深可悲矣。"[3] 他主张回复古代的征举制度，即通过乡里推举贤能人士：

---

[1] 《存治编》，载（清）颜元著，王星贤等点校《颜元集》，第109页。
[2] 《存治编》，载（清）颜元著，王星贤等点校《颜元集》，第115页。
[3] 《存治编》，载（清）颜元著，王星贤等点校《颜元集》，第115页。

【北学人物及思想】
颜元践行哲学与重民生之政治伦理观

　　窃尝谋所以代之，莫若古乡举里选之法。仿明旧制，乡置三老人，劝农，平事，正风，六年一举，县方一人。如东则东方之三老，视德可敦俗、才堪莅政者，公议举之，状签某某深知其才德，兼以事实之，县令即以币车迎为六事佐宾吏人。供用三载，经县令之亲试，百姓之实征，老人复跻堂言曰，某诚贤，则令荐之府，呈签某令深知其才德，亦兼以事实之，则守以礼征至。其有显德懋功者，即荐之公朝，余仍留为佐宾三载，经府守之亲试，州县之实征，诸县令集府言曰，某诚贤，则府守荐之朝廷，呈签某守深知其才德，亦兼以事实之，则命礼官弓旌、车马征至京。其有显德懋功者，即因才德受职不次，余仍留部办事，亲试之三载。凡经两举，用不及者，许自辞归进学。老人、令、守，荐贤者受上赏，荐奸者受上罚，则公论所结，私托不行矣，九载所验，贤否得真矣。即有一二勉强为善，盗窃声誉者，焉能九载不变哉！况九载之间，必重自检饬，即品行未粹者，亦养而可用矣。为政者复能久任，考最于九载、十二载或十七八载之后，国家不获真才，天下不被实惠者，未之有也。①

他主张按照《周礼·大司徒》所提出的方法："以乡三物教万民而宾兴之：一曰六德，知、仁、圣、义、忠、和。二曰六行，孝、友、睦、姻、任、恤。三曰六艺，礼、乐、射、御、书、数。"②"命乡论秀士，升之司徒，曰选士。司徒论选士之秀者而升之学，曰俊士。升于司徒者，不征于乡；升于学者，不征于司徒，曰造士。……大乐正论造士之秀者，以告于王而升诸司马，曰进士。司马辨论官材，论进士之贤者，以告于王而定其论。论定，然后官之；任官，然后爵之；位定，然后禄之。"③真正实现"俾家有塾，党有庠，州有序，国有学，浮文是戒，实行是崇，使天下群知所向，则人材辈出，而大法行，而天下平矣"④。这是颜元取材用人而实施于有政的理想。

　　颜元在此基础上提出兴办学校的主张，但是他的学校之理念仍然是

---

① 《存治编》，载（清）颜元著，王星贤等点校《颜元集》，第115—116页。
② 《存治编》，载（清）颜元著，王星贤等点校《颜元集》，第109页。
③ 《存治编》，载（清）颜元著，王星贤等点校《颜元集》，第110页。
④ 《存治编》，载（清）颜元著，王星贤等点校《颜元集》，第109页。

古代传统的思维方式:学校是教化场所,是学习技能的场所,他的这种设想既是传统古代的思维,同时又有他自己的实学践行的内涵在内,从后者来说具有某种现代性的思维的端倪:"或问于思古人曰:自汉高致牢阙里,历代优意黉宫,建教训之官,有卧碑之设,何尝不存心学校也?似不待子计矣。思古人曰:嗟乎!学校之废久矣!考夏学曰'校',教民之义也。今犹有教民者乎?商学曰'序',习射之义也。今犹有习射者乎?周学曰'庠',养老之义也。今犹有养老者乎?"①颜元所主张的学校是废除科举的学校,是修习涵养道德的同时学习实际技能譬如"六艺"的学校。从颜元所主张的学校是政治,政治是学校的角度说,相互教育与成长就是政治治理,"且学所以明伦耳。故古之小学教以洒扫应对进退之节,大学教以格致诚正之功,修齐治平之务,民舍是无以学,师舍是无以教,君相舍是无以治也"②。这并不是简单等同于孔子的道德教化,而是某种基础工程。他试图将古代贵族教育的方式用于平民身上,这是一种教育理念平等化的革命,是主张平民教育的重要开端。

四 小结

颜元思想包含复古与革新的二重性,其革命性十分显赫,复古传统的特征也十分强烈,表现出他的基本思想没有脱离儒家传统的基本范围,但是鉴于当时的历史氛围而对逐渐僵化的理学心性论提出了重大挑战。虽然颜元思想不乏对宋明儒家的偏见,但是仅就当时的历史条件看,积极性和建设性的意义更大。

(一)认识论问题

他批判宋儒不遵循古人之道,也就是没有信奉真正的圣王之道:"礼定自先王。自宋儒僭妄,敢为起义,而自用、自专之罪不恤;非天子不

---

① 《存治编》,载(清)颜元著,王星贤等点校《颜元集》,第109页。
② 《存治编》,载(清)颜元著,王星贤等点校《颜元集》,第109页。

议、不尊、不信之大义晦,孔门祖、孙闲世之大防决矣。"① 真正的圣人之道就是实学,就是经世济民的六艺之道,而不是诵读或训诂,是身体之学:"某为此惧,著《存学》一编,申明尧、舜、周、孔三事、六府、六德、六行、六艺之道,大旨明道不在《诗》《书》章句,学不在颖悟诵读,而期如孔门博文、约礼、身实学之、身实习之,终身不懈者。"② 方法论是申明:"理、气俱是天道,性、形俱是天命,人之性命、气质虽各有差等,而俱是此善;气质正性命之作用,而不可谓有恶,其所谓恶者,乃由'引、蔽、习、染'四字为之祟也。期使人知为丝毫之恶,皆自玷其光莹之本体,极圣神之善,始自充其固有之形骸。"③ 所以,他强调知识的获得必须取之于身体和身体经验:"今试予生知圣人以一管,断不能吹。"(《言行录·世情篇》)

  钱穆指出,"宋儒主理在事先,故重理而轻事;习斋主理由事见,故即事以明理"④。这是一种新的认识论和实践的方法论,从儒学内部来说具有重要价值。梁启超曾总结说,颜习斋的"唯习主义"和近世的经验主义是同一个出发点,与科学精神十分接近了,但是由于他又倡导复古,被"古圣成法"束缚住了,务必要学习唐虞三代的实务"未免陷于时代错误"。⑤ 但是他肯定颜元批判宋学提倡实学的精神和方法,他说:"质而言之,为做事故求学问,做事即是学问,舍做事外别无学问,此元之根本主义也。以实学代虚学,以动学代静学,以活学代死学,与最近教育新思潮最相合。"⑥ 梁启超个人对宋明理学颇有厌恶,其实不懂心学,譬如对阳明学的实质他是不懂。但是,程朱陆王的格物求理内省自察,尤其是少数人遗世独立的精神与世俗观念差异较大,令人有出世之感,尤其是阳明后学。加之明亡之历史导致对王学反思愈甚,这是整个明清之际实学和经学反弹的历史背景,颜元是其中的领袖人物之一。但是,从客观评价来说,钱穆的判断可能较之梁启超稍显理性一点儿。

---

① 《与刘焕章论礼书(乙卯)》,载(清)颜元著,王星贤等点校《颜元集》,第451页。
② 《上太仓陆桴亭先生书》,载(清)颜元著,王星贤等点校《颜元集》,第48页。
③ 《上太仓陆桴亭先生书》,载(清)颜元著,王星贤等点校《颜元集》,第48—49页。
④ 钱穆:《中国近三百年学术史》,九州出版社2011年版,第196页。
⑤ 梁启超:《中国近三百年学术史》,第140页。
⑥ 梁启超:《清代学术概论·儒家哲学》,天津古籍出版社2003年版,第26页。

(二) 实学的功利倾向的价值评价及其与宋明理学的辩证关系

与宋明儒学相比，颜元的思想有其独特性，极力推崇宋明儒学尤其是朱子学的钱穆却高度评价了颜元思想。他说："不从心性义理上分辨孔孟、程朱，而从实事实行上为之分辨，此梨洲、亭林、船山诸家所未到。习斋谓即此是程朱、孔孟真界限，其实即此是习斋论学真精神也。"[1] 他还说："宋儒高自位置，每以道德纯备，学术通明，自负为直接尧、舜、孔、孟之传，而汉、唐君相大儒，事功赫奕，宋儒轻之曰'杂霸'。习斋评量宋儒，则不从其道德、学术着眼，即从其所轻之事功立论。"[2] 钱穆正面评价了颜元的认识论和伦理学，即他没有附和宋明理学所强调的道德价值评价的主流意见，而是颠倒乾坤，强调社会功利的目的和意义，至少是一种思想内部的补充与调整。从严重的角度说甚至具有一定的革命性，这主要是从认识论角度而言的。当然，这就牵涉其他层面了，如果推而广之，就会发生思想上的大革命。所以钱穆说："以言夫近三百年学术思想之大师，习斋要为巨擘矣。岂仅于三百年！上之为宋、元、明，其言心性义理，习斋既一壁推倒；下之为有清一代，其言训诂考据，习斋亦一壁推倒。'开二千年不能并之口，卜二千年不敢下之笔'，遥遥斯世，'前不见古人，后不见来者，念天地之悠悠，独怆然而涕下'，可以为习斋咏矣。"[3]

一般来看，颜元思想是针对宋明理学整体而言的，但是钱穆对此作了一个不错的分梳。钱穆认为，颜习斋批判朱子是认真的，但是批判陆王其实是没有什么大力量的，"习斋虽决不肯自认近于阳明，然持论实多相近。其驳朱子《分年试经史子集议》，至引阳明有云：'与愚夫愚妇同底便是同德，与愚夫愚妇异底便是异端。'以折朱子半日静坐、半日读书之课，此决非习斋有意袒王攻朱，乃其意径思理之流露于不自觉也"。王阳明《约礼》中教授儿童习礼歌诗等，与习斋方法也颇有相似；颜元教习六艺等，也与阳明相近。[4] 钱穆认为，唐虞尧舜之道习斋讲得最多，但王阳明在《拔本塞源论》中已经有此详论，包括礼乐、政教等，以及农工商贾各自

---

[1] 钱穆：《中国近三百年学术史》，第176页。
[2] 钱穆：《中国近三百年学术史》，第177页。
[3] 钱穆：《中国近三百年学术史》，第199页。
[4] 参见钱穆《中国近三百年学术史》，第205页。

安居乐业,都是阳明倡论过的。"凡此所言,自汉以来,训诂、记诵、词章之学,习斋所深斥者,阳明已先及;虞廷盛治、礼乐政教、水土播植,习斋所力倡者,阳明亦同之;各就其性分之所近,专治一艺以成才,而靖献于天下,阳明、习斋所论无异致。习斋之见,何以自别于阳明?惟阳明深非功利,习斋则澈骨全是功利,此为两人之所异耳。"① 钱穆认为,阳明《拔本塞源论》从身心到现实世界的经世致用俱已说到,可惜阳明后学并没有将之很好地领会与发挥。而颜习斋对宋儒的深切痛斥、排斥全尚功利,也不免有流弊。现代人正好倡导功利,颜习斋的学说与时代潮流相合。从原则上说,二者之结合是比较理想的,"以习斋所谓'实文、实行、实体、实用为天地造实绩'者,合之于阳明易知、易从、易学、易能、易成才之说,而无惟以功利为首倡,或者乃有合于恕谷所谓'学术不可少偏'之微意也"②。

钱穆认为,阳明思想其实从其真实性和推展层面已经涵盖了颜元思想,但是显然,阳明的外王论没有来得及展开,所以没有引起他的后学的真正重视。如果将颜元思想和阳明思想相结合就是一个传统理想的思想整合品。

(三)政治伦理中倾向民生的意义

颜元思想中的政治观念有两点值得重视。第一,封建论。他是从维持国家统一和反对君主专制二重性来看待这个问题的,尤其是从后一点来说具有较大的价值,这也是清初几大家所共有的思想。第二,认识论上的经验论和实践论,以及由此生发的政治上的功利主义观念。这两者是一体的。他反对讲授纯粹的性命之理。颜元主张将性命之理的理要与身体实践的行放到一起,他说:"仆妄谓性命之理不可讲也,虽讲,人亦不能听也,虽听,人亦不能醒也,虽醒,人亦不能行也。所可得而共讲之,共醒之,共行之者,性命之作用,如《诗》《书》、六艺而已。"③ 这种认识论的方法改变能够使人们从思想上将心性修养和日常生活接轨,使儒家传统的"格君心之非"的理想主义转到日常生活的改善和提高上来,这是十分有

---

① 钱穆:《中国近三百年学术史》,第210页。
② 钱穆:《中国近三百年学术史》,第211页。
③ 《存学编》卷1,载(清)颜元著,王星贤等点校《颜元集》,第41页。

价值的。颜元认为，宋儒的一体论即由心性推展到外王的说法不是真正的儒家正统，因为他们没有触及民生的改善，这个说法是有道理的。虽然从朱子到阳明及其后学逐渐有了道德实践下行到民间的开展，但那毕竟还是道德实践层面的主张和操作，而不是直接关注社会民众的基本生存的具体问题。颜元的政治观念已经触及该问题，虽然他也仍然囿于传统的框架。

【北学文献】

刘因《四书集义精要》的文献学问题

刘立志[*]

摘要：刘因《四书集义精要》传世有两个版本系统，即元刻三十六卷本与《四库全书》所收二十八卷本。书中对《朱子语类》中的文句多有加工，反映了朱子书早期传播的一些面貌，值得关注。

关键词：刘因；《四书集义精要》；《朱子语类》

刘因（1249—1293），字梦吉，保定容城人。世为儒家，其父刘述曾任武邑令，以疾辞归，年四十未有子，叹曰："天果使我无子则已，有子必令读书。"刘因出生的当晚，刘述梦见神人马载一儿至其家，对他说："善养之。"于是便给儿子取名曰骃，字梦骥，后改今名及字。刘因天资聪颖，最初由父亲启蒙，后来受业于砚弥坚、松冈先生，勤奋刻苦，孜孜不倦，学问终有大成。至元十九年（1282），刘因三十四岁，在丞相文贞王不忽木的推荐下，元世祖忽必烈的第二个儿子、太子真金下诏，征刘因入朝，授职承德郎、右赞善大夫，不久又命他执掌国子学。后来因为继母病重，刘因辞归故里，翌年继母病故，刘因便居丧守孝。至元二十八年（1291），经举荐，忽必烈颁诏征聘刘因为集贤学士、嘉议大夫，但此时刘因已经身患重病，乃作《上政府书》坚辞。忽必烈知悉，说："古有所谓不召之臣，其斯人之徒欤！"过了两年，国子助教吴明上书朝廷，荐举刘因为国子祭酒，未及施行，刘因病逝，享年四十五岁。至于元仁宗延祐年间，朝廷追赠刘因为翰林学士、资善大夫、上护军，追封容城郡公，谥号文靖。

刘因是元代著名的文学家和理学家，元代傅习、孙存吾编选的《皇元风雅》即以其为首，虞集作序，认为刘氏"高识远志""人品英迈"。刘

---

[*] 刘立志，南京师范大学中文系教授。

因与许衡、吴澄并称"元初三大理学家"。黄宗羲所撰《静修学案》中载黄百家语云："有元之学者，鲁斋（许衡）、静修、草庐（吴澄）三人耳。"

刘因的著作，《元史》本传云"所著有《四书精要》三十卷，诗五卷，号《丁亥集》，因所自选。又有文集十余卷，及《小学四书语录》，皆门生故友所录，惟《易系辞说》，乃因病中亲笔云"。其文集传至今日者，或称《静修集》，或称《静修先生文集》，或称《丁亥集》。文集之外的学术著作，唯有《四书集义精要》一书传世。本文即关注《四书集义精要》，探研与其相关的一些文献学问题。

《四书集义精要》的版本，《中国古籍总目》著录三种。

（1）三十六卷，元至顺元年浙江行省刻本，台北故博、台图（缺三、四、九、十、二十、二十一、二十九至三十六）。

（2）三十六卷，1975年"国立"故宫博物院影印元至顺元年浙江行省刻本，南京。

（3）二十八卷（《大学》四卷《论语》二十一卷《孟子》三卷），《四库全书》本（乾隆写，存二十八卷）。

可以划分为两个系统，一是元刻三十六卷本，一是《四库全书》所收二十八卷本。但此处著录的信息尚不全备。

南京图书馆藏有1975年"国立"故宫博物院影印的元至顺元年浙江行省刻本，全本三十六卷，六册，包括卷一至卷六、卷七至卷十一、卷十二至卷十七、卷十八至卷二十三、卷二十四至卷二十九、卷三十至卷三十五，末为引用诸氏姓名一卷。

南京图书馆藏本首为官文书一通，全文如下：

皇帝圣旨里：浙江等处儒学提举司至顺元年四月二十七日承奉江浙等处行中书省掾史张炎承行四月二十二日札付该准中书省咨翰林国史院呈。据待制欧阳玄，修撰谢端、李黼，应奉苏天爵等呈：钦惟国家近年以来设科举取士以明经为本，明经以四书为先，然四书止用朱氏《集注》，其他门人记录之语，或问论辩之书，所以倡明四书、羽翼《集注》者尚多有之。朱氏既殁，时人会粹为《四书集义》，其书数百万言，中间或有朱氏未定之说，读者病焉。故集贤学士刘公梦吉以高明之资，思广道术，始即其书删烦撮要为三十卷，名曰《四书集义精要》。盖圣贤之道具在四书，四书之旨得《集注》而后著，《集注》之说得《精要》而益详。若将此书于江南学校钱粮内刊板印行，流布于世，使学者因《精要》以求《集注》之说，因《集注》以明四书之旨，则圣贤之学庶几传布者广，其于国家设科取士之制、明经化俗之方，岂曰小补？具呈。照详得此，本院看详：上项《四书精要》有益圣经，可裨世教，如准属官所言，移咨江南行省刊板，相应具呈。照详得此，都省议得：故集贤学士刘梦吉《四书集义》发明经旨，宜广其传，以淑后学，合允所请。今将本书随此发去，咨请照验，移请本省官提调，仍委儒进官员，依上如法缮写成秩，校勘对读无差，于各路赡学钱粮内刊梓印布施行。准此，省府除外，今将本书八册随此发去，合下仰照验，委自儒进官员与杭州路官，依上如法缮写成秩，校勘对读无差，刊梓印布，先行从实计料，合该工物价钱，保结开申，毋得因而冒破动扰违错，具委定官职名申省。奉此供给江浙等处儒学提举司司吏高德懋、杭州路总管府司吏孙鲞达　缮写贾天祐、叶雍、王居中、谢玮　对读湖州路儒学学录钱益　江浙等处儒学提举司吏目史介　杭州右录事判官杨兴　杭州右录事判官孔也先不花　江浙等处儒学副提举孙质　承直郎杭州路总管府判官郝瑛　奉议大夫杭州路总管府治中脱帖木儿　资德大夫江浙等处行中书省左丞伯帖木儿。

行文里高度肯定了《四书集义精要》撮要删繁远超时人会粹之书、发明圣学而有裨世教的学术价值和社会价值，要求认真刊刻校勘，广为传世。

傅增湘《藏园群书经眼录》著录此本，谓其板式"九行十七字，线黑口，四周双阑。版心下有刊工人名。前有江浙等处儒学提举司官牒，后列供给、缮写、对读及官吏衔名十行"，并录其官牒等于后。概括极为精准，兹不赘言。书中正文凡三十五卷，卷末有"《四书集义精要》卷第三十五终"字样。后一卷为姓氏名录，如：

《何叔京镐文集》四十卷
《江德功默文集》四十四

《李敬子燔文集》六十二
《李孝继继善字孝述文集》六十三《续集》十七
《王子合遇文集》四十九

当时有对于书中辑集材料之来源出处的交代，如此则前后谨严，可备查核。

"国立"故宫博物院影印本书末附有1977年6月蒋复璁所作《景印元刊四书集义精要序》，以为刘氏"全书凡三十六卷，元至顺中始刻于江浙行省"，"本院所藏元版，旧贮永和宫，未钤宝玺，当为嘉庆以后所进呈者。故四库馆臣不及见之"。

官牒中言及刘因此书"为三十卷"，与《元史》刘因本传、苏天爵《静修先生刘公墓表》记载一致。而后世目录书籍对其卷帙记载不一。明代杨士奇《文渊阁书目》卷一著录"《四书集义精要》一部，十四册"，未涉及卷数多寡。明代孙传能《内阁藏书目录》卷二载录"《四书集义精要》十三册，不全。……凡三十五卷，阙十、十一、十二"，言明三十五卷非全本。《四库采进书目》中，《两淮盐政李续送书目》著录有"《四书集义精要》二十八卷，元刘因。四本"，其版本情况没有交代，是否全本也未说明，但据《四库全书》所收录的二十八卷本考察，应该是一个残本。

揣摩官牒行文语气，屡言"今将本书随此发去""今将本书八册随此发去"，似乎元至顺元年江南行省官刊本并不是刘因此书的初刻本。最大的可能是，刘氏手稿确为三十卷，其后刊刻之际有所变化，至于江南行省官刊本则被重新厘定为三十六卷。

据《中国古籍总目》记载，台湾图书馆收藏有元刊本，但非全帙，缺卷三、卷四、卷九、卷十、卷二十、卷二十一、卷二十九至卷三十六。此本尚未获睹。

大陆图书馆尚收藏元刊本一种。中国国家图书馆收藏原国立北平图书馆甲库古籍善本中，有元至顺元年江浙儒学刻本《四书集义精要》，存二十二卷：卷一、卷二、卷五至卷八、卷十一至卷十九、卷二十二至卷二十八。《原北平国立图书馆甲库善本丛书》据以影印，国家图书馆出版社2013年7月出版发行。书首亦为官牒，字迹与"国立"故宫博物院影印本无异，书末附录吴哲夫《跋元至顺本四书集义精要》。此本所缺卷帙与

【北学文献】
刘因《四书集义精要》的文献学问题

台湾图书馆所藏本除"卷二十九至卷三十六"外皆相同,其书卷二十八乃"《孟子三》之《公孙丑下》《滕文公上》",而"国立"故宫博物院本第二十九卷即为"《孟子四·滕文公下》",前后正好顺应连贯。两书应是同一版本,出版方于刘氏书前标明"三十卷,存二十二卷",这是错误的。

《四库全书》收录本为乾隆时期写本,首为四库馆臣所撰提要,概介其书之撰著及价值。此书前提要与《四库全书总目提要》多有差异,有十二处措辞行文不同,如"后人因取《语类》《文集》所说,辑为《四书集义》,凡数万言,读者颇病其繁冗"。《四库全书总目提要》作:"后卢孝孙取《语类》《文集》所说,辑为《四书集义》,凡一百卷,读者颇病其繁冗。"末有"乾隆四十六年十月恭校上",而《四库全书总目提要》无此十一字。全书抄写质量较好,与元刻本亦有文字出入,如四库本云:"问:'一有聪明睿智能尽其性者,则天必命之以为亿兆之君师。'曰:'既有许多气魄才德,必不但已必统御亿兆之众,人亦自然归之。……及孔子始不得位,盖气数之差至此极,故不能反,然亦闲他不得,亦做出许多事,以教天下后世,是亦天命也。'""德"字,元刻本作"能";"不能反",元刻本作"不之及"。

《四书集义精要》既是辑集《语类》《文集》所说,择其指要,删其复杂,勒而成书,则其文字正可与传世的《朱子语类》相对照。宋黎靖德编有《朱子语类》,中华书局1986年3月出版王星贤点校本,本文即引为依据,后不出注。两相对读之后,发现异文殊多,大致可以分为三类。

一类是存有少量异文。如文渊阁《四库全书》第202册《四书集义精要》第150页下栏:

> 问:"一有聪明睿智能尽其性者,则天必命之以为亿兆之君师。"曰:"既有许多气魄才德,必不但已必统御亿兆之众,人亦自然归之。如三代以前圣人皆然。"

此段之中,"必"字,《朱子语类》作"决";"自然",《朱子语类》作"自是";"以前圣人皆然",《朱子语类》作"已前圣人都是如此"。

二是合并不同条目。如文渊阁《四库全书》第202册《四书集义精要》第150页下栏:

问:"一有聪明睿智能尽其性者,则天必命之以为亿兆之君师。"曰:"既有许多气魄才德,必不但已必统御亿兆之众,人亦自然归之。如三代以前圣人皆然。及孔子始不得位,盖气数之差至此极,故不能反,然亦闲他不得,亦做出许多事,以教天下后世,是亦天命也。"

《朱子语类》对应文字则为两条:

问:"'一有聪明睿智能尽其性者,则天必命之以为亿兆之君师',何处见得天命处?"曰:"此也如何知得。只是才生得一个恁地底人,定是为亿兆之君师,便是天命之也。他既有许多气魄才德,决不但已,必统御亿兆之众,人亦自是归之。如三代已前圣人都是如此。及至孔子,方不然。然虽不为帝王,也闲他不得,也做出许多事来,以教天下后世,是亦天命也。"

问:"'天必命之以为亿兆之君师',天如何命之?"曰:"只人心归之,便是命。"问:"孔子如何不得命?"曰:"《中庸》云:'大德必得其位',孔子却不得。气数之差至此极,故不能反。"

《四书集义精要》和《朱子语类》语序不同,行文差异较大,整体显得比较简练。

三是行文差别巨大。如文渊阁《四库全书》第202册《四书集义精要》第150页下栏:

问:"外有以极其规模之大,而内有以尽其节目之详。"曰:"此盖要先识其外面规模如此之大,而内用工夫以实之。所谓规模之大,凡人为学,便当以'明明德,新民,止于至善'及'明明德于天下'为事,不应只要独善其身便已。须是志于天下。所谓'志伊尹之所志,学颜子之所学'也。"

而《朱子语类》对应文字为:

问:"外有以极其规模之大,内有以尽其节目之详。"曰:"这个须先识得外面一个规模如此大了,而内做工夫以实之。所谓规模之大,凡人为学,便当以'明明德,新民,止于至善'及'明明德于天下'为事,不成只要独善其身便了。须是志于天下。所谓'志伊尹之所志,学颜子之所学也'所以《大学》第二句便说'在新民'。"

《朱子语类》的行文多出末句,更接近口语,而《四书集义精要》删去末句,更为精练,增强了书面语的特色。

又如文渊阁《四库全书》第202册《四书集义精要》第150页下栏:

> 问:"异端之教,何以其'高过于《大学》而无实'?"曰:"吾儒必读书,逐一就事物上穷理,彼乃一切扫去,而空空寂寂然,乃谓事已了。若将些子事付之,便都没奈何。如古人礼乐射御书数,数尤为最末事。若而今行经界,则算法亦甚有用。若时文整篇整卷,又要何用?即徒然坏了许多士子精神。"

《朱子语类》卷十四对应文字为:

> 仁甫问:"释氏之学,何以说为'高过于《大学》而无用?'"曰:"吾儒更着读书,逐一就事物上理会道理。他便都扫了这个,他便恁地空空寂寂,恁地便道事都了。只是无用。德行道艺,艺是一个至末事,然亦皆有用。释氏若将些子事付之,便都没奈何。"又曰:"古人志道,据德,而游于艺:礼乐射御书数,数尤为最末事。若而今行经界,则算法亦甚有用。若时文整篇整卷,要作何用耶?徒然坏了许多士子精神。"

径自揭明"异端之教"即释氏之学,评述行文也不尽相同,又将朱子两句话合并为一条。

考虑到《朱子语类》传播广泛,影响巨大,流传过程之中多有改易,刘因书中出现的异文未可一概认定为刘氏擅改,其学术价值不言而喻。而徐时仪、杨艳汇校的《朱子语类汇校》并未将《四书集义精要》纳入考论之列,因此,刘氏书与《朱子语类》及《文集》之渊源关系,尚有待于全面、细致之探研。

北学先驱王馀祐著作考

张京华*

摘要：作为明末清初北学中的先驱人物，王馀祐由公开抗清转而隐居著述。限于时代条件，其著作牵涉忌讳，刊刻为艰，流传不易，其中不少属于抄本形式，又往往改易书名，变换面目。文章将王馀祐著作的相关记录作出汇考，共计二十二种。

关键词：王馀祐；北学人物；明末清初；著作考

王馀祐[①]，一名去晦，字申之，一字介祺，号二字居士、十峰山人、五公山人。先世为小兴州人，宓姓，明初迁保定新城，改王姓。诸生，明末同父兄收复河南鲁山、宝丰二县，又举义兵攻夺河北雄县、新城、容城三县，实为鼎革之际最早起兵抗敌保国的人。明亡，王馀祐先侍父避居易州五公山双峰，后定居河间府献县，子孙遂为献县人。不仕清，不入城市者垂三十年。为鹿善继、孙奇逢、杜越弟子，颜元、李塨师事之，实为清初北学的先驱与中坚人物。

王馀祐业儒，善诗，工书，习武。所著有《甲申集》《五公山人集》《乾坤大略》《兵策略》《通鉴独观》《太极连环刀法》《万胜车营图说》《兵民经络图说》《皇舆志略》《焚馀集》《居诸编》十一种传世。其余如《认理说》《涌幢草》《前筹集》《诸葛八阵图》《天文豹班》等，多不传。

王馀祐一生著述丰厚，在他卒后，其晚年弟子李兴祖说道："先生编纂甚富，几重压牛腰，今藏于家，未及行世。"刘炳所作《五公山人墓表》

---

* 张京华，台州学院特聘教授，临海国学院院长。

① 文献或作"余""佑"二字。按传世《王介祺墨宝》长卷，内有王馀祐草书七律、五律及抄录唐诗，钤印作"王馀祐印"，兹据其本人印鉴原样定为"馀祐"。

论及王馀祐的著述编年，说道："戊戌，偕魏刺史一鳌修双峰书院，听征君讲学其中……因汇古人经济为《居诸编》，又搜辑《廿一史》军国经世奥义，次第之，皆从来谈史家所未及，名曰《此书》，凡十卷。甲辰，出山设帐高阳……是年著《通鉴独观》。己酉，于进士腾海为设虹涧讲堂，教门人郝谦等，著《前箸集》。壬子，河间王郡守奂重其道，延修郡志。"此戊戌为顺治十五年（1658），甲辰为康熙三年（1664），己酉为康熙八年（1669），壬子为康熙十一年（1672）。文中编年的著述共有五种，即《居诸编》《乾坤大略》《通鉴独观》《前箸集》和《河间府志》。其他著述，大约刘炳也不能编年，因此只是说："先生所遗著作，复有《涌幢草》三十余卷，《万胜车》一卷，《兵民经络图》一卷，《诸葛八阵图》一卷，《文集》三十二卷，《十三刀法》一纸。"兹将王馀祐一生著述略加梳理，考述如下。

一 《居诸编》与《囊书》

《居诸编》与《囊书》是王馀祐一生著作的总名。

王馀祐《甲申集·杂志》说道："去晦甲申后自著书数种，题其上曰《居诸编》。作二布囊盛之，置怀带间。一囊纯朱，取'怀朱'之意。一囊上缀一日一月，盖'日''月'合而成'明'也。"

详辨王馀祐此语，"著书数种"云云，表明《居诸编》是他若干著作的统称。在王馀祐卒后，学者论及《居诸编》，或称十卷，或称数卷，由于未曾亲见，总不能著录确切。现在由于《甲申集》的整理发现，得见王馀祐本人的记述，《居诸编》作为全书的总名是可以确定的。

王馀祐又说"作二布囊盛之"云云，布囊为储书之物，古人所常用，但王馀祐这两个布囊却与众不同，被赋予了专门的寓意，即"怀朱"和"明"。这个寓意，通过布囊上的颜色和绣字暗示出来。

而《居诸编》的书名也有代指。"居诸"代指"日月"，"日月"代指"明"字。《诗经·邶风·日月》："日居月诸，照临下土。"唐韩愈《符读书城南》诗："岂不旦夕念，为尔惜居诸。"宋魏仲举《五百家注昌黎文集》引孙氏注："居诸，谓日月。《诗》：'日居月诸。'"是为以"居诸"代指"日月"之始。

由此可见，《居诸编》之书名和《囊书》之称一样，都是一种隐语。二名虽然不同，寓意却是一个，即"大明"。王馀祐一生的著述，以"居诸"和"囊书"作为隐语，如果揭示出来，不啻有一个总名，乃"大明之书"。

至于其书的内容、数量，当然随着时日有所变化。除了"二布囊"之外，王馀祐说："又作一白布囊，盛其诗稿，囊上缀一红日，又缀一红天，曰：'此自是朱天日也。'"如此便有二囊、三囊之数。

李培《灰画集·序》有言，"五公《皇舆志略》与补遗，并天地人文《四囊书》中《焚馀集》"。冯辰《李恕谷先生年谱》卷二"戊辰"条载："六月，王曙光病，请先生至献县，以五公《五囊书》及《文集》付之，谓先生能任其父学也。"如此又有四囊、五囊之数。

李培又具体说到《囊书》的分类，即天、地、人、文。天之类如《天文豹班》当是，地之类如《皇舆志略》等当是，人之类如《乾坤大略》等当是，文之类如诗文集等当是，即王馀祐所云"又作一白布囊盛其诗稿"也。

但是《囊书》这一书名似乎并没有流行起来，而《居诸编》之书名也另有其复杂性。其书名乃统名，学者多不了解，原书又见不到，而其实在王馀祐著作中又别有一种地理书《居诸编》存在。事实上，《居诸编》既是统名，又是一种地理书的专名。学者对此，往往未加区别，致使书名混称，产生误解。

作为地理书的《居诸编》久佚，学者多未见，幸而收入李培《灰画集》中。《灰画集》中的《居诸编》被分为十八个部分，从《北直全说》《南直全说》到《云南全说》《贵州全说》，重在舆地广狭，道里远近，体系完整，但原书卷数已不清楚，析为十卷亦可，合为一卷亦可。

并且，《灰画集》中还有两处标题以"《居诸编》《皇舆志略》"连称，说明这二书的题名也曾有分合。

同样，光绪三十二年（1906）宝兴堂刻本《乾坤大略》附《四囊书》一册，军事科学院《中国古代兵法选辑》即以《乾坤大略四囊书》连称，李冠卿序亦以《兵策略四囊书》连称，而《兵民经络图说》又被称为"《四囊书》一则"，可知《四囊书》之名与其他著作也互有分合。

二 《甲申集》

《甲申集》为王馀祐早年的诗文集，存清抄本，原本共四册四卷。是书在王馀祐生前，由其本人顾视誊定，卷首有王馀祐亲笔草书序文三篇。

三 《五公山人集》

《五公山人集》为王馀祐卒后，由其晚年弟子李兴祖编定的诗文集，原书共十六卷，《钦定四库全书》列入存目并作提要。

四 《乾坤大略》

《乾坤大略》又名《此书》《茅檐款议》，也有学者称为《廿一史兵略》。十卷，补遗一卷。存抄本、刻本多种，清抄本题"二字居士著"，为王馀祐早期著作。

中国国家图书馆普通古籍著录有"《居诸编》十卷，补遗一卷，二字居士撰，清抄本四册，有朱笔圈点"。所称《居诸编》，经目验，仍为《乾坤大略》，则《乾坤大略》亦曾冠以《居诸编》之名。

五 《兵策略》

又称《策略》，问答体，共十三问，作者署名"五公山人著"。其书在光绪三十二年（1906）宝兴堂刻本《乾坤大略》所附《四囊书》一册中，本为王氏后裔王松林所持之家藏抄本，清末始出问世，故学者罕有论及。

六 《太极连环刀法》

《太极连环刀法》本名《十三刀法》，一卷，存抄本，末有残缺。有民国蟫隐庐石印影印本、唐豪点校铅印本。

七 《万胜车营图说》

《万胜车营图说》一卷，有图，收入陈龙昌《中西兵略指掌》中，光绪末石印出版。署名误作"高阳王馀祐著"，作者亦误作"王武功山人"。是书名称，学者多误作《万胜车》《万胜车图说》《万乘车春秋》。

八 《兵民经络图说》

《兵民经络图说》一卷，图已佚，文字部分收入李培《灰画集》卷一，及光绪宝兴堂刻本《乾坤大略》附《四囊书》。是书名称，学者多脱误作《兵民经络图》《兵民经略图》。

九 《皇舆志略》

《皇舆志略》一种，原书不载卷数。有图，已佚。文字部分被分为十五篇，收入李培《灰画集》中，另有王馀祐自作《序》一篇。

《甲申集》（初集）中有《皇舆志略》一条云："因《居诸编》成，乃取古舆图，胪其郡县，配以山川，间以名胜，参以人物，手录一卷，名曰《皇舆志略》。"

是书为王馀祐早年著作。

十 《焚馀集》

《焚馀集》之名，见于李培《灰画集·序》"五公《皇舆志略》与补遗，并天地人文《四囊书》中《焚馀集》"。其书被分为十六个部分，收入《灰画集》中，另于卷一收入《序文》一篇。

《皇舆志略》与《焚馀集》均论地理形势，用兵利弊，《皇舆志略》较多王馀祐心得，《焚馀集》则较多杂抄群言，要皆精赅实用。

十一 《居诸编》（地理书）

作为全集的《居诸编》之名，详见上文。作为地理书的《居诸编》，收入李培《灰画集》中。其书分为十六个部分，首为"《居诸编》论大明"一篇，实为全书之总序。后为"北直全说""南直全说"等，详列州府郡县及道里远近，重在记录大明版图。

十二 《通鉴独观》

王馀祐《通鉴独观》，存稿本四册，南开大学图书馆收藏。是书未获见，暂付阙如。

按王馀祐兵家诸书，虽别称为《廿一史兵略》等，其实间接得自《资治通鉴》。《资治通鉴》全书不易得，故又间接得自《通鉴纲目》之类。如王馀祐屡次盛称李大兰《纲鉴新意》一书，《甲申集·杂志》称："李大兰先生《纲鉴新意》一篇，议论正而有本，足见此公学术志节。使生今之世，必有益于名教，学者何可不熟读而详讲也。此学不明，万古长夜。"《畲管济美》称："李大兰先生《纲鉴新意》一编，开万古之卓识，昭千秋之大义，百年暗室，煌然一烛也。"《答潜室刁先生》称："他文不多得，唯李大兰《纲鉴新意》一篇，及茅鹿门《全集》中数作耳。"又《赠李式文将军》云："至于所读之书，虽多多益善，其要者如李大兰先生

《纲鉴新意》。"将此书列于《武经正解》《百将传》《纪效新书》《练兵实纪》《武经总要》《武备志》《登坛必究》《兵镜》《兵略》《读史机要》诸书之首。李大兰即李槃,《纲鉴新意》殆即《新刻纲鉴世史类编》。

十三 《认理说》

未见。《认理说》之名,见于《王氏家谱事迹纪略》所载《王介祺先生实迹册》,又见徐世昌《大清畿辅先哲传·师儒传》《清儒学案小传·孙奇逢夏峰学案》及《颜李师承记》。

按王馀祐为北方之儒者,世代读经,及书院讲学,并非全无义理著述。魏坤《五公山人传》称:"其学以明体达用为宗,闲邪存诚为要。"乃定评。其早年从鹿善继学,鹿善继曾撰《四书说约》,首即《认理提纲》九条。《五公山人集》卷八有《约言》一篇云:"读书莫先于明理。理者天理,当然之极则,具足于人心。"《认理说》内容大约与此宗旨接近,要之当为王馀祐最具代表性的儒学著作。

十四 《前箸集》

未见。又作《前著集》。

《前箸集》之名,见于《王氏家谱事迹纪略》所载《王介祺先生实迹册》,徐世昌《大清畿辅先哲传·师儒传》《清儒学案小传·孙奇逢夏峰学案》及《颜李师承记》引之。冯辰《李恕谷先生年谱》卷一"甲子"条王馀祐小传称"又著《前箸集》《通鉴独观》"。

是书内容不详。按《王氏家谱事迹纪略》所载刘炳《五公山人墓表》云:"己酉,于进士腾海为设虹涧讲堂,教门人郝谦等,著《前箸集》。"似以为王馀祐于此时著《前箸集》,未明言《前箸集》即为门人郝谦而著。而李塨《五公山人王先生行略》则云:"己酉,易州于进士腾海敦请于家,设虹涧讲堂,为门人郝谦著《前箸集》。"

《五公山人集》卷十六题跋"碎墨卷跋"条载王馀厚(字若谷)精翰墨,"门人郝谦集其手书若干粘为卷"。《王氏家谱事迹纪略》载康熙八年

（1669）王馀祐之父王建善卒，弟子于腾海、郝谦均为挽联及祭文。

又按李塨《恕谷后集》卷一《赠黎生序》载："己丑六月抵长安，陈尚孚、张潜夫、蔡瑞生闻颜先生之学，来问欢，相得也。已而寄信其友人黎生长举，自镇原千里来予富平寓，气度端凝，志向不凡，抠衣趋，请礼乐兵农诸学。"李塨称善，然嘱以"学勿骛广""凡事入矩因渐"。而《恕谷后集》卷十《答长举问》又载："昨聚富平，见足下有意于兵，予因以《前著集》与之，曰：'理事有间，每日阅一二则来商。'而子持去，竟连月未商及一则也。"此《前著集》应当即为王馀祐所著，李塨以之作为传布北学的代表性著作，同时也是一部入门的浅近著作。

十五　《诸葛八阵图》

未见，内容不详。似当与《万胜车营图说》《兵民经络图说》为一类。《王氏家谱事迹纪略》所载王馀祐《先叔行状》载，王延善"所读宋儒性理、邵子《皇极》诸书，及《参同》《悟真》《六壬》《遁甲》，皆通其大意。喜谈兵，颇泛览武家言，所著有《武侯八阵图说》"。则王馀祐著作此书，颇承家学。

由《万胜车营图说》《兵民经络图说》《武侯八阵图说》而论，《诸葛八阵图》似亦当作《诸葛八阵图说》为是。

十六　《涌幢草》

未见。又称《涌幢小草》，三十卷。

书名见于王源《五公山人传》、温睿临《南疆逸史》、李塨《五公山人王先生行略》、刘炳《五公山人墓表》、李元度《国朝先正事略》、唐鉴《国朝学案小识》、孙静庵《明遗民录》，以及徐世昌《大清畿辅先哲传·师儒传》《清儒学案小传·孙奇逢夏峰学案》《颜李师承记》。

内容不详。按明朱国祯有《涌幢小品》三十二卷，王馀祐曾言及之，称为《涌幢草》，《五公山人集》卷十六《〈通俗劝善书〉跋》称"朱国祯《涌幢草》所载水利一款"云云。《四库总目提要》云："是书杂记见闻，亦间有考证，其是非不甚失真，在明季说部之中，犹为质实。""其曰'涌幢'者，国桢尝构木为亭，六角如石幢，其制略如穹庐，可以择地而移，随意而张，忽如涌出，故以为名云。"推测王馀祐之书为仿朱国桢之作，而书名不应与朱氏相同，当作《涌幢小草》为是。

十七 《天文豹班》

未见。《天文豹班》之名仅见于《甲申集》，似为简要的天文著作。

《甲申集》（初集）中《天文豹班》一条云："因《居诸编》成，《皇舆志略》亦既附之于后矣，俗论'地理''天文'必并称之，余又何必不掇拾以足其观耶？……《步天歌》《天元玉历》，此有用而近实者也，录为一卷，题曰《天文豹班》。"

《步天歌》为唐时隐者丹元子王希明所撰，《四库全书总目提要》称："其书以紫微、太微、天市分上中下三垣宫，仍以四方之星分属二十八舍，皆以七字为句，条理详明，历代传为佳本。"《天元玉历》又称《天元玉历祥异赋》，明仁宗撰。推测王馀祐是书以天文祥异论王朝兴亡。

十八 《衲卷》

未见。王馀祐《衲卷》八卷，见《甲申集》中"衲卷二号""衲卷后语"二条。是书为诗集、诗抄、诗评之作，"或吟旧诗，或自为之"，"卷各有说，说各不同"。

十九 《读书大意》

未见。《读书大意》七卷，见《甲申集》中《读书大意》《大意卷注》《大意别解》三条。"前四卷录开国时人物""后三卷录亡国时人物"，是书似为读史及人物评论之书。《大意卷注》共七条，即书之凡例。

按此书兼论读书法，《五公山人集》卷九《赠李式文将军序》："昔孙权劝吕蒙读书,蒙辞以军中多务,不暇展卷,权曰:'岂教尔寻章摘句,治经作博士耶?不过涉猎见往事耳!'斯言最为得法。"《甲申集》《读书大意》条亦引此典,且点明书名之来历。

二十 《伴腊谣》

未见。见《甲申集》中"伴腊谣小引"条,又见《五公山人集》卷十五。是书为王馀祐早年的诗集,为顺治三年(丙戌,1646)在山西祁县时所作。"'伴腊'者,余与腊差相似,腊是冷日,余是冷人也",当是一时感兴之语。其中诗篇大约已汇编入《甲申集》中。

二十一 《文体适用》

未见。书名见于李兴祖《课慎堂文集》卷一《五公先生〈文体适用〉序》。是书为王馀祐所编文选,义体分为六十类,"检历代古圣贤遗编","而别为六十种,以启后学"。

二十二 《河间府志》

王馀祐因编纂《河间府志》而落籍献县,时为康熙十一年(1672)。《河北通志稿》载:"康熙《河间府志》二十二卷,清王奂等纂修,存。王奂,江南南陵拔贡,康熙九年知府事。是《志》王奂主修未成,继任徐可先终其事,康熙十六年成书。前有徐可先自序,又吴国对、胡应麟、孙际昌序,周从谦后序,末有华秦汦跋。"

检康熙《河间府志》二十二卷,中国国家图书馆馆藏刻本,记事至康熙二十四年(1685),书首有康熙十六年徐可先序,称"升任王守草创垂成,愚因其成稿,删繁芜,补挂漏,正讹舛,续缺略"云云。

其《修志姓氏》,署山东盐法道、原任河间府知府王奂"辑略",河间府知府徐可先及同知、通判三人"纂定",知州、知县多人"参集",以下又有"校阅""协理""督刊"三项,有河间府儒学教授等人,并无王馀祐之名。仅于卷二十一《艺文志·文翰下》载王馀祐《爱竹轩先生记》,作者名下小字注"五公山人"。又卷二十二《艺文志·诗词》载王馀祐《左园诗》并序。是为王馀祐入于方志之始。

王奂号千峰,江南南陵人,又作江南宁国人。康熙《河间府志》载其《缩高冯唐里居辩》(又名《安陵辩》)、《任丘沿革辩》、《渤海辩》、《柳城辩》、《伯奇辩》等多篇,指摘旧志之舛讹,历按二十一史为据,正其疵谬,《古今图书集成·方舆汇编》合称之为《河间府部杂录》,可知王奂素好方志、史地之学。又有《重修河间府儒学明伦堂记》等文,知其在任以兴学为务。大约王馀祐仅是作为王奂的私人助手,参与了《河间府志》的编纂。

易县双峰书院始末考

孙居超[*]

摘要： 明朝末年北学宗师孙夏峰曾率宗族乡党避兵易县双峰村，清初，门人王余佑、魏一鳌等因夏峰先生于双峰故居创建双峰书院，后世奉祀夏峰先生为祠，双峰孙征君祠堂成为夏峰四座专祠之一（容城、百泉、夏峰各有专祠），并配祀夏峰门人于其中，双峰书院成为北学的重要道场。因双峰村地处深山，交通不便，书院屡兴屡废，但历代学人经营维护，不绝如缕，至今胜迹犹存。双峰书院的兴衰，可见北学文脉的显晦。

关键词： 孙奇逢；北学；双峰书院；高赓恩；《双峰祠记》

一 双峰书院的创建

河北易县富岗乡双峰村，位于群山深处，此地偏僻闭塞，少有来人，然而村中却有一处数百年遗迹——"双峰书院"。"双峰书院"是北学宗师孙奇逢征君先生四座专祠之一，原本是孙征君在双峰避兵时购置的产业，征君殁后，辟为祠堂，成为儒门北学的传承胜地之一。

明朝末年战乱迭起，孙征君率领宗族乡党起兵抵御。崇祯九年（1636），孙征君完守容城，后因容城城墙倾圮，不可再守，遂于崇祯十一年（1638）秋天率宗族戚友数百家入易县五公山，结庐双峰村。此后数年，每闻警即携家与来归者入山避难，征君率领众人在双峰修武备、兴文学，干戈扰攘之时保有礼乐弦诵之风，远近问业者接踵而至。征君公与启美公辑有《扫盟余话》纪双峰之事，归安茅元仪作序，序中云"田子春辞骑都尉之命，率宗族乡党入徐无山中，扫地而盟之，从者五千余家，乃徐

---

[*] 孙居超，河北省社会科学院北学研究院副秘书长，夏峰学会执行会长。

为定婚姻丧葬之礼，民遂以化……（孙征君）戊寅乃率其宗族乡党入双峰，及兵入，从之者数县累数千百人，多衣冠礼乐之士，乃所以整齐约束之者一如子春"①。于此，梁启超在《中国近三百年学术史》中对此评价道："在中国历史上，三国田子春以后，夏峰算是第二人了。"

顺治六年（1649），孙征君南迁辉县以后，留在河北的弟子隰崇岱、王余佑、魏一鳌等将征君双峰旧居立作书院，以为同人讲习之所。此事又见《孙夏峰先生年谱》"顺治十五年（1658）戊戌，冬，王申之率同人魏莲陆等葺余西山旧庐为双峰书院。易州隰崇岱书于石以记之，余佑与同人讲习其中"。另据李塨写的《五公山人王先生行略》载"戊戌，率魏刺史一鳌等为孙征君修双峰书院，讲学其中，已而从征君于苏门，研究数月"②。隰崇岱，字千里，易县人，《大清畿辅先哲传》中称其"忠信笃学"，受到直隶提督学政左光斗的欣赏。王余佑，字申之，一字介祺，号五公山人，新城（今河北省高碑店）人，甲申后隐居双峰村近三十年，晚年讲学献陵书院。魏一鳌，字莲陆，直隶新安人（今河北省安新县），曾任山西忻州知州。直接参与书院创建的三人中，隰崇岱传世资料最少，事迹不详，《保定府志》载崇岱小传——"聪敏非常，少读书万卷，为文雄藻，千言立就，天启初贡入太学观辟雍礼乐，交海内知名士，文思益上一变而为八家，诗法陶谢，九试三中副车，老而授经于乡校，从学者百余人，著作等身，贫不克上梨枣，诗酒自娱，不为贫累，年八十卒"③。其父"隰尚勇，号义轩，幼业儒，性伉爽，家徒四壁，意豁如也。居恒好观诸史，每读至奸回不法事，辄掷书不食，与儿女及郡人言，未尝一语离古人贤孝节义事也"④。可见是一位性情中人。《大清畿辅先哲传》中记载隰崇岱为河北大儒，惜事迹不概。征君《日谱》顺治十六年（1659）十一月十三日载，易州（今河北省易县）田乃亩、安肃（今河北省徐水县）赵炎，各奉父命千里来拜师，并捎来了隰崇岱的书信诗文。征君遂有《酬隰千里惠诗》，序曰"千里与予弟启美，同为辛酉左忠毅公所选士，高才能文章，不乐仕进，予向之久未得晤，因今田赵二子来苏门惠诗，寄问其向

---

① 《孙夏峰先生年谱》，清《畿辅丛书》谦德堂线装本。
② 张京华：《五公山人集》，华东师范大学出版社2011年版，第389页。
③ （清）康熙：《保定府志》卷20，康熙十九年刻，第9页。
④ 寿鹏飞：《易县志稿》卷8，学苑出版社1990年版，第700页。

予之意,盖不啻予之向千里也,句以酬之"。这是所见关于隰崇岱较多的信息。通过诗文可知,他可能始终未能与征君相见。此外《直隶易州志》只列其姓名,征君诸门人似乎对其涉及不多,双峰书院在乾隆时期配祀诸贤,隰崇岱作为实际创建书院的参与者却被遗落,不详何因。隰崇岱与王余佑交好,在王余佑《复孙征君夫子》一信中提及"迩来时运不常,老成凋谢,非有刁公、千里隰公、惠迪王公、隆轩赵公、沛然田公,一时物故"。刁包,字非有,一字蒙吉,祁州(今河北省安国市)人,著名学者,卒于康熙八年(1669),征君南迁过祁州尝客其家,礼敬甚殷。于此可知,在康熙八年前后,隰崇岱已故去。王余佑与魏一鳌都是孙征君的重要弟子,魏一鳌辞官后,追随老师孙征君,在夏峰村建有雪亭,南北往来,佐助老师发扬理学,潜心学术。王余佑父兄在甲申国难中遭仇家陷害,以抗清罪名死难,余佑招魂葬父兄于易州坎下村后,因其出嗣于伯父鲁山令王建善,遂奉伯父鲁山公隐居于五公山双峰村,自号五公山人,此后居双峰村近三十年,不入城市。于此可知,王余佑是书院的实际主持者。征君南迁不久,顺治八年(1651),王余佑曾有苏门之行。是时征君公寄居苏门客舍,据《日谱》载,本年二月十四日,王余佑抵辉县看望征君公,恰值征君公继配杨孺人病重,四月十九日,杨孺人去世,王余佑、马尔楹两位弟子千里之外助老师料理丧事,朝夕与老师相伴,使征君感到慰藉。五月初八,王余佑北归。此即《五公山人王先生行略》中"已而从征君于苏门,研究数月"。王余佑晚年应河间太守王免之请编修《河间志》,得到当地官绅的推崇,主讲献陵书院,内亲孔毅馈赠田地二顷,遂移家献县。此后十余年间,往来于保定河间各地,至康熙二十三年(1684)去世。王余佑去世后,葬于易州坎下村,子孙仍居于献县。

二 双峰书院的恢复

康熙四十七年(1708),距王余佑故去已经二十四年,斗转星移,"同人物故,双峰书院遂鞠为茂草矣"①。双峰村距离孙征君故里容城县北城村一百多里,在交通并不发达的古代,也算是超出了一般人的生活范围,所

---

① 《容城孙氏族谱》,清稿本。

以北城村族人也不能有效地对其看管护理，以至于书院渐被当地人侵占。此时远在河南辉县的征君公曾孙用正（用正原名用桢，字以宁，号缄斋，康熙丙子举人，历任禹州许州学政，主讲大梁书院，殁后入忠孝祠）会同征君公留在容城的长孙潜之子用模、奇彦公曾孙本恒亲自到易县双峰清查。因书院已被侵占，侵占人拒不承认，告知于官府，侵占者又与知州关系亲近，知州傅某徇私舞弊，坚称从未有过双峰书院，反诬用正公等实为"光棍诈骗，骚扰地方"。于是用正公搜集证据，呈各级衙门，打起了官司。这个官司一打就是十年，用正公由辉县到易县，南北千里奔波十年之久。十年后，官司打赢，时任易州知州李芬芳彻底澄清此事，恢复双峰书院，后任吕守曾批准双峰村免除徭役，作为本村看守护理双峰书院的优抚。按《孙氏族谱》记载，"侵占者乃州牧傅之腹心也"，"彻底澄清者则易州牧李公芬芳也，继之者为河南新安吕公守曾"，查阅乾隆《直隶易州志·职官表》，康熙一朝易州知州共计十二人，最后两任依次为傅泽树、李芬芳。傅泽树事迹不详，仅列姓名。李芬芳，山西翼城人，监生，康熙五十七年（1718）任易州知州。吕守曾，字待孙，河南新安人，雍正甲辰（1724）进士，著有《松坪诗集》，雍正九年（1731）任易州知州。李芬芳于康熙五十七年到任，时距康熙四十七年用正公清查书院之始整十年，据此可知，正是傅泽树的离任，再无力掩盖事实，李芬芳新官上任，担当道义，书院得以恢复。守道宋起赠匾"道源洙泗""学重龙坡"，保定太守张安世赠匾"斯文未坠""仪型在望"。桐城方苞撰《修复双峰书院记》，全文如下：

> 容城孙征君，明季尝避难于易州之西山，从学者就其故宅为双峰书院。其后征君迁河南，生徒散去，为土人侵据。其曾孙用桢讼之累年，赖诸公之力，始克修复，而请余记之。
>
> 余观明至熹宗时，国将亡而政教之仆也久矣，独士气之盛昌，则自东汉以来未之有也。方逆阉魏忠贤之炽也，杨左诸贤首罹其锋，前者糜烂而后者踵至焉。杨左之难，先生与其友出万死以赴之。及先生避乱山谷间，生徒朋游弃家而相保者比比也。呜呼！诸君子之所为，不能无过于中，而当是时，礼义之结于人心者，可不谓深且固与？其上之教，下之学，所以蕴蒸而致此者，岂一朝一夕之故与！夫晚明之事犹不足异也。当靖难兵起，国乃新造耳，而一时朝士，闾阎之布

衣，舍生取义与日月争光者，不可胜数也。尝叹五季缙绅之士，视亡国易君若邻之丧其鸡犬，漠然无动于中。及观其上之所以遇下，而后知无怪其然也，彼于将相大臣所以毁其廉耻者，或甚于舆台，则贤者不出于其间，而苟妄之徒回面污行而不知愧，固其理矣。明之兴也，高皇帝之驭吏也严，而待士也忠，其养之也厚，其礼之也重，其任之也专。有不用命而自背所学者，虽以峻法加焉而不害于士气之伸也。故能以数年之间，肇修人纪，而使之勃兴于理义如此，由是观之，教化之张弛，其于人国轻重何如也。

余因论先生遗事，而并及于有明一代之风教，使学者升先生之堂，思其人，论其世，而慨然于士之所当自厉者，至其山川之形势，堂舍之规，兴作之程，则概略而不道云。①

方苞此记，是应孙用正之请而作。在此之前的康熙五十四年（1715），孙用正已请方苞删订过《孙征君年谱》，方苞作有《孙征君年谱序》② 及《孙征君传》③。有别于一般的记事，方苞此篇为双峰书院修复所撰的文章，对双峰书院的具体情况几乎只字未提，而是重点阐述了"有明一代之风教"，以达到"思其人，论其世，而慨然于士之所当自厉"的目的。方苞乃一代文宗，其在《与孙以宁》书中说"往者群贤所述，惟务征实，故事愈详而义愈狭，今详者略，实者虚，而征君所蕴蓄，转似可得之意言之外"④，则《修复双峰书院记》一文，依旧是此写作理念的贯穿。值得注意的是，康熙五十年（1711），方苞因牵涉《南山集》案下狱，后被赦免并得到康熙的知遇，《修复双峰书院记》正是此后不数年写成，文中方氏以古今士风，上下之遇为论，或多少反映出作者彼时的心态。

另有顺天府府丞提督学政连肖先作《重修孙征君双峰书院记》，立碑刊石纪其事。定兴鹿重轮书。文曰：

学之不明久矣，分异同，争门户，朱陆王薛纷然聚讼。使学问一

---

① 《容城孙氏族谱》，清稿本。又见《方苞集》（上），上海古籍出版社2009年版，第414—415页，文字略有不同。
② （清）方苞：《方苞集》（上），第88—89页。
③ （清）方苞：《方苞集》（上），第213—215页。
④ （清）方苞：《方苞集》（上），第137页。

途,徒为鼓唇之资,操戈之场而已。孙征君忧之,为以古今诸儒识解学问,虽不无偏全浅深于其间,要以不谬圣人为主。故其为学融会贯通,泯绝畛域,以慎独为宗,以体认天理为要,以日用伦常为实际。俾学者闻风兴起,焕若发曚,晓然于口舌轩轾之无当,而笃志近思,以返求身心之内,其有功吾道,盖非浅鲜。

双峰书院固先生壮岁讲学地也。当有明之季,兵戈扰攘,先生率门人子弟高隐其中,敦礼说诗,兴仁讲让,能使深山穷谷,樵夫牧竖皆蒸然向化。逮国朝定鼎,先生流寓中州,北地门人又星散物故,双峰一席地遂鞠为茂草,六十年于兹矣,其曾孙缄斋先生,讳用桢者,访求遗迹,已强半湮没,因大声疾呼。赖诸当事力表彰重新,而属余记其事。余生也晚,不获见先生。然得交缄斋先生,闻其绪论,如见先生焉。先生未弱冠即与鹿忠节订交,以圣贤为必可学,而至两居亲丧,俱结庐墓侧,于忧戚中洞见心性本源。当天启年间,逆阉毒害忠良,左魏周三君子相继被逮,先生力为营救,不惧祸,祸亦不及。其学之有体有用类如此。晚岁卜居安乐窝、啸台之旁,潜心易旨,涵养醇粹。出独是之见,息群喙之争,真有见于朱陆王薛之所以千虑殊途,一致同归者,而非徒依为调停,姑为两可之说也。前朝屡征不起,今天子崇儒重道,聘币数贲其门,俱以病辞。意以讲学明道,汲引后进为急务。先生虽往,其流风余韵犹有存者。昔田子春避无终山,与土人扫地而盟,崇礼让,敦教化,俗用丕变。双峰一席地,即先生之无终山,缄斋先生能世其学,推广继续,使先生之泽久而勿替。今祠宇重新,俨然先生坐皋比,门弟环侍请,盖则观感兴起,其有关学术人心,良非细故。

余职司学政,未能窥斯道藩篱,惟愿与此邦人士,私淑先生之教,以上佐圣天子文明之化焉耳,是为记。①

书丹者鹿重轮是大儒鹿善继玄孙,其父鹿溁与方苞为儿女亲家,重轮字月川,"天资明敏,富学问,精书法"②,惜寿不永,中年即世。连肖先之记,

---

① (清)连肖先:《重修孙征君双峰书院记》,载《容城孙氏族谱》及《双峰祠记》[(清)高赓恩:《双峰祠记》,宣统元年思贻斋刻本]。
② 《定兴鹿氏家谱》卷3,鹿氏世德堂清乾隆五十六年刻本。

一如方苞所言"惟务征实",客观记述了征君一生的代表性事件。相比之下,作为一代文宗的方苞确实不落常格。

双峰书院经此重光,为世人所熟知,嗣后,双峰书院并为孙征君先生祠。

乾隆癸未(1763),祠堂重新修葺。征君六世孙在城公记载:

> 与乡前辈酌进配享诸贤,以创建书院及征君门人相随避居双峰者为主,而终之以缄斋公用正,因其恢复书院与创建等功,配享诸贤,缵承先懿,使征君公道久而弥光。
>
> 东配:汤公斌(睢阳人)、崔公蔚林(新安人)、王公余佑(新城人)、耿公权(定兴人)、赵公御众(滦州人)、耿公极(定兴人)、耿公振采(范阳人)、君协公奏雅(容城人)、君侨公博雅(容城人)。
>
> 西配:耿公介(登封人)、魏公一鳌(新安人)、张公果中(白沟人)、马公尔楩(定兴人)、王公之征(安州人)、高公鐄(清苑人)、君健公立雅(容城人)、君孚公望雅(容城人)、缄斋公用正(容城人)。遗隰公崇岱(易州人),应补入。①

在城公为缄斋用正公孙,生于康熙五十四年(1715)②,按在城公记载,乾隆癸未(1763)祠就圮撤而新之,乾隆癸未即乾隆二十八年,此距书院恢复,方苞作记已近四十年,此次重修,以创建书院门人和相从避居者共十八人从祀,此十八人皆"夏峰北学"的最重要的传承者,这也就更加强化了双峰书院在北学发展史上特有的意义。

此后二年,乾隆三十年(1765),征君弟子汤斌文正公曾孙汤珂在易任职,拜谒双峰书院,书《孙征君双峰书院蠲免差徭永奉香火碑记》一石,立于书院。此碑记是目前双峰书院遗存碑刻中保存最为完整且年代最早的一通。碑文如下:

---

① 《容城孙氏族谱》,清稿本。
② 以上内容刊于康振海主编《雄安研究》第二辑,河北人民出版社2021年版。

孙征君双峰书院蠲免差徭永奉香火碑记

州之西七十里有双峰书院，孙征君讲学处也。先生一代理学巨儒，当明季避乱兹土，一时负笈之士翕然从之。里人因其遗址，加以修葺，奉先生神主其中，岁时供献。前同太守吕公因双峰里人之请，举一村之庸调，自皇差外一切杂徭皆蠲除，俾杼民力，永奉先生香火，其崇礼先贤、嘉惠后来者意良善哉！茅原准公呈执在里人，载在州案而厅学各署则未有行知焉。珂之曾祖文正公曾游先生之门，与先生家为世讲，今筮仕于兹，承谒先生之祠，间于同僚道及之。时司马任公维纪，儒学王公符祥，捕尉王公攸训皆慨然曰：此吕公善举也，盍为之记，以垂永久，且俾后人永有遵守哉。予因捐赀俾里人勒之石，志其始末，并以见诸公之雅意云。

直隶易州督粮州判癸酉科拔贡门下后学睢州汤珂恭记
乾隆叁拾年岁次乙酉捌月谷旦立
石工许□①

双峰书院本为私立，但官方蠲免双峰差徭以作香火之资，可见是得到官方实际政策支持的。综上所述，可见清代乾隆时期以前双峰书院的大概情况。

三　高赓恩中兴双峰书院

此后，至同治时期，中华民国《易县志稿》有载，"夏子龄，字百初，江苏江阴人，进士，知易州重修双峰书院，设义学，多处捐俸以资膏火"。可见夏子龄是一位重视文教的官员。夏子龄清同治二年（1863）任易州知州，江阴夏氏乃名门望族，晚清民国间著名学者夏孙桐即夏子龄之孙，彼时年七岁，亦随祖在任读书于易。②

---

① （清）汤珂：《孙征君双峰书院蠲免差徭永奉香火碑记》，载（清）高赓恩《双峰祠记》，宣统元年贻斋刻本，第7页a。本文作者参校原石拓片整理录入，缺字以□代替。
② 参见方慧勤《夏孙桐诗词研究》，硕士学位论文，苏州大学，2016年，第12页，夏孙桐生平考述。

【北学文献】
易县双峰书院始末考

夏子龄重修双峰书院后二十年，双峰书院迎来了一次重修盛典。本族中保存有"庐墓碑记"原石一通，为十八世世莹公崑山先生墓表，孙崑山先生生于清嘉庆年间，笃行孝友，克承家学，殁后奉祀乡贤祠，碑记撰者署衔名"赐进士出身诰授奉直大夫上书房行走□□□□翰林院编修光绪戊子四川学政己□□□□□□愚侄高赓恩顿首拜撰"①。碑文中则有"同治癸亥先生卒，祠于乡，又二十三年，其子金铎茂才诣京师丐赓为文表其墓，赓曩居易郡，预修双峰祠宇，落成日得交警斋诸昆仲，悉其家世……"之语，按此证诸旧遗家谱中则有钱塘孙诒经光绪九年撰重修双峰容城孙征君祠碑记及高赓恩所修双峰书院之图。近得阅前贤高赓恩所著《双峰祠记》一书，详述光绪八年重修双峰征君祠始末。

高赓恩，字幼荪，号熙廷亦号曦亭。道光二十年（1840）生于顺天府宁河县（今天津市宁河区）。高氏一族，亦为书香世家，高赓恩祖父名"天秩，绩学早卒，有《独树斋集》行世"。父名高静，字慎庵，道光二十三年举人，著有《看书随录》等。高赓恩"幼端凝厚重，不好嬉弄，初入塾日诵书数百言"②。对比后来成为大儒的高赓恩，其心性看来是一以贯之，自有天分的。同治元年（1862）举于乡，光绪二年（1876）成进士，是年高赓恩三十六岁。光绪六年（1880）春，其由主讲望都转任易州（今河北省易县）棠荫书院山长。易州棠荫书院由明嘉靖年间御史张惟恕创建，是易县一所著名的书院。高赓恩到易县后，即留心当年征君在五公山的遗迹，惜"土人不能详也"，至次年即光绪七年（1881）之夏，此时恰有学生佟丙寅（字敬斋）来问业，其舅名康友檀（字香远），五家沟村人，邻近双峰村。康友檀治家有道，在当地颇有声望，佟丙寅受其舅父照顾，馆于康氏。二人向高赓恩介绍了双峰书院的现状，已是"苔荒藓没者固已久矣"。高赓恩急欲访谒，比及秋末，棠荫书院诸生至保定莲池书院参加考试，高赓恩乃借此空暇与佟丙寅至五家沟康香远家，康香远深期高赓恩能够倡修双峰书院，"香远曰：先生之来将为孙祠之榛莽欲复其旧乎？抑或恢而大之乎？我辈赖先生之芘荫与官绅之义举，城关之物力奋臂以图之，荒山木石可任吾取携，乡老畚锸可踊跃以相助，君但醵金耳，无虑礜

---

① 《容城孙孝子崑山先生墓碑》，（清）高赓恩撰文，原石一通，容城孙氏家藏。
② 徐世昌：《大清畿辅先哲传》，北京古籍出版社1993年版，第397页。

鼓版筑之不兴且速也"①。康香远道义之心，令人感动。三人策马而至双峰。《双峰祠记》载：

> 父老懽然相迓，导之至一宇，惟颓垣数武，破屋二椽而已，屋旁积刍茭其中，一几乍设神牌则征君与思皇公，问所配享，则庋之他室，索而观之，十八牌俨然在也，余为之礼而叹出焉。出观征君手栽竹似南方竹林，然不过数十株，殆伤于斧斤而莫或培植欤？②

这是高赓恩初到双峰书院看到的情形。返回的路上，高赓恩赋诗《双峰村在易州治西七十里谒孙征君祠归道中辛巳九月》以纪此行：

> 四塞疑无路，千寻欲插天。中峰云正出，远岭日孤悬。振策忽空寂，牵衣又树边。古祠回望迥，松顶渺风烟。③

回城高赓恩旋即与诸士绅说明双峰书院的情况，倡议重修，莫不鼓舞支持，遂与同人为启，广而告之：

> 容城孙征君夫子当国朝定鼎之初，身系道统数十年，一时大儒多出其门，有河汾弟子之目，北学渊源于是乎大。而我易人之渐渍教泽，大振儒风则自入双峰使。双峰在五公山东南十数里，当明之季，征君去容城结庐于兹，相依而至者衣缨之族，韦带之士，数县累数千人。于是饬戎器，储糇粮，部署守御，寇盗屏迹。又以其暇与弟子数十人赋诗习礼于其中，弦歌之声相闻远近，学者闻风而起，农夫牧竖薰其德而善良至，今州之人习尚朴愿，敦气节，重谊分，四民安乐，号称易治，皆征君之流风遗泽所以感人者深且长也。顺治间居易郡者魏莲陆、王五公诸贤因征君旧庐为双峰书院，尝率同人诣此讲学，后遂葺为祠堂，屡兴屡废，适赓恩随同人敬谒征君祠，见夫庭宇荒芜，门墙颓圮，碑额剥蚀，堂只二楹，上奉征君栗主，以弟思皇公配，东

---

① （清）高赓恩：《双峰祠记》，宣统元年思贻斋刻本，第 1 页 a。
② （清）高赓恩：《双峰祠记》，宣统元年思贻斋刻本，第 2 页 b。
③ （清）高赓恩：《思贻斋古近体诗》卷 3，贻善堂刻本，第 10 页 b。

【北学文献】
易县双峰书院始末考

列汤潜庵、崔玉阶、王五公、耿是经、赵宽夫、耿诚斋、耿子亮、孙君协、君侨九人，西列耿逸庵、魏莲陆、张于度、马构斯、王五修、高荐馨、孙君健、君孚、缄斋九人。而四壁尘封，几筵不设，祀典久阙，神其恫诸是用，愀然不安。公议鸠工重修，正祠增其式廓为门为垣，东西添构配房各三楹，为同志讲学地。祭则衣冠齐集于其所，谨拟四月二十一日忌辰，十二月十四日生辰两次致祭，并择老成人司管钥，晨夕焚香，时其扫除，量置田亩，以赡祭品，以资工食，勒之贞珉，用垂久远。今以附近祠所诸茂才宋巨川楫臣、康香远友檀、赵肃亭鸣详、佟敬斋丙寅董其事。惟念经费浩繁，非集腋成裘不能济事，所赖硕德尊师，名儒卫道，或捐廉俸或倾己囊，诸大贤得以血食千秋，庶后进鼓舞兴起，皆知名教之为尊，斯学术端，风俗美矣。①

此启读来，不啻一篇易县北学渊源的阐述，表彰了孙征君在易县的文化影响与作用。文中对重修书院的具体规模及负责人员作了明确的交代，以保证修建计划顺利进行。倡议发出，得到官民的一致支持，由知州到庠生及村民百姓，乃至周边数县，慷慨解囊者百余人，有村民义务出工，不辞辛劳，运送水土，场面至为感人。

自光绪七年十一月至光绪八年四月，历五月祠宇重修告竣。共计"修正北祠堂三楹，砌石为基础，东移五尺，覆以筒甓，列鸱吻螭脊，中则飞梁悬板，方其楣，圆其楹，重其橑，复砌累磴。东西庑各三楹亦似之，大门上有楼脊，外树之屏，宫墙四周，南至官道，北至梁氏，计十六弓。东至小巷，西至梁氏，计十四弓强半，东北缺地，至西北计八弓强半"②。此即今日书院大概之规模。

正堂设香案奉祀诸贤，仿古祭器一准古礼，知州赵铭（前任知州汪家勷休假离职，秀水人赵铭继任）、高赓恩、举人李湘锦各制联悬之。据高赓恩记述，"查昔所悬联只余一扇，曰：神归梓里胜苏山，下署衔名模糊难辨，补对未惬，姑藏焉祠"。《容城孙氏族谱》中载此联为"道恰月川通洛水，神归梓里胜苏山"，为征君弟子，容城人崔之琁（康熙戊午科举人）题。高赓恩亦实为联句大家，名重当时，撰有不少名联传世，下为双

---
① （清）高赓恩：《双峰祠记》，宣统元年思贻斋刻本，第2页a。
② （清）高赓恩：《双峰祠记》，宣统元年思贻斋刻本，第4页a。

峰书院所题长联亦堪称高氏代表之作：

> 自洙泗濂洛关闽以来渊源毕贯何啻姚江迨师弟从祀杏坛正学重明息簧鼓；
> 于保阳容城苏门而外祠宇长新有光易水愿神灵垂庥梓里真儒辈出普弦歌。①

祠中一切工事告竣，高赓恩于光绪八年四月二十一日征君讳辰举行了盛大的落成典礼。同人于是日齐集双峰书院，先期函示容城贤裔，则有征君后裔文学四人孙金铎、孙金波、孙金印、孙金鳌奉征君遗像至。金铎，字警斋，贡生，即孙崑山先生嗣子，崑山先生墓表之末有"子金铎、犹子金鳌、金印、皆以学行有声于庠、金铠业儒，后世蒸蒸世其家，识者以为孝德之感，斯无愧征君之裔也"。赞征君之德。高赓恩主祭，祝文曰：

> 光绪八年，岁次壬午四月庚午即望，越祀日丙子，双峰祠宇落成，乡后学高赓恩等谨以粢盛灌献之仪致祭于征君孙夫子之神位前，以武城宰思皇孙公配，又东配汤潜庵诸先生，跪而祝曰：大哉！征君萃畿辅之灵淑兮，洵数百年来之一人。昔扫盟于兹土兮，躐高风乎子春。庇吾乡于泰山之安兮，矧大化之若神。诸弟子相继以道脉兮，岂为典册之吟呻。文正振策于前路兮，古颜曾其等伦。伟名业之懿烁兮，同侑鲁宫之泮芹。登封并嗣乎洛学兮，得龟山而道尊。新安秉姿以超异兮，策吾志乎能军。魏子抽簪于早岁兮，瞠百龄之绝尘。五公韬晦而蕴奇兮，席青山以穆宾。于度鼎足乎烈士兮，奄终老于成均。三耿同标乎孝传兮，馨家赀以饷我民。构斯共建乎义旗兮，荡欃枪之余氛。宽夫承家以廉孝兮，羌明学而自珍。五修、荐馨皆依依杖履兮，且援笔以辑所闻。嘉子亮之美质兮，并以见师怀之殷殷。四君各有纂述兮，君侨更却乎蒲轮。缄斋苦寻乎坠绪兮，表祠树而挹清芬。凡兹龙翰与凤雏兮，悉尼峄之功臣。宜血食于此邦兮，陪俎豆而歆藻□。颂曰："庙貌兮聿新，芟夷兮莽榛。槩吾楹兮丹吾楣，挥迴飙兮拂灵云。落轮奂兮肇夏，赋大招兮讳辰。酹椒浆兮羞殽核，荐忠信兮

---

① （清）高赓恩：《双峰祠记》，宣统元年思贻斋刻本，第5页。

享天真。神之来兮仿佛，默为鉴兮儒绅，千龄兮万代，共被兮陶甄。尚飨。①

礼成，祠中宴饮受胙，诸贤裔敬收遗像还容城。征君之真容传世者近十幅，此幅即八十六岁自赞大像一轴，高近丈许，上嵌诗堂，从右向左依次为征君手书自赞，睢州门人汤斌熏沐拜题像赞，新安门人崔蔚林熏沐拜题像赞。

高赓恩对与事者的付出深怀敬意，由知州颁发匾额表彰，多年后康香远、佟丙寅先后辞世，高赓恩分别为传墓表，情谊至笃，足感后世。今高氏所撰康香远墓表犹矗立于五家沟康氏墓址。

《双峰祠记》末高赓恩录孙金铎出家藏名书，内有易水胡尔锟诗文，中有"丙申之岁二月六，禹山司训来上谷，眷言将有事双峰，蓬蒿蒋径留君住，蠡吾渤海诸君子，德曜煌煌皆至止，东西南北一联床，共称海内存知己"之句，高氏云"诗后注有石亭恕谷两先生共榻，恕谷即诗中所称蠡吾，渤海即石亭，所称议修双峰书院，未知其果否，附见于此，以备双峰祠之故事云"②。

李恕谷即颜李学派之大儒李塨，考诗中"丙申"岁当为清康熙五十五年（1716），时恕谷先生五十八岁，检诸《李恕谷先生年谱》，是年未见载其事。然2017年4月，余初访谒双峰书院，彼时祠中未兴工事，"文革"中所击毁诸碑刻大小碎石散置于院西南隅厕旁，于杂砖乱石中偶拍一残刻照片，石大尺余，刻名氏数人，唯左侧边缘有李塨（上断残）□学生员胡尔□（下断残），证诸前诗文，似符其事，史实何如，尚待详察。

今双峰书院祠中脊檩犹见题记"大清光绪八年岁次壬午直隶州易州正堂赵铭主讲棠荫书院翰林高赓恩重修季春谷旦立"。一年后，光绪九年癸未（1883），钱塘孙诒经撰《重修双峰孙征君祠堂碑记》，刊石立碑。碑文如下：

---

① （清）高赓恩：《双峰祠记》，宣统元年思贻斋刻本，第17页a。
② （清）高赓恩：《双峰祠记》，宣统元年思贻斋刻本，第28页b。

重修双峰孙征君祠堂碑记①

　　容城孙征君生明季扰乱之际，潜心圣学，慨然以继往开来为己任。当讲学易州五公山南之双峰，远近问业者接踵，一时名儒皆出其门下。性高介，屡征不起。我朝定鼎，聘币数至，俱以病辞。其时年垂老而奖劝后进不少衰。今州之薰其德而善良者，士犹为近古，则征君教泽之入人深也。顺治间，因征君讲学地双峰书院，后遂以为祠堂。岁月递迁，庭宇荒芜，祀典久缺。山长高太史赓恩惧征君之泽年久将湮，遂创议集捐。一时官绅欣然乐从，得以庀材兴工，于壬午岁四月告竣，酌定规条，用垂久远。俾州之人，以时祭祀。瞻仰前徽，兴起观感，征君之教泽赖以不堕。使者奉天子命，视学畿辅，自愧德业浅薄，不足为多士表率。每乐举曩哲之嘉言懿行，相与私淑，而则傚之。今喜诸君力成斯举，征君之学，虽数百年后，不啻亲被其泽，而各致其高山景行之慕。从兹圣学昌明，儒风丕变，尤使者所厚望也夫！

　　　　　　　　光绪九年岁在癸未十二月顺天督学使者钱塘孙诒经撰
　　　　　　　　　　　　　　　　　宁河乡后学戴彬元书
　　　　　　　　　　　　　　　　　闽县后学王仁堪篆额

　　孙诒经所撰，按常规纪事，文中细节俱载《双峰祠记》。此碑刻已被击毁，有拓本传世，双峰书院内现存有残石。

　　考高赓恩生平，其对双峰书院的修复，绝非任职于此的一时兴起。正如《双峰祠记》所自述，"余向读孙征君传，知明季流寇之乱，容城不守，先生尝入保易州五公山，门生戚故数百家从之皆瓦全，及诵先生年谱，又知所居双峰则去易七十里村也，先生南迁苏门，范阳门人以其所居为双峰书院，岁时讲学于其中，迄先生易簀后则改为祠堂，双峰弹丸地，比于前贤故里，四方仰之若泰山乔岳，盖神游梦想者久之"②。故甫至易州，便每访五公胜迹与先贤祠所在。当从学生口中得知双峰祠情况后又急欲一往谒之。大儒王树枏所撰《宁河高文通公墓表》云"其讲学一主夏峰孙氏，深

---

① （清）高赓恩：《双峰祠记》，宣统元年思诒斋刻本，第 21 页 a。
② （清）高赓恩：《双峰祠记》，宣统元年思诒斋刻本，第 1 页 b。

恶诋娸之士，妄分门户，谓投一鼠破众器，而据辟诐邪，持之犹坚"①。徐世昌《大清畿辅先哲传》中则列高赓恩为师儒，传云"赓恩讲学，恪守濂洛关闽，参之以象山、姚江、白沙、二曲诸儒而折衷于夏峰孙氏"②。"赓恩以奇逢之学不专主一家，惟以孔子为归，故其主讲易州也，葺其祠宇，又刊征君年谱于蜀，梓夏峰祠记于秦，并有北学编三续、四续，以志景行之意。"③由此可以看出，高氏道有渊源，实传夏峰之学。高赓恩历主讲望都、易州、固安诸书院，官左右赞善，中允，因谏阻新法，遂以洗马出为陕西陕安道，召还以京堂候补在弘德殿行走，补内阁侍读学士，终太常寺少卿，亦曾任四川学正，湖南主考，卒谥文通，赐祭文碑文。高赓恩除宦迹外，平生讲学不辍，故及门弟子甚众，四川大儒赵熙，易县耆宿陈云诰等皆为高氏门人。著述亦鸿富，所著思贻斋书近百种。高赓恩先生治学，一生以阐扬北学为己任，其三续四续北学编④，则犹见此文化之自觉，考之生平，允为北学一代宗师。

四　中华民国时期的双峰书院

中华民国己未年（1919），此距光绪八年重修双峰书院已近四十年，先两年之民国八年（1919）高赓恩卒，年七十八岁。祠宇阅久失修，易县人李培瀚再为修葺。李培瀚，字荫泉，清宣统拔贡，前光绪八年修祠与事者举人李湘锦之子。李湘锦时为双峰祠题联"三易播弦歌一派心源承泗水，双峰新俎豆百年物望重燕山"。李氏父子相继数十年参与双峰书院的建设，实为一段佳话，亦见文脉不斩。李培瀚《燕南诗集》中有《谒孙征君祠歌》一首：

　　双峰峙对何苍苍，下俯流水何洋洋！先生教泽殊孔长，我欲从之无津梁。当明末季民离乱，先生避地来此乡。及门桃李殊芬芳，陈蔡

---

① 《陶庐文集》卷6《宁河高文通公墓表》，陶庐丛刻线装本。
② 徐世昌：《大清畿辅先哲传》，第400页。
③ 徐世昌：《大清畿辅先哲传》，第400页。
④ 参见徐世昌《大清畿辅先哲传》，第400页。高氏"三续四续《北学编》"，未见传本。

相从侬未光。弘歌却敌言有章,兵法部勒何周详!入室弟子魏与汤,再衍学脉墙东王。大辟书院奉瓣香,西河设教拟卜商。迁廷鞠为茂草场,裔孙用桢建斯堂。爰妥先灵荐蒸尝,士夫慕义不能忘。遗爱窃比召公堂,树犹如此不忍伤,况复景仰有高墙。百六十年历星霜,竟就废彻遥相望。宁河高君慨以慷,一言为吾郡提倡。刺史邹赵偕手行,大创规制观辉煌。先生之祠在一方,先生之道久俞昌。四十年耳值沧桑,祠亦将随世兴亡。昔岁瞻拜春载阳,待欲修葺心徬徨。名贤遗迹为表坊,可以驯俗为善良。人微言轻不能匡,邦人君子急输将。鸠工庀材众赞襄,落成不日陟高冈。再茞丹荔与椒黄,俯仰千载何茫茫。庶同志嗣而葺之,乃不至悉委名胜于榛荒。①

按诗中"四十年耳值沧桑",可知李培瀚此诗恰写在中华民国己未修祠之时。曩于学者吴占良先生处闻知,有中华民国间学者记载此事,且由名儒吴闿生撰写碑文并刊石作托赠捐资者,然而双峰书院今存碑刻中并未见此石,余遍检吴氏文集而未得。某日搜寻资料不意偶从中华民国间一名《中正》月刊的杂志中看到此文,殊为幸事。吴闿生《吴辟疆先生重修双峰孙征君祠碑记》全文如下:

易之双峰村故有孙征君祠,阅久失修,妥荐盖阙。邑人李君等谋醵资新之,而以碑文相属。征君于明清鼎革之际,毅然以道学自任,敦行砺节,久而弥贞,徒友渐被,至于王公大人下暨负贩走卒皆以一接其容辉为快,何其盛也!双峰为先生隐居之所,密迩桑梓人士涵沐其德泽至深,至今而遗爱不沫。固宜维夫圣哲之化,固将以焄奕万世。乃方其鼓舞群伦以兴作于一时者,往往不数十百年斩焉澌灭以尽。至若追求遗泽,旁皇而不可复得,岂非以法纪固在而传以行之,则俟夫人与周孔之道,轶兴轶衰,至明末而其敝以极。先生与当时诸贤力以振兴为己任,而周程诸子之遗学蔚然复显于世。是其一验矣。世愈下去周孔之泽愈远。则道德之教为尤急。而鼎革以来,举国洶洶兵革不休,根本之治,莫之暇及。妄者且以掊击圣法为务,背道而绝驰,其祸视明末流寇之变盖尤甚。国势之堕落不振又何疑乎?李君于

---

① 转引自潘新宇《易水古韵丛录》,经济日报出版社2019年版,第123页。

兹时独能崇尚先贤，修明祀事，以为正本反始，移风化俗之端，其用意可尚也已。异日有志之士，追求征君之泽者，将于是乎在而不至有斩焉渐泯之叹，则道学之传，亦将绵延而未有已，庶几所谓舄奕万世者，不至中辍而歇绎也乎。余嘉其事乃不辞而为之记。己未夏六月桐城吴闿生谨撰。①

晚清民国，正值西学东渐的大潮，在"打倒孔家店"的形势之下，儒家文化受到批判，国粹也多沦为被抨击改造的对象。然而在此潮流之中，实则另有坚守国故者，吴闿生文中说"妄者且以掊击圣法为务，背道而绝驰"便是公开表明这一立场，而双峰书院，作为历代崇儒重道的典型，此时也就更加突出其时代意义了。故吴闿生文中对李培瀚此举不吝表彰："李君于兹时独能崇尚先贤，修明祀事，以为正本反始，移风化俗之端，其用意可尚也已。"

结束语

中华民国以后，祠事皆废，又因地处深山，交通不便，少有人关注，双峰书院逐渐淡出了人们的视野，几远近不能知。2002 年，学者林鹏先生与吴占良先生实地探访，吴占良先生撰有《发现双峰书院》一文发表②，双峰书院这一北学胜迹又再次引起世人的关注。双峰书院是北学文脉的重要道场，其在历史中的兴衰过程，恰也反映出"北学"这一地域文化发展的显与晦。有意思的是，双峰书院恢复时有方苞记其事，迢隔二百余年，至中华民国重修吴闿生先生作碑记，前后桐城两大师著文纪事，则又可考察两地学人交游的历史渊源。

---

① 吴闿生：《重修双峰孙征君祠碑记》，《中正》1920 年第 1 期。
② 参见吴占良《吴占良艺史丛谈》第二编《乡邦艺谈》，中国文联出版社 2008 年版，第 417 页。

【北学与区域文化】

孟懿子是否为孔门弟子及孔子答其问孝内容试析

——附论孟武伯之事

董金裕[*]

摘要：《史记·孔子世家》记叙鲁国执政大夫孟懿子秉承其父遗命，拜孔子为师；《论语·为政》亦载有孟懿子曾向孔子问孝，孔子答曰"无违"。据此而言，孟懿子应为孔门弟子。但《史记·仲尼弟子列传》未列其人，历来《论语》主要注家亦不将其视为孔门弟子。据各种资料研判，孟懿子虽曾师事孔子，唯并不遵奉师教，故属有名无实的弟子。又孟懿子问孝，孔子以"无违"答之。其后樊迟为孔子驾车，孔子告以"无违"之意乃"生，事之以礼；死，葬之以礼，祭之以礼"。历来《论语》主要注家皆以为孔子意在让樊迟将"无违"之确解转告孟懿子。其说并不符情理，且有诬枉孔子之嫌，因举证加以辨明。另孟懿子之子孟武伯亦曾向孔子问孝，孟武伯与孔子的关系如何以及孔子答其所问的确实内容究竟为何？因附论及之。

关键词：孟懿子；往学礼焉；无违；樊迟；孟武伯；唯其疾之忧

一 前言

司马迁在《史记·孔子世家》末的"太史公曰"，文字虽然简短，但已充分显现太史公对孔子的崇仰向往之情，并能扼要概括孔子的卓越成就。其文曰：

---

[*] 董金裕，台湾政治大学中文系名誉教授，研究方向：孔孟学说、经学、宋明理学、国文教材教法。

《诗》有之："高山仰止，景行行止。"虽不能至，然心向往之。余读孔氏书，想见其为人。适鲁，观仲尼庙堂车服礼器，诸生以时习礼其家，余祗回留之，不能去云。天下君王至于贤人众矣，当时则荣，没则已焉。孔子布衣，传十余世，学者宗之。自天子王侯中国言《六艺》者折中于夫子，可谓至圣矣！①

司马迁深知孔子的卓越成就如无孔门弟子的传承发扬，既不能彰显，而孔子的思想亦难以影响深远，故又立《史记·儒林列传》，在其中概述孔子死后，其弟子传布儒学的情形，曰：

　　自孔子卒后，七十子之徒散游诸侯，大者为师傅卿相，小者友教士大夫，或隐而不见。故子路居卫，子张居陈，澹台子羽居楚，子夏居西河，子贡终于齐。如田子方、段干木、吴起、禽滑釐之属皆受业于子夏之伦，为王者师。是时独魏文侯好学。后陵迟以至于始皇，天下并争于战国，儒术既绌焉，然齐鲁之间，学者独不废也。②

儒学的传布既端赖于孔门弟子，故司马迁又在《史记》中撰述《仲尼弟子列传》。可惜孔门弟子虽众，但司马迁上距孔子之生已超过四百年，其间经历各种动乱，文献散佚严重，难以征考，故所述仅有七十七位弟子。③且在此七十七位弟子之中，"颇有年名及受业闻见于书传"者只有三十五人，但此三十五人中已有公晳哀、商瞿、梁鳣、颜幸、冉孺、曹恤、公孙龙等八人，并不见载于《论语》。至于仅有姓名，却"无年及不见书传者"的四十二人，则皆不见载于《论语》。④

---

　　① （汉）司马迁撰，（南朝）裴骃集解，（唐）司马贞索隐，（唐）张守节正义：《史记·孔子世家》，台北：艺文印书馆据清乾隆武英殿刊本1958年景印本，第774页。
　　② （汉）司马迁撰，（南朝）裴骃集解，（唐）司马贞索隐，（唐）张守节正义：《史记·儒林列传》，第1273页。
　　③ 《史记·仲尼弟子列传》开首即云："孔子曰：'受业身通者七十有七人，皆异能之士也。'"传中所述人数恰为七十七人，与《孔子世家》所言"身通六艺者七十有二人"，人数并不相符，则此七十七人是否皆为"受业身通者"的"异能之士"？难以判定。尤其是其中四十二人系仅有姓名，而"无年及不见书传者"，更无法断言其是否皆属受业身通的异能之士。
　　④ 《史记·仲尼弟子列传》所列弟子第三十五名为"公孙龙，字子石"。传云："自子石已右三十五人，颇有年名及受业闻见于书传，其四十有二人无年及不见书传者纪于左。"（汉）司马迁撰，（南朝）裴骃集解，（唐）司马贞索隐，（唐）张守节正义：《史记·孔子世家》，第886页。

【北学与区域文化】
孟懿子是否为孔门弟子及孔子答其问孝内容试析

但如就《论语》所载,曾与孔子或孔门弟子互动,疑似孔门弟子,却不为《史记·仲尼弟子列传》所列者,有申枨、琴牢、陈亢、孟懿子、孟武伯、孺悲、林放、子服景伯、左丘明九人。但此九人中,依《论语》所载内容判断,未必皆为孔门弟子,如《公冶长》载:"子曰:'巧言、令色、足恭,左丘明耻之,丘亦耻之。匿怨而友其人,左丘明耻之,丘亦耻之'。"① 从孔子先言"左丘明"再言"丘"的语气观之,与《述而》"窃比于我老彭"②,对老彭极其尊敬而欲效法之的语意相似,则此"左丘明"应非相传受《春秋》于孔子而撰述《左传》的左丘明,即其显例。

然则在上举九人中,考《史记·孔子世家》明言"(孟)懿子……往学礼焉"可见孟懿子确曾师事孔子;《论语》中也记载孟懿子曾向孔子问孝,而孔子回答其所问。从表面上看来,孟懿子应属孔门弟子无疑,但《史记·仲尼弟子列传》却不载其人③,几乎所有《论语》注家亦皆不以孔子弟子视之,其因何在?又《论语》所叙孟懿子问孝及孔子所答,内容略有曲折,与一般孔门师生之问答并不相侔,其确实情形到底如何,历来存有争议,究以何者为是?以上两问题,即孟懿子是否为孔门弟子以及孔子所答孟懿子问孝之真正意涵为何?即为本文所欲探究者。

另《论语》又载有孟懿子之子孟武伯亦曾向孔子问孝,对孟武伯在孔门的地位以及孔子答其问孝的确实内容为何?历来也有不同看法,因于本文文末附论及之。

二 孟懿子能否列入孔子门墙?

孟懿子,春秋末年鲁国贵族,原氏仲孙,后改氏孟孙,名何忌,懿为谥号,乃鲁国孟孙氏第九代宗主。

据《史记·孔子世家》所载:

---

① (宋)朱熹:《论语集注·公冶长》,载《四书章句集注》,台北:大安出版社2005年版,第110页。
② (宋)朱熹《论语集注·述而》:"子曰:'述而不作,信而好古,窃比于我老彭。'"载《四书章句集注》,第125页。
③ (三国)王肃注《孔子家语·七十二弟子解》所列孔子弟子共七十六名,既未说明所列乃受业身通的异能之士,亦未将孟懿子列名于中。

孔子年十七，鲁大夫孟釐子（又称孟僖子）病且死，诫其嗣懿子曰："孔丘，圣人之后，灭于宋。其祖弗父何始有宋而嗣让厉公。及正考父，佐戴、武、宣公，三命兹益恭，故鼎铭云：'一命而偻，再命而伛，三命而俯，循墙而走，亦莫敢余侮。饘于是，粥于是，以糊余口。'其恭如是。吾闻圣人之后，虽不当世，必有达者。今孔丘年少好礼，其达者欤！吾即没，若必师之。"及釐子卒，懿子与鲁人南宫敬叔往学礼焉。①

按《史记》此处所叙确有所据，考《左传·昭公七年》有如下两段记载：

三月，公如楚，郑伯劳于师之梁。孟僖子为介，不能相仪。及楚，不能答郊劳。……九月，公至自楚。孟僖子病不能相礼，乃讲学之，苟能礼者从之。及其将死也，召其大夫曰："礼，人之干也，无礼无以立。吾闻将有达者曰孔丘，圣人之后也。……臧孙纥有言曰：'圣人有明德者，若不当世，其后必有达人。'今其将在孔丘乎！我若获没，必属说与何忌于夫子，使事之，而学礼焉，以定其位。"故孟懿子与南宫敬叔师事仲尼。仲尼曰："能补过者君子也。《诗》曰：'君子是则是效。'孟僖子可则效已矣！"②

盖鲁昭公于昭公七年（前535）三月应邀到楚国访问，路经郑国，郑简公在郑国城门"师之梁"慰劳鲁国君臣，当时孟僖子担任副使，却因不熟习仪节，无法协助礼仪的进行。到了楚国，楚灵王派遣特使到城郊迎接慰劳，孟僖子又不知如何答礼。九月，鲁昭公回国，孟僖子深以随同国君出国，却不能助行礼仪为耻。③ 于是发愤学习礼仪，遇到精通礼仪者，即向其请教学习。

---

① （汉）司马迁撰，（南朝）裴骃集解，（唐）司马贞索隐，（唐）张守节正义：《史记·孔子世家》，第761页。
② （春秋）左丘明传，（晋）杜预注，（唐）孔颖达疏：《春秋左传正义》，嘉庆二十年江西南昌府学开雕《重刊宋本左传注疏附校勘记》，台北：艺文印书馆1955年影印本，第760—761、765—766页。
③ 师之梁，杜预注："郑城门。"郊劳，（《左传·昭公二年》）"晋侯使郊劳"下杜预注："聘礼，宾至近郊，君使卿劳之。""病不能相礼"下杜预注："不能相仪答郊劳，以此为己病。"

【北学与区域文化】
孟懿子是否为孔门弟子及孔子答其问孝内容试析

及至鲁昭公二十四年（前518），孟僖子于临死之前①，交代二子孟懿子（何忌）与其弟说（南宫敬叔）拜孔子为师而学礼。

《史记·孔子世家》所叙即根据《左传·昭公七年》所记而来。《左传》及《史记》既然言之凿凿，孟懿子确实遵循其父遗命而"师事仲尼"，且《论语》亦记载孟懿子曾向孔子问孝，而孔子答以"无违"，则孟懿子应为孔门弟子无疑。

考孟僖子死时，孟懿子尚未成年②，不太可能即拜孔子为师，究竟他于何时，如何达成父命？以文献难征，已无从考知。

然而令人颇感困惑者，为司马迁既然在《史记·孔子世家》中明言"懿子与鲁人南宫敬叔往学礼（于孔子）焉"，可是在《史记·仲尼弟子列传》中竟未将孟懿子列为孔子门人。③ 不仅如此，《论语》的主要注家，包括何晏集解、皇侃义疏、邢昺注疏、朱熹集注、刘宝楠正义等，于《论语·为政》"孟懿子问孝"章下，介绍孟懿子时皆称其为"鲁大夫"，而与于他篇他章介绍孔子弟子，如有子、曾子、子夏、子贡、子游、子张等皆明言乃孔子"弟子"，明显不同，亦即似乎并不将孟懿子与孔门弟子同列。何以如此？刘宝楠《论语正义》释之曰：

懿子受学圣门，及夫子仕鲁，堕三都，懿子梗命，致圣人之政化不行，是实鲁之贼臣。弟子传不列其名，及此注但云鲁大夫，亦不云弟子，当为此也。④

按孔子在鲁国任大司寇，摄相事（代理卿相之职）时，欲铲除掌权大夫的

---

① （春秋）左丘明传，（晋）杜预注，（唐）孔颖达疏《春秋左氏传·昭公二十四年》："春王三月丙戌，仲孙貜卒。"杜预注："孟僖子也。"嘉庆二十年江西南昌府学开雕《重刊宋本左传注疏附校勘记》，第885页。鲁昭公二十四年，孔子年三十四，《史记·孔子世家》所载"孔子年十七，鲁大夫孟釐子病且死"云云，实史公误将鲁昭公七年，"公至自楚，孟僖子病不能相礼"云云牵合为一。鲁昭公七年，孔子年仅十七，如何为师？况其时孟懿子实尚未出生。
② 据《左传·昭公十一年》载："五月……泉丘人有女……奔僖子……生懿子及南宫敬叔。"如此则鲁昭公十一年（前531），孟僖子始与泉丘女结合，其生懿子及南宫敬叔（杜预注云："似双生。"），最早当在鲁昭公十二年，则孟僖子死时，孟懿子之年不超过十三。
③ 其后的《孔子家语·七十二弟子解》亦未将孟懿子列入。
④ （清）刘宝楠：《论语正义·为政》，载《新编诸子集成》，台北：世界书局1972年版，第1册，第26页。

势力，想要堕毁季孙氏的费邑、孟孙氏的郕邑、叔孙氏的郈邑。原先三大夫有感于担任三邑邑宰的家臣势力过大，已威胁到自己，故对孔子的构想皆表示赞同。不料在堕毁郈邑、费邑之后，孟懿子在郕邑邑宰的怂恿之下，竟抗拒堕城，终使孔子的计划功败垂成。刘氏所称"及夫子仕鲁，堕三都，懿子梗命，致圣人之政化不行"即指此而言，并且认为《史记·仲尼弟子列传》不将孟懿子列为孔门弟子，原因即在于此。

从刘宝楠的语意推之，如果孟懿子不妨碍孔子推行政化，其实是孔子弟子。更何况他已提到"懿子受学圣门"，下文又说"樊迟与懿子同门"，也可看出他还是认为孟懿子实属孔门弟子。

欲厘清孟懿子是否能列入孔子门墙，关键乃在于能否掌握并遵行孔子思想的要义。按孔子极重视政权的统一，反对政权下移旁落，无奈他所处的春秋时代，不仅天子式微，诸侯也往往被掌权大夫挟制，甚至连大夫亦常为家臣所掌控，故他曾深致其感慨：

> 孔子曰："天下有道，则礼乐征伐自天子出；天下无道，则礼乐征伐自诸侯出。自诸侯出，盖十世希不失矣；自大夫出，五世希不失矣；陪臣执国命，三世希不失矣。天下有道，则政不在大夫。天下有道，则庶人不议。"①

当时鲁国礼乐征伐"自大夫出"而掌握于季孙、孟孙、叔孙之手；更甚者三家之权柄又下移，成为"陪臣（大夫之家臣）执国命"。孔子之意欲堕三都，即想要铲除大夫甚至其家臣之势力，使鲁国国家大权重归鲁君之手。无奈孟懿子却背信而反对堕郕，导致孔子的计划未能实现。刘氏之说确实有其依据。

唯如深入探讨，孟懿子除反对堕郕以外，更严重者为其父遗命他拜孔子为师，用意乃在于向孔子学礼，可是他却屡有僭礼之举，如《论语·八佾》记载：三家者以《雍》彻。子曰："'相维辟公，天子穆穆'，奚取于三家之堂？"② 按天子于祭宗庙将毕，则歌咏《诗经·周颂·雍》以撤馔，此属天子之礼仪，但鲁国孟孙、叔孙、季孙三家则僭而用之。又《礼记·

---

① （宋）朱熹：《论语集注·季氏》，载《四书章句集注》，第239页。
② （宋）朱熹：《论语集注·八佾》，载《四书章句集注》，第81页。

檀弓下》："三家视桓楹。"① 按桓楹为天子、诸侯下葬时所立的大柱子，柱上有孔，可以穿入绳索悬挂棺木而下降至墓穴。鲁国三家亦僭而用之。可见孟懿子不论葬、祭皆僭越礼制②，显然与孔子的教导相违背，亦即他不仅未遵奉孔子之教，甚至反其道而行，故虽曾拜孔子为师，名义上属孔子弟子，但名不副实，乃不受教的弟子，故虽有弟子之名，盖乃有名无实的弟子。

三　"孟懿子问孝"章之意涵

《论语》记载孔门师生的问答，皆采即问即答的方式，如某弟子问某问题，孔子即回答曰如何如何，但"孟懿子问孝"章却多了些转折，其文如下：

> 孟懿子问孝，子曰："无违。"樊迟御，子告之曰："孟孙问孝于我，我对曰'无违'。"樊迟曰："何谓也？"子曰："生，事之以礼；死，葬之以礼，祭之以礼"③。

历来《论语》的主要注家，从何晏集解开始即采郑玄之说："郑玄曰：'孟孙不晓无违之意，将问于樊迟，故告之也。'"④ 自此之后，皇侃义疏、邢昺注疏、刘宝楠正义皆从之。即使是朱熹集注，虽未引用郑玄之说，亦曰："夫子以懿子未达而不能问，恐其失指，而以从亲之令为孝，故语樊迟以发之。"⑤ 皆谓孔子恐孟懿子不了解他所答"无违"之意，故告诉樊

---

① （晋）郑玄注，（唐）孔颖达疏：《礼记正义·檀弓下》，嘉庆二十年江西南昌府学开雕《重刊宋本礼记注疏附校勘记》，第188页。
② （清）刘宝楠著《论语正义·为政》，方氏观旭《论语偶记》："《檀弓》云：'三家视桓楹'，葬僭礼也。《八佾篇》：'三家者以《雍》彻'，祭僭礼也。"载《新编诸子集成》，第1册，第25页。
③ （宋）朱熹：《论语集注·为政》，载《四书章句集注》，第72页。
④ （三国）何晏集解，（南朝）皇侃义疏：《论语集解义疏·为政》，台北：广文书局1977年版，第40页。
⑤ （宋）朱熹：《论语集注·为政》，载《四书章句集注》，第72页。

迟：所谓"无违"之意，乃"生，事之以礼；死，葬之以礼，祭之以礼"。意在由樊迟将此正解转告孟懿子。

乍看之下，各家所说似乎讲得通，但稍加思索，就会发现如此说法并不合情理。王充《论衡》早已发现其可疑之处。

> 问曰："孔子之言毋违，毋违者，礼也。孝子亦当先意承志，不当违亲之欲。孔子言毋违，不言违礼，懿子听孔子之言，独不为嫌于毋违志乎？樊迟问何谓，孔子乃言'生，事之以礼；死，葬之以礼，祭之以礼'。使樊迟不问，毋违之说，遂不可知也。懿子之才，不过樊迟，故《论语》篇中，不见言行。樊迟不晓，懿子必能晓哉？"①

信如王充所问，则孔子施教岂非过于曲折，使听者难以即晓其意，必须辗转才能掌握要旨？如此，则孔子的教法岂非大有问题。皇侃可能意识到如此解释有诬枉孔子之嫌，乃为之说曰：

> 或问曰："孔子何不即告孟孙，乃还告樊迟耶？"答曰："欲厉于孟孙，言其人不足委曲，即亦示也。"所以独告樊迟者，旧说云樊迟与孟孙亲狎，必问之也。一云孟孙问时，樊迟在侧，孔子知孟孙不晓，后必问樊迟，故后迟御时而告迟也②。

所谓"欲厉于孟孙，言其人不足委曲，即亦示也"，语意含糊，令人难以掌握其确旨。至于"旧说云樊迟与孟孙亲狎，必问之也。一云孟孙问时，樊迟在侧，孔子知孟孙不晓，后必问樊迟，故后迟御时而告迟也"。显然纯属臆测，并无事实的依据。

按依《左传》所载推论，孟懿子出生不可能早于鲁昭公十二年（前530），亦即他至少年幼于孔子二十一岁。③另据《史记·仲尼弟子列传》所载，樊迟少孔子三十六岁；但如依《孔子家语·七十二弟子解》所言，

---

① （汉）王充：《论衡·问孔》，载《新编诸子集成》，第7册，第86—87页。
② （三国）何晏集解，（南朝）皇侃义疏：《论语集解义疏·为政》，第41页。
③ 鲁昭公十二年（前530），孔子二十二岁，孟懿子如于该年出生，则少孔子二十一岁。

· 202 ·

【北学与区域文化】
孟懿子是否为孔门弟子及孔子答其问孝内容试析

则樊迟少孔子四十六岁①；亦即孟懿子与樊迟年龄并不相近。另孟懿子为鲁国掌权大夫，樊迟虽为孔子弟子，但并非高弟，且曾因志向不高，被孔子责备。② 亦即孟懿子与樊迟两人之年龄、地位皆有差距，其关系是否"亲狎"？颇为可疑。故崔述曾辩之曰："懿子，鲁大夫也。齐师在清，季康子欲使其宰冉求与二子（孟孙氏、叔孙氏）言，使俟于党氏之沟，盖家臣与大夫言若斯之难也。况于樊迟年益少，位益卑，何由得见懿子而告之乎？"也就是说担任季孙氏家臣的孔子高弟冉求，想见孟孙氏、叔孙氏并不容易，何况是樊迟？以此之故，崔述乃断定朱熹集注承自何晏集解以来各家之见，以为孔子之告樊迟，乃期望樊迟转告孟懿子，其说并不可信，曰：

> 余按：圣人之告人无不尽心者，既恐懿子误会"无违"之意，则何不直告以"生，事之以礼"云云，而故藏而不发以待再问？及不能问，又语樊迟，以启其问而畅其旨，冀樊迟之转以告懿子，一何其不惮烦乎？③

然则《论语·为政》"孟懿子问孝"章之确切意涵究竟为何？按《左传·昭公七年》及《史记·孔子世家》所载，孟僖子遗命其二子孟懿子、南宫敬叔"师事仲尼""而学礼焉"，故孔子回答孟懿子问孝，必然是就尽孝所应遵循之礼而回答，故所谓"无违"即无违于礼，孟懿子当然了然于心，故不复问。④

---

① 钱穆《先秦诸子系年·二九孔子弟子考》据《左传·哀公十一年》所载，称樊迟为"弱"，疑《孔子家语》少孔子四十六岁，时年二十二为当。（《礼记·曲礼下》云："人生十年曰幼，学。二十曰弱，冠。"）

② 《论语·子路》记载："樊迟请学稼，子曰：'吾不如老农。'请学为圃。曰：'吾不如老圃。'樊迟出。子曰：'小人哉，樊须也！……'"朱熹集注曰："小人，谓细民，孟子所谓小人之事者也。"可见其志向不高而孔子责之。

③ 上引两条崔述之言皆见崔述《论语余说》"孟懿子问孝"条，载《崔东壁遗书》，上海古籍出版社1983年版，第611页。复按皇侃称"一云孟孙问时，樊迟在侧"云云，考孔子诸弟子有问，常有其他弟子在侧，何以他章皆不见孔子意欲在侧弟子转告之记载？可见其说实不值深辩。

④ （汉）王充《论衡·问孔》将"无违"之"违"分为"违礼"与"违志"两类，其意以为"孝子亦当先意承志，不当违亲之欲"，认定孟懿子可能误以为孔子所谓"无违"乃无"违志"，其实不然。孝子故当先意承志，不当违亲之欲，但如亲之意、志或欲有悖于礼，《论语·里仁》曾载"子曰：'事父母几谏……'"可见父母行为若有偏差，人子当委婉以谏，不应为求无"违志"而助成其恶。故真正的不违志还是必须在不违礼的规约之下的，亦即"违礼"与"违志"并不相冲突。

· 203 ·

至于孔子何以于樊迟为其驾车时,告以孟孙问孝之事,而在樊迟请教之下,明白指出所谓无违乃"生,事之以礼;死,葬之以礼,祭之以礼"。以文献无征,难以判断,但极有可能因樊迟志向不高,曾向孔子请学稼、请学为圃,孔子深不以为然,而责备他曰"小人哉,樊须也"。乃借机告以侍奉父母必须以礼,并以"上好礼,则民莫敢不敬"等语告之①,以期许其学礼而立远大之志向也。

四　附论:孟武伯之相关问题

孟武伯为孟懿子之子,名彘,武为谥号,或称孟孺子泄,继孟懿子而为鲁国执政大夫,乃鲁国孟孙氏第十代宗主。

孟武伯与其父之在孔门,同样存在两个待澄清的问题。一为他是否为孔子弟子?二为他也曾向孔子问孝,但孔子所答甚简,以致后人诠释不一,究以何者为是?

就孟武伯是否为孔子弟子而言,《论语》确实载有两章他向孔子提问之事。一为"孟武伯问孝,子曰:'父母唯其疾之忧。'"②二为"孟武伯问:'子路仁乎?'子曰:'不知也。'又问,子曰:'由也,千乘之国,可使治其赋也,不知其仁也。''求也何如?'子曰:'求也,千室之邑,百乘之家,可使为之宰也,不知其仁也。''赤也何如?'子曰:'赤也,束带立于朝,可使与宾客言也,不知其仁也。'"③乍看之下,一般人很容易将孟武伯视为孔子弟子,但一则《史记·仲尼弟子列传》以至于后来的《孔子家语·孔子七十二弟子解》,皆不列其名。二则历代的《论语》主要注家,自何晏集解于绍述孟武伯时,即引用"马融曰:'武伯,懿子之子仲孙彘。武,谥也。'"自此以后,如皇侃义疏、邢昺注疏、朱熹集注、刘宝楠正义等,皆承其说,而不言其为孔子弟子。三则在先秦两汉的文献

---

① (宋)朱熹《论语集注·子路》:"樊迟请学稼,子曰:'吾不如老农。'请学为圃,曰:'吾不如老圃。'樊迟出,子曰:'小人哉,樊须也。上好礼,则民莫敢不敬;上好义,则民莫敢不服;上好信,则民莫敢不用情。夫如是,则四方之民襁负其子而至矣,焉用稼?'"载《四书章句集注》,第197页。

② (宋)朱熹:《论语集注·为政》,载《四书章句集注》,第72页。

③ (宋)朱熹:《论语集注·公冶长》,载《四书章句集注》,第104页。

中亦未有如同其父孟懿子"师事仲尼"的记载。综合以上三点，可以断定孟武伯并非孔子弟子。

然则《论语》确实记载孟武伯两度问于孔子，将何以为说？其实孟武伯之问，盖类似于季康子（鲁大夫）、王孙贾（卫大夫）、叶公（楚大夫）之问于孔子；特别是季康子并曾多次问于孔子①，其中尤以"季康子问：'仲由可使从政也与？'子曰：'由也果，于从政乎何有？'曰：'赐也可使从政也与？'曰：'赐也达，于从政乎何有？'曰：'求也可使从政也与？'曰：'求也艺，于从政乎何有？'"②与《公冶长》"孟武伯问子路仁乎"章分别指言弟子之才干，以为可使从政，内容颇为类似。凡若此等各诸侯执政大夫虽皆有问于孔子，但并不能将之皆视为孔子弟子。由此而论，则孟武伯并非孔子弟子也。

就孟武伯问孝于孔子，孔子所答之确解为何而言，由于孔子答语只有"父母唯其疾之忧"七个字，用语甚简，以至于留下不少诠释的空间。总计历来有三种说法。

一解为人子忧父母之疾。其，指父母。此说王充、高诱、刘宝楠等主之。刘宝楠《论语正义》云，臧氏琳《经义杂记》："《论衡·问孔》云：'武伯善忧父母，故曰唯其疾之忧。'又《淮南子·说林》：'忧父之疾者子，治之者医。'高（诱）注云：'《论语》曰父母唯其疾之忧，故曰忧之者子。'则王充、高诱皆以为子忧父母之疾为孝。父母字当略读。案：《孝经·孝行章》：子曰：'孝子之事亲也，病则致其忧。'《礼记·曲礼》云：'父母有疾，冠者不栉，行不翔，言不惰，琴瑟不御，食肉不至变味，饮酒不至变貌，笑不至矧，怒不至詈，疾止复故。'皆以人子忧父母疾为孝。"③

二解为父母忧子女之疾。其，指子女。此说朱熹主之。朱熹《论语集注》："言父母爱子之心，无所不至，惟恐其有疾病，常以为忧也。人子体此，而以父母之心为心，则凡所以守其身者，自不容于不谨矣，岂不可以为孝乎！"④

---

① 《论语》所载季康子问于孔子多达六次，分别见于《为政》、《雍也》、《先进》（以上各一次）、《颜渊》（三次）。
② （宋）朱熹：《论语集注·雍也》，载《四书章句集注》，第115—116页。
③ （清）刘宝楠：《论语正义·为政》，载《新编诸子集成》，第1册，第26页。
④ （宋）朱熹：《论语集注·为政》，载《四书章句集注》，第72页。

三解为父母忧子女有疾而不忧其妄为非。其，亦指子女。此说马融、何晏、皇侃、邢昺主之，朱熹以为亦通。何晏《论语集解》引马融曰："言孝子不妄为非，唯有疾病，然后使父母之忧耳。"皇侃义疏曰："言人子欲常敬慎自居，不为非法横，使父母忧也。"邢昺注疏曰："子事父母，唯其疾病，然后可使父母忧之，疾病之外，不得妄为非法，贻忧于父母也。"朱熹集注曰："旧说，人子能使父母不以其陷于不义为忧，而独以其疾为忧，乃可谓孝。亦通。"①

按以上三说，如就孝之本义为"善事父母"立场观之，应以第一说人子忧父母之疾为当。如此，则孔子之答语当断句为"父母，唯其疾之忧"。第二、三说以父母或忧子女之疾，或忧子女妄为非而陷于不义，所讲乃慈道而非孝道。但如就子女能善体亲心而知自重自爱，或注重自己的身心健康，或检点自己的言行举止，以免父母担忧，乃就本义而引申，虽然也讲得通，但未免显得迂曲。清初儒者臧琳在其《经义杂记》"父母唯其疾之忧"条下，概述各家之说后，下结论道：

> 案如马（融）义，则夫子所告武伯者止是余论，其正意反在言外。圣人之告人，未有隐约其词若此者。（朱熹）《集注》所引旧说即本（何晏）《集解》。朱子守身之说虽善，然舍人子事亲之道，而言父母爱子之心，似亦离其本根也。唯王（充）、高（诱）二氏说，文顺义洽。盖人子事亲，万事皆可无虑，唯父母有疾，独为忧之所不容已。②

宜可视为定评。

综上所述，以上三说当以第一解"人子忧父母之疾"，既站在孝的立场，针对"孟武伯问孝"的本旨，又合乎孔子教导人一向直接而明白，使人易晓易行的原则，为正确而可采从也。

---

① （三国）何晏集解，（南朝）皇侃义疏：《论语集解义疏·为政》，第41—42页；（三国）何晏集解，（宋）邢昺疏：《论语注疏·为政》，嘉庆二十年江西南昌府学开雕《重刊宋本论语注疏附校勘记》，第17页；（宋）朱熹：《论语集注·为政》，载《四书章句集注》，第72页。

② （清）臧琳撰，梅军校补：《经义杂记校补》卷5"父母唯其疾之忧"条，中华书局2020年版，第104页。

《墨子》思想的人文关怀

陈福滨[*]

摘要：墨子思想主要面对周文之疲敝而发，墨子提出的方法便是以质救文，企图通过兼爱、非攻的提倡，达到天下大利的目标。墨子并不完全从人之主体修养上着手，而是直接由外在客观条件"天志"之掌握开始，用外在客观的标准，认为人该怎么做，不是经由人的主体自觉、修养出发，而是由外在的"天"，试图重建秩序经验转化成为如何使人兼相爱、交相利的问题，对墨子来说"兼爱"是一种手段而非目的，真正的目的是"天志"，它是超越人以外的客观存在。本文将从：（1）价值根源：天志、明鬼；（2）理想社会：兼爱、非攻；（3）政治哲学：尚同、尚贤；（4）文化哲学：节用、节葬、非乐；（5）人文关怀：宗教、道德、教育等面向探讨墨子的核心思想及其人文关怀。

关键词：墨子；天志；兼爱；尚同；尚贤；行义

墨子思想主要面对周文之疲敝而发，墨子提出的方法便是以质救文，企图通过提倡兼爱、非攻，达到天下大利的目标。儒家重在对礼乐的反省，言摄礼归义，摄义归仁，是从仁心自觉之点醒而活化礼乐之价值。道家则重在凸显人心的自由自在，对仁、义、礼之僵化进行抨击，主张人应返大道之自然无为，免除一切人为造作；老子言："道失而后有德，德失而后有仁，仁失而后有义，义失而后有礼，礼者，忠信之薄而乱之首也。"（《老子》第三十八章）若能把握道，由此角度来看，德、仁、义、礼都在道之中，而非外在的形式条件。墨子没有像孔子那样揭示"仁"的概念及孟子的"即心言性"；道家凸显人心自由，由主体上看，"道"是心斋、坐忘。而墨子不从人之主体修养上着手，直接由外在客观条件（天志）之

---

[*] 陈福滨，台湾辅仁大学哲学系教授，研究方向：伦理学、先秦哲学、两汉哲学、宋明理学。

掌握开始，用外在客观的标准，认为人该怎么做，不是由人的主体自觉、修养出发，而是由外在的"天"，试图重建秩序经验转化成为如何使人兼相爱、交相利的问题，对墨子来说"兼爱"是一种手段而非目的，真正的目的是"天志"，它是超越人以外的客观存在，但是，若无内在的修养及良善的互动把握，天志会沦为对象，而人与对象之间无必然的关系，便失去了人的主体性。此思想是以功利实效决定价值的一种哲学立场，其思想特色是"以质救文""以兼代别"。

一　价值根源：天志、明鬼

《墨子》[①]一书中，天志是兼爱之价值根源，为墨子学说最终极的观念，代表墨学之最高价值标准，此即墨子所谓之"法仪"。墨子于《天志上》说：

> 我之有天志，无以异乎轮人之有规，匠人之有矩。轮匠执其规矩，以度天下之方圆。曰：中者，是也；不中者，非也。

墨子以为，天下事不可无法仪而成，是以须有天志而为一切治法最后根源。故在《法仪》中云：

---

① 本文采用之《墨子》，系以孙诒让《墨子闲诂》本为据，台北：中华书局1958年版。另亦参酌吴毓江撰，孙启治点校《墨子校注》，中华书局1993年版。《墨子》，15卷53篇，战国墨翟及其弟子著，1958年中华书局《诸子集成》收录孙诒让《墨子闲诂》本，在《墨子》中有上下篇，可能是因为在收书时，由各本节录而成上中下篇，但其思想雷同，行文不同，故编书时编在一起。《墨子》是墨家著作的总集（非其人所完成），《汉书·艺文志》著录为71篇，今存53篇，全书大致分5个部分，成书时期不同。卷1《亲士》《修身》《所染》《法仪》《七患》《辞过》《三辨》7篇，前两篇有儒家思想，后5篇类《孟子》，是问答体；卷2至卷9，24篇（是核心部分），《尚贤》《尚同》《兼爱》《非攻》《节用》《节葬》《天志》《明鬼》《非乐》《非命》《非儒》11个题目，除《非儒》上下篇外，各篇问答记录体外，均以"子墨子曰"开篇，是墨子讲授，弟子记录而成；卷10、11《经上》《经下》《经说上》《经说下》《大取》《小取》6篇，统称为《墨经》；卷12、13《耕柱》《贵义》《公孟》《鲁问》《公输》5篇，取篇首两句中之二字为题，类似《论语》；卷14、15《备城门》等11篇，是墨子讲授防御术与守城工具之作，由禽滑厘及其弟子记录整理而成。其中只有卷2至卷9的24篇及卷10、11的6篇具有哲学意涵。

故父母、学、君三者，莫可以为治法，然则奚以为治法而可？故曰：莫若法天。

又说："将以量度天下之王公大人卿大夫之仁与不仁。"(《天志中》)天志是法仪的判准。故天下事不可无法仪，天志为一切治法最后的根源，一切当"莫若法天"。

天志既为法仪，则天当以"德性价值"为特性，故《法仪》言：

天之行广而无私，其施厚而不德，其明久而不衰，故圣王法之。既以天为法，动作有为必度于天：天之所欲则为之，天所不欲则止。

正是天无私心，所谓"日月无私照"。天欲义，天欲人相爱、相利，则人之相爱、相利为义。义为天之所欲，则义自天出实甚明显，而墨子于《天志中》言：

子墨子之有天之意也，上将以度天下之王公大人为刑政也，下将以量天下万民为文学、出言谈也。观其行，顺天之意谓之善意行，反天之意谓之不善意行。观其言谈，顺天之意谓之善言谈，反天之意谓之不善言谈。观其刑政，顺天之意谓之善刑政，反天之意谓之不善刑政。

是则天志为政治、言行上的最高权威了。"天志"为法仪则天之在行善政（对君王、执政者而言），天志为政治的最高权威（天子即政长）。

然则"明鬼"从何而起？从人对"天志"的自觉而起；"天志"是社会活动的客观前提，但墨子的解释依旧在概念中变化着，墨子将概念投射于外界，由"天"为最高统帅的鬼神在人间奖善惩恶，墨子曰：

著在燕之春秋。诸侯传而语之曰："凡杀不辜者，其得不祥，鬼神之诛，若此其憯遬也！"（《明鬼下》）

著在宋之春秋。诸侯传而语之曰："诸不敬慎祭祀者，鬼神之诛，至若此其憯遬也！"（《明鬼下》）

著在齐之春秋。诸侯传而语之曰："请品先不以其请者，鬼神之

诛，至若此其僭遬也。"（《明鬼下》）

鬼神对各种事物的形相区别在于有无杀无罪人、有无谨终追远、有无诚实起誓，与此对应，以鬼神核查君王行为的先书记载，墨子曰：

  《周书·大雅》有之，《大雅》曰："文王在上，于昭于天，周虽旧邦，其命维新。有周不显，帝命不时。文王陟降，在帝左右。穆穆文王，令问不已。"（《明鬼下》）
  《商书》曰："呜呼！古者有夏，方未有祸之时，百兽贞虫，允及飞鸟，莫不比方。矧佳人面，胡敢异心？山川鬼神，亦莫敢不宁。若能共允，佳天下之合，下土之葆。"（《明鬼下》）
  《夏书·禹誓》曰："大战于甘，王乃命左右六人，下听誓于中军，曰：'有扈氏威侮五行，怠弃三正，天用剿绝其命。'有曰：'日中。今予与有扈氏争一日之命。且尔卿大夫庶人，予非尔田野葆士之欲也，予共行天之罚也。左不共于左，右不共于右，若不共命，御非尔马之政，若不共命。'"（《明鬼下》）

周文王彰显小邦之德，谨遵"天"的意志，名誉声望远传，随侍"天"的左右；夏朝国定邦安，兽虫鸟禽皆应其道，山川鬼神也听其治，是"天"对禹的褒奖；夏氏族与有扈氏对阵于甘地，庄严誓师，恭行天命，是以"天"威使人臣服。鬼神的存在是为"天"完成肯定人的情志之愿，墨子曰：

  鬼神之明，不可为幽间广泽，山林深谷，鬼神之明必知之。鬼神之罚，不可为富贵众强，勇力强武，坚甲利兵，鬼神之罚必胜之。（《明鬼下》）

鬼神目光敏锐、观察入微，不被高山峡谷的地貌阻挡；鬼神不屑于钱权、不止于刀盾，商汤在鸣条之战中推翻夏桀、周武在牧野交战推翻商纣，这是鬼神的绝对执行力，是人对"天"的信念保障。墨子把先圣王事迹作为鬼神赏罚的结果，加以对"天"之下"民"的行为善恶有一定约束力，为了将贵族阶级的宗教观念分离出来，劝诫诸侯王公利民爱人。

"鬼神"可秉天志以行赏罚，而所以能行赏罚，又在鬼神之明智，非圣人所能及。《耕柱》云："鬼神之明智于圣人，犹听耳明目之与聋瞽也。鬼神明智如此，是以明天志，而赏贤罚暴也。"

梁启超认为："墨子皆以天为衡量一切事物之标准尺度，墨子学说全体之源泉也。"[1] 呼应了"墨子置立天志，以为仪法"（《天志下》）的内容，说明墨子以"天志"作为衡量人一切活动的法则。胡适解释说："儒墨的大区别，孔子所说是一种理想的目的，墨子所要的是一个'所以为之若之何'的进行方法。"[2] 薛保纶则认为："敬天事鬼的宗教思想是墨子学说的基础，因为它是墨子三表法之所谓'本之者'。"[3] 说明墨子把第一阶段的答案放在给予人所有的"天志"。墨子并没有对"天志"作明确的定义，只观察宇宙万物的奥妙，推求"天志"是万物的最后来源。墨子之言鬼神其义与《诗》《书》同，侧重在鬼神的赏善罚恶，以此说服世人应顺天之意才能得赏避祸。

二 理想社会：兼爱、非攻

什么是兼爱？从背景而言，从春秋到战国的天下形势越发混乱、诸侯国之间角力战的方式与目的也发生实质的变化，战争的规模越来越大、所投入的百姓兵源数量不断增加，周天子统治结构的崩坏是基于社会秩序的混乱，除了人与"天"的对立，更重要的是人与"人"的伦常违背，墨子认为当以"天下人"作为解决天下事的思维对象，故曰：

> 天下之所以乱者，其说将何哉？则是天下士君子，皆明于小而不明于大。何以知其明于小不明于大也？以其不明于天之意也。（《天志下》）

---

[1] 梁启超：《子墨子学说》，台北：中华书局1956年版，第12页。
[2] 胡适：《中国哲学史大纲》，上海古籍出版社2000年版，第110页。
[3] 薛保纶：《墨子的人生哲学》，博士学位论文，台湾辅仁大学哲学研究所，1973年，第45页。

明于大，乃仁人之当所从事者，故墨子曰：

> 仁人之事者，必务求兴天下之利，除天下之害。（《兼爱下》）

这是墨子学说的根本问题，在面对当时之乱世而谋有以救之，所以墨学之根本问题是如何救治乱世？墨子以为，天下之乱，乃在于人之自爱而不爱他，自利而不利他。个人不相爱，则人人皆亏人以利己。而父子、兄弟、君臣亦不免自利相亏而乱。由此，则大夫、诸侯之篡夺、攻战亦必然。故而提出"兼爱"观念。《兼爱中》云：

> 以兼相爱、交相利之法易之。然则兼相爱、交相利之法将奈何哉？子墨子言：视人之国若其国，视人之家若其家，视人之身若其身。

墨子将兼爱之价值根源归于天志。故《天志上》言：

> 顺天意者，兼相爱、交相利必得赏。反天意者，别相恶、交相贼必得罚。

因此，在墨子看来，要兼爱则必须"视人之国若其国，视人之家若其家，视人之身若其身"。孟子之所以说兼爱是为无父，是因在墨家分裂后，此时墨者，部分人的思想并不能代表墨子真正的思想。兼爱的价值根源是"天志"，兼爱是一种手段而非目的，兼爱之所以能实践，原因在于四个方面：（1）人情择必取兼：也就是共同，一般人不应有分别心；（2）古圣王皆行兼爱：举古圣人行兼之事实以证此兼爱之实现之事实；（3）行兼爱者不害孝，故兼爱可行：视人之父母若己父母，仍是有亲疏之别的；（4）君王悦兼而以兼为政，可收上行下效之功。

"非攻"是兼爱的客观化原则，消极言当处大国不攻小国，积极言当爱人之国若爱其国，其于《天志中》言：

> 天之意，不欲大国之攻小国，大家之乱小家也。强之暴寡，诈之谋愚，贵之傲贱。此天之所不欲也。

墨子之所以主张非攻，有三个方面的原因。（1）攻伐上不利天，中不利鬼，下不利人。（2）攻伐不利人亦不利己。（3）攻伐不义，但赞成征诛，显示了"义"的重要性。其言：

> 若以此三圣王者（禹、汤、武王）观之，则非所谓攻，乃所谓诛也。（《非攻下》）

为让天下得到社会的安定，墨子论爱以利为归，从古圣王三利天下的基点，陈述战争带给诸侯王公的三方面不利。

其一，古圣王上中天之利，墨子反驳："夫取天之人以攻天之邑，此刺杀天民，剥振神之位，倾覆社稷，攘杀其牺牲，则此上不中天之利矣。"（《非攻下》）对于各国的利益，墨子曰："然则土地者，所有余也，士民者，所不足也。今尽士民之死，严下上之患，以争虚城，则是弃所不足，而重所有余也。"（《非攻中》）攻战使百姓伤亡、人力下降，又夺取土地、增加开垦面积，不是治国之要。

其二，古圣王中中鬼神之利，墨子反驳："夫杀之人，灭鬼神之主，废灭先王，贼虐万民，百姓离散，则此中不中鬼之利矣。"（《非攻下》）对于各国的利益，墨子曰："虽四五国则得利焉，犹谓之非行道也。譬若医之药人之有病者然。今有医于此，和合其祝药之于天下之有病者而药之，万人食此，若医四五人得利焉，犹谓之非行药也。"（《非攻中》）攻战带来的损耗，只有实力强大的诸侯国才能从中得利，实力次等的诸侯国无法从土地兼并中获利，反而破坏最初天下分封的稳定局面。

其三，古圣王下中人之利，墨子反驳："夫杀之人，为利人也悖矣。又计其费此，为周生之本，竭天下百姓之财用，则此下不中人之利矣。"（《非攻下》）

再则攻伐不利人亦不利己。虽然攻伐不义，但赞成征诛，显示了"义"的重要性。其言：

> 若以此三圣王者（禹、汤、武王）观之，则非所谓攻，乃所谓诛也。（《非攻下》）

墨子以"兼爱"作生命价值的标准，又以"非攻"为兼爱的客观化原则，孙中原认为：

> 墨子从当时劳动人民兼爱互利、不要偷窃的普通道德观念出发，从保护小生产者的劳动成果与和平生活的立场出发，批判和谴责大国对小国的攻伐掠夺战争，不失为一种独到的学术见解。①

这说明了"兼爱""非攻"在现实世界有相当的根据，墨子的思想主体受环境因素影响，一方面要在宗法制度中移除阶级责任的片面化，另一方面又在封建制度中保留天子地位的主导性，矛盾归于墨子对主体之经验的解说。借由观察社会现象以及对百姓生活的怜悯或同情，墨子用人之所需的"利"去判定一个非实物理论的"爱"，是缺少严格的根据的，陈问梅说："兼爱一观念之正面意义，大抵详说即是'兼相爱、交相利'；稍简之，则为'相爱、相利'，再简之，则只是一个'兼'字。"②说明墨子从"兼爱"的善开始运思，如果人人行善，则社会也就会更替成为善的社会，"兼爱"是止乱求治天下的必需之法，而前提是人不带任何的私心杂念去展现自己和接受现况。然而，墨子不求回报地宣扬"非攻"的生命历程，表明了"兼爱"是当时实践道德最佳目的的理论。

三 政治哲学：尚同、尚贤

何谓"尚同"？就背景而言，天下众议不决、诸侯国兼并斗争不断、政治局势进退存亡，士农工商的平民社会在信仰上缺乏专一性，在行为活动的背后是追求各自的利益和目的，墨子曰："古者民始生，未有刑政之时，盖其语'人异义'。"（《尚同上》）"若苟百姓为人，是一人一义，十人十义，百人百义，逮至人之众不可胜计也，则其所谓义者，亦不可胜计。此皆是其义，而非人之义，是以厚者有斗，而薄者有争。"（《尚同上》）"天"生养"民"的原始状况没有刑罚或政治，百姓各为人主，人越多，不同的意见也越多，以自己的意见攻评别人的意见。然而结

---

① 孙中原：《墨学通论》，辽宁教育出版社1995年版，第243页。
② 陈问梅：《墨学之省察》，台北：台湾学生书局1988年版，第188页。

群定居是生活发展的需要，克服由思想对立引起的社会纷乱是人类应有的善，由大乱到大治的绝对要求在于思想统御的阶层管理，促使每个人履行应尽的义务，墨子曰：

> 明乎天下之所以乱者，生于无政长。(《尚同上》)
>
> 无正长以一同天下之义，而天下乱也。是故选择天下贤良、圣知、辩慧之人，立以为天子。天子既以立矣，以为唯其耳目之请，不能独一同天下之义，是故选择天下赞阅贤良、圣知、辩慧之人，置以为三公。天子三公既已立矣，以为天下博大，山林远土之民，不可得而一也，是故靡分天下，设以为万诸侯国君。国君既已立矣，又以其力为未足，不能一同其国之义，是故择其国之贤者，置以为左右将军大夫，以远至乎乡里之长。(《尚同中》)

墨子首先说明天下无国家政长之乱，是以有国家政长之建立。墨子显然是依功利主义之现实要求而说明国家之成立，以一人一义彼此相非为乱、为不利，是以乃求立天子，以一同天下之义，进而能治天下而得大利也。此所谓《尚同上》所言："察天下之所以治者何也？唯天子能一同天下之义，是以天下治也。"天子、三公、诸侯国君，乃至乡里官长等，管理阶层的存在条件不是按本阶层的利益来统一社会思想，而是每个阶层成员德才兼备、明察历练，化天下民意谋求整体幸福。原本弱肉强食的自然生态，应人类生活层面继家庭工作而扩大的认知，或是对强者自由意志的强制要求，或是对弱者自给自足的保护主张，一同政治征象的基点在有效实现均大众之利的"兼爱"。

而墨子的尚贤论，显示出墨子重视平等之义，打破了封建的僵化形式，由此充分回应了当时社会自由竞争的发展。《尚贤上》云："故古者圣王之为政，列德而尚贤；虽在农与工肆之人，有能者举之，高予之爵，重予之禄，任之以事，断之以令。……故官无常贵，而民无终贱；有能则举之，无能则下之。……是故子墨子言曰：'得意，贤士不可不举；不得意，贤士不可不举。尚欲祖述尧舜禹汤之道，将不可不以尚贤。夫尚贤者，政之本也。'"然而如何尚贤？必须使贤者得富禄敬誉，而后乃能鼓励人为贤为义。故在《尚贤上》言："是故古者圣王之为政也，言曰：'不义不富，不义不贵，不义不亲，不义不近。'"

尚贤的基础是以天志为其法仪。为政不能有权威以推行其政令，是以尚贤尚需授权以使能，此即墨子的"三本"。《尚贤中》云："何谓三本？曰：爵位不高，则民不敬也；蓄禄不厚，则民不信也；政令不断，则民不畏也。……夫岂为其臣赐哉；欲其事之成也。""故古圣王审以尚贤使能为政，而取法于天。惟天亦不辩富贵、贫贱、远迩、亲疏，贤者举而尚之，不肖者抑而废之。"孙中原认为：

> 墨子理想的"尚同"（即全国统一的贤人政治），就其实质来说，仍是属于封建地主阶级的专政，但确实也在一定程度上反映了小生产者（即农与工肆之人）希冀国家统一和社会安定的心理。①

说明在当时诸侯国权力坐大的政治现象，墨子对于多数可能的政治意见，用"利者，义之和也"来打破贵族和平民的思想界限，将各方的"义"进行查看和体验，经过互相订正归结一个"利"的结果。

四　文化哲学：节用、节葬、非乐

墨子讥儒之礼文为虚伪，并以功利观点讥儒者不善求利，不治生产，主张"节用""节葬""非乐"。就"节用"而言，墨子曰："圣人为政一国，一国可倍也；大之为政天下，天下可倍也。其倍之非外取地也，因其国家，去其无用之费，足以倍之。"（《节用上》）古圣王之治理天下，以节约来稳定多数人的幸福，向内整顿约束王公大人生活享受，先"富民"自然就能"后富国"，墨子曰："圣王为政，其发令兴事，使民用财也，无不加用而为者，是故用财不费，民德不劳，其兴利多矣。"（《节用上》）古圣王为使天下百姓得利，没有不是有益于实用才去做的，百姓得到休养生息的机会，秩序在社会基本互动中取得共识，自发地为推动国家财富蓄积。位处管理阶层的王公大人，接受百姓各种劳动生产的成果供给，墨子曰："古者圣王，制为节用之法曰：'凡天下群百工，使各从事其所能，凡足以奉给民用，则止。'诸加费不加于民利者，圣王弗为。"（《节用中》）

---

① 孙中原：《墨学通论》，第31页。

以百姓为中心的"仁义"道德，会在百姓实际生活中呈现实质的"利"。墨子又曰："其使民劳，其籍敛厚，民财不足，冻饿死者不可胜数也。……与居处不安，饮食不时，作疾病死者，有与侵就伏橐，攻城野战死者不可胜数。"（《节用上》）诸侯国主向百姓从重征税，互相掳掠俘虏他国百姓，这样"不利人"的行为就是"不仁义"的道德表现，指责统治者的奢侈（百姓已穷苦，非指百姓），"暴夺民衣食之财"的豪取强夺，提出"凡足以奉给民用则止，诸加费不加于民利者，圣王弗为"的原则，故主张节宫室、衣服、饮食、舟车、蓄私等。

何以墨子主张"节葬"？墨子曰：

> 细计厚葬。为多埋赋之财者也。计久丧，为久禁从事者也。财以成者，扶而埋之；后得生者，而久禁之，以此求富，此譬犹禁耕而求获也，富之说无可得焉。（《节葬下》）

> 苟其饥约，又若此矣，是故百姓冬不仞寒，夏不仞暑，作疾病死者，不可胜计也。此其为败男女之交多矣。以此求众，譬犹使人负剑，而求其寿也。众之说无可得焉。（《节葬下》）

> 出则无衣也，入则无食也，内续奚吾，并为淫暴，而不可胜禁也。是故盗贼众而治者寡。夫众盗贼而寡治者，以此求治，譬犹使人三还而毋负己也，治之说无可得焉。（《节葬下》）

厚葬是埋掉大量钱财，久丧是长久禁止从事，不能增加百姓财物，丧期的哀毁瘦损或冬寒暑酷，不能延续百姓生命，所见墨子主张"节葬"，一方面反对统治者"多埋赋财富"以及杀殉，另一方面破除百姓中亲死则"久禁从事"的陋俗。

何以墨子主张"非乐"？墨子曰：

> 仁之事者，必务求兴天下之利，除天下之害，将以为法乎天下。利人乎，即为；不利人乎，即止。且夫仁者之为天下度也，非为其目之所美，耳之所乐，口之所甘，身体之所安，以此亏夺民衣食之财，仁者弗为也。（《非乐上》）

仁者，有利于天下人的就去做、不利于天下人的就停止，不会为了自己享受歌舞佳肴而损害百姓生存的需求。墨子曰："先王之书汤之官刑曰：'呜乎！万舞佯佯，黄言孔章，上帝弗常，九有以亡，上帝不顺，降之百囗，其家必怀丧。'……于武观曰：'启乃淫溢康乐，野于饮食，将将铭苋磬以力，湛浊于酒，渝食于野，万舞翼翼，章闻于大，天用弗式。'故上者天鬼弗戒，下者万民弗利。"（《非乐上》）古圣王汤书记载，欢悦的舞姿或嘹亮的乐曲，上帝不应而人得百祸；武王记载夏启嬉游纵乐，奏响管磬或编制舞群，上帝不依顺而国家毁败。然而，"乐"之无用，墨子有以下观点。（1）造为乐器，浪费民财。（2）为乐不足以禁暴止乱，于事无补。（3）为乐浪费民力，妨害生产。（4）与人为乐，必将荒废时日。（5）多养乐工，消耗财用。故认为统治者征调许多劳动力制造乐器，充当乐手，耽误了生产，为乐不中万民之利，故主张"非乐"，其实"乐"具有感化人心的积极意涵。

五　人文关怀：宗教、道德、教育

（一）宗教情怀

墨子所处的时代，正如孟子所言："世衰道微，邪说暴行又作；臣弑其君者有之，子弑其父者有之……"（《孟子·滕文公下》），其肇始于礼坏乐崩、道德败坏，人的行为"无法所度"之社会。"富贵者奢侈，孤寡者冻馁"（《辞过》），"天下之庶国，方以水火毒药兵刃以相贼害"（《天志下》），天下众诸侯国互相征伐，亏人贼人的祸祟贫乱，导致人们流离失所，对生命无所归向。墨子探析社会纷乱，是因为人们没有遵从与效法的榜样，人们不再感知宇宙的一切来自"天"所赐。墨子认为"天"主宰宇宙的一切、覆载万物孕育所有人，"故圣人作则，必以天地为本"（《礼记·礼运》）。墨子言："百工从事，皆有法所度。"说明君王统治天下"无法所度，此不若百工辩也"（《法仪》），没有依循法则明辨事务，政事就无法得到治理，"皆欲国家之富，人民之众，刑政之治，然而不得富而得贫，不得众而得寡，不得治而得乱"（《非命上》），失去所想的却得到所憎恶的，与愿相违的主因，是从细微到国事以至于天下均失去可判准的制度。墨子说治理国家大事的法规，"父母、学、君三者，莫可以为治法"（《法仪》），人的仁爱不足广被，唯"天"富爱众生中的每一个人，堪当

【北学与区域文化】
《墨子》思想的人文关怀

是非善恶的法则,"莫若法天",百姓才能理性地守住规范。墨子还以居于"天"之下的"鬼神",作为人行为的执行裁判,借由当时人们对宇宙神秘所产生的畏惧、模仿或盼望的心理态度,"皇矣上帝,临下有赫,监观四方"(《诗经·皇矣》),"有知能形且能害人",鬼神降灾赐福,在《墨子》一书中也多次记载鬼神助天执行"赏善罚暴"的权能,上至王公下至庶民无所遁形,能更有效地治国兴利除害。

又《天志上》曰:"我为天之所欲,天亦为我所欲。"意指人的吉凶灾祥是"天"对人的义与不义进行赏罚之结果。"顺天志",则"天"使天下百姓各得其利、安居乐业,是人民最大利益的缘由;相反,背离者"以天为不明,以鬼为不神"(《公孟》),墨子举"执有命者以集于民间者众"(《非命上》)。这些人强调纵然使出很大的力气,仍不能改变生活的状况,亦非"天志"所能解决,认为外在社会的安危超出个人的努力是"命",用这些话对上妨害治国、对下阻碍生产。墨子说:"以为政乎天下,上以事天鬼,天鬼不使;下以持养百姓,百姓不利……昔者三代暴王桀纣幽厉之所以共抟其国家,倾覆其社稷者,此也。"(《非命下》)如果用这样的方法来治理天下,向上侍奉天帝鬼神,天神必不依从;对下养育百姓,人民必得不到利益而离开;守国不会牢固、对外抗敌不会胜利,是暴君所以国家灭亡、社稷倾覆的原因。墨子强调"此世未易民未渝,在于桀纣,则天下乱;在于汤武,则天下治"(《非命上》),如果"有命"的说法是对的,为何同样的百姓、同样的社会,在暴君之下会动荡,在圣人之下则安定。此乃"与其百姓兼相爱,交相利,移则分。率其百姓,以上尊天事鬼,是以天鬼富之,诸侯与之,百姓亲之,贤士归之"(《非命上》)。

圣人治理天下,循"天志"所向,率领人民尊崇天地鬼神,进而天神赏赐、诸侯辅佐、百姓追随、贤士归附,"天下之治也,汤武之力也;天下之乱也,桀纣之罪也"(《非命下》),这都是圣人施政清明,方能成就天下自然和乐。所谓"无可奈何"皆是人不循其道、努力不足,故墨子主张"非命",要人刻苦自励、强力而行。

墨子以生命之善的本源——"天志",在动乱中建立人们劝善惩恶的规范,转化众人求生的信念,帮助人拥有面对困境的毅力。墨子明了天下的"乱"不是天形成的"恶",牟宗三说,"'恶'的最基本的意义就是人

· 219 ·

心之陷于物欲"①，是人们精神寄托偏差短暂迷失，人们需要反思隐藏在内心的本愿，改变存在者所见的表象，共同创造不再令人恐惧的生存空间，使自己得到心安的生活方式。墨子让人们坚持"顺天志"的信念，如圣人"无然畔援，无然歆羡，诞先登于岸"（《诗经·皇矣》）。不顾盼徘徊、不攀比羡慕，才能在逆境中着陆，将这股意念付诸行动能改变生活，使之形成人类生存环境当中的力量，有助于社会善良环境的形成，开创生活养成良善信念。落实通过某些绝对的现象来显现生命的意义和价值，墨子开展人类向"天"行善的心，感悟"天之意"行"义"，让人性的爱与天的思想合一，"民德归厚矣"使人拥有悲天悯人的情怀。

（二）道德蹈砺

顺"天志"行"兼爱"，实为在生活中趋利避害。"天为贵，天为知"（《天志中》），"天"具有最尊贵之地位，超越一般人的知微知隐，若要避免"所欲不得而所憎屡至"（《尚贤中》），我们必须行天之所欲义而恶不义。"义者，正也。"（《天志下》）朝向公正的利益即为"义"，墨子说"利之中取大，害之中取小"，在所做的事情中衡量轻重利弊称作"权"，是正当的行为。若所"权"事情之轻重，是有利天下而害己，却选择己利而避害，这样的行为不合乎"义"。墨子还说："于事为之中而权轻重之谓求。求为之，非也。"（《大取篇》）每个人都想追求最大的利，若在衡量之中探求个人的得失，并非真正的行义。墨子要正天下之"义"、当谋天下之"利"，匡扶人性光辉之所在、营谋生命延续之所据，以治天下之"恶"成为其仁义道德的动力。"止楚攻宋"，公输盘为楚国制作云梯攻打宋国，墨子用"利国利民利己"的"义"成功阻止公输盘出兵，"公输子谓子墨子曰：'吾未得见之时，我欲得宋，自我得见之后，予我宋而不义，我不为。'子墨子曰：'翟之未得见之时也，子欲得宋，自翟得见子之后，予子宋而不义，子弗为，是我予子宋也。子务为义，翟又将予子天下。'予我宋而不义，我不为"（《鲁问》）。足见墨子以"义"的观念，实践"兼爱"的理想价值以"交相利"。墨子对公输盘说，只要努力去行义，天下将归附于你，故"若有能以义名立于天下，以德求诸侯者，天下之服可立而待也"（《非攻下》）。但就现实的生活历程而言，"今天下莫为义"

---

① 牟宗三：《道德的理想主义》，台北：台湾学生书局1985年版，第15页。

(《贵义》)，少有人愿意做有利于众人的事，墨子"独自苦而为义"(《贵义》)，不间断地教导弟子们，仁义之士不应只为身享厚禄。

从"法天""事鬼"向内转化为"兼相爱交相利"，墨子言："上利乎天，中利乎鬼，下利乎人，三利无所不利，是谓天德。"(《天志中》)圣人对天、鬼、人三方躬行，成就"天德"与"天"相互参透。《尚书·周书·蔡仲之命》曰，"皇天无亲，惟德是辅"，上天对人不分亲疏，只帮助有德行的人，"如是，则非德，民不和，神不享矣。神所冯依，将在德矣"(《古文观止》卷一《宫之奇谏假道〈左传·僖公五年〉》)，若君王无道德品行，天下不会和睦，上天也不会享用祭品而赐福于人，"天"所依凭的乃在于人之德行。墨子认为："小仁与大仁，行厚相若，其类在申。"(《大取篇》)一般人与天子德行的厚薄是相同的，只看其人能否施展才能。在"天"之下，被爱者与爱人者存在的价值是平等的，爱人者能把爱广被他人，被爱的人被赋予爱而能自主反思，将受惠的价值尽己所能地反馈社会，分享或创造其价值，促使人们普遍相爱产生互惠，这样的道德循环，便是墨子欲求的生活的最高价值——"兴天下之利"。所以，在"天"之下，人们可以彼此尊重、普遍互爱，正如方东美所言，"道德是生命的纲纪，又是生命价值的具体表现"①的生活信念。

墨子"法天"，使人的意志行为根源于"天志"，实践道德是人类生命的意义，陈福滨言："坚实的伦理基础上，役物而不役于物，始能贞定人类的心灵。"②能明心见性坦诚察知自己，心境从心所欲到洞察天下，提升爱人的动力相互受惠。人之所以为人的根本价值，在于人类有能力爱人，人可以自觉将这些意念根植于人心，对"义"是人生的基础有所自觉，提升精神层次，懂得互爱的本源，选择勇敢地向善，使生活根本稳固而不失"真"。如此，若当人无法求得某一情境来满足个人之欲望，道德感亦能使人之行为因有法度而自由安定，生命历程不会有被拔了根、落了空的恐惧感，生活里的侵犯他人之事件不再比比皆是；对应万物生存于自然界中，宇宙共生共利而生生不息。值得省思的是，虽然努力生活是祈求生命顺遂，但当生命沦入苦难和贫困的最严重阶段，如何落实这样的信念，使社会和谐，使人类趋向文明，使生活走向幸福？

---

① 方东美：《中国人生哲学》，台北：黎明文化事业1988年版，第44页。
② 陈福滨：《伦理与中国文化》，台北：辅仁大学出版社1998年版，序言。

(三) 教育施行

周文疲敝，墨子了解到"天下匹夫徒步之士，少知义而教天下以义者，功亦多"（《鲁问》），而"义不从愚且贱者出，必自贵且知者出"（《天志中》）。由高贵具有智慧的人"行义"，去治理愚蠢低贱的人，由上而下除害兴利，为政者勤政爱民，致仕者贤良正直，"士者，所以为辅相承嗣也"（《尚贤上》），故人才教育是国家发展的根本，"隐匿良道不以相教"（《尚同上》）是天下混乱的原因，故墨子鼓励人"上有过则规谏之，下有善则傍荐之"（《尚同上》），使教育普及，以提升智慧，让所有人"闻善与不善，皆以告其上"（《尚同上》），开启人的觉悟，并产生坚定的勇气面对处境，集中国家力量而非勾结营私，拯救当时沦入苦难和贫困的平民百姓，彰显潜藏于心的信德。欲为天下谋福利，寻回迷失的真性，墨子认为人性不是注定的，却如待染的生丝，通过环境、教育，造就人的不同品行，《淮南子·说林训》曰："墨子见练丝而泣之，为其可以黄，可以黑。"《所染篇》曰："舜染于……禹染于……汤染于……武王染于……此四王者所染当，故王天下……举天下之仁义显人……夏桀染于……殷纣染于……厉王染于……幽王染于……此四王者所染不当，故国残身死，为天下僇。""染"意指教化，如同生丝被染色，说明了教化所具有的决定性。

古之圣王观察近身周围，再推及治理天下，而君子观察近身，乃在于修养自己的身心；因为"非独国有染也，士亦有染"（《所染》），每个人都会被教育影响，故需重视品德的养成、知识的传授，更要力行实践。墨子认为"虽有学，而行为本焉"（《修身》），讲求才识外，更应该以德行为根本，"志不强者智不达"（《修身》），意志不坚的智慧一定不高，不足以守住行善的道德规范。学习或询问任何事物，要懂得与思考并行，"置本不安者，无务丰末"（《修身》），李生龙认为，"墨子主张学问必须实践，言论必须行动"[①]，人们应将所学落实于生活，合其"志、功"，动机和效果并行观察，立志一定要善良而且行为对人是有利的。持续思辨的行为才能称为品德，"善无主于心者不留，行莫辩于身者不立"（《修身》），行善要出自内心所思，才能成为习性，行为要由本身审辩，才能被立为典范，"君子以身戴行者"（《修身》），才是言行合一的君子。是以墨子重视

---

① 李生龙注译：《新译墨子读本》，台北：三民书局2014年版，第450页。

学生的行为标准,认为"言足以复行者常之,不足以举行者勿常"(《耕柱》),言论可以做到对人有利的才推崇,能力所及的才可以言论,否则就是空言妄语,谨记"口言之,身必行之"(《公孟篇》),"言必信,行必果"(《兼爱下》),若只说不做乃乱之始。同时,墨子更力劝人之自觉,"与禽兽麋鹿、蜚鸟、贞虫异也",需"赖其力者生,不赖其力者不生"(《非乐上》),遇到可造之才当循循善诱,"好美、欲富贵者,不视人犹强为之。夫义,天下之大器也,何以视人?必强为之"(《公孟篇》),学习是一种义理之事,最贵重且需要人努力"行义"。

墨子的言传身教对后世有巨大的感染力,李石岑认为"墨子的思想成为当时的'天下之言',而为一般人所归向"[1],四处奔走用以关怀众人。"摩顶放踵,利天下为之"(《孟子·尽心上》)。李石岑解释说:"摩顶放踵,是对个人享受的节制;利天下,是对社会福利的营求。"[2]《备梯》载:"禽滑厘子事子墨子三年,手足胼胝,面目黧黑,役身给使,不敢问欲。"墨子对于个人要求以苦为乐,俭朴自奉,以大禹"劳天下"的精神吃苦为义。李绍崑先生言:"墨子的教育哲学是以'天'为中心,他的教育目的是把他的弟子培养成为'尊天、事鬼、爱人、节用'的智者。"[3]墨子"为义非避毁就誉",行义不回避诋毁追求称誉,也会派遣弟子到各国宣传"利天下",对弟子高石子"倍禄而乡义"(《耕柱》)的致仕行为大为赞赏,更教化了弟子们知其不可为而为之的精神,《淮南子·泰族训》记载:"墨子服役者百八十人,皆可赴火蹈刃,死不旋踵,化之所致也。"经由"教化",墨家弟子成为不畏艰苦的仁者,具有为义行道的胸怀,正如《经上篇》云:"任,士损己而益所为也。"高亨解释"能保护人者谓之人,能辅助人者谓之侠。任者甘于牺牲自己,以求有益于所为之人"[4]。由此,墨子的施教改变人对生活的态度,愿意为社会谋求最大的利益,实为墨子"德化之至也";以德行感召他人,也是墨子教育的目标,人人行义以济世,对生命具有责任感,日趋于善,最后止于至善,开创完整的生命价值。

---

[1] 李石岑:《中国哲学十讲》,江苏教育出版社2005年版,第80页。
[2] 李石岑:《中国哲学十讲》,第80页。
[3] 李绍崑:《墨子:伟大的教育家》,台北:台湾商务印书馆1989年版,第19页。
[4] 高亨:《墨经校诠》,清华大学出版社2011年版,第76页。

六　结语

　　《墨子》的天志以"义"为其内容,因此,墨学也可以说是以义道,尤其是以"天志"之最高义道为其极境。"义"者,不但是人所应行之道,更是天之意志所在,此"义道"不只及于人间,更及于天地鬼神,而将人间世与鬼神世界通而为一,是为政教合一的义道表现。而在周文疲敝之后,人与人之间的争论,国与国之间的争斗,使诸侯征战,人民痛苦不堪,此实为大不义,如何在现实生活中安身立命,便是停止征战而主张"非攻"之论。欲人止战非攻,则当先使人能相爱互利,是以"兼爱""非攻"实乃尚同"天志"而后有之最具体的行动与关怀。然在现实生活之中,大多数的人皆只扫门前雪,在理想之提出与现实之关怀下,则很少有人如同墨子以身作则,以个人生命具体地表现"天志"、义道的伟大内容。是以吾人在理解墨学之时,实应掌握墨子特殊之生命气质与表现。"尚同""尚贤",墨子提出建立以能分工的社会,否定贵族命定论;"节用""节葬""非乐",乃墨子力劝上位者厉行节约、鼓励人民从事生产。综观墨子学说的脉络,当可感受到墨子学说思想的一致性,及其所关涉的人文关怀,并可深刻体会墨子实践"兼相爱、交相利"的生命之理。

魏晋北朝时期的燕赵世族家学与乡邑师学

刘 洋[*]

摘要： 魏晋北朝时期的燕赵儒学主要有依附于世家大族的家学和依存于儒学经师的师学两类。依靠门阀力量传承儒家经典的世族家学深刻影响了北方政权和社会，是当时影响政治的重要力量；居于乡邑传经讲学的经师们则实现了文化传承，并逐渐产生了新的思想动向，是学术传承中最重要的环节。

关键词： 魏晋北朝；燕赵经学；世族家学；乡邑师学

在魏晋北朝时期，儒家经学大致可以分为依附于世家大族的家学和依存于儒学经师的师学两类，按时代来说，燕赵儒家经学以北朝时期最有代表性。在《魏书》《北史》《北齐书》等史料的记载中，当时精通经学的儒家人物明显分成两类，第一类大多放在《列传》之中，这些多是出身于世家大族的儒家人士，他们大多在朝为官且身居要职；另一类则是放在《儒林传》之中的学者，他们并不深度参与朝政，而主要是居于乡邑传播儒学经典的儒家经师。这两类人士都继承了东汉以来的学统，但他们传承弘扬儒家经学的方式和历史地位有所不同。

一 魏晋北朝时期燕赵世族家学

燕赵儒学经历魏晋十六国的延续和动乱之后，从北魏开始才有所复兴，北魏是鲜卑人的皇室与汉族门阀实行联合统治的朝代，作为本来是游

---
[*] 刘洋，河北省社会科学院哲学研究所助理研究员。

牧民族的鲜卑人,想要入主华夏就不能不学习汉人的优长,采纳汉族智力之士的谋划,这就使他们接触到中原的儒学,并且越来越接纳儒学、信用儒学和喜爱儒学。这一时期的儒学及其典籍往往与当时扎根北方的士族门阀大族有关。这些门阀大族继承汉代的经学世家,或是高官名门之后,在当时儒学的传承和儒家经典的保守和弘扬上都是有力的。在当时,与燕赵地区关系密切的世家大族的典型代表有卢氏家族、冯氏家族、李氏家族、崔氏家族、高氏家族等,他们都传承了儒家文化,有着各自的家学。

(一) 范阳卢氏之学

范阳卢氏本系出于东汉末年涿郡涿县(今河北省涿州市)人卢植,卢植是经学大家,著有《尚书章句》《三礼解诂》等,皆已亡佚。他还曾教授过刘备、公孙瓒等人,担任过北中郎将、尚书等职,镇压过黄巾起义,做过袁绍的军师,是文武双全的一代大儒。涿郡后称范阳,因此卢植的后人为范阳卢氏。

卢植之子卢毓,官至曹魏司空,封容城侯,以儒学著称。卢毓之子卢钦,官至西晋尚书仆射,专研经史,淡泊而有远见,著有诗赋论难数十篇,书名《小道》。卢毓之子卢珽,官至西晋卫尉卿。卢珽之子卢志,官至西晋尚书。卢志之子卢谌,官至后赵中书监,死于冉魏冉闵之手,他清敏有理思,好《老》《庄》,善属文,著有《庄子注》等,有文集,至今尚有诗歌数篇传世。卢谌子孙或归慕容氏之燕,或投南方之东晋,各自发展。直到卢谌的曾孙卢玄(字子真)之时,北方已经是北魏的天下了,北魏太武帝征召天下儒俊,卢玄名列第一,授为中书博士。从此,范阳卢氏开始真正发达起来。卢玄被当时的北魏司徒崔浩、南朝刘宋皇帝刘义隆等人共同称叹,是极为儒雅之人。卢玄子孙兴旺,在北魏皆出任要职。加上其他卢氏支系,北魏时期,范阳卢氏十分兴盛,在北魏孝文帝时,范阳卢氏正式被确认为当时的"四大高门"之一。以上卢氏,皆以传承儒学并受到国家重视和任用为特色。

范阳卢氏之学以卢景裕和卢辩之经学最为著称。卢景裕学行最优,而《北史》载:"景裕字仲孺,小字白头。少敏,专经为学。居拒马河,将一老婢作食,妻子不自随从。又避地大宁山,不营世事。居无二业,唯在注解。其叔父同职居显要,而景裕止于园舍,情均郊野。谦恭守道,贞素自得,由是世号居士。节闵初,除国子博士,参议正声,其见亲遇,待以不

【北学与区域文化】
魏晋北朝时期的燕赵世族家学与乡邑师学

臣之礼。永熙初，以例解。天平中，还乡里。与邢子才、魏季景、魏收、邢昕等同征赴邺，景裕寓托僧寺，讲听不已。"① 又说 "景裕风仪言行，雅见嗟赏。先是，景裕注《周易》《尚书》《孝经》《论语》《礼记》《老子》，其《毛诗》《春秋左氏》未讫。齐文襄入相，于第开讲，招延时俊，令景裕解所注《易》。景裕理义精微，吐发闲雅。时有问难，或相诋诃，大声厉色，言至不逊。而景裕神彩俨然，风诵如一，从容往复，无际可寻，由是士君子嗟美之。初，元颢入洛，以为中书郎。普泰中，复除国子博士。进退其间，未曾有得失之色。性清静，淡于荣利，弊衣粗食，恬然自安，终日端严，如对宾客"②。《太平广记》亦载："范阳卢景裕，太常静之子，司空同之犹子。少好闲默，驰骋经史。守道恭素，不以荣利居心，时号居士焉。初头生一丛白毛，数之四十九茎，故偏好《老》《易》，为注解。至四十九而卒，故小字白头。性端谨，虽在暗室，必矜庄自持。盛暑之月，初不露袒。妻子相对，有若严宾。"③ 卢景裕后来官至中书郎、国子博士，他的学术钻研既广且精，尤其善《周易》，但其书已佚，唐代孔颖达的《周易正义》和唐代李鼎祚的《周易集解》中保存着一些卢景裕的《周易》注解。焦桂美《南北朝经学史》归纳指出：卢景裕的注释有着"重视文字训诂"，"长于象数解《易》"④ 的特色，其以象数解《易》，则有"用升降、卦变说解《易》"，"用互体说解《易》"，"用乘应说解《易》"，"用消息说解《易》"⑤ 等特征，其学本于郑玄之汉《易》，但也含有以义理解《易》的倾向。另外，卢景裕还爱好佛学，通释氏大义，天竺僧道㶇，每译诸经论，辄请其作序。

卢景裕之弟卢辩，字景宣，少好学，博通经籍。卢辩在北魏末年曾举秀才，为太学博士，官至西魏太子少师，封爵范阳郡公，北周时官至大将军。《北史》记载："自孝武西迁，朝仪湮坠，于时朝廷宪章、乘舆法服、金石律吕、暑刻浑仪，皆令辩因时制宜。皆合轨度，多依古礼。性强记默识，能断大事，凡所创制，处之不疑。"⑥ 又说 "初，周文欲行《周官》，

---

① （唐）李延寿：《北史》，中华书局 1974 年版，第 1098 页。
② （唐）李延寿：《北史》，第 1099 页。
③ （宋）李昉等编：《太平广记》，中华书局 1961 年版，第 1519 页。
④ 焦桂美：《南北朝经学史》，上海古籍出版社 2009 年版，第 353—354 页。
⑤ 焦桂美：《南北朝经学史》，第 355—356 页。
⑥ （唐）李延寿：《北史》，第 1100 页。

· 227 ·

命苏绰专掌其事。未几而绰卒，乃令辩成之"①。则北周仿自《周官》六官之政权制度，颇有出于卢辩之手者。卢辩的著作有《大戴礼记注》，此书也已佚失大半，残存二十四篇保存于《四库全书》《汉魏丛书》《增订汉魏丛书》《四部丛刊》《丛书集成初编》等丛书中，清代孔广森《大戴礼记补注》即对卢辩的《大戴礼记注》的整理和补充。焦桂美《南北朝经学史》研究指出：卢辩的《大戴礼记注》有"重视训诂，阐释大义"，"注重校勘，保存异文"，"注解简明，考订详实"，"广征博引，以书解书"，"不泥一家，好立异说"②等特点。卢辩之作注，既具有北学考察详细、好用纬书的特色，也与南学之简明杂糅的风格有相通处，可以反映北朝后期经学风格的演变和南北方学术的交融。此外，卢辩对于《大戴礼记》文献的整理保存功不可没，还为后人尤其是清代考据学者们整理研究《大戴礼记》奠定了基础。

（二）长乐冯氏之学

长乐冯氏本系出于西汉左将军、光禄勋冯奉世之子宜乡侯冯参，长乐是指冀州长乐郡信都县（今河北省衡水市冀州区），到了东汉以后，冯氏家族是这一带的望族。但长乐冯氏在魏晋南北朝时期的崛起，则是由于十六国时期，信都人冯安任慕容氏大将，冯安之子冯跋，徙于和龙（即龙城，今辽宁省朝阳市），为北燕中卫将军；其时中原战乱频繁，公元407年，后燕灭于北魏，冯跋于公元409年建立北燕王朝，以龙城（今辽宁省朝阳市）为都。北燕领有今辽宁省西南部和河北省东北部，立国三十年，有二帝，冯跋为第一代皇帝，冯跋之弟冯弘为第二代皇帝，公元436年，北燕为北魏所灭，冯弘奔高句丽，两年后为高句丽王所杀。

据载，冯跋"幼而懿重少言，宽仁有大度。……饮酒一石不乱，三弟皆任侠，不修行业，唯跋恭慎"③，冯跋称帝后勤于政事，废除苛政，重视农桑，关爱宗族，简政爱民。他还重视教育，兴办学校，下诏说："武以平乱，文以经务，宁国济俗，实所凭焉。自顷丧难，礼崩乐坏，闾阎绝讽诵之音，后生无庠序之教，子衿之叹复兴于今，岂所以穆章风化，崇阐斯

---

① （唐）李延寿：《北史》，第1101页。
② 焦桂美：《南北朝经学史》，第355—356页。
③ （唐）房玄龄等：《晋书》，中华书局1974年版，第3127页。

【北学与区域文化】
魏晋北朝时期的燕赵世族家学与乡邑师学

文! 可营建太学, 以长乐刘轩、营丘张炽、成周翟崇为博士郎中, 简二千石已下子弟年十五已上教之。"① 这些都体现了冯跋的儒学气质。

北燕彻底灭亡后, 冯弘之子冯朗有女被没入北魏太武帝拓跋焘掖庭, 这就是后来的北魏文明皇后, 北魏献文帝的冯太后, 北魏孝文帝的太皇太后。冯太后两度临朝称制, 掌握天下十五年, 她为政节俭爱民, 执政期间还颁布了《均田令》, 是北魏中期全面改革的实际主持者, 她教导了北魏孝文帝, 引导并全力支持了北魏孝文帝的改革, 开启了北魏鲜卑人的全面汉化, 在全社会大力推广了儒学。如果不是冯太后有着长乐冯氏的文化素养和家学渊源, 那是完全不可能的。同样, 北魏启动的汉化进程和儒学推广, 也是历史上一个极其重大的事件。长乐冯氏后人在北魏、北齐时多为外戚或高官, 他们大多是儒家文化的坚定推行者。

(三) 赵郡李氏之学

赵郡李氏本系相传出于战国赵国李牧, 至汉初之时则有著名军事家李左车, 西晋时, 李左车之后裔李楷, 曾任司农丞、治书侍御史, 晋乱, 李楷全家徙居于赵国平棘县 (今河北省赵县西南、高邑县东北), 李楷子孙兴旺, 逐渐成为当地望族, 后世称为赵郡李氏。

赵郡李氏以儒学显达于北魏, 其以经学传家, 与范阳卢氏相仿。北魏道武帝时有李先, 官至中书博士、定州大中正; 北魏明元帝即位后, 任安东将军, 封寿春郡开国侯, 后迁武邑郡太守; 北魏太武帝即位后, 入为内都坐大官。北魏道武帝曾问李先: "天下何书最善, 可以益人神智?" 先对曰: "唯有经书。三皇五帝治化之典, 可以补王者神智。"② 于是北魏道武帝下诏天下搜求经籍。又有李飒、李灵、李绘、李谧、李郁、李同轨、李神威等, 其学问皆有名于北魏。焦桂美《南北朝经学史》归纳, 李飒恬静好学, 有声赵魏。道武平中原, 闻其已亡, 哀惜之。飒子灵神麚中为太武所征, 以学优选授文成皇帝经。李绘曾奉敕撰五礼, 与太原王乂同掌《军礼》。李公绪博通经传, 雅好著书, 《北齐书》《北史》本传云其所著经部著作有《礼质疑》五卷、《丧服章句》一卷, 《隋志》不著录。李曾, 孝伯父, 少以郑氏《礼》《左氏春秋》教授为业。李谧, 字永和, 《北史》

---

① (唐) 房玄龄等:《晋书》, 第3132页。
② (北齐) 魏收:《魏书》, 中华书局2017年版, 第875—876页。

本传载四门博士孔璠等上书，云其年十三通《孝经》《论语》《毛诗》《尚书》。后著《明堂制度论》，又鸠集诸经，广校同异，比三《传》事例，撰《春秋丛林》十二卷。延昌四年（515）卒，年三十二。《隋志》有《春秋丛林》十二卷，不著撰人。两《唐志》卷数同，并云李谧撰。李郁，字永穆，博通经史。与广平王怀为友，怀曾征徐遵明在馆，令郁问其五经义例十余条，遵明所答数条而已。郁于北魏末曾为国子博士。《北史》本传云"自国学之建，诸博士率不讲说，其朝夕教授，唯郁而已"。北魏孝武帝永熙三年（534），于显阳殿讲《礼记》，诏郁执经："'郁解说不穷，群难锋起，无废谈笑。孝武及诸王凡预听，莫不嗟善。'李同轨，学综诸经，兼该释氏，又好医术。卢景裕卒，齐神武帝引同轨在馆教诸公子，甚为嘉礼。每旦入授，日暮始归。缁素请业者，同轨夜为解说，四时恒尔，不以为倦。李神威，幼有风裁，家业礼学，又善音乐，撰集乐书近百卷，卒于尚书左丞。"① 从这些都可以看到赵郡李氏家传经学和人才济济的兴盛情况。

（四）清河崔氏与博陵崔氏之学

清河崔氏与博陵崔氏原本同根，都是齐太公姜尚之后，西汉时，有崔业、崔仲牟兄弟，崔业居于清河东武城（今河北省故城县南部），后裔即为清河崔氏；仲牟居涿郡安平（今河北省安平县），后裔即为博陵崔氏。

东汉末年，清河崔氏有崔琰及其从弟崔林。崔琰是汉末冀州名士，曾任曹魏尚书、中尉，是清河崔氏的肇基之人，在当时影响力很大，后来因为得罪曹操，被杀。崔林有着"大器晚成"之美誉，在曹魏官至光禄勋、司隶校尉，累迁司空，进封安阳乡侯，清河崔氏大多是他的后裔。

清河崔氏西晋永嘉之乱后，一部分族人南迁东晋，一部分族人留在北方，留在北方的有崔悦，是崔林后裔，曾出仕十六国时期的后赵政权，封关内侯。崔悦之子崔潜，崔潜之子崔宏，皆仕后燕，有饱学之名。崔宏后投北魏道武帝拓跋珪，参与创制典章，并议改国号为魏，为道武帝所采纳。崔宏在北魏曾任吏部尚书，总裁律令、朝仪、官制，又通制三十六曹，权倾一时，后升任天部大人，累封白马公。崔宏在北魏地位崇高，其家族是当时实力最雄厚也是最显赫的望族之一。崔宏之子崔浩，字伯深，

---

① 焦桂美：《南北朝经学史》，第49—50页。

【北学与区域文化】
魏晋北朝时期的燕赵世族家学与乡邑师学

少好学,博览经史,阴阳历算,百家之言,无不该览,精研经义,时人莫及,常为北魏皇帝讲授经书。崔浩在北魏历任三朝,富贵尊崇,又常为皇帝观察天象,预测吉凶,并深度参与到军国大事之中,经常出谋划策,并屡屡言中,受到皇帝和群臣的重视和佩服。崔浩袭父爵白马公,到北魏太武帝拓跋焘时,进爵东郡公。崔浩精通天文历算,作《五寅元历》,又以道教天师寇谦之为师,信谦之之道,却厌恶佛教,并劝太武帝灭佛,虽寇谦之对此坚决反对,然而在崔浩的推动下,北魏太武帝还是下令灭佛,直到太武帝死后,佛教才又恢复起来。崔浩始则皇帝亲信,宠遇无比,后则因为撰修《国记》,并将其刊刻在碑上,公开披露了大量早期鲜卑人历史中的丑恶事件,触怒了鲜卑上层贵族,被太武帝下令诛杀,同时诛灭崔浩亲族和有关编写人员,史称"国史之狱","清河崔氏无远近,及范阳卢氏、太原郭氏、河东柳氏,皆浩之姻亲,尽夷其族。其秘书郎史以下尽死"。[①] 北魏太武帝对清河崔氏的族诛,或许并没有表面上仅仅是编修《国记》引起的那样简单,这次"国史之狱"其实是对北方几个汉族士族门阀的一次团灭,很可能有深层次的政治考量。清河崔氏受此打击销声匿迹多年,直到北魏孝文帝汉化改革之后,才重新复兴。崔浩在将《国记》刻碑时,同时也刊刻了自己的《五经注》,这是他对自己精通儒家经学的一次炫耀,尽管清河崔氏在北魏遭受了灭顶之灾,但清河崔氏的一部分经史之学还是流传下去并影响到了后来,例如北齐时期编撰《魏书》,就曾使用过北魏当时整理的史书材料。

博陵崔氏在东汉晚期有崔寔,有才干,能通经致用,著有涉及农学、经济、教育、文化等多方面的著作《四民月令》。崔寔玄孙崔洪,在西晋曾历任治书侍御史、尚书左丞、吏部尚书、大司农等职,崔洪曾孙崔懿,在十六国时期的后燕官至秘书监,北魏以后的博陵崔氏主要是他的后裔。

博陵崔氏在北魏、东魏、西魏、北齐、北周之际出了不少高官,其中崔鉴、崔辩、崔挺、崔振、崔纂等,率皆博学有文。其中崔鉴历仕中书博士转侍郎,赐爵桐庐县子;崔辩征拜中书博士,武邑太守;崔挺举秀才出身,拜中书博士,历任中书侍郎、登闻令、典属国下大夫,后出任昭武将军、光州刺史、光州大中正等;崔振自中书学生为秘书中散,后官至尚书左丞、肆州刺史、转河东太守等。这些人大抵起自中书,多为博士,后至

---

① (唐)李延寿:《北史》,第789页。

高官，子孙兴盛，撑起了时称郡望的大家族。这些人及其子孙出仕者，又多博涉经史，读书好学，善于儒家经术，有学有行，或有文学武艺，不坠家风。这些人的子孙延绵，遍及北魏、东魏、西魏、北齐、北周等政权，与清河崔氏一样，其影响力一直延续到隋唐时代。

（五）渤海高氏之学

渤海高氏是指东汉兴起于渤海郡的高氏郡望。东汉时期，高洪为渤海郡太守，其家迁至渤海蓨县（今河北省景县），子孙兴旺。在魏晋南北朝之际，渤海高氏又分成许多分支，其中高隐的后裔高纳曾做过曹魏的尚书郎、东莞太守；高纳的后裔高隐曾做过西晋的玄菟郡（今辽宁省抚顺市）太守，其子孙多在幽州。留在北方地区尤其是燕赵地区的渤海高氏，主要分为渔阳高氏、辽东高氏、北海高氏等，但他们仍都自称渤海高氏。

在十六国时期到北朝时期，渔阳高氏多仕于北燕，后归于北魏；北海高氏曾仕于南燕，后亦归于北魏；辽东高氏亦曾仕于北燕，后归于北魏，其后裔中出了著名的北魏、东魏大丞相高欢，高欢父子最后将北魏、东魏取而代之。

在北魏时期，渤海高氏有文武才干，多任将军、刺史。渤海高氏亦颇有以儒学名世者。渤海高氏的渔阳分支中，有高允曾为北魏中书监，封咸阳郡公，传习汉代经学，有《左氏释》《公羊释》《毛诗拾遗》等著述。高允也曾参与北魏修史活动，但因为担任太子的老师，且为人诚实和善，未被卷入"国史之狱"的杀戮之中，宗族获全，他历仕五朝，尊荣备至。

渤海高氏的北海分支中，出了高闾，亦曾官至中书监，历仕六朝，有文采，与高允齐名。

渤海高氏的辽东分支，出了高欢家族，他们在北魏末年、东魏和北齐时期最为显赫，高欢任北魏、东魏大丞相、渤海王，是当时实际上的最高统治者，高欢之子高澄亦任东魏相国、齐王，也是当时实际上的最高统治者，高欢之子、高澄之弟高洋，逼迫东魏孝静帝禅让，开创了北齐一朝，成为开国皇帝。北齐高氏重视文教事业，高欢曾多方延请名儒教育诸子；高澄学有所成，掌握儒家文化的程度很深；高洋富有才智，是北齐一代英主，非常重视任用儒家贤能之士。虽然高氏家族重视儒学，但高欢一家却是鲜卑化的汉人，所以北齐的文化兼有游牧民族的鲜卑之风和汉族的儒雅之气。北齐还是佛教兴盛之地，高洋以下诸帝，大多信奉佛教，因此整个

【北学与区域文化】
魏晋北朝时期的燕赵世族家学与乡邑师学

北齐显现出鲜明的各民族融合和中原与域外文明融合的文化特色。

这些世家大族，虽然在儒学经术上颇有能力，而且是当时保存汉族文化的重要载体，但同时，他们凭着长久积累的声誉和数代家传儒学的文化优势，不断谋求官职，并积累了大量的财富，最后都变成了门阀，甚至成为统治者，具有跨朝代的影响力。这些世家大族通过不断进行广泛的联姻和互相承认，利用在朝或在野的影响力，维护着他们这些家族群体的利益，久而久之就在地方上形成了一个个门阀豪强，而儒学正是他们最主要的精神信仰和文化纽带。

二 魏晋北朝时期的燕赵儒家师学

一方面，魏晋北朝时期的燕赵儒家经学有依附于门阀大族的家学传统；另一方面，魏晋北朝时期的燕赵儒学也有着以儒者传习经籍为核心的师学传统。焦桂美在《南北朝经学史》中说："师学即从师受学，是经学传播的基本途径，也是衡量经学兴衰的重要标志。"[①] 在魏晋南北朝时期，北方燕赵地区的儒学也逐渐产生了一些新的动向，这些新的动向，从儒学的师学中最能体现出来。

魏晋北朝的燕赵儒学是整个魏晋南北朝儒学的一部分。曹魏与西晋在北方统治未久，随即进入纷乱的十六国时代，鲜卑拓跋氏兴起，横扫北方群雄，实现了北方的统一，近两百年后又分裂为东魏和西魏，然后东魏被北齐取代，西魏为北周所取代，北齐和北周对峙二三十年，之后北齐为北周所吞并，四年之后北周又被隋朝取代。整个这一时期纷繁复杂的政治动态，深刻地影响了儒学的发展，儒家之师学由于需要聚徒讲授，其受到社会环境的影响十分之大。

燕赵地区的儒学继承汉末儒学的正统，尤其是郑玄和卢植对燕赵地区的儒家经学有着巨大的影响，郑玄卒于河北，卢植本身就是涿郡人。但在曹魏和西晋时期，经学家王肃、杜预出，玄学家何晏、王弼出，他们开立新说，对于过去的儒家经学都提出了挑战，对这一时期的儒家经学皆有重大影响。另外，除了东汉曾在洛阳刊刻儒家石经（熹平石经）之外，曹魏

---

① 焦桂美：《南北朝经学史》，第18页。

曾刊刻石经（正始石经），西晋也曾于洛阳太学刊刻石经，这些都是政府鼓励学习儒家经典的表征。总的来说，在曹魏、西晋时期，齐鲁地区是儒家经学的中心地区，其地名师硕儒众多，学生徒众亦广。而这一时期燕赵地区处于世家大族之外的儒家师学，或因记载缺失，可资讨论者不多。但随着永嘉之乱和十六国的纷争，山东地区被几个政权反复争夺，数易其主，战乱对齐鲁地区的经学造成了严重的破坏。此后，北朝时期燕赵地区的经学地位逐渐上升，河北地区成为儒家经师居住和讲学的重要地区，燕赵地区成为儒家经学的中心地带。

燕赵地区的儒学继承了汉学传统，河北地区农业发达，人民敦厚，与郑玄、卢植等深有渊源，加之北朝时期燕赵地区较为稳定，统治者普遍提倡儒学，所以燕赵地区成为儒家经学的核心地带。北朝的经师还具有讲学于乡邑的特点，这与南朝经师多居于京城是颇有不同的。北朝的燕赵经学家普遍比较质朴，主要宗尚郑玄之学，但又广学博闻，不主一家，务求实际。南朝盛行玄学，而北朝则玄风不畅，因此南北朝时期的南北学术差异颇大。

由于南朝和北朝对峙，学术上又各具特色，因此当时的学术也被冠名为南学和北学，这是中国经学史上，并中国学术史上前所未有之事。《北史·儒林传序》记载："大抵南北所为章句，好尚互有不同。江左，《周易》则王辅嗣，《尚书》则孔安国，《左传》则杜元凯。河洛，《左传》则服子慎，《尚书》《周易》则郑康成。《诗》则并主于毛公，《礼》则同遵于郑氏。南人约简，得其英华；北学深芜，穷其枝叶。考其终始，要其会归，其立身成名，殊方同致矣。"[1] 由于魏晋南北朝时期的燕赵经学名师众多，影响力极大，因此燕赵经学正是当时北学的典型代表。

燕赵地区进入北朝之后，其儒家师学大致分为三个阶段，前期有张吾贵、陈奇等，中期有徐遵明、刘献之、卢景裕等，晚期有熊安生、房晖远、刘焯、刘炫等。

北朝前期，北魏燕赵经学有以高氏家族高允为代表的汉代经学传承，传习郑玄、服虔、何休等人之经典注释。但由于高允是世家大族，在朝为官，不在师学体系之中；同时也有张吾贵、陈奇、崔浩等人的经学，他们不满于汉代马融郑玄之学，常有所批评而立新说，已经明显带有魏晋时期

---

[1] （唐）李延寿：《北史》，第 2709 页。

【北学与区域文化】
魏晋北朝时期的燕赵世族家学与乡邑师学

的新派经学特点，其中崔浩是门阀贵族且位居高官，陈奇也出仕为官，且两人皆死于非命，只有张吾贵广泛授徒，是这一时期燕赵师学的代表。张吾贵，中山（今河北省定州市）人，善《礼》《易》《春秋》，讲学时"每一讲唱，门徒千数"①，其讲说"义例无穷，皆多新异……而辩能饰非，好为诡说，由是业不久传。而气陵牧守，不屈王侯，竟不仕而终"②。

北朝中期，北魏孝文帝以后，王肃来到北方，王肃、杜预等人的南方经学开始对北方产生影响，但北朝中期的儒学整体上仍以汉代郑玄之学为主，其中以燕赵地区为最著。就北方燕赵地区儒学之师学而言，则北魏宣武帝时期之徐遵明授徒广泛，影响最大。徐遵明是华阴人，来到燕赵地区游学，师承多家，后在燕赵地区长期讲学，儒家经典无不通晓，曾撰《春秋义章》三十卷，亦主服氏学，属于汉代经学系统。史载"遵明讲学于外，二十余年，海内莫不宗仰"③。

另有刘献之，博陵饶阳（今河北省衡水市饶阳县）人。善《春秋》《毛诗》，有弟子数百，皆通经之士。史载"魏承丧乱之后，《五经》大义，虽有师说，而海内诸生，多有疑滞，咸决于献之。六艺之文，虽不悉注，所标宗旨，颇异旧义。撰《三礼大义》四卷，《三传略例》三卷，注《毛诗序义》一卷，行于世。并立《章句疏》二卷。注《涅槃经》，未就而卒"④。由此可知刘献之在精通儒家经学之外，还通晓佛学。

北朝中期最重要的经学家当数徐遵明。卢景裕、熊安生等大儒皆是徐遵明之弟子。卢景裕出身范阳卢氏世家，前文已述。熊安生，长乐阜城（今河北省衡水市阜城县）人，则是出身于乡邑经师，专讲《三礼》，弟子自远而来者有千余人，后来被召为北齐国子博士，北齐亡后，熊安生特受北周武帝之尊重礼遇。焦桂美在《南北朝经学史》中说："徐遵明有功于北朝中、后期经学最大，熊安生、卢景裕并出其门，由二家佚文大约可推遵明学尚。熊氏《礼记义疏》以郑为宗，好引阴阳谶纬，解经详实有据；卢景裕治《易》，以象数为主，又重文字训诂：此当为遵明学派亦即北朝主流经学之突出特点。然即使徐遵明、刘献之一派也非守旧疑新之

---

① （唐）李延寿：《北史》，第2714页。
② （唐）李延寿：《北史》，第2715页。
③ （唐）李延寿：《北史》，第2720页。
④ （唐）李延寿：《北史》，第2714页。

· 235 ·

徒，遵明转益多师又师心自是，当多自得之见；献之'六艺之文，虽不悉注，然所标宗旨，颇异旧义'，则徐、刘之学是在申汉基础上又重出己见者。唯其如此，才能推动经学的不断发展与进步。《清史稿·儒林传序》云'北学守旧而疑新，南学喜新而得伪'盖相对而言也。卢景裕讲《易》，'理义精微，吐发闲雅'；其《易》注，象数之外，又有义理之倾向，则北朝主流经学之习尚亦在渐趋演变之中。"①

北朝后期，从北魏末年到北齐、北周时期，颜之推等人进一步交流了南北方的儒家经学，南北方的经学开始了比较明显的混融。但就燕赵儒家师学而言，熊安生之学在此时期特为显著。熊安生的《礼记熊氏义疏》是当时儒家经学的一大成就，最具有北朝燕赵儒学的典型特色。熊安生的《礼记熊氏义疏》据焦桂美研究具有以下特色：一是"独尊郑注，心无旁骛"；二是"注重互证，务求有据"；三是"深入探讨，后来居上"；四是"好引阴阳谶纬"；五是"善于总结条目"；六是"力求对异文作出合理解释"；七是"力求对《礼记》地位作出进一步认定"。②就南北朝后期的情况来说，熊安生的经学成就为当时之最大者，是后世注疏和研究的基础。

另此时期有房晖远，字崇儒，恒山真定（今河北省石家庄市正定县）人，"明《三礼》《春秋三传》《诗》《书》《周易》，兼善图纬。恒以教授为务，远方负笈而从者，动以千计"③。后在北齐任博士，北周时为小学下士，隋朝时为太常博士、太学博士、国子博士。极为通博，人称"《五经》库"，其事迹多在隋朝。

信都（今河北省衡水市冀州区）人刘焯、河间景城（今河北省献县东北）人刘炫皆为熊安生之弟子，其事迹也多在隋朝。焦桂美在《南北朝经学史》中说："刘焯、刘炫……虽学出遵明、献之之门，然其治经，贾、马、服、郑多所是非，《书》采伪孔，《左》用杜预，遇过而规，择善而从，北朝后期经学风尚之变迁亦可见矣。"④

北朝时期的燕赵儒学，还开始产生新的动向，那就是重视心性思想的萌芽，例如，徐遵明曾"指其心曰：'吾今知真师所在矣，正在于此。'"⑤

---

① 焦桂美：《南北朝经学史》，第352页。
② 焦桂美：《南北朝经学史》，第382—397页。
③ （唐）李延寿：《北史》，第2760页。
④ 焦桂美：《南北朝经学史》，第352页。
⑤ （唐）李延寿：《北史》，第2720页。

另有不单纯传习儒家的刘昼，虽名列儒林，却又著作了兼容诸子学说的《刘子》，其学说中《清神》《防欲》《去情》等篇，也有重视心性的特点。在北朝时期，还可以看到佛教对于儒家人士的明显影响，高允曾出家并信佛，卢景裕之序佛经，刘献之之注《涅槃经》，皆为典型代表。因此，佛道等思想对于儒家的影响和互动，也是此时期的一条潜在的脉络。

结　语

魏晋北朝时期的燕赵儒家经学，主要由世家大族门阀所传承的家学和由居于乡邑的儒家经师的师学构成。世家大族的家学，借助门阀的力量，很容易受到统治者的重用，深刻地影响了当时的国家政权和社会生活，是构建和维护社会秩序的重要力量，但也受到政治波动的打击。依托于儒家学者的师学，则主要是居于乡邑进行儒家经典的讲习，传道授业，是学术和文化传承的重要力量。北朝时期的燕赵儒学，还产生了新的思想动向，那就是心性思想的萌动和佛教等思想的影响，这些也都深刻地影响到了后世。

隋唐礼学研究路径简述及区域研究的意义

倪 彬[*]

摘要：礼仪研究的核心内容应是其内在学理，礼仪制度与礼仪行为的正当性与效用植根于礼学学术。将隋唐时代燕赵区域及学者群体作为研究对象和视角有助于重要礼学问题的辨析：（1）更好地观察隋唐士族社会到官僚士大夫社会、士族礼仪到士庶通礼的转变；（2）更好地理解礼学的学术本质与其工具属性间的权重与关系；（3）更好地理解隋唐时代"南北学"问题。

关键词：隋唐；礼学；区域研究

礼是传统经学的重要内容，晚清以来，旧的学术体系逐渐瓦解，礼长期被定位为服务于历代王朝专制统治的意识形态，因而对礼的研究重视不足。20世纪80年代以后成果才逐渐丰富，甘怀真[①]、吴丽娱[②]、惠吉兴[③]、朱溢[④]已从不同角度有过详细述评。

北朝后期，燕赵区域儒学兴盛，陈寅恪就曾论述隋唐制度渊源中东魏北齐之制的意义，而其所指"山东礼学"，从地域上看很大程度是指北齐腹心地带的燕赵区域。《隋书》卷58中为多位燕赵学者立传，卷末评价："明克让、魏澹等，或博学洽闻，词藻赡逸，既称燕、赵之俊，实曰东南

---

[*] 倪彬，河北省社会科学院哲学研究所副研究员；河北师范大学历史文化学院在站博士后。
[①] 参见甘怀真《礼制》，载胡戟等主编《二十世纪唐研究》，中国社会科学出版社2002年版，第178—192页。
[②] 参见吴丽娱主编《礼与中国社会·隋唐五代宋元卷》，中国社会科学出版社2016年版，第1—7页。
[③] 参见惠吉兴《宋代礼学研究·附录一：礼学研究综述》，河北大学出版社2011年版，第184—198页。
[④] 参见朱溢《隋唐礼制史研究的回顾和思考》，《史林》2011年第5期。

【北学与区域文化】
隋唐礼学研究路径简述及区域研究的意义

之美。"隋唐时期,诸多"燕、赵之俊"积极投入阐释经典、仪注纂定和礼制争议。因而我们关注的是从燕赵区域及燕赵士人群体的角度能对隋唐礼学研究[①]起到怎样的推动作用。下面将在归纳常见研究路径的基础上,分析燕赵区域视角、区域学者群体、区域学脉传承等研究角度的意义。

一 区域视角有助于理解隋唐士族社会到官僚士大夫社会、士族礼仪到士庶通礼的转变

礼学在北朝隋唐有着特殊的地位,朱熹就曾对比前代礼学地位与其所处时代的区别:"古者礼学是专门名家,始终理会此事,故学者有所传授,终身守而行之。凡欲行礼有疑者,辄就质问。所以上自宗庙朝廷,下至士庶乡党典礼,各各分明。汉唐时犹有此意。如今直是无人如前者。"[②]

隋唐时代礼学首先上承士族时代学术风格。甘怀真指出魏晋南北朝礼学兴盛的原因:"在士族得势的过程中,礼制是他们重要的政见。六朝士族重视礼学也是一项很突出的现象。相较于前代与后代士大夫,这个时期的士族积极地将礼学推展到政治制度中。"[③]

余英时较早考察了东汉末年以来的士大夫的地域分化观念,他在论述东汉中后期士大夫群体自觉之观念时指出此观念不仅限于士大夫与其他社会集团的区别,也存在于士大夫群体的内部分化,认为:"东汉末叶以来,各地士大夫皆自成集团。"[④]唐长孺先生分析北朝学风时指出:"魏晋时期的玄学新风兴起于以洛阳为中心的河南地区,河北、关中一带,尤其是河

---

① 这里需要说明本文"礼学"的概念。已有成果除以具体某项礼仪为名外,"礼制"与"礼学"是被较常采用的题名。在研究中划分礼学、礼制,更多是研究的切入角度不同。如果孤立地用制度史视角来进行礼仪研究,容易导致礼仪"工具论"的倾向。礼的多层次性决定了研究者不能不对研究所借助的概念进行统合,典型如梁满仓提出的"四礼"和杨志刚提出的"大礼学"。本文主张礼的多层次内涵其本质在于"学",无论礼的表现形式是朝廷制度、士族家礼还是庶民的模仿,均以礼之学术为基础,脱离"礼学"则无所谓"礼制""礼俗"。
② (宋)黎靖德编,王星贤点校:《朱子语类》卷84《论后世礼书》,中华书局1986年版,第2184页。
③ 甘怀真:《唐代家庙礼制研究·导论》,台北:台湾商务印书馆1991年版,第5页。
④ 余英时:《士与中国文化·汉晋之际士之新自觉与新思潮》,上海人民出版社2003年版,第262页。

北地区，比较保守，很少受到新学风的影响。永嘉乱后河洛名士南迁，河北学门崔卢等仍返乡里。北朝经学亦即河北之学，大抵笃守汉代以来的传统，以集汉代今古文学大成的郑玄之学为宗。……'北学'的中心地区在河北，而北朝儒学最盛的地区亦在河北。"①

王华山《河北士族礼法传统与北学渊源》一文指出："汉末河北士人不仅自成地域集团，而且有其深厚的经学传统……郑学实为当时河北士人的学术主流思想。……北朝经学继承汉代传统，特别是郑玄之学，注重章句训诂，排斥玄学清谈；南朝经学则受到魏晋新学风的影响，注重义理，这是南北学风最显著的差异。"他还考察了十六国北朝时期礼学与制度的关系，列举了出身范阳卢氏的卢辩、卢光、卢诞在北周修礼上的作用，指出："十六国时，前赵、前秦、后秦运用法律手段积极建设封建化经济、政治制度，提倡儒学思想，大大加快了汉化的进程。这种礼法合一的成功经验为北朝所接受。北魏、北齐、北周的汉化，实际上就是用法律的手段，法的形式，强制推行礼制，并且最终促成二者的结合。具有汉魏礼法传统的河北士族适逢其会，在北朝礼制建设上始终占据着主导性地位。"②

中唐以后，随着旧的政治制度与社会结构的变迁，历史逐渐进入新的阶段，文化上也不例外。礼学也呈现出新的样貌，随着士族社会的衰落，贵族礼仪让位于士庶通礼，《明集礼》中就记载："汉晋以来士礼废而不讲，至于唐宋，乃有士庶通礼。"（《明集礼》卷24《士庶冠礼·总叙》）雷闻从文化与信仰的角度看待这个过程，认为："从思想史的角度来看，隋唐时期的国家礼制与各种宗教都处于一个世俗化和人文化的潮流中。"③

郑显文《唐代礼学的社会变革》一文是较早针对礼学变革的专论，指出："中华礼学是千百年来形成的、积淀在人们心灵深处的行为观念。"还提出很多有影响力的重要观点，如唐代"对旧礼俗的整治"，"从贵族礼学到庶民礼学的变革"，"从仪注化礼学到礼学日用化的演变"。他总结了唐

---

① 唐长孺：《魏晋南北朝隋唐史三论》，武汉大学出版社1992年版，第225—226页。
② 王华山：《河北士族礼法传统与北学渊源》，《文史哲》2003年第2期。
③ 雷闻：《郊庙之外：隋唐国家祭祀与宗教》，生活·读书·新知三联书店2009年版，第346页。

代礼学变革的三个进步性因素:"与生活更加贴近……更加适用……直接促进了社会风气的醇正";"促进了唐代婚姻的开放";"唐代礼学的日用化,也有助于提高全社会人们的道德水准"。郑文中"礼学"涉及颇广,较早提到"庶民礼学""礼学日用化"等观点。①

礼学与礼制不可分,礼制下移,本质是文化的普及与礼学知识的下移。唐中期以后对民间教化方式的变化,燕赵士人也参与其中,如《旧唐书·冯伉传》载其"改醴泉令。县中百姓多猾,为著《谕蒙》十四篇,大略指明忠孝仁义,劝学务农,每乡给一卷,俾其传习"②,谕俗文的出现是礼教下移的表现之一。

二 政治过程中作为工具的"仪式"与礼学本身的"学术性"

礼的意义是学者争论的焦点。甘怀真总结为:"二十世纪礼研究的主流是将礼视为前近代'封建制度'或'皇帝制度'下的政治社会原理。"③

杨宽先生的观点是早期著作的典型观点:"礼是阶级统治的一种制度与手段,以维护其宗法制度和加强君权、族权、夫权和神权。"④杨宽自述其对古礼的探索,目的是阐明古代统治者如何借由礼仪在政治经济制度上所起的作用,维护统治者的特权。甘怀真评价这种礼的研究方式:"此种礼的'工具论'与'意志论'的研究取向深刻影响其后探索古礼的中国学者。"⑤

这种将礼视为统治者治理工具的研究本身有其强烈的时代烙印,但将礼视作政治之工具的并不仅仅是中国大陆学者。日本学者"二战"以后开展了全面的针对中国皇帝制度的研究,礼仪、祭祀是认识中国历代王朝皇帝属性的重要方式。⑥即"通过礼制来进行皇权的根源和思想特征

---

① 参见郑显文《唐代礼学的社会变革》,《人文杂志》1995年第2期。
② 《旧唐书》卷189下《儒学下·冯伉传》,中华书局1975年版,第4978页。
③ 甘怀真:《礼制》,载胡戟等主编《二十世纪唐研究》,第179页。
④ 杨宽:《"乡饮酒礼"与"乡礼"新探》,载《古史新探》,中华书局1965年版,第306页。
⑤ 甘怀真:《礼制》,载胡戟等主编《二十世纪唐研究》,第179页。
⑥ 参见[日]金子修一《日本战后对汉唐皇帝制度的研究(上)》,黄正健译,《中国史研究动态》1998年第1期。

的分析"①。户崎哲彦的研究认为"特定王朝禘祫的实态,特别是其变迁背后隐藏的思想史动态……是皇权、官僚体制上的血统原则到实绩主义原则的转移,它意味着家父长制的家族主义国家论的传统儒教国家论"② 的崩溃。针对唐代贞观礼、显庆礼、开元礼郊祀规定的不同,金子修一介绍了日本学者的一种解释思路,即礼的变化反映了政治的演变和斗争,如"武后和韦后都积极利用祭祀来确立自己的权力";又如"批判显庆礼是保守官僚阶层抗拒武后政治抬头而进行的政治性批判"。③ 高明士也从政治需要来解释唐前期三次修礼中郊祀之礼的不同。④

这样的研究思路更多用于礼制的考辨,并且将礼制变迁与政治发展的宏观趋势相联系是通常的解释方式。如金子修一对中古时期郊祀、宗庙制度的考察⑤,还有吴丽娱对显庆礼与武则天统治时期政治的研究。⑥ 正如雷闻在评价祭祀之礼的意义时指出的:"在很大程度上,中国古代社会是一个'礼制'的社会,无论在政治制度上,还是在意识形态领域都存在着礼制的规范。作为礼乐制度的重要内容,国家祭祀是国家在意识形态领域进行社会整合的重要手段之一。"⑦

周善策在对魏侯玮《玉帛之奠:唐代合法性过程中的仪式和象征性》一书的书评中对这种研究思路作了总结:"最重要的贡献就是阐述仪式的运用如何为统治者赢取正当性和支持。"⑧ 魏侯玮引入"合法性"等社会学概念来理解礼制仪式。正如徐燕斌所归纳的:"在形成合法性信念的过程中,最重要的是在统治者与被统治者之间寻找一个共同的价值基础,使

---

① [日]金子修一:《关于魏晋到隋唐的郊祀、宗庙制度》,载刘俊文编《日本中青年学者论中国史》,上海古籍出版社1995年版,第337页。
② [日]户崎哲彦:《唐代的禘祫论争及其意义》,蒋寅译,邵毅平校,载复旦大学中国古代文学研究中心编《中国文学研究》第6辑,江西教育出版社2002年版。
③ [日]金子修一:《日本战后对汉唐皇帝制度的研究(下)》,黄正健译,《中国史研究动态》1998年第2期。
④ 参见高明士《论武德到贞观礼的成立——唐朝立国政策的研究之一》,载中国唐代史学会编《第二届国际唐代学术会议论文集》,台北:文津出版社1993年版。
⑤ 参见[日]金子修一《关于魏晋到隋唐的郊祀、宗庙制度》,载刘俊文编《日本中青年学者论中国史》,第337—386页。
⑥ 参见吴丽娱《〈显庆礼〉与武则天》的研究,载《唐史论丛》第10辑,三秦出版社2008年版,第1—16页。
⑦ 雷闻:《郊庙之外:隋唐国家祭祀与宗教》,第291—292页。
⑧ 周善策:《国家礼仪与权力结构——试论唐朝前半期陵庙礼之发展》,《历史研究》2010年第5期。

【北学与区域文化】
隋唐礼学研究路径简述及区域研究的意义

得被统治者认为统治权力是正当的，从而甘心接受被统治的现实。中国古代皇权在构建自身合法性的过程中，礼起到了关键的作用。"①

礼的"工具论"理论具有其意义，是探寻思想与制度关系的有效研究方式。在考察具体政治事件中礼仪的象征作用领域，经典研究有金子修一对武则天主导一系列祭祀礼仪的考察。②周善策对此类研究的具体方式有简要概括："国家礼仪制度的修改是因为皇帝要借着仪式象征性地排除某一群人、拉拢另一群人。不仅如此，此时期的政治斗争和君臣关系的新形态，也同样显示与皇帝分享权力与尊荣的群体已与贞观、永徽时期不同。"③俞菁慧、雷博对北宋王安石的经学思想与其改革措施的关联作了探讨，也可看作这一研究思路的优秀成果。④

但是，将思想与制度相联系的解释方式有其理论局限。能作为"合法性"来源的礼，必植根于绵延长久的思想观念与政治传统，很难通过短期的政治操作得以塑造或改变。短时间内能够改变的，其能提供的"合法性"也必然很弱。越来越多的研究有将礼与制度的关联性研究应用于非常微观的政治事件研究的趋势，而且愈加微观的研究方式更加强化了对"礼"的工具性认识。

究竟礼学是学者从学术角度出发的追寻，还是官员应对君主的"命题作文"而从礼经中寻章摘句，牵强附会？甘怀真也认为，"儒家经典经常是政治现实的借口与理想的来源"⑤，礼学之所以能作为"工具"正是因为其确为当时的"理想"来源。作为一种学术思想，礼学自身有发展的逻辑，循此角度来观察礼，能有不同的看法。

惠吉兴精辟地概述了礼学的发展历程："早在春秋末世，礼就出现了单纯形式化的趋势，从而导致了内在性价值危机。孔子试图以仁来化解礼

---

① 徐燕斌：《礼·名分·合法性——中国传统政治研究的新维度》，《燕山大学学报》（哲学社会科学版）2008年第3期。
② 参见 [日] 金子修一《略论则天武后在政治上对祭祀礼仪的利用》，载赵文润、李玉明主编《武则天研究论文集》，山西古籍出版社1998年版。
③ 周善策：《国家礼仪与权力结构——试论唐朝前半期陵庙礼之发展》，《历史研究》2010年第5期。
④ 参见俞菁慧、雷博《北宋熙宁青苗借贷及其经义论辩——以王安石〈周礼〉学为线索》，《历史研究》2016年第2期。
⑤ 甘怀真：《皇权、礼仪与经典诠释——中国古代政治史研究》，华东师范大学出版社2008年版，第4页。

的危机，这一努力方向到孟子那里发生了偏斜，仁德内化为心性后，脱离礼而成为独立的价值实体，礼本身反被忽略。荀子以法来充实、改造礼，凸显了礼的工具理性，在制度层面恢复了礼的权威地位，但并没有真正解决礼的内在价值依据问题。因此，在荀学的支配下，汉儒建立的名教（礼教）必然会走向伪形式化（欺世盗名）、非人性化（苦节伤身），最终陷入危机。魏晋玄学家勇敢地抛弃了形式化的礼教，热情追求感性自然的自我，但这种拯救礼教危机的道路注定是走不通的，因为，在某种意义上说，形式是礼的生命，道德理性是礼的本质。到宋儒那里，通过将礼天理化、超越化，将人性道德化、本体化，在理论上解决了礼的内在价值依据问题。又在'理一分殊'观念支配下，将体用、本末打通，把洒扫应对视为道德性命之理，视为形上者，从而化解了内容和形式的矛盾。"[1] 从思想史角度的分析使礼呈现了与政治制度史角度礼仪研究不同的样貌。

礼学研究引入"合法性""广泛性支持""范性服从"等概念[2]，无疑是很有价值的研究理论，也符合历史客观性。分析宏观政治演变与学术演变的关系或考察微观政治过程中礼的作用，均是很有价值的思路。但古人对礼所反映的秩序观，有着学理追寻的一面，利用只是一面，甚至不应是主流。符合礼仪规范的合法性，与寻章摘句的合法性是有区别的。

礼是学者力图实现的理想的社会秩序还是议礼官员审时度势的曲解？研究者持有不同切入角度和研究目标，对礼的观察角度和结论自然会不同。这也是将"礼学""礼制"分割开来的后果，是研究预设上将"礼学""礼制"相区分所导致的。从制度路径对礼仪的解读是受限于礼学研究的深入程度的，关于这一点，研究者也曾自觉不自觉提到过。甘怀真先生在回顾诸多"国家论"背景下的礼仪研究之后，含蓄地提到："唐代的郊祀制度与儒教国家的关联性，仍值得研究，而在这方面可能要配合更多的儒学的研究。"[3] 在评价"象征主义"对礼制研究的作用时更明确地提到："仪式符号的脉络性问题则有待于我们理解当代（作者所说的'当代'应是指古人所处时代）的礼学或学说，才能得知当代人如何看待这些

---

[1] 惠吉兴：《宋代礼学研究》，第166页。
[2] 参见朱溢《隋唐礼制史研究的回顾和思考》，《史林》2011年第5期。
[3] 甘怀真：《礼制》，载胡戟等主编《二十世纪唐研究》，第184页。

仪式,其挑战性甚高,却是有意义的研究。"①

对礼仪论争作具体而微的考察尤其容易受到"工具论"的影响,从而导向礼的非学术化定位。从区域学术传承脉络以及区域士族家学的角度出发,着力点在于学术的传承,有助于避免将礼学工具化的倾向。

三 对燕赵士人群体礼学建树的整体研究有助于理解隋唐"南北学"的问题

作为区域研究,落脚点无法脱离这片土地所涵育之学人。隋唐学术发展最重要的社会历史背景是政治上结束了长期的分裂,以及在政治统一背景下学术的南北融合。

辨析礼典编纂过程中的南、北因素是隋唐礼仪研究中一个重要的思路。刘师培指出:"当南北朝时,郑玄《三礼》注盛行于河北,徐遵明以郑学教授。"②杨华《论〈开元礼〉对郑玄和王肃礼学的择从》一文认为:"若选取《开元礼》中庙数、郊祀、丧服、婚龄等几个侧面,分别按照郑义和王义加以检视⋯⋯经过从唐初至唐中期80年间的几次'考取王、郑',兼采南、北,《开元礼》已是一个南、北综汇,郑、王杂糅的产物,郑学自然不再居于主导地位,王学反而略占优势。"③

守屋美都雄在《南人与北人》中提到:"南人、北人在南北朝时的史籍中是常用的词语。""然而,在这个由于政治的变动而民族移动相当频繁的时代,不能只把南人、北人作为绝对的对立面来对待。例如,在东晋南渡的同时,江北人涌入了江南人的世界,而异民族则流入了江北残留的汉人世界,这就使得原来的江北人、江南人的性质发生了变化。"④

因撰《三礼义宗》而在隋唐礼仪论争中被广泛提及的崔灵恩为"清河东武城人也。少笃学,从师遍通《五经》,尤精《三礼》《三传》。先在北

---

① 甘怀真:《礼制》,载胡戟等主编《二十世纪唐研究》,第186页。
② 刘师培:《经学教科书》,岳麓书社2013年版,第41页。
③ 杨华:《论〈开元礼〉对郑玄和王肃礼学的择从》,《中国史研究》2003年第1期。
④ [日]守屋美都雄:《中国古代的家族与国家》,钱杭、杨晓芬译,上海古籍出版社2010年版,第316—317页。

仕为太常博士,天监十三年归国"①。崔灵恩为由北入南的学者,唐初孔颖达总结南北礼学,将其纳入南学谱系。② 还有出身范阳卢氏的卢广投奔南朝梁之后"兼国子博士,遍讲《五经》。时北来人儒学者有崔灵恩、孙详、蒋显,并聚徒讲说,而音辞鄙拙;惟广言论清雅,不类北人。仆射徐勉,兼通经术,深相赏好。寻迁员外散骑常侍,博士如故"③。照此说法,卢广的影响力还要超过崔灵恩。即便作为纯正南学代表的皇侃,其学术源头也可追溯至汉代后仓礼学。《梁书·皇侃传》载其"师事贺玚"④,贺玚为"晋司空循之玄孙也。世以儒术显"⑤。贺循为重要的礼学家,而贺氏又为庆普后人,庆氏礼正是源于后仓。

中古时期的南北问题与宋代以后的南北问题有些不同。中古时期学在士族,以士族及地域士族群体为载体的学术为基础,士族的迁徙,南北士族在十六国北朝与东晋南朝所处的政治环境与文化环境不同,形成学术的南北分化,但其学术方法的差异大体源自旧有中原学术,性质更可看作中原瓦解后的文化扩散,是中原文化向南方的传播。对此,焦桂美总结道:"(南北朝)长期的分裂造成了南北学尚之殊异,由迁徙而带来的学术交流因此显得尤为重要。南北朝学术交流的直接结果是促进了一批能够贯通古今、兼容南北的经学家及经学著作的出现,为隋唐经学之融合奠定了基础。"⑥

礼还是士族最重要的家学内容。韩涛分析了范阳卢氏的家学:"范阳卢氏是儒学世家,自东汉卢植以后,世代传经,尤以'三礼之学'著称于世,同时书法、史学也有很高成就。"⑦焦桂美指出,"北朝以范阳卢氏与赵郡李氏产出的经学人才最多,经学成就亦最高,其他多为父子或祖孙相传而已",同时还指出南北士族家学地位的不同:"北朝经学的传播主要是通过师徒相授而非家族世代相传,这与南朝师学、家学并重的传经方式不

---

① 《梁书》卷48《崔灵恩传》,中华书局1973年版,第676—677页。
② 参见(清)董诰等编《全唐文》卷146《孔颖达·礼记正义序》,中华书局1983年版,第1476页下。
③ 《梁书》卷48《卢广传》,第678页。
④ 《梁书》卷48《皇侃传》,第680页。
⑤ 《南史》卷62《贺玚传》,中华书局1975年版,第1507页。
⑥ 焦桂美:《南北朝经学史》,上海古籍出版社2009年版,第78页。
⑦ 韩涛:《中古世家大族范阳卢氏研究》第十章"中古时期范阳卢氏的家学家风",新北:花木兰文化出版社2014年版。

【北学与区域文化】
隋唐礼学研究路径简述及区域研究的意义

尽一致。"①

夏炎在研究清河崔氏的家传文化时不限于经学,指出:"清河崔氏的家学,在数代积累的深厚学术传统的基础上,逐渐形成了多样的形式,在史学、书法、医药、天文历算方面尤其突出。"②

中古时期南北学的关系因为士族流徙与家学传承而呈现出联系与隔离的辩证关系,这一点是与宋元以后不同的。中古后期经济重心南移的趋势下,五代以后,政治中心东移,关中再未成为政治与文化中心,南北对称才有了稳定的意义。北宋司马光所说的"臣与安石南北异乡,取舍异道"③反映了南北气质、学风迥异的稳定化。

以士族为线索,以中古士族及其家学为关注点的研究为我们提供了横跨南北的儒学家族的发展情况。礼虽为政治支配的要素,但此要素在不同区域与文化背景下,效果不同。将礼学与区域社会结合进行考察必将有新的收获。

---

① 焦桂美:《南北朝经学史》,第51页。
② 夏炎:《中古世家大族清河崔氏研究》,天津古籍出版社2004年版,第331页。
③ (宋)邵伯温撰,李建雄、刘德权点校:《邵氏闻见录》卷11,中华书局1983年版,第113页。

"文弱"话语与明清医学流派的南北畛域建构

董 琳[**]

摘要:"文弱"一词见诸史籍始于南北朝,与学术文化的南北畛域之分在时间上重叠。"南北学派不同论"并非单纯的学术问题,而是与文化正统竞争、政治道德运用、群体情感表达等历史的诸多面相密切关联,魏晋南北朝文化士族的自我身份认定对南北差异建构起到重要影响。"文弱"作为一种话语表述,在南北学术群体之间充当表达意义与意识的符号。明清以降,医学的南北流派之异并非绝对意义上的方位二分,实为各家学说标榜正宗的手段,乃将儒家道统移用于医家,反映地方感、身体感等意义背后不同文化意识的边界与互动。

关键词:明清;文弱;南北文化;医学流派

一 近代学人的"南北学术文化不同论"及其历史考察

近代研究中国历史的学者习惯将不同本质、功用、风格的学术思想划分为"南北"两大流派,医学流衍变迁的历史亦是学术思想整体演变过程的缩影。一般认为,学术文化空间分布的特征进入史学讨论范畴,以南北朝时期为时间节点,从地理视角来看,北方士人文化以黄河流域为主,南

---

[*] 本文为 2022 年度河北省博士后科研项目"明清时期的基层治理与医儒互动关系研究"(项目编号 B2022002054)、2021—2022 年度河北省社会科学基金项目"医儒互诠视阈下的宋金元明清河北医学文化研究"(HB21LS007)、2018 年度国家社科基金重大项目"宋元以来中医知识的演进与现代'中医'的形成研究"(18ZDA175)的阶段性成果。

[**] 董琳,河北省社会科学院历史研究所助理研究员,河北师范大学博士后,研究方向为医疗社会史。

【北学与区域文化】
"文弱"话语与明清医学流派的南北畛域建构

方士人文化以长江流域为主,进而在王朝正统论框架下塑造出一种具有象征性符号意义的地方感觉,并在学人群体身上内化为一种文化自觉和精神面貌。梁启超在《论中国学术思想变迁之大势》中写道:"学术思想之在一国,犹人之有精神也;而政事、法律、风俗及历史上种种之现象,则其形质也。故欲觇其国文野强弱之程度如何,必于学术思想焉求之。"① 中国历史上的南北文化之分由来已久,不过前人论说仅就现象之不同而言,清代以降,学者围绕中国文化南北问题的讨论逐渐加以学理上的解释,但关注这一问题的缘起,往往与现实的社会变动息息相关。明清之际,顾炎武指出南北学者之病,说道:"北方之学者,饱食终日,无所用心;南方之学者,群居终日,言不及义,好行小慧。"② 概于政权颠覆、文化意识衰落的背景下,痛心疾首地呼吁知识分子应担当起维护道统的责任。

近代从地理视角探讨学术文化地域特点最著者,非梁任公莫属。梁启超撰《新民说》,感慨汉代以后儒家以柔弱为善,任侠气质荡然全无,中国之所以由强变弱,乃儒教流失所致。他在对文化传统进行反思和批判的过程中,亦重新评估经学与中国文化传统的关系,否定中国经学存在一以贯之的传统,指出"自汉以来,正学异端有争,今学古学有争,言考据则争师法,言性理则争道统,各自以为孔教,而排斥他人以为非孔教"③。论及中国学术思想之变迁,则从地理上对先秦学派予以南北二分,两两对照,明其大体差别,归纳北学精神为:崇实际,主力行,贵人事,明政治,重阶级,主经验,喜保守,主勉强,畏天,言排外,贵自强;南学之精神为:崇虚想,主无为,贵出世,明哲理,重平等,重创造,喜破坏,明自然,任天,言无我,贵谦弱。④ 梁启超借用西方"地理环境决定论"解释南北学术思想差异,意在推动文化传统的变革,重塑中国民族性,但其破坏之力大于建设,对此他后来也有反省,在《清代学术概论》中有一大段语重心长的自我解剖。⑤ 不过梁启超所论仍以治学方法为根本,他推崇顾炎武、黄宗羲、王夫之、孙奇逢、颜元等清初大儒,摒弃宋明理学,主张躬行实践的实学思想,大抵是使学术联系现实社会,另辟新学派以改

---

① 梁启超:《论中国学术思想变迁之大势》,上海古籍出版社2001年版,第4页。
② (清)顾炎武著,陈垣校注:《日知录校注》,安徽大学出版社2007年版,第773页。
③ 朱维铮校注:《梁启超论清学史二种》,复旦大学出版社1985年版,第70—72页。
④ 参见梁启超《论中国学术思想变迁之大势》,第25页。
⑤ 参见桑兵《庚子勤王与晚清政局》,北京大学出版社2004年版,第1—21页。

良救世。

本着"观乎人文,以察时变"的态度,刘师培《清儒得失论》从诸子、经学、理学、考证学、文学等学术的"因地而殊"予以详细阐述。对于南北学派之不同,刘师培总的观点是"盖五方地气,有寒暑燥湿之不齐,故民群之习尚悉随其风土为转移。汉族初兴肇基,西土沿黄河以达北方,故古帝宅居悉在黄河南北。厥后战胜苗族,启辟南方,秦汉以还,闽越之疆始为汉土,故三代之时,学术兴于北方,而大江以南无学。魏晋以后,南方之地学术日昌,致北方学者反瞠乎其后。就近代之学术观之,则北逊于南,而就古代之学术观之,则南逊于北。盖北方之地乃学术发源之区也"①。刘师培把学问视为"道之发现于外者",将礼义文教、典章制度等秩序之"文"置于首位,对儒家学术统系进行细致梳理,他的突出贡献是借助地理视角系统勾勒出清代学术史的全貌,弥补了江藩《宋学渊源记》抑南扬北的不足。他指出江河分界、山泽阻隔所致交通不便,是南北学术各殊而形成流派的原因,不过研究学术又不可为地理及时代所囿,应看到南北学问各自的特长之处,针对江书中"南人习尚浮夸,好腾口说"之论,他对东晋至南朝江东士族的论文之作进行了细致解读,得出"汇而观之,足知晋代名贤于文章各体研核至精,固非后世所能及也"② 的结论。刘师培认为,南北学术互异悉由民习不同,北学崇尚实际,修身力行,有坚忍不拔之风;南学崇尚虚无,活泼进取,有遗世特立之风。南北学术之关系,所呈现的是礼制秩序下文华与质朴相半而形成的状态。

清末救世之士崇尚游侠之风,很大程度上是受日本的影响。桑原骘藏等围绕中国民族性展开批判,指出中国柔懦之病深入膏肓,尽失其强悍之本性,这取决于中国重文轻武的思想。在民族竞争、武力征伐的时代,若不改变怯懦文弱之风,前途实在令人担忧。③ 可见清末许多有志之士站在"改变文弱"的立场上谈"文弱",本质上是为解决那些在"现代化"过程中遭遇的文化问题,寻找救亡图存的出路。因此,关于历史上南北学派不同的讨论,从来不是一个纯粹的学术问题,而是与文化正统竞争、政治

---

① 刘师培:《清儒得失论》,吉林出版社2017年版,第201—202页。
② 刘师培撰,程千帆、曹虹导读:《中国中古文学史讲义》,上海古籍出版社2000年版,第56—71页。
③ 参见[日]宫崎市定等编纂《桑原骘藏全集》第1卷,东京:岩波书店1968年版,第470—491页。

【北学与区域文化】
"文弱"话语与明清医学流派的南北畛域建构

道德运用、群体情感表达等历史的诸多面相密切关联。朱维铮论及为何重视"术学之辨"讲道,史家重视儒术与经学的区别,原因在于,汉代思想文化从一开始就重术轻学,这对中国文化传统的特征塑造产生过重要影响。以后的思想界,越来越重实用轻理想、重经验轻学说、重现状轻未来,越来越将目光专注于君意成法,不能说与独尊儒术毫无联系。① 学术文化分界与连通背后有其历史逻辑,把地域空间分布作为学术派分的畛域,是否徒增藩篱,有待从具体问题入手重新审视。

二 作为地方感觉的"文弱"意涵与南北文化差异建构

先秦时期,"文"是圣人、君王所具备的全面素质。《国语》记载单襄公曾预言晋公子周"将得晋国",依据是"其行也,文。能文,则得天地","文"又表现为"敬""忠""信""仁""义""智""勇""教""孝""惠""让"十一种德行。② 相反,《尚书》则将"弱"归入"六极",与凶、疾、忧、贫、恶并列③,强调"弱"是低下、不正的表现,是违背天命、不能维持正统所致。《春秋繁露》:"周衰,天子微弱,诸侯力政,大夫专国,士专邑,不能行度制法文之礼。诸侯背叛,莫修贡聘,奉献天子。臣弑其君,子弑其父,孽杀其宗,不能统理,更相伐锉以广地。"④ 说的也是春秋战国时期礼崩乐坏,天子尊严不存、权势衰弱,秩然美好的周礼不被遵循,天之将丧斯文。当时以孔子为代表的儒学之士自认为是继文王之后可以担当维护正统和教化天下大任的君子,云"文质彬彬然后君子者"可以存"斯文"。⑤ 加上政治统绪的核心区域居于中原,秦汉时期北方与南方之间的文野悬隔尚未打破,直至晋室汉族南迁,南北方在政治、文化上的竞争局面才开始形成。

---

① 参见朱维铮《中国经学史十讲》,复旦大学出版社2002年版,第7—20页。
② 参见徐元诰撰,王树民、沈长云点校《国语集解·周语下》,中华书局2002年版,第88—92页。
③ 参见(汉)孔安国传,(唐)孔颖达正义,黄怀信整理《尚书正义》卷11《洪范》,上海古籍出版社2007年版,第479—480页。
④ (清)苏舆撰,钟哲点校:《春秋繁露义证》卷4《王道第六》,载《新编诸子集成》,中华书局1992年版,第107页。
⑤ (清)阮元校刻:《论语注疏》卷6《雍也》,中华书局1980年版,第2479页。

汉晋至六朝隋唐,以儒家经典维护"斯文"的论说一直延续,《魏书》曰:"两汉渊儒、魏晋硕学,咸据斯文以为朝典。"[1] 这表明当时北方儒学之士大都以正统自居。正史记载中,魏晋北方文士崇尚政治才华和持节重义之气,即使"禀性弱劣,力不及健妇人",只要"得周公、孔子之要术"[2],仍然可以在政治竞争中保持强势地位。有所不同的是,南朝史籍则以"文弱"呈现南方文化士族气质,意在强调显贵高雅的身份,以及在事功追求上不嗜武力的精神状态。"文弱"一词较早见于《世说新语》,以象征南迁汉族士人高雅仁厚、和美柔弱的气质性情,也成为追慕高雅文辞之士塑造的形象仪表。这一变化也典型地体现在南朝的文学观上,萧统选编《文选》的标准就是对儒家经典、诸子之书、编年史籍皆不收录,却把着意修辞之"文"提升到"化成天下"的高度。《文选·序》写道:"式观元始,眇觌玄风,冬穴夏巢之时,茹毛饮血之世,世质民淳,斯文未作,逮乎伏羲氏之王天下也,始画八卦,造书契,以代结绳之政,由是文籍生焉。《易》曰:观乎天文,以察时变,观乎人文,以化成天下,文之时义,远矣哉!"[3] 认为在树立和规范士人价值取向方面,考据、义理、辞章的效用相同。确立于南朝的南方文化意识,将江东士人推崇的价值标准融入文学书写,从"文弱"话语建构的角度来看,也是一个重构文化版图的过程。正如田晓菲指出的,南朝梁是南方"吴"文化正统性确立的重要时期。[4] 以"文弱"为美质的文化感,其形成原因虽较为复杂,但不可否认,江东士族的自我身份认定对南北文化差异的话语建构起到了至关重要的作用。

唐代以北朝为正统,是其在政权上的强势地位使然,如果说唐宋以降北方文化是主流,那么南方文化则是深刻影响许多文人士大夫价值观的一股暗流。唐代房玄龄等撰《晋书》,针对西晋"文学之士"的交游风气展开强烈批评,说贾谧"开阁延宾,海内辐凑,贵游豪戚及浮竞之徒,莫不尽礼事之"[5],江东士族陆机、陆云也是他的座上客。北方士人不喜交游是

---

[1] 《魏书》卷108《礼志二》,中华书局1974年版,第2759页。
[2] 《魏书》卷35《崔浩传》,第825页。
[3] (梁)萧统编,(唐)李善注:《文选·序》,中华书局1977年版,第1页下。
[4] 参见田晓菲《烽火与流星:萧梁王朝的文学与文化》,中华书局2010年版,第74—113页。
[5] 《晋书》卷40《贾谧传》,中华书局1974年版,第1173页。

【北学与区域文化】
"文弱"话语与明清医学流派的南北畛域建构

南北文化差异的一个重要表现，但此处表面看似批评士风，实质却提升到文化政治的高度。唐代中后期到北宋，韩愈、欧阳修、苏轼等提倡古文运动的思想家，希望通过重建"斯文"规范文学写作的道德伦理意义，同时在北宋文官政治中，南方士人尤其江东文化士族往往遭到排斥，理由是他们"看重文学超过德行"。[1] 可以想象，带有强烈地方意识的南朝文化已对先秦儒士竭力维护的正统产生威慑，使观念、风尚、书写等行动方面都发生了细微改变。生活在两宋之际的文人叶廷珪，在编纂类书《海录碎事》时，将"文弱"一词列入"圣贤人事部"的"仪表门"[2]，其《自序》中提到，所览书籍多为南北朝时期编著的文学作品。对于雅好感官藻饰之文，他也并不讳言，直言常与士友交游宴饮、诗歌唱酬，特别是在文学书写中，注重展现南方士人文化性格，把"文弱"理解为体现圣贤容止之气的仪表。普通文人将南北文化差异的感性认识融入学问之道，使得具有强烈南方文化意识的地方感觉和身体感知更具普遍意义，且这种以"文弱"为符号的文化感一直延续至明清。

明代人论南方士风，刻意区分江右、江左，说"江右人近俗而多意气"，"姑苏人巧而俗侈靡，士子习于周旋文饰，俯仰应对娴熟，至不可耐"。[3] 认为学术文章关乎人心风俗、天下治乱，给江南文化贴上"文弱"的标签。正因如此，清朝前期统治权谋转向天下秩序，就是从区别江南文化和汉族文化、儒家正统和地方意识两个层面构建起王朝正统性的。雍正曾讲道："盖天下之人，有不必强同者。五方风气不齐，习尚因之有异，如满洲长于骑射，汉人长于文章，西北之人果决有余，东南之人颖慧较胜，非惟不必强同，实可以相济为理者也。至若言语嗜好、服食起居，从俗从宜，各得其适。此则天下之大，各省不同，而一省之中，各府州县亦有不同，岂但满汉有异乎？"[4] 表面讲的是各地风俗不同，实则强调南方的定位只是地方，江南文化只是一种地方文化，不是汉族文化的全部，汉族

---

[1] 参见［美］包弼德《斯文：唐宋思想的转型》，刘宁译，江苏人民出版社2000年版，第35—36页。
[2] （宋）叶廷珪撰，李之亮校点：《海录碎事》，中华书局2002年版，第325页。
[3] （明）谢肇淛：《五杂俎》卷4《地部二》，载周光培编《明代笔记小说》，河北教育出版社1995年版，第23册，第315、214页。
[4] （清）赵弘恩监修，黄之隽编纂：《（雍正）江南通志》卷118《全椒县志》，《景印文渊阁四库全书》史部地理类，台北：台湾商务印书馆1986年版，总第507册，第488页上。

· 253 ·

士大夫文化也不能代表中国文化的全部。可以说，清朝皇帝对江南的征服是一种情感和心理上的深层文化较量，皇帝把抑制浮华、崇尚质朴看作统治权谋的一种表达。① 清朝皇帝在构建其王朝正统性的过程中，把"文弱"话语推向边缘，将其限定在文人的浮伪和生活奢靡的话语体系中，一个重要而深远的影响就是弱化了南方士大夫的地方意识。同时，以"尚武"为本务的八旗教育和清朝皇帝的"种族"观念，也对清末民初"民族"意识的形成起到重要影响。

三 作为身体感知的"文弱"意涵与明清医学南北之异

明朝遗臣赵良栋曾上奏康熙帝，乞请前往江南就医，理由是"江南多明医"。古代养生论述中，"明"是秩序、知识的前提，可以引导意志、情感走向，"明医"侧重强调心理上的观验，具备察觉细微变化、把握和推测生命盛衰趋势的能力，是明清士大夫构建地方意识所运用的重要概念工具。元明之际，地方医学官的定制化使得南方世医传统长期位居主导，经典医学知识难以向实践层面推行，而到晚明，医学复古之风渐起，南方医学也在研读、阐发医经方面建树颇多。所谓"明医"各明其家，在诊脉、辨证、用药上各循章法，怀猎奇心态者更是随意篡改医经原旨，徒炫虚名。② 出现这一现象背后的深层原因是医学附会儒学，借助理学权威构建医学的理论统序。谢观就指出："宋以后重道统，实乃以所谓儒家道统移用之于医家……一切学术皆然，而医学亦莫能外也。"③ 颜元曾予以强烈抨击："今有妄人者，止务览医书千百卷，熟读详说，以为予国手矣，视诊脉、制药、针灸、摩砭以为术家之粗，不足学也。愚以为从事方脉、药饵、针灸、摩砭，疗疾救世者，所以为医也，读书取以明此也。若读尽医书而鄙视方脉、药饵、针灸、摩砭，妄人也，不惟非岐、黄，并非医也，

---

① 参见杨念群《何处是"江南"：清朝正统观的确立与士林精神世界的变异》，生活·读书·新知三联书店2010年版，第12—14页。
② 参见（明）孔贞时《在鲁斋文集》卷3《许培元〈伤寒论祖〉序》，《四库禁毁书丛刊》集部，北京出版社1997年版，第16册，第412页。
③ 谢观著，余永燕点校：《中国医学源流论》，福建科学技术出版社2003年版，第9、47页。

【北学与区域文化】
"文弱"话语与明清医学流派的南北畛域建构

尚不如习一科、验一方者之为医也。读尽天下书而不习行六府、六艺，文人也，非儒也，尚不如行一节、精一艺者之为儒也。"① 不过也恰恰说明承载着身份和文化认同的地方感觉，已经在士大夫群体中内化为一种具有象征意义的身体经验。

考察南北医学地域差异可以发现，元明以后，南北风土之殊与体质厚薄的关系屡被医家提及。《九灵山房集》中朱碧山与戴良的一段对话，透露了南北疗法不同所隐含的文化意涵。"子诚北士也，知北方之医而已矣。医固无南北之异，而习其学者宜有以消息之。北方风气浑厚，禀赋雄壮，兼之饮食嗜好朴厚而检素，非有戕贼斫丧之患也，一有疾焉，辄以苦寒疏利之剂投之，固快意而通神矣。若夫东南之民，体质柔脆，肤理疏浅，而饮食之纵、嗜好之过，举与北方之人异，顾欲以前法施之，不几于操刃而杀人乎？是故北方之治疾，宜以攻伐外邪为先。南方之治疾，宜以保养内气为本，斯意也。"② 士之生于江南者，为气质柔弱之人，原因在于饮食供养厚腻，纵乐逸欲，加上气候湿热使人肌理浅疏，尤其害怕攻伐之法。北方风气淳厚、饮食朴素，士之生于北方者正气充足，宜用寒凉之剂。医家强调南北方气候、体质、风俗的差异和特殊性，不仅是受古代医学思想中已有"风土观"影响，也与不同医学流派各自的文化意识密切相关。尤其明清医家专论南北方医学之异，提出不同的诊治策略，更是怀有移风易俗的心态，表现出对南方务虚精神和虚弱体质的担忧。

明清医学继承"金元四大家"余绪，由北方南下，衍为三个流派，以朱丹溪为宗的滋阴派、以李东垣为宗的温补派，以及江南的温病派。丹溪学派直接承嗣于河间学派，其"扶正攻邪"、滋阴补虚之法深受南方士大夫推崇。因以儒学入医学，朱丹溪学说受理学思想熏陶颇深，从学术思想到传承方式均效仿儒学模式，体现出儒医正统观，因而跻身医派正宗。明代"温补四大家"和清代温病派都吸纳丹溪学说，在医论方面折中继承。③元末明初医家王履善治伤寒，曾入丹溪之门学医，所著《医经溯洄集》以张仲景《伤寒论》为宗，在吸收丹溪学说的基础上有所发挥，纪昀认为他

---

① （清）颜元撰，王星贤等点校：《颜元集·存学编》卷1《学辩》，中华书局1987年版，第50页。
② （元）戴良：《九灵山房集》卷13《赠医师朱碧山序》，退补斋本，同治九年刊。
③ 参见范行准《中国医学史略》，中医古籍出版社1986年版，第198—202页。

能会通丹溪、东垣学说，"洞见本原，贯彻源流"①。这个评价是相当高的。这也使后来的医史研究者注意到医学思想的南北之异，并非单纯强调南方与北方之间的地域界限，更重要的是把这种表面上的相异看成本质是"和"的体现，反映了正统医家追求公正客观、平衡完备的医疗理念。但也有人公开反对"丹溪学说"，其理由正是朱丹溪的儒医身份，何良俊就指出，"今世但以朱丹溪为儒医，学医者皆从此入门，而不知《素》《难》为何物矣"②。认为医家不应有门户之见，学医不应以丹溪为主，医学有自己的经典，不能把儒家道德标准冠于医学之上。显然，这位爱好诗歌和戏曲的文学家，借用对医学的看法表达了自己的价值观，由此可见，反对丹溪学说者还掺杂着与理学思想的分歧。

　　明清时期，世称温补学派者多以李东垣为宗，反对丹溪学派以寒凉之药养阴的疗法，推崇李东垣《脾胃论》中的"补虚益中"之法。黄宗羲作《张景岳传》写道："自刘河间以暑火立论，专用寒凉，其害已甚，赖东垣论脾胃之火，必务温补救正实多。丹溪出，立阴虚火动之论，寒凉之弊又复盛行，故其注本草独详参附之用。"③张景岳以李东垣为宗提出"温补救正"的学说，旨在借助东垣"温补脾胃"之说批判一些断章取义，不以《内经》为旨要却以传承河间学派、丹溪学说自居的医者。由此观之，缘起于北方的东垣之学能够被南方文人士大夫接纳，仍然与士人文化感和身体感有着深层关联。黄宗羲指出，丹溪学说力求完备，以至于后世医者对待攻、补的态度"茫无定见"，转而奉行"亦攻亦补"的"中庸之道"，实则违背了《内经》之旨，只有重用温补之剂才能达到"救正"的目的，故视温补学说为识根达本之法。南方温补派强调身体的柔弱、虚怯，实质是认为身体并不是不平衡和不对称的，而是亏损和不足的，且体现为一种先天不完备的状态。这个认识的一个突出表现就是温补学说中有关"命门"的解释，其中最具代表性的是赵献可的"命门"理论。赵献可在《医

---

　　① （元）王履：《医经溯洄集》，《景印文渊阁四库全书》子部医家类，总第746册，第938页。
　　② （明）何良俊：《四友斋丛说》卷20《子二》，载周光培编《明代笔记小说》，第6册，第192—193页。
　　③ （明）黄宗羲：《南雷文定前集》卷10《张景岳传》，《续修四库全书》集部别集类，上海古籍出版社2002年版，第1399册，第368页。

贯》中写道:"欲世之养身者、治病者,的以命门为君主,而加意于火之一字。夫既曰立命之门,火乃人身之至宝,何世之养身者,不知保养节欲,而日夜戕贼此火?"① 其"以命门为君主"之说引发了吕留良的强烈不满,他在《医贯》评注中愤慨地写道:"近来名医秘诀多此派,害世不小。此贼智,非王道也。"② 意在表明"中庸之道"不是"无过"而是"无不及",是从根源上寻找不足,然后补偏救弊。同时,吕留良也在赵献可的"身体观"中附加了一层反对儒道的隐喻,指出"命门"理论是对儒家"心为身主"身体观的反叛。之后,清代医家冯兆张批评"命门"理论"欲外乎心,医与儒竟二途矣",但又吸收赵献可的观点用于"相火"论的解释上,以证明儒家"心为君主"的地位不可动摇。

四 结语

今天对"文弱"含义的理解多出自近代学人关于中国民族性的阐释,即从理性层面归纳整个中国从古至今一以贯之的文化特性。林语堂《吾国与吾民》讨论了地理环境和生活方式对精神气质的塑造,认为"文弱"体现了中国人独特的风俗习惯和价值取向。③ 梁漱溟更是将中国在近代民族竞争中的劣势归咎于古代思想文化体系的过早形成,指出"理性思维对身体本能的驯化是中国文弱之本"④。实际上从语义文化变迁来看,"文弱"不仅是现代学者理解文化传统的一条线索,还包含政治统绪中的地方感觉和学术思想中的身心体认两种指向。按照日本学者岸本美绪的说法,"风俗"意味着具体的地方性习惯,其含义不限于具体行为方式本身,而在于从精神的性质层面评论某个地方或时代的整体行动方式,"移风易俗"的目标不是单纯的"文明化",也不是单纯的"回到自然",而是把教养、

---

① (明)赵献可:《医贯》卷1《玄元肤论·内经十二官论》,《续修四库全书》子部医家类,上海古籍出版社2002年版,第1019册,第553页。
② (明)赵献可:《医贯》卷1《玄元肤论·阴阳》,《续修四库全书》子部医家类,第1019册,第560页下。
③ 参见林语堂《吾国与吾民》,黄嘉德译,陕西师范大学出版社2006年版,第3—24页。
④ 梁漱溟:《中国人:理性早启的人生》,凤凰出版社2009年版,第167—168页。

礼仪、天真的良知等各种要素综合起来实现一团"和气"的理想秩序。①历史上,"文弱"作为一种话语表述,反映包含礼乐教化之制、学问著述的伦理作用、文学审美标准等在内的文化感,在不同文化关系之间充当着表达意义与意识的符号。比如,明清时期"文弱"的意义有多种表现:文化修养越高的人相对越文弱,礼仪教化发达的地方民风较为文弱,南方较北方文弱,"内地"较"边地"文弱,"中土"较"外夷"文弱,但"文弱"也是一把双刃剑,既体现较高的教化程度,也蕴含着多元化的价值观和地方性习惯,强调"文"的多种感官体验。近代一些学者受西方"环境决定论""环境宿命论"影响,想象环境差异隐含的文化区隔,以期揭示南北学术文化之间的矛盾关系,但也不免夹杂着浓重的"文化相对论"色彩。研究学术思想变迁不可忽视时代、地理背景,但若一味强调中国文化上的南北之分全由地理条件决定亦不可取,统合南北文化更不是解决近代以来中国文化问题的出路。

医学的南北之异并非取决于方位的截然二分,实为各家学说标榜正宗的手段。清代以叶天士为宗的温病学派,用轻淡之法施于气质薄弱的江南人,解释其为因地制宜之法,本质上亦是身体感知上的分歧。叶天士在《景岳全书发挥》中写道:"凡人有生之后,俱以后天为本。圣王之医药,亦为人有生之后,饮食起居,七情六欲,风寒暑湿燥火之侵袭而为病,故设医药以治之,亦是补偏救弊之意。观此书,每每以先天真阳之气为重,而以热药治病为要领,深辟刘朱。殊不知先天不强壮者,能斫削而坏,先天不足者亦能培养而寿。"②认为相较丹溪学说的"正偏"理论,张景岳以"补偏"为务的做法本身就是一种偏执行为,而且这种"以偏补偏"的诊治理念在临床治疗上存在风险,尤其是在治疗外感热病上存在缺陷,忽视了身体对外部因素的体验和感知。人生与天地同根,人的禀赋强弱取决于气化、风土的流行与变迁,所以古今之变、南北不同决定身体强弱、虚实。③徐大椿还指出,"风土观并不限于南北,除此之外,西北、东南、岭南、中原等地风土各不相同,皆当随地制宜,故入其境,必问水土风俗而

---

① 参见[日]岸本美绪《"风俗"与历史观》,载《新史学》2002年第3期。
② (清)叶桂:《景岳全书发挥》卷1《传忠录·先天后天论》,载黄英志主编《叶天士医学全书》,中国中医药出版社2004年版,第741页。
③ 参见(清)章楠《医门棒喝》卷1《人身阴阳体用论》,中医古籍出版社1987年版,第38页。

细调之。不但各府各别,即一县之中风气亦有迥殊者,并有所产之物,所出之泉,皆能致病。土人皆有极效之方,皆宜详审访察"①。明清时期医学学派关于南北之异的论述,呈现了"文弱"话语所反映的文化意识、地方感觉和身体感知交织互渗的关系,医家往往借助身体感知的差异、变化,强调文化政治、学术思想、群体精神的流转、变迁。医学思想的演进与整个中国文化的发展有着密切的相关性,要理解医学流派思想体系形成的背景,必须将其置于整体历史脉络中加以考察,揭示其文化上、政治上竞争关系的同时,更应注重呈现不同学术群体、思想学说之间交流与互通的过程。

---

① (清)徐大椿:《医学源流论》卷下《五方异治论》,《景印文渊阁四库全书》子部医家类,总第785册,第675页下—676页上。

【文化发展与创新】

儒家文化的二元性与利玛窦的中国化策略

张 践[*]

摘要：儒家文化包含一定的宗教性，但是其主体不是宗教，而是一种世俗化的哲学。利玛窦从文化上层的视角看待儒学，一方面用古代经典中关于上帝信仰的记载，宣扬天主教的上帝崇拜在中国古已有之；另一方面则利用儒家的人文性，说明儒家各种祭祀活动不应作为异教被排斥。利玛窦的中国化策略得到了士大夫阶层的欢迎，其本人成为官府的座上客。但是利玛窦去世，龙华民主持教务，从社会下层的视角把儒家定性为一种宗教，严禁教徒参加祭祖、祭孔等重要的祭祀活动，使之与中华文化直接对抗，并最终在清代导致了皇帝的禁教。他们二人不同的传教策略，导致传教活动的不同结果。说明背离中国化的方向，注定死路一条。

关键词：儒学；宗教性；人文性；利玛窦；龙华民；宗教中国化

从利玛窦入华提出儒家是否为宗教，这个问题在中国的学术界一直争论不休。经过几百年的讨论，学界大多数取得一致性的见解，即儒家文化包括宗教性的成分，但是其主体不是宗教，而是一种世俗性的哲学。其实这个问题早在四百年前利玛窦已经注意到了，尽管当时的人们没有这样思考问题，但是利玛窦本人却很好地利用了儒学的二元性，有效地推进了天主教中国化，使传教事业获得了相当的发展。用他自己的话说："利神父从中国儒家鼻祖孔夫子的言论中提炼出我们的观点，把孔夫子写下的容易产生歧义的东西诠释为对我们有利的意思。这样，神父们就得到了那些不

---

[*] 张践，中国人民大学教授，统战部特聘专家库专家，国际儒学联合会副会长。

崇拜偶像的儒家学者的大力支持。"①

一 利用儒家宗教性的一面论证儒学与基督教的一致性

儒家文化继承夏商周三代文化而来，其中自然包含三代文化中的宗教性。从近代出土的商朝墓葬与甲骨卜辞可以看出，商王朝是一个宗教极其发达、虔诚的时代，甚至可以说达到了狂热的程度。因而孔子说："殷人尊神，率民以事神，先鬼而后礼。"（《礼记·表记》）公元前1046年周武王伐纣，以周代殷，周人对殷人的宗教进行了重大的改造，在其中加入了大量人文性、伦理性的内容，但是仍然承认"上帝"或曰"天"的主宰性。例如《诗经》中记载，"天保定尔，亦孔之固"（《小雅·天保》），"天实为之，谓之何哉"（《小雅·北门》），"文王在上，于昭于天。周虽旧邦，其命维新。有周不显，帝命不时。文王陟降，在帝左右"（《大雅·文王》），等等。孔子在春秋末年开创儒学，他对文、武、周公治理的西周盛世充满向往。他说："周监于二代，郁郁乎文哉，吾从周。"（《论语·八佾》）对于西周留下的古代天命观，孔子保持高度的崇尚和认同，他承认主宰之天的存在，"获罪于天，无所祷也"（《论语·八佾》）。"死生有命，富贵在天。"（《论语·颜渊》）"君子有三畏：畏天命，畏大人，畏圣人之言。"（《论语·季氏》）尽管孔门弟子在对古礼进行注释的时候对"上帝""天"的解释不尽相同，但是儒学的主流还是肯定其主宰性的存在的，正如新儒家学者余英时先生所说："但是孔子以下的思想家并没有切断人间价值的超越性的源头——天。孔子以'仁'为最高的道德意识，这个意识内在于人性，其源头仍在于天。"②

基督教是一种完全不同于儒学的宗教文化，肯定一个造物主上帝的存在，这个造物主是宇宙间唯一的真神，他派遣自己的儿子降临人间拯救世人，只有信仰上帝，死后灵魂才能在末日审判时跟随上帝永生天堂，否则

---

① ［意］利玛窦著，梅欧金校：《耶稣会与天主教进入中国史》，文铮译，商务印书馆2014年版，第356页。
② 余英时：《内在超越之路——余英时新儒学论著辑要》，中国广播电视出版社1992年版，第9页。

【文化发展与创新】
儒家文化的二元性与利玛窦的中国化策略

就会堕入地狱永世不得翻身。在明末中国自视为"礼仪之邦"又处于封闭保守状态，向中国士庶介绍基督教信仰，最好的办法就是证明这种信仰在中国古已有之。对于相对封闭保守的士大夫们而言，证之于经典就是合法性的最好证明，法国汉学家梅谦立先生是当代研究利玛窦的大家，他在为《天主实义今注》写的前言中指出："利玛窦仔细阅读了四书五经，这便使他在《天主实义》里能征引诸多古书：十一条引用用来证明中国古人朝拜上帝；六条用来证明中国古人相信灵魂不朽；四条证明中国古人相信天堂存在。……论证对中国人变得更有说服力，因为利玛窦很正确地显示了那时的中国人关于古代信仰所忽略的历史事实。"①

利玛窦遍翻中国古代文化经典，在三代古籍中找到了一个可以与基督教"天主"对应的中国概念"上帝"。利玛窦指出："吾天主，乃古经书称上帝也。《中庸》引孔子曰'郊社之礼。所以事上帝也'。"②他宣称传教士并不是带来了一种新的信仰，而是帮助中国恢复古代曾经有过的信仰。所以他得出结论"历观古书，而知上帝与天主，特异以名也"③。因为把天主教的"神（DEUS）"译成了"上帝"，在中国传播基督教就方便多了，西方的上帝不再是一个外来的新神，而是中国人古已有之，不过因为秦始皇"焚书坑儒"、佛道教的传播被中国人忘记了。他说："余虽末年入中华，然窃视古经书不息，但闻古先君子敬恭于天地之上帝，未闻有尊奉太极者。如太极为上帝——万物之祖，古圣何隐其说乎？"④所以利玛窦及其耶稣会的传教士们，都采取一种崇古儒、反今儒的策略，重点批判宋儒的"太极说""理气说"，认为这是被佛教污染的结果。

利玛窦利用经典不仅证明上帝的存在，也证明基督教中其他神学理论在中国也是古已有之。他说："彼孝子慈孙，中国之古礼，四季修其祖庙，设其裳衣，荐其时食，以说考妣。使其形神尽亡，不能听吾告哀，视吾稽颡，知吾'事死如事生，事亡如事存'之心，则固非自国君至于庶人大礼，乃童子空戏耳。"⑤在儒家士大夫中，坚定认为灵魂随肉体消失而灭亡

---

① ［意］利玛窦著，［法］梅谦立注，谭杰校勘：《天主实义今注》，商务印书馆2014年版，第25页。
② ［意］利玛窦著，［法］梅谦立注，谭杰校勘：《天主实义今注》，第100页。
③ ［意］利玛窦著，［法］梅谦立注，谭杰校勘：《天主实义今注》，第101页。
④ ［意］利玛窦著，［法］梅谦立注，谭杰校勘：《天主实义今注》，第94页。
⑤ ［意］利玛窦著，［法］梅谦立注，谭杰校勘：《天主实义今注》，第115页。

的思想家是少数,大多数学者与民众还是相信祖先的亡灵会一直存在,祭祀活动就是为这些神灵送去各种生活物品,不然孟子不会说"不孝有三,无后为大",社会各界也不会那么怕"绝嗣"了。如果没有了不死的灵魂,那么祭祀祖宗岂不成了儿戏?进而宗教关于彼岸世界的赏罚就没有依据了。"天主报应无私,善者必赏,恶者必罚。……若魂因身终而灭,天主安得而赏罚之哉?"①

中国上古的宗教中有灵魂不灭的观念,不过并没有基督教、佛教那样明晰的"天堂地狱"观念。可是利玛窦非常善于利用中国古籍中的相关资料,证明基督教中天堂地狱的存在,他说:"《诗》曰:'文王在上,于昭于天';'文王陟降,在帝左右'。又曰:'世有哲王,三后在天。'《召诰》曰:'天既遐终大邦殷之命。兹殷多先哲王在天。'夫在上、在天、在帝左右,非天堂之谓,其何欤?"②殷代宗教,殷王相信他们的祖先死后"宾于帝",永远陪侍在上帝的身边,可以时刻保佑自己的子孙。不过殷朝人头脑中的"帝廷"仅仅是地上王国的"投影",与基督教的永享极乐的"天堂"并不等同,也是不允许其他子民、臣僚去的。但是正因为缺乏详细的论证,恰恰可以被利玛窦自由发挥了。

利玛窦特别强调天堂地狱说对道德建设、治国理政的重要作用。作为一位职业宗教家,利玛窦肯定中国文化理性主义的积极作用,中国虽然不信仰基督教,但是与世界上其他民族相比,中国人在宗教上犯的错误最少,而且有醇厚的道德。但是利玛窦也看到儒学这种介于宗教与世俗之间的文化体系的问题,他指出:"由于几乎所有中国人,特别是重要人物,都只相信今生,为此,他们将现世视为天堂,沉醉于盛宴戏曲、歌舞笙廷和世间所有的一切陋习。"③重视现实利益是中国文化的优长,但是也是它的短板,利玛窦指出:"在这个国家盛行的恶习中,无疑会有欺骗与谎言,在这种情况下很少有人以此为耻,显贵和文人也不例外。"④而他的"补儒说"则是变相地批评儒家的宗教性不够彻底,过度的人文化冲淡了人们的信仰,动摇了人民的道德伦理的虔诚。天堂地狱之设,是道德伦理建设的

---

① [意]利玛窦著,[法]梅谦立注,谭杰校勘:《天主实义今注》,第117页。
② [意]利玛窦著,[法]梅谦立注,谭杰校勘:《天主实义今注》,第175页。
③ [意]利玛窦:《利玛窦中国书札》,芸娸译,宗教文化出版社2006年版,第86页。
④ [意]利玛窦著,梅欧金校:《耶稣会与天主教进入中国史》,文铮译,第63页。

必需，因为在现实的社会中，善恶行为不一定能够马上得到报应，所以各种宗教都必须依此设计出"正义"的方案。在基督教看来，"德于此无价也，虽举天下万国而市之，未足以还德之所值，苟不以天堂报之，则有德者不得其报称矣。得罪上帝，其罪不胜重，虽以天下之极刑诛之，不满其咎；苟不以地狱永永殃之，则有罪者不得其报称矣"①。如果人人相信死后灵魂不灭，末日审判的时候生前的一切行为都会受到上帝的审判，那么就会在生前约束自己的行为了。所以利玛窦提出"补儒说"，也是为传播基督教的合理性在宣传，用基督教的虔诚，弥补儒家文化宗教性的淡化。

二 用儒家的人文性解释儒家祭祀不是异教崇拜

上述利玛窦利用儒家的宗教性资源介绍天主教的内容，主要是对中国人说的，目的是证明中国自古就有天主信仰，因此这些内容主要在他用中文写的著作中，包括《天主实义》《畸人十篇》《交友论》《二十五言》等。但是儒家文化还有另一面，即人文性的方面，利玛窦又认为儒家文化是一种哲学，对于儒教的一些礼俗，可以不必当作异教排斥。这部分内容主要是对天主教内部人士讲的，因此这些思想，主要包含在他用意大利文写的文献中，主要有全面介绍耶稣会中国传教事业的《耶稣会与天主教进入中国史》和他与国内教会人士沟通的《利玛窦中国书札》中。

殷周之际中国宗教发生了一次根本性的变化，古代宗教从此成为人文的伦理宗教。孔子继承并发展了周公开创的宗教理性化、人文化的大方向，他本人对彼岸世界的存在持一种存疑态度，"子不语：怪力乱神"（《论语·述而》），认为"未知生，焉知死"，"未能事人，焉能事鬼"（《论语·先进》）。但是对于在社会上流行的具有宗教信仰性质的礼乐活动，孔子则主张严格按照周礼举行。这种行为被其他学派视为"虚伪"，如墨子就说儒家这是"执无鬼而学祭礼，是犹无客而学客礼也，是犹无鱼而为鱼罟也"（《墨子·公孟》）。对此孔子解释说："祭如在，祭神如神在。子曰：'吾不与祭，如不祭。'"（《论语·八佾》）也就是说，祭祀天地、山川、鬼神、祖先的各种宗教活动，关键不在于祭祀对象的有无，而

---

① ［意］利玛窦著，梅欧金校：《耶稣会与天主教进入中国史》，文铮译，第173页。

在于祭祀者的内心感受,相信则有,不信则无。战国时期大儒荀子说得更为透彻:"天旱而雩,卜筮然后决大事,非以为得求也,以文之也。故君子以为文,而百姓以为神。以为文则吉,以为神则凶也。"(《荀子·天论》)由于儒家采取了"祖述尧舜,宪章文武","述而不作"的文化策略,因此他们对于夏商周三代文化的继承性要大于变革性,使中国文化表现为一种连续性发展。其中在宗教观上,突出表现就是儒家不是否定古代宗教,而是在继承古代宗教礼仪的基础上,将其改造成了一种人文宗教。正如徐复观先生所说:"春秋时代以礼为中心的人文精神的发展,并非将宗教完全取消,而系将宗教也加以人文化,使其成为人文化的宗教。"①

近年在中西文化比较的大潮中,很多学者比较中国古代与西方近代人文主义思潮时指出:"以儒家为主体的中国文化的人文精神与西方文化以基督教为主体的人文主义、以自然为归宿的人本主义截然不同。西方的人文相对于'神文'而言,西方的人文主义是在反抗西方宗教黑暗势力的斗争中产生的,是欧洲文艺复兴时期新兴资产阶级反抗封建主义的一种社会思潮。"② 西方的人文主义是在文艺复兴、思想启蒙运动中产生出来的,具有明显的反对中世纪罗马教廷的反宗教色彩。"而在中国的传统宗教生活中,信仰与道德之间需要搞定统一。也是在这个意义上,中国的人文主义与宗教信仰没有对立的关系。"③ 中国儒家的人文主义,与各种宗教,甚至无神论之间没有明显的对立关系,都是可以兼容的。

应当说利玛窦早在四百年前就发现了儒家的人文主义与西方近代人文主义的差异。他指出:"他们既不提倡也不反对人们相信关于来生的事,他们中的许多人除信奉儒学外,还同时相信另外两种宗教,因此我们可以说,儒家并非一个固定的宗教,只是一种独立的学派,是为良好地治理国家而开创的。这样,他们既可以属于这种学派,同时也可以信奉天主,因为这在原则上并没有违背天主教的教义,而天主教的信仰对于他们在书中所企望的那种和平安宁的社会非但无害,反而大有裨益。"④ 在古代中国,儒家是国家的政治意识形态,所有的帝王、官僚都是自幼受儒家教化成长

---

① 徐复观:《中国人性论史·先秦篇》,上海三联书店 2001 年版,第 44 页。
② 韩星:《儒家人文精神》,陕西人民出版社 2012 年版,第 6 页。
③ 李四龙:《人文宗教引论:中国信仰传统与日常生活》,社会科学文献出版社 2022 年版,第 113 页。
④ [意]利玛窦著,梅欧金校:《耶稣会与天主教进入中国史》,文铮译,第 71 页。

【文化发展与创新】
儒家文化的二元性与利玛窦的中国化策略

起来的,是他们执政的指导思想。但是这并不妨碍他们个人还可能有自己的宗教信仰,大多数是信仰佛教或道教,一些回族的官员个人可能信仰伊斯兰教,在明末则有一些皇族、官员信仰天主教。基于中国的这种信仰状态,利玛窦断定"儒家并非一个固定的宗教,只是一种独立的学派,是为良好地治理国家而开创的"[①]。

利玛窦进而对所谓儒家宗教性的几项重要活动进行了分析,证明它们的非宗教性。在古代儒家文化中,最隆重的祭祀活动莫过于"祭天"了。历朝历代,南郊祭天、明堂祭祀上帝、泰山封禅都是皇家主要的祭天活动,载之于朝廷礼典。但是利玛窦发现:"虽然儒家承认天帝之名,但却不为其修建庙宇,也没有一个祭拜的地方,所以也就没有祭司,没有神职人员,更没有供大家观看的庄严仪式以及需要遵守的清规戒律,甚至他们都没有一位高级教士负责宣布、解释其教义,惩治与宗教作对的人。故此,儒家无论是集体还是个人都从不念诵经文。他们甚至只允许皇帝本人祭奉这位天帝,如果其他人想这样做则被视为篡位者而受到惩治。"[②]与天主教有上帝信仰,有教堂等专门的礼拜场所,有教皇、主教、神父等职业宗教人员主持宗教仪式,裁判教义纷争相比,儒教的确不像宗教,或者说也可以认为它不是宗教。另一项重要的祭祀活动是祭祖,"上至皇帝,下至平民百姓,儒家最隆重的活动是每年在一些固定的时间里祭奉逝去的祖先,为他们供奉肉食、水果、香烛、绸绢(穷人们则用纸代替)。他们认为这是对祖先的敬意……还有些人告诉我们,举行这种仪式与其说是为死者,不如说是为了生者,也就是说,教导他们的子孙和那些无知的人尊敬、赡养他们在世的父母,让世人看到那些大人物们侍奉他们去世的祖先,仍像祖先们在世的时候一样。但不管怎样,中国人并不认为这些逝去的人就是神,不向逝者们祈求什么,也不指望先人们为他们做什么,这完全不同于任何的偶像崇拜,或许还可以说这根本不是迷信"[③]。在后来发生的"中国礼仪之争"中,"祭祖"的礼仪及其含义成为争论的焦点,中国祭祀的祖先是祭祀他们的神灵吗?祭祀祖先是否犯了基督教禁止偶像崇拜的错误?利玛窦坚定地认为,祭祖礼仪只是中国人对逝去的祖先表示敬

---

① [意]利玛窦著,梅欧金校:《耶稣会与天主教进入中国史》,文铮译,第71页。
② [意]利玛窦著,梅欧金校:《耶稣会与天主教进入中国史》,文铮译,第70页。
③ [意]利玛窦著,梅欧金校:《耶稣会与天主教进入中国史》,文铮译,第70—71页。

意,他们并不相信逝去的先人成了神。祭祀也不是向祖灵祈求什么,更应当认为是对活着的子孙进行孝道教育的好机会。这是一种教化活动,而不是什么"迷信"。至于儒家专有的祭祀礼仪"祭孔",则更像是一种学生对老师致敬的礼仪。"儒家自己的庙宇是孔庙,依照法律,在每座城市里都要设立,地点就在学宫内,其建筑非常华丽,掌管秀才的官员的衙门与其毗邻。在孔庙中最显著的位置设有孔子的塑像,或者是一块精制的牌位,上面用金字写着他的名字,两侧是他的七十二位弟子的塑像或牌位,这些弟子也被视为圣贤。……他们既不念诵经文,也不向孔子祈求什么,就像祭祖时一样。"[1] 利玛窦认为,孔子是人不是神,祭孔礼仪因此就不是基督教所反对的异教崇拜。所以利玛窦得出结论:"儒家教义的宗旨是国泰民安,家庭和睦,人人安分守己。在这些方面,他们的主张相当正确,完全符合自然的理性和天主教的真理。"[2] 他把儒家定义为一种建立自然理性基础上的人文哲学,而且是与天主教真理相符合的。

三 天主教中国化进程中的两条路线

利玛窦1610年去世前,是天主教耶稣会中国区会长,在他的主持下,天主教坚持因应中国国情的正确路线,所以传教事业也相对顺利,教徒发展到两千五百余人。然而他去世后,他亲自选定的接班人龙华民担任中国区会长,却首先在耶稣会内部发动了"中国礼仪之争",从此传教事业开始碰到明显的阻力。"南京教案"发生,社会上大量反教书籍出版,社会上反对天主教传播的舆论加强。究其根本原因,也在于耶稣会内部传教士对儒家文化二元性认识的差异。利玛窦认为儒学是一种哲学,信仰天主教的人可以同时信奉儒学,参加儒教的各种祭祀活动,因为这些活动是世俗的。龙华民则认为儒学就是一种宗教,信仰天主教就不能参加家族的祭祖仪式,在社会上不能参加官场的祭孔活动。为什么同样的儒家文化,利玛窦与龙华民的认识会如此不同呢?显然这是由于二人是从中国文化上、下层不同视角观察的结果。

---

[1] [意] 利玛窦著,梅欧金校:《耶稣会与天主教进入中国史》,文铮译,第71页。
[2] [意] 利玛窦著,梅欧金校:《耶稣会与天主教进入中国史》,文铮译,第71页。

【文化发展与创新】
儒家文化的二元性与利玛窦的中国化策略

关于中国古代文化上、下信仰分层的现象，牟钟鉴教授曾有一个经典的表述："中国人的信仰形成三重结构：官方信仰、学者信仰、民间信仰，三大群体彼此相互贯通，又各自相对独立，甚至出现脱节，因此很难用一个简单的判断来概括全体中国人的信仰特征。"[①] 总体而言，官方信仰和学者信仰构成了社会上层信仰，他们长期受儒家文化理性主义的教育，主张"未知生，焉知死""敬鬼神而远之"，对各种宗教采取一种宽和包容的态度，而他们自身则主要通过道德修养和内向的心灵开掘，在"成己成物""赞天地之化育"的过程中获得精神的"内在超越"。因此他们所信奉的儒家文化更多的是一种哲学。而人数众多的民众则不同，他们没有条件接受系统的文化教育，也没有足够的社会条件允许他们在"立德、立功、立言"的事功中获得精神的超越。因此他们需要"外在超越"的宗教，不仅需要官方认同的佛、道教，而且需要各种民间宗教，包括刚刚传入的天主教。

上述利玛窦所提到的儒家文化，显然都是社会上层士大夫的观念。从他1589年认识儒生瞿太素放弃僧服穿上儒服开始，他接触的儒学都是这些士大夫传给他的。例如他对儒家祭祖仪式的解释，与战国后期大儒荀子的观点完全吻合。荀子说："故曰：祭者，志意思慕之情也。忠信爱敬之至矣，礼节文貌之盛矣，苟非圣人，莫之能知也。圣人明知之，士君子安行之，官人以为守，百姓以成俗；其在君子以为人道也，其在百姓以为鬼事也。"（《荀子·礼论》）同样的祭祀活动，大儒眼中只是表示对祖先的礼敬活动，并没有鬼神的参与，甚至可以看成教育子孙的"人道"。但是在百姓的眼中，则是对祖先神灵的供奉、祈求活动，是典型的"鬼事"了。

龙华民与利玛窦虽然都是意大利人，但是二人的出身和经历却不相同。利玛窦出生于意大利文艺复兴的中心马切拉塔，自幼受到文艺复兴思想的熏陶，又受到过良好的科学文化知识教育，精通天文、地理、数学、哲学、语言学、音乐等，在中国出版过大量介绍西方自然科学知识的著作。而龙华民则是一位职业宗教家，出生在闭塞的西西里岛，除了传教，只在中国出版过一本《地震解》。他认为只有坚守天主教的固有教义才是真正的宗教。[②] 特别是他接掌天主教传教大权之后，认为利玛窦那种适应

---

① 牟钟鉴、张践：《中国宗教通史》下卷，中国社会科学出版社1999年版，第922页。
② 参见李天纲《龙华民对中国宗教本质的论述及其影响》，《学术月刊》2017年第5期。

中国文化的传教策略违背了天主教的原意。而利玛窦主持中国教务时期与日本相比发展缓慢①，也成为龙华民攻击上层化路线的口实。的确，中国的民间社会对于宗教的需要程度远远超过了学者阶层，活灵活现的天主创世，派自己的儿子来为世人赎罪，行善者死后灵魂上天堂，作恶者灵魂下地狱，这比"尽心知性知天"的所谓"内省"超越要简单、生动得多。特别教化一名从小受到儒家理性主义教育的士大夫入教，要比吸收一名下层农民困难得多。对于极其缺乏精神浸润的心灵来说，有人来主动传播上帝的福音是很容易得到呼应的。特别考虑到明清时代民间宗教的活跃，在遍布全国各地的白莲教、罗教、净空教、红阳教……之间，再加上一个天主教也不算什么奇怪了。因此龙华民选择了与利玛窦对立的下层化路线。

利玛窦坚持的上层化发展路线，虽然发展工作困难，人数也不会有大幅度的增长，但是教徒的质量是很高的，能够在社会上极大地扩展天主教的影响力。利玛窦毫不讳言发展高层次教徒的好处，他说："我们的每个会院都有许多人领洗进教，其中还有贵族、皇亲国戚、儒士和官吏，儒士和官吏的威信甚至比贵族还高。我们的教友人数已经超过了一千多人。北京的教会历史最短，但也有一百多名教友了。而且，教友的身份地位都十分显赫，能够扩大基督信仰的影响，吸引更多的人领洗进教。因为，长期以来，我恪守的宗旨就是宁缺勿滥。"② 在早期教徒中，徐光启、李之藻、杨廷筠、沈一贯、瞿太素、冯琦、李戴、吴中明等人，个个都是朝中高官，平日他们可以向皇帝推荐、担保传教士身份的清白、学说的正确，一旦发生反教浪潮，他们有能力抵制朝中的反教势力，甚至在发生南京教案期间，徐光启、李之藻等人还可以在自己的家中收留传教士。南京教案之后，徐光启、李之藻等人因辽东战事吃紧，主持从澳门引进西洋大炮，并把一些传教士以炮手的名义合理合法地引入北京，使教案的影响自然消散。

长期以来，龙华民坚持在广东韶州传教，然而他的下层化传教路线，却越来越把传教事业引向危险。首先，他明确把儒家定为宗教，他指出："我们由此可以得出结论，既然儒教拥有与西方异教相同的起源，那么它和西方异教便也有着相同的错误原理，就好像魔鬼用相同手法欺骗了双方

---

① 参见于云汉《西方传教士布教策略的演变与晚明南京教案》，《昌潍师专学报》（社会科学版）1998 年第 1 期。
② ［意］利玛窦：《利玛窦中国书札》，芸娸译，第 166 页。

【文化发展与创新】
儒家文化的二元性与利玛窦的中国化策略

人民,将他们引向通往地狱的相同歧途。"① 这样明确地把儒家文化放在异教的位置上,自然形成了对中国主流文化的敌视。其次,由于认定儒家的各种祭祀礼仪具有宗教的属性,规定中国教徒不许参加祭祖、祭孔活动。可是中国古代社会"以孝治天下",把推行孝道看成民族文化的根本,把祭祖看成一个公民对国家政治认同的标志,因为信某一种宗教而不祭祀祖宗,表示你自外于中国人。明末"中国礼仪之争"仅限于耶稣会内部,由于认同利玛窦路线的传教士的坚持,大家接受的龙华民关于"译名"的观点,不再用"上帝"翻译西文中的"DEUS"。不过大家还是坚持利玛窦的变通办法,默认教徒在家参与祭祖活动。但是到了清代由于多明我会、方济各会、外方传教会等西方诸国传教会的进入,他们代表西方不同国家争夺中国的传教市场,就挑起了更激烈的"中国礼仪之争",并最终导致了康熙皇帝的"禁教"。再次,坚持传教的下层化方向,与士大夫阶层渐行渐远,甚至因为坚持基督教的排他性立场,把包括儒教在内的各种宗教都列入了"异教"范围,逐渐引起了更大的反教浪潮。其中包括沈㴶的《参远夷疏》、黄贞的《辟邪集》、黄廷师的《驱夷直言》、许大受的《圣朝佐辟》、苏及寓的《邪毒实据》、张广湉的《辟邪摘要略议》等。最后,特别是天主教高度的组织性,更是引起了朝廷对其的注意。中国自古以来就确定了一条专制主义原则:"凡厥庶民,无有淫朋。人无有比德,惟皇作极。"(《尚书·洪范》)也就是说,国家只有一个政治中心,就是皇权,庶民百姓不许结党营私,"君子不党"(《论语·述而》)。但是中国古代社会的宗教组织是一个特例,特别是一些域外传入的世界性宗教,本身都具有很强的组织性。天主教的教区制度,成为中国古代社会郡县制和宗法家族之外的特殊群体。特别在明清之际民间发动的武装起义层出不穷,统治者不能不对高度组织化的天主教抱有相当的戒心,担心其成为外国对抗朝廷的政治势力。"白莲、无为等教,乃疥癣着急疾,不足忧也。天主邪教入中华,天下无有辟者,此其可为痛苦流涕长叹息者也。"② 因此儒家礼仪的冲击,就成为"禁教"的理由。

---

① [意]龙华民:《龙华民〈论中国人宗教的几个问题〉(节选)》,杨紫烟译,《国际汉学》2015 年第 1 期。
② 引自刘丽敏《明末清初士大夫与近代士大夫反基督教思想异同辨析》,《唐都学刊》2005 年第 1 期。

· 273 ·

四 明末传教活动路线差异的启迪

我们回顾利玛窦利用儒家文化二元化属性推进天主教中国化的成功经验以及龙华民等人坚持对立导致的恶果，可以对天主教中国化提炼一些基本原则。

首先，求同存异，相向而行；而不是寻找矛盾，制造敌对。儒家文化的根本价值观念之一是"和而不同"，即一个社会应当允许不同的观念、信仰的合法存在，差异化表达；但是另一方面不同的观念、信仰也需要求同存异，相向而行。应当说利玛窦和龙华民都对儒家文化宗教性与人文性的二元属性有深刻的认识，关键在于强调哪个方面。如果强调宗教性的方面，那信仰儒家就是属于基督教第一诫禁止的范围。而利玛窦则强调儒家祭祖、祭孔的人文属性，可以将其视为一种世俗的礼仪，不必放在异教崇拜的范畴中。利玛窦关于儒家文化非宗教性的论述第一节有大量引用，这里不再赘述，而龙华民则不这样看。例如关于儒家经典的原文与注疏问题，经典原文大多出自三代，当时记载的上帝、天、天命、鬼神等，都是古代宗教的观念。可是经过孔子及其后儒的注疏，这些观念都人文化了。上帝等同于自然之天，天命等同于"理""太极"；鬼神成为"二气之良能"，会随着人的死亡而消失等。利玛窦崇"古儒"、反"今儒"，借助古籍中关于三代宗教的内容，以证明中国古代就有天主信仰，但在礼仪方面，他则采纳后儒关于古代宗教经典的注疏，吸收其中的人文性因素，这样可以消弭儒学与天主教之间的矛盾。但是龙华民明确指出："面对各种典籍里出现的不一致现象，应当以评注而不是以原文为准。"[①] 这样考据、研究的结果，使龙华民得出一个充满敌意的结论："从孔教教义的这点以及其他未引用的类似观点来看，我们在最后可以得出四个重要结论。第一个结论：在儒教里，除了所有儒家学者都了解的庸俗化的表面教义以外，还有一个专属于儒教大师的隐性教义。第二个结论：孔子之所以尽可能避免明白清晰地谈论鬼神、理性灵魂及死后世界，是因为担心公众完全了解

---

① ［意］龙华民：《龙华民〈论中国人宗教的几个问题〉（节选）》，杨紫烟译，《国际汉学》2015年第1期。

【文化发展与创新】
儒家文化的二元性与利玛窦的中国化策略

自己哲学会导致自己哲学的毁灭，会引起国家的混乱。第三个结论：孔子的上述观点导致了人心堕落，也抹煞了中国学者的智慧，将他们的智慧局限于可见可触的领域。第四个结论：由于相同原因，中国学者陷入了最严重的邪恶即无神论之中。"① 在这四项结论中，把宋明理学具有的无神论倾向定为整个儒学的性质，无疑将儒学放到了敌对的境界。在中世纪天主教的语境中，无神论是比异教更邪恶的观点，必须除之。

其次，一些善意的"误解"不必说穿。两大文化体系交流、交往、交融，如果没有一些共识则很难进行。但是产生于完全不同的社会历史条件下的中国文化与西方文化，其基本观念必然存在巨大的差异，如果不找到一些可以"对译"的基础概念，则交流便无法进行。利玛窦将天主教的DEUS译成中文"上帝"，显然是一种"误读"，因为根本没有史料可以证明基督教的"天主"曾经来过中国。但是保存这样一种"误读"，西方传教士和中国士大夫都可以彼此认同，有助于传教事业的发展。甚至从某种意义上说，保持一定的"误读"是两种文化体系交流的必要因素。一旦把这种"误读"揭穿，则会使进一步的交流寸步难行。庄子《齐物论》说："六合之外，圣人存而不论；六合之内，圣人论而不议。春秋经世先王之志，圣人议而不辩。故分也者，有不分也；辩也者，有不辩也。"中国的很多事情，特别是涉及宗教、政治问题，是不能追究，不能讨论的。龙华民为此特别请教了一些已经加入天主教的大儒，他说："我们多次和在这方面深有造诣的中国学者，包括徐光启，一起研究有关问题，试图使古代典籍与其评注相互一致。这些学者都一致让我们无需为此事烦恼……这让我们中一些神父十分满意，他们认为我们之前所做的努力和中国学者给我们的回答足够了，这问题可以到此为止。"② 徐光启和其他一些耶稣会传教士的观念，就是典型的"存而不论""论而不议"，是非常中国化的思维方式。龙华民处处强调天主教的独特性，要向中国人传播纯正的天主教，偏偏要在这些问题上"较真"，只能使传教事业举步维艰。

再次，中国人完全不能接受排他性的一神教。中国自古就是一个多神

---

① ［意］龙华民：《龙华民〈论中国人宗教的几个问题〉（节选）》，杨紫烟译，《国际汉学》2015年第1期。
② ［意］龙华民：《龙华民〈论中国人宗教的几个问题〉（节选）》，杨紫烟译，《国际汉学》2015年第1期。

信仰的民族，再输入一个基督教并不是问题，但是信仰基督耶稣就必须放弃其他的神灵，这让中国人感到困难。基督教是一种一神教，它的第一条戒律就是："除了我之外，你不可以崇拜其他的神。"即使利玛窦也不能没有这样的倾向。他注意到不要与儒家对抗，把儒家的思想解释为一种哲学，但是他对于佛教和道教还是竭力排斥的。《利玛窦中国书札》中多处记载，他们鼓励教徒将家中的佛教经像拿到教堂中打碎、焚毁。例如《利玛窦中国书札》记载："前天，一位七十七岁的望教者带了许多铜制和木制的他神像，以及画像、迷信书籍等，我们将这些东西全部砸毁、烧掉了。教友们为此欢欣鼓舞，而老人和他的妻子、孩子及家人一共七八个人，后来都成了基督信徒。"[①] 这些行为自然引起佛教高僧及信仰佛教的士大夫们的反感。在《圣朝破邪集》中，不仅收集了明末佛教四大高僧之一云栖袾宏的《天说》，而且也收集了很多信仰佛教的儒家士大夫批判天主教的文章。如黄贞的《辟邪集》写到，他亲眼所见很多天主教徒将观音菩萨、关帝圣君、魁星君、吕祖帝君等神像"皆令彼奉教之徒送至彼所，悉断其首，或置厕中，或投火内"。天主教的这些做法让他感到"毛发上指，心痛神伤"[②]，他们担心天主教会将这种反对异端的矛头指向儒教。至于龙华民把儒教也当成宗教反对，则只能更加引起更大的反教的浪潮。明末士大夫张广湉著《辟邪摘要略议》表明了他的担心："据彼云：'国中惟尊奉一天主，不祀他神，不设他庙……如别奉他庙他神，则犯天主之教诫'必先毁我宣尼之庙，以及山川保社之坛，并废祀古敕建忠孝节义之祠，一如夷说取，取其像投诸粪窖之中。"[③] 这就像是一个预言一样，清末的太平天国起义以基督教思想为武装，起义军一路将文庙中孔子像捣毁，将儒家经典焚烧，在很大程度上伤害了广大士庶的心，把自己放到了当时尖锐的民族冲突中外国势力的一方，为镇压起义的湘军提供了口实。

最后，宗教上层化路线应当是中国化的主导方向。上文提到，中国古代社会存在着上下层文化之间既相互关联，又相互脱节的现象，但是无疑，上层文化起着导向的作用。儒家文化的伦常有序、道家文化的清静无

---

① [意]利玛窦：《利玛窦中国书札》，芸娸译，第170页。
② 黄贞：《辟邪集》，转引自范正义《众神喧哗中的十字架——基督教与福建民间信仰共处关系研究》，社会科学文献出版社2015年版，第137页。
③ 徐昌治编：《圣朝破邪集》卷5，日本安政乙卯本。

【文化发展与创新】
儒家文化的二元性与利玛窦的中国化策略

为、佛教文化的慈悲为怀是其主流。在宗教观上,儒家的"敬而远之""神道设教""和而不同"作为国家意识形态,决定着中国人的宗教面貌。而民间那些"怪力乱神""盲目崇拜""平均仇富"则只能是一些支流或补充。例如1633年方济各会的利安当到福建传教,向一个乡村教书先生请教什么是祭祀祖宗的"祭"字,那位先生告诉他,中国的"祭"就相当于你们天主教的弥撒,这个说法让利安当十分震惊,更加重了他们对儒学是宗教的看法。[1] 另一位方济各会的神父黎玉范用明显带有西方宗教意识的方式提问中国百姓:"在你们向祖宗牌位和墓地奉献祭品时,自己的主观意想是什么?到底要达到什么目的?"这样的提问方法,自然会得到他们需要得到的儒学就是宗教的结论。[2] 特别是明清时代,民间社会与上层社会的对立十分明显,如果外来宗教只进入民间社会,那么他们与之结合的中国化也只能是支流,甚至会造成对主流社会秩序的冲击,引起上层主流社会的反感、镇压。特别是当那些具有一神信仰和排他性思维方式的外来宗教与中国文化中的那些非主流因素相结合,则很容易会成为一种"去中国化"的因素。例如明末福州士人黄问道认为天主教不让中国人祭拜神祇偶像,只崇奉天主一神的做法,违反了中国传统的礼制。在《辟邪解》一文中,黄问道写道:"礼曰:天子祀天地,诸侯祀封内山川,大夫祀宗庙,士庶人祀祖祢,以明天至尊不容辱也,祀有等不容越也。今欲人人奉一天主,塑一天像,日月祷其侧而乞怜焉。不其邀天、亵天、僭天、渎天者乎。"[3] 黄问道以中国人祀神有等级限制为由,批判天主教拜"天"的做法是僭越礼制的行为。在中国传统社会,"礼制"是维系社会的根本制度,冲击儒教的"伦常有序"就是反对现行的社会制度。所以笔者认为外来宗教的单纯的民间化,不应当是中国化的主流,更不应当是中国化的主要方向。

---

[1] 参见李天纲《中国礼仪之争:历史・文献和意义》,上海古籍出版社1998年版,第39页。
[2] 参见范正义《众神喧哗中的十字架——基督教与福建民间信仰共处关系研究》,第100页。
[3] 参见徐昌治编《圣朝破邪集》卷5,日本安政乙卯本。

困境与出路

——新时代传统儒学"双创"探析[*]

徐沐熙[**]

摘要：激活、推进包括传统儒学在内的中华优秀传统文化的创造性转化、创新性发展是重大时代命题。近十年来"双创"成就显著，同时也存在诸多困境，应以勇毅之心继续推进传统儒学在新时代的"双创"，有的放矢地将传统儒学融入新时代、融入生活世界，参与新时代中国特色社会主义文化建设，使其实现"新时代化"。20世纪中国近现代社会转型中儒学传统现代化的尝试有力地说明了儒学是能够"双创"的。21世纪马克思主义主流意识形态的倡导和支持为传统儒学突破"双创"困境提供了历史机遇。以马克思主义方法论原则为突破传统儒学的"双创"困境寻找出路。

关键词：新时代；传统儒学；"双创"；困境；出路

中华优秀传统文化屡次出现在主流意识形态的视域中。在建党百年之际，习近平总书记在《在庆祝中国共产党成立100周年大会上的讲话》中提到："坚持把马克思主义基本原理同中国具体实际相结合、同中华优秀传统文化相结合。"[①] 2021年5月9日习近平总书记在给《文史哲》编辑部全体编辑人员回信中提到："在新的时代条件下推动中华优秀传统文化

---

[*] 本文是中国社会科学院创新工程重大专题项目"中华优秀传统文化创新转化与新时代中国特色社会主义文化建设"（项目编号：2017YCXZD010）的阶段性成果。

[**] 徐沐熙，中国社会科学院马克思主义研究院助理研究员，哲学博士，研究方向：马克思主义中国化。

① 习近平：《在庆祝中国共产党成立100周年大会上的讲话》，人民出版社2021年版，第13页。

创造性转化、创新性发展。"① 回顾中华优秀传统文化的"双创"历史，已经有十个年头。从 2012 年党的十八大开始到 2017 年，习近平总书记在讲话中多次提到要实现中华传统文化的创造性转化和创新性发展，即"双创"，对这一重大理论命题至少作过七次集中论述。2014 年他在纪念孔子诞辰 2565 周年国际学术研讨会上提出"努力实现传统文化的创造性转化、创新性发展，使之与现实文化相融相通，共同服务以文化人的时代任务"②。2017 年他在党的十九大报告中强调"推动中华优秀传统文化创造性转化、创新性发展"③，等等。2021 年，时隔近十年，习近平总书记再提传统文化"双创"，可见总书记对这个问题持续、高度关注，并希冀能够最终得到高质量的实现。那么传统文化，尤其是传统儒学"双创"的实效怎样，"双创"过程中遇到了什么样的困境？新时代如何突破这些困境，从而继续推动传统儒学"双创"顺利前行呢？实际上，传统儒学的"双创"问题也是儒学现代化的问题。

一　困境：传统儒学"双创"之难

传统儒学的"双创"已经走过近十年的历程，无论是在理论上，还是在融入时代、融入社会实践的过程中都取得了多方面的实效。在理论上，传统儒学的"双创"，是在与马克思主义主流意识形态相结合的过程中开展的，也是以儒学现代化参与新时代中国特色社会主义文化建设的过程，更是中国式现代化道路的重要参与方。传统儒学的"双创"过程，推动了儒学理论的"新时代化"——在新时代为传统儒学"续命"，为中华文明5000 年的延承添上新时代的"砖瓦"。在实践上，我们以山东这个儒学大省为例，探析一下传统儒学的"双创"成果。一方面，传统儒学通过"双创"深入民间，在民间获得相对广阔的发展空间。比如山东曲阜举办"百姓儒学节"，表彰"孝贤之星"，让儒学走入寻常百姓家，让百姓从中感悟

---

① 《习近平给〈文史哲〉编辑部全体编辑人员回信》，《人民日报》2021 年 5 月 11 日。
② 《在纪念孔子诞辰 2565 周年国际学术研讨会暨国际儒学联合会第五届会员大会开幕会上的讲话》，人民出版社 2014 年版，第 11 页。
③ 习近平：《决胜全面建成小康社会　夺取新时代中国特色社会主义伟大胜利——在中国共产党第十九次全国代表大会上的报告》，人民出版社 2017 年版，第 23 页。

传统美德，增加人与人之间的伦理感情等。还举行数十万人参加的祭孔文化活动、文明礼仪培训等，使传统儒学改善社会风气、民俗风气，为新时代的社会风貌、道德风貌作出了应有的贡献。另一方面，传统儒学通过"双创"，将其中具有当代价值、世界意义的文化精髓用"国际语言"提炼出来、展示出来。比如山东以高度的文化自觉担负起民族文化传播的历史使命，打造尼山世界儒学中心，举办尼山世界文明论坛等，推动了中国与世界文明的交流对话及互鉴。总之，我们看到传统儒学经过"双创"浸染于现实生活的多个层面，无论是国内传承还是国际传播，人们都能够感受到传统儒学在新时代的生命活力。尽管传统儒学的"双创"近十年来有一些成功之处，却也存在很多问题，面临诸多困境。

首先，传统儒学"双创"面临着"仅就文化谈文化"的问题。一方面，把传统儒学的创造性转化和创新性发展仅放在文化的层面上探讨，而不是将其放入政治、经济、文化、社会的全系统中进行研判，也不以"双创"成果是否满足社会现实的需求、是否解决百姓日常生活的问题为标准。另一方面，因为仅在文化层面谈及马克思主义主流意识形态与传统儒学之间的关系，而不是站在历史唯物主义立场上以社会形态理论看待二者差异进而深论二者结合的应当性，所以二者关系一直没有得到真正的厘清。将二者界定为结合关系、融合关系、汇通关系、融通关系及重要组成部分的关系等，试图通过协同创新、综合创新等解决二者的结合问题，充分体现了对传统儒学正面的学术"提携"之功，却难以给出深入的、令人信服的、有理论创建的论点和论据。

其次，传统儒学的"双创"在市场经济实践上的成效未达预期。传统儒学通过创造性转化、创新性发展，应该为包括市场经济实践在内的社会实践的方方面面浸润积极因素和正向能量，但是在现实生活中的涉及广度及参与深度都不够，比如在社会主义市场经济实践中，多年来一直呼吁以传统儒学的诚信品质规范市场经济活动，但有悖诚信的行为依然很多。

再次，传统儒学的"双创"在文化实践上尤其是教育实践上还有待深入。虽然一直在提倡并呼吁加大传统文化在学校教育知识体系中的比重，而且也付诸了政策性支持，比如教育部印发《完善中华优秀传统文化教育指导纲要》，中共中央办公厅、国务院办公厅印发《关于实施中华优秀传统文化传承发展工程的意见》等文件；各地各级学校也纷纷推动诵读经典活动，重视传统节日教育，开展礼仪教育，推动非遗文化、传统曲艺及民乐舞蹈进课本、进课堂、进校园，但实际上并未将传统文化真正纳入学校的教育评价和考核机制，而且学生们也并未受到传统儒学的精髓滋润找到安身立命的价值支撑，依然存在着不少"佛系""躺平"等与儒学的积极的"入世"主张相背离的不健康的价值观。

最后，传统儒学的"双创"在传播、推广实践上滞于民间层次，影响力有限。推动传统儒学"双创"，社会各界都应当肩负历史使命，想到实处，做到实处。我们看到，有些地方政府对传统儒学"双创"的推动仅限于口号的表达和标语的呈现；在学界，有些学者对传统儒学的"双创"命题基本出于短暂的学术热情，仅限于申报课题、应景调研等，未有实际创获。民间的志愿者有热情但收效不大。虽然许多地方开展修家谱、习六艺、学经典等国学活动，甚至纷纷挖掘历史遗迹和文化元素依古制设立当代书院等，但是许多传统儒学的实践活动都流于形式，浮于表面，并未把握到其精髓和真谛，甚至还出现打着儒家、国学等传统文化的旗号招摇撞骗、谋取利益的违法行为。这些都是传统儒学实现"双创"的障碍甚至阻截因素。

二 消解传统儒学到底能否实现"双创"的争议

面对传统儒学这么多的"双创"困境，人们不禁要问，传统儒学到底能不能实现"双创"？

（一）关于传统儒学到底能不能实现"双创"的争议

儒学作为传统能否创造性转化、创新性发展的提问，其实也是中国怎样处理传统与现代化的关系以应对现代性的问题。一部分人认为儒学不仅不能生发现代化，甚至阻碍现代化。以20世纪90年代的东亚社会为例，韦伯（Max Weber）认为与植根于禁欲主义新教①伦理的资本主义精神推动资本主义的发展相比，儒学不是把东亚社会由传统带入现代化的文化因

---

① 注：新教是16世纪起席卷欧洲的改革宗派的统称，是15世纪文艺复兴高潮之后的又一次重大思想革命。文艺复兴动摇封建君权，宗教改革撼动传统神权，宗教改革是使神圣的宗教世俗化的运动。

素；还有人认为儒学是与现代化相逆的精神力量，所谓"工业东亚"的经济起飞是不能拿来作为儒学可以内在地发展出现代化的例证的。另一部分人则以东亚为例认为儒学是促进现代化的重要精神力量。比如新加坡原总理李光耀曾将20世纪中叶新加坡的治理经验归结为以中国儒家价值观浸染和熏陶人民的心灵，使人民以凝聚性的集体力量和务实精神克服国家及社会发展中遭遇的艰难困苦。他甚至把倡导儒家思想看作彼时刻不容缓的当务之急，并将"忠、孝、仁、爱、礼、义、廉、耻"的八字"儒家方针"根据时代需求赋予新含义后内化为新加坡人的具体行动准则，最终促成了新加坡现代化的良好开局。虽然两方有争议，但以东亚社会为例，我们却看到了中国传统儒学在异国"双创"的尝试，无论中国儒学是不是东亚社会腾飞的关键因素，都至少说明传统儒学参与了东亚社会的现代化进程。

习近平总书记在《在庆祝中国共产党成立100周年大会上的讲话》中提到："我们坚持和发展中国特色社会主义，推动物质文明、政治文明、精神文明、社会文明、生态文明协调发展，创造了中国式现代化新道路，创造了人类文明新形态。"[①]"中国式现代化新道路"的提出，让我们更加有信心地认为中国能够很好地处理儒学传统与现代化的关系，通过传统儒学的"双创"，适应并参与新时代中国特色社会主义新文化建设。我们也可以乐观地发现传统儒学自身即蕴含着"双创"的积极因素，去接应、满足新时代的新需求。其实，传统儒学在"双创"中走过近十年，在步入新时代之际，虽然面临困境，但应该有勇气、有信心继续走下去。我们回看一百年前中华民国时期的新儒家，他们在20世纪中国近现代社会转型中尽心尽力地作过传统儒学现代化的尝试，同样遇到过难题和阻碍，他们不仅留下了经验供我们借鉴，更在历史上铭刻了一种以儒学救亡图存、勇于面向现代化的儒家精神。百年前的他们不惧失败，百年后的我们应当更加果敢地在传统儒学"双创"的道路上走下去。

（二）20世纪中国近现代社会转型中传统儒学的"现代化"尝试

在西方现代性的冲击之下，20世纪百年间的儒学面对时代变迁真实地

---

① 习近平：《在庆祝中国共产党成立100周年大会上的讲话》，人民出版社2021年版，第14页。

【文化发展与创新】
困境与出路

作出了种种应对，甚至可以说那个迫于救亡图存的时代几为儒学能否现代化的试验场。清末到中华民国初年，儒家思想被迫从主流意识形态的政治舞台退出。而负责为儒家政治体制输送人才的教育制度——有着一千三百年历史的科举制度，始于隋炀帝大业三年（607），终于清光绪三十年（1904）。这场政教改革使具有千年历史积淀的儒学大厦轰然倒塌，大伤元气。这是20世纪以来对儒学的第一次冲击。1919年新文化运动受近现代西方启蒙思想的影响，高扬理性、批判、反思、启蒙的旗帜，与儒家思想格格不入，失去政教地位的儒学成为新文化运动批判的对象，最终使得仅存的伦理思想也遭到了时代的放逐，自此，那个主张"家国同构"，在历史上绵延千年，创造过若干历史辉煌的儒家学说开始了离散、飘零、无所依归的命运。这是对儒学的第二次冲击。后来以旧宗族为中心和底座的乡村秩序也彻底改变了，儒学几成"游魂"。这是对儒学的第三次冲击。庆幸的是，历史是有温情的，它在有担当、有真心、有民族使命感和责任感的儒家学者那里找到了有温度的回应。五四之后的新儒家学者们对传统饱含深情、不忍割舍，认为儒学对当时社会而言依然有用处。他们对整个近现代西方文化给中国造成的冲击和挑战进行了儒学式的"反击"。熊十力的"新易学"、冯友兰的"新理学"、贺麟的"新心学"、马一浮的"六经"和"六艺"之学，与西方生命哲学相关涉的梁漱溟，与英美哲学相关涉的冯友兰，与德国古典哲学相关涉的唐君毅和牟宗三等人，在时代的思想舞台上纷纷登场。他们揣摩时代大势、反思千年儒学，在民族意识高涨的情况下为民族的复兴而顽强挺立，孜孜以求，作着不同形式的有"现代性诉求的民族性表达"。

首先，梁启超的《欧游心影录》是现代新儒学的助缘。梁启超在1918年年底到1920年年初去欧洲考察社会政治问题时，发现"一战"以后欧洲经济的萧条败落，发出了以下的感慨："当时讴歌科学万能的人满望着科学成功黄金世界便指日可现。如今总算成功了，一百年物质的进步比从前三千年所得还加几倍。我们人类不惟没有得着幸福，倒反带来许多灾难……欧洲人做了一场科学万能的大梦，到如今却叫起科学破产来。"[①] 梁启超发现西方现代化"短板"之时，一些西方思想家已经开始对东方文明充满无限向往，为弘扬东方文化成为世界的潮流埋下伏笔。

---

① 梁启超：《欧游心影录节录》，中华书局1936年版，第12页。

其次，梁漱溟的《东西文化及其哲学》撬动了现代新儒学的发端支点。他是第一个现代意义上的儒者，他汲取西方哲学中柏格森生命哲学的养分，用其中的生机主义和直觉主义诠释儒家哲学，用生命概念述说儒家学说的大化流行和"生生之谓易"，以极强的文化自信坚守中国的儒学精神。梁漱溟不仅主张复兴儒学，还试图探讨儒学的现代价值，而且以足够的文化自信将中国传统文化纳入世界文化的平等场域，甚至提出中国传统文化尤其是以孔子为代表的儒家文化是人类所要坚持的路向，因为它可以在人生态度上、在拯救西方现代工业文明带来的人性异化等方面起到独特的作用，所以断言世界的未来必是中华文化的复兴。

再次，张君劢以"玄学"论战科学。不给人文领域留下空间的科学万能论以及无须价值理性滋润的工具理性受到了挑战、遭遇了困境，在解决人生的意义与目的方面，科学及科学方法无法与传统形上学比肩，工具理性只是一种手段而不如价值理性那样可以找到意义与价值。张君劢以"玄学"战士的姿态彰显了现代新儒家的尊严、理想和精神，认为"价值世界"和"意义世界"超拔科学的"事实世界"，要以"生命的学问"完成生命的体量和意义。在"儒门淡薄，收拾不住"的时代，他毅然坚守儒学的义理纲维，对抗"科学至上"这一价值准则。

最后，牟宗三作为新儒家第三期的代表人物，是现代新儒学理论的系统建构者，从熊十力一句"良知是个呈现"获得启发，提出了"良知自我坎陷"的学说，开出"知性主体"，试图在现代社会由"内圣"开出民主科学的"新外王"，以打通事实世界与价值世界。这一理论打破了人文与科学主义对立的局面，超越了简单持守两个世界划分的前辈新儒家，在更高的层面达到了人文精神与科学理性的统一。具体而言，牟宗三认为"新外王"面向的是拥有民主政治、事功、科学知识的开放的社会，而这些属性就是现代化。

1958年张君劢、唐君毅、徐复观、牟宗三合撰《为中国文化敬告世界人士宣言——我们对中国学术研究及中国文化与世界文化前途之共同认识》，在国内外引起很大反响。在宣言中，交代了中国文化的伦理、道德、宗教及心性之学；发掘了中国文化中的民主、科学；比较了中西文化之差别以及中国文化优于西方文化之所在，等等。这一宣言的发表可以看作现代新儒家在中国特定的时代背景下为中国现代化开出的一剂儒学文化的药方，在新儒家历史上写下重要的一笔。

其实，新儒家们对于儒学现代化的尝试，已然是对传统儒学能否"双创"争议的消解。

（三）困境阻挡不了传统儒学在新时代的"双创"步伐

由上可知，现代新儒家在应对现代化的过程中，呈现出的民族精神及标榜的道德形上学，作为新儒家思想的内核具有深远的理论意义和实践意义，是传统儒学在近现代与"现代化"的一次交手体验，让现代化见识了传统儒学"内圣外王"的实践力、高明的心性学理论学养、拯救西方文明引起的各种异化的伦理道德和精神力量等。这些都说明传统儒学是能够通过创造性转化、创新性发展适应时代变化，满足时代需求的。同时，也为新时代传统儒学的"双创"提供了借鉴，那就是，我们作为传统的传人传承儒学道统，需客观地了解传统儒学的精神和价值所在，谋求新时代中国特色社会主义文化建设的合理出路，要比现代新儒家学者们更加具有"双创"的能力才行。无论是20世纪的近现代转型期，还是21世纪的新时代，虽然传统儒学"双创"都会遇到困境，但是却让我们更加坚信，传统儒学是能够实现"双创"的，而且我们必将在"双创"的道路上持续勇毅地走下去。在新时代经过"双创"的传统儒学仍然要继续"应世"，在"试错"中总结经验、教训，突破困境，选择优化路径。应对和迎接西方现代化，需要自身深厚的文化传统，现代化的发展程度高不高，一定情况下与传统文化的底蕴深不深厚有关系，与传统能否有效地"双创"有关系。比如，如果排斥或切断传统文化，在接受西方现代化的过程中可能也是流于表面的，如同对自己的传统粗暴，对西方的现代化接受也必然肤浅一样；同样，如果对自己复杂的文化传统没有深入的鉴别，也很难透视西方现代化的优劣，等等。所以，现代化的发展程度，也即新时代的发展程度有赖于对传统"双创"的程度。

不仅我们的意愿和信心势不可挡，而且传统儒学自身蕴含的那些"双创"的积极因素，也是无法阻挡的，尽管经过几千年历史积淀的成熟稳定的中国传统文化，在百年时间之内实现的所有近现代转型，几乎都是在西方文化的冲击反应下展开的，集中体现在以"经世致用"思想入世，以"变通变易"思想积极主动与西方近现代文化沟通上。但是，与其自身蕴含的活力因素也不无关系，传统儒学有其自身的优势，在东西方都要应对的现代化危机面前，尤其具有用武之地。比如，积极稳健的入世精神、刚健有为的品格、以人为本的价值观坚守、贵和尚中的处事方式、天人合一的自然和谐之道等。

三 在新时代继续推进传统儒学的"双创"

面对传统儒学的"双创"困境,应继续推进传统儒学在新时代的"双创"进程,展现中华文明现代化的新样态。

(一)开启传统儒学的"新时代化"步伐,助力"中国式现代化"道路

儒学一直在历史舞台上以转化求适应,以创新图发展,是一个不断"时代化"的过程,与时俱进的智慧使得它从未停止"时代化"的步伐。秦朝大一统思想体系和文化形态在汉代得以延续及发展,其中传统儒学在汉代的"时代化"体现为汉代儒学,主要代表人物是董仲舒,他以六经为指针,独尊儒学,摸准了与封建社会意识形态吻合的儒家文化形态的历史作用,令儒学作为主流意识形态在汉至清传世两千余年。儒学在宋代的"时代化"表现为理学的建构,理学是中国封建社会后期最为精致和完备的理论体系,影响至深至远,将儒学的纲常伦理定为天理,同时强调人们对天理的自觉意识,通过道德自觉和伦理自律,达到理想人格的建树。明代后期以及明清之际的儒学"时代化"主要体现在伦理学和政治学的层面上,比如顾炎武提出政治上的分权制,黄宗羲批判反思君主专制制度等。到了清代,如同李鸿章所言,进入了数千年未有之大变局,是典型的时代转型期,儒学的"时代化"表现为使用实事求是新方法的乾嘉学派的朴学,它在考据基础上重建了儒学义理,特别是解构了宋明理学的形上学,转向对人本身的肯定。传统儒学能够在其他时代里实现"时代化",同样能够在新时代实现"双创",继往开来,参与新时代中国特色社会主义文化建设,为"中国式现代化道路"作出独有的贡献。

(二)继续推进传统儒学"双创",应对新时代面临的现代性危机

现代化危机呼唤传统儒学突破"双创"困境继续"应世"。因为没有"没有传统的现代化",所以新时代需要有深厚历史根基的儒学传统作支

撑。而且传统儒学具有积极入世、自我裁抑的历史经验，能够以时代需求为最先考量，主动去甄别、应对、适应新的时代样态，自然可与现代价值相向而行，并在未来与其共生共荣。所以对传统儒学进行"双创"，参与新时代中国特色社会主义文化建设，为现代化的理性发展提供智慧支撑，是有其必要性的。

现代性引发危机频现。首先，现代性导致技术异化。科学技术的高速发展使技术理性的力量越来越大，甚至产生"统治性"，这种统治和操控的异化力量使人们再也无法想当然地认为科技只是人类发明的中性的东西，而且不得不为对科技的无限放纵买单，在技术异化中品尝苦果，看似享受技术便利实则成为技术的奴婢。其次，现代性引发了物化危机。在资本主义社会商品成为主角，物的关系掩盖、取代甚至统治人的关系，商品与物成为和人相对立的异己力量。最后，现代性伴生人的危机。伴随物化危机的是人们以消费为生活重心，面对商品和传媒营销的入侵，只被动接受而不去反思和批判，成为"单向度的人"或"单面人"。而人作为创造性的实践性的存在，本该是具有否定性和反思性的，如今却缺失了，意味着人的主体性在失落。而且当人的关系被物的关系吞没和掩盖时，人与人之间的关系变得疏离、冷漠，人际关系被异化之后，人开始趋于抽象化、数字化、原子化，在社会中变得更加无所适从。

面对这些现代性危机，东西方都在努力找寻解决方案。西方在后现代与现代性的共谋中推进现代化的发展。新时代中国社会正在发生现代化转型，涉及生活方式、家庭形态、伦理观念等诸多现实问题，面临的现代性问题并不亚于西方，可以说依然处于东西方共有的现代性危机之中。面对这一切，我们的解决方案与西方不同，我们回看传统智慧，致力于挖掘传统文化资源来破题现代化发展瓶颈，呼唤传统儒家思想的现代"应世"，继续推进传统儒学的"双创"，使其积极参与现代化进程，并成为新时代中国特色社会主义文化建设中的重要一极，通力应对现代化危机，给出迎刃现代化问题的解决方案。

（三）继续推进传统儒学"双创"，满足新时代对传统文化资源的汲取需求

我们之所以面对现代性危机回向传统寻找智慧资源，是因为汲取传统儒学文化资源补给现代化发展是具有必要性的。传统与现代化非但没有楚河汉界之分，而且还具有生生不断的连续性，甚至是"互以为力"的，所以需打破传统与现代化对立的二元观。如果像清洗油画一样，将一切传统抹掉从头画起，凭空描绘一个理想世界，是不现实的。只有在传统的基础上着墨才能避开空想，才有开出合理的现代化的可能性。实际上，传统的遗产本就是现代的内涵的一部分，比如西方"现代文化"就是17世纪以后西欧、北美吸收包括西方文明、伊斯兰文明、中华文明的精华缔造的文化高峰。而对于中国而言，传统与现代化相遇在古今中西的横纵坐标的历史结合点上，不仅涉及横向坐标上东西文化对现代性的反思以及应对，而且关乎纵向坐标上中国传统与当代如何对话、与现代性怎样相逢的问题。

传统文化具备现代性不可消解的因素。中西不同体系的传统文明，一些自行转化为现代文明，一些为大势所趋"被迫"选择现代文明，在踉跄学步中与现代化偕行，最终各个民族国家因不同的传统根基而形成有差异的现代化样态。无论是"自行转化"还是"被迫选择"的现代化，其实基本方面都大致趋同，都是不能不要市场经济，也不能不要个人的自由、独立，希冀民主、法治等。也就是说，虽然文化形式不同，但任何文化都需要满足现代性中那些不可消解的因素，否则就不是真正的现代化。而传统儒学中恰恰具备这些因素，需要我们对其"双创"，挖掘出来，供给新时代的现实需求。

新时代的发展一定程度上有赖于传统。一方面，借鉴和汲取传统儒学文化资源可避免西方现代化的弊病。自由、民主、法治、人权等是现代化不可或缺的观念，随着西方现代化的弊端日显，在自由之外应该有公正，在理性之外应该有情怀，在法治之外应该有礼让，在个人尊严以外应该社会和谐。而公正、情怀、礼让、社会和谐等在东方文明体系中，尤其是传统儒学中有较多呈现。历史经验告诉我们，只有在与优异的文化资源的对话、交流中才能获得更大的益处，所以汲取传统儒学资源参与新时代中国特色社会主义文化建设，既可避免西方现代化弊端又能开辟新发展之路。另一方面，传统具备塑造现代性的基因。传统是对现代化的制约，同时也是对现代化的塑造。因为传统对现代性产生着先天预设的、先置的影响，也就是说现代性离不开传统文化的摇篮，离不开传统文化的塑造。迄今一百年以来中国全力进行现代化，那些深厚的传统儒学以"心灵的积习"[①]

---

① 注：habits of the heart，是法国历史学家、政治家托克维尔的观点。

如影随形，潜移默化，使中国始终在无形中扎根于自己的传统才能开出新时代特色的现代化之路。

四　出路：在新时代继续以马克思主义激活传统儒学

2023年6月1—2日，习近平总书记专程到中国国家版本馆和中国历史研究院考察调研、出席文化传承发展座谈会并发表重要讲话，发出振奋人心的号召——"要坚定文化自信、担当使命、奋发有为，共同努力创造属于我们这个时代的新文化"，同时生动论述深刻理解"马克思主义基本原理同中国具体实际相结合、同中华优秀传统文化相结合"的重大意义，指出"结合不是拼盘，不是简单的物理反应，而是深刻的化学反应，造就了一个有机统一的新的文化生命体"。突破传统儒学的"双创"困境，为其寻找出路，需要在习近平新时代中国特色社会主义思想的指导下，继续以马克思主义激活传统儒学，共同塑造出具有连续性、创造性、统一性、包容性、和平性的中华民族现代文明。

（一）突破传统儒学"双创"的困境，离不开马克思主义的意识形态支持

回顾近代以来的历史，马克思主义和中国传统文化在党的历史上有过几次"搭手"经历，其间有对立、有冲突、有"言和"、有交往：在19世纪末至20世纪20年代初，针对它们孰优孰劣产生过争议，李大钊、毛泽东等坚持用马克思主义改造中国，而梁漱溟等在东西文化的比较中坚持中国传统文化的优越性。在20世纪20年代初至40年代初，二者在新文化运动时期发生激烈冲突，甚至出现了"马克思差不多要和孔子争席"[①]的局面，随后中国共产党的成立宣告马克思主义的胜出；1938年毛泽东同志在党的六届六中全会上明确提出马克思主义中国化，推动它们"握手言和"，尤其是1940年《新民主主义论》的发表，为中国传统文化指明了现代化转化的方向。改革开放后，马克思主义和中华优秀传统文化进一步"深度交往"，推进马克思主义中国化的同时实现中国传统文化的现代化。

---

① 梁启超：《饮冰室合集》第39卷，中华书局1989年版，第39页。

习近平总书记在党的百年诞辰之际的讲话中提到的"结合"说明将中华优秀传统文化纳入新时代马克思主义主流意识形态的考量范围。进入21世纪，尤其是党的十八大以来，习近平总书记对中华优秀传统文化作了前所未有的新定位，吸纳中华优秀传统文化的本土资源拓宽马克思主义中国化的新维度，以新时代的新思想开拓新境界。可以说，习近平新时代中国特色社会主义思想为传统儒学的"双创"提供了时代机遇。我们在新时代迎来新的儒学发展机遇期，通过与马克思主义主流意识形态的结合实现传统儒学的"双创"，并使其参与新时代中国特色社会主义文化建设。在这个过程中，我们既能够看到主流意识形态对传统文化现代化的影响力，也更加清晰地看到中华优秀传统文化的传承及弘扬有赖于主流意识形态的支持。实际上，只有马克思主义主流意识形态的倡导和支持，才能在新时代继续推进传统儒学实现"双创"，焕发光彩。也只有在新时代坚持马克思主义理论的指导，才能突破传统儒学"双创"的理论困境。

习近平总书记在讲话中指出"继续发展当代中国马克思主义、21世纪马克思主义"说明，中华优秀传统文化在当代的创造性转化和创新性发展离不开21世纪马克思主义搭建的舞台。没有21世纪马克思主义搭建的平台，就没有包括儒学在内的中华优秀传统文化在当代的继承发展。马克思主义因建基在西方工业化基础上而具有现代性，又因对资本主义这种现代性社会的批判而具有后现代性，现代性和后现代性的双重属性切中新时代我国的社会实践。直面现代和后现代的时代背景，包括儒学在内的中华优秀传统文化无论在国内复兴实现传承，还是在国际推广实现传播，都离不开21世纪马克思主义主流意识形态的大力倡导和支持。有了这份倡导和支持，包括儒学在内的中华优秀传统文化即使在新时代遇到诸多"双创"理论困境，也能聚焦而解，并且必将在21世纪马克思主义的创新发展中继续焕发生机。有了新时代意识形态的支持，必能破题传统儒学的"双创"困境，并继续推进传统儒学"双创"以开新传统儒学的现代化之新境界。

（二）突破传统儒学"双创"的困境，需要把握传统阶段和新时代的社会形态差异

只有把握好传统和当代的社会形态差异，才能让传统儒学真正地通

【文化发展与创新】
困境与出路

过"双创"融入新时代。仅从文化层面很难明晰马克思主义和传统文化之间的真正关系。只有从历史唯物主义视角，站在社会形态变革的高度进行审视，才能准确把握二者关系。"一切依次更替的历史状态都只是人类社会由低级到高级的无穷发展进程中的暂时阶段……它不得不让位于更高的阶段。"[①] 传统文化处于中国封建社会形态里，其中的儒学是主流意识形态，即使多次王朝易姓、改朝换代，实际上都未曾改变同一社会形态的绵延传承。直到中国社会主义制度建立，在更高阶段的社会形态里马克思主义成为主流意识形态，才取代了持续几千年的中国封建社会形态。马克思主义与儒学各自以主流意识形态的身份分处于两个社会形态。以社会形态为考量标准，马克思主义和中国传统文化是有差异性的。例如，在中西分别上，马克思主义是西方文明发展到一定阶段的理论成果，带着西方的文化基因；而以儒学为主的中国传统文化则是几千年来中国人文和历史的积淀与凝结，渗透着地道的中国本土文化元素。所以，要考虑到传统与现代的社会形态差异，吸收现代新儒家探索儒学现代化之路的经验，以及党成立以来在各个历史时期对待传统文化的经验教训，实事求是地"双创"传统儒学，使其融入时代、融入生活世界，有的放矢地参与新时代中国特色社会主义文化建设。

在新时代突破传统儒学"双创"的理论困境，要注意到传统和新时代的社会形态差异。因为只有深刻认识到社会形态的差异，才能透彻理解马克思主义与传统儒学因源自不同社会形态，服膺不同社会形态，表征不同社会形态而具有不同的特征、功效、价值观、方法论等，从而更清晰地、更有的放矢地发掘二者在精神理念以及文化基因等方面的相向、相通、相融之处。说其相向，是因为马克思主义在中国扎根，形成中国化马克思主义，以儒学为主的传统文化因与其在精神上、理想上、观念上等具有同向性，而对其起到了潜移默化的接应性、接引性作用；说其相融，是因为马克思主义和以儒学为主的传统文化在文化基因上具有相融性，比如革命精神的相通相融、共产主义与大同社会理想的相通相融等。正是因为相向、相通、相融，所以才能在马克思主义指导下实现传统儒学的"双创"，参与新时代中国特色社会主义文化建设。

---

① 《马克思恩格斯文集》第4卷，人民出版社2009年版，第270页。

(三) 突破传统儒学"双创"的困境，在新时代必须坚持马克思主义的方法论

习近平总书记指出，要"用马克思主义观察时代、把握时代、引领时代"，在新时代突破传统儒学的"双创"困境，必须坚持马克思主义的方法论。

第一，坚持系统整体性的方法论。突破传统儒学的"双创"困境，更好地参与新时代中国特色社会主义文明建设、文化建设，要坚持马克思主义总体性哲学的方法论。社会是各部分之间有机联系形成的系统整体，汲取、整合、"双创"以传统儒学为主的中华优秀传统文化，使马克思主义基本原理与其相结合，具有"总体性""一体化"的应然性。因为只有以"总体性""一体化"呈现，当代中国马克思主义、21世纪马克思主义才能以强大的生命力发挥整体功能，并根据国内外时局的变化、经济和社会的发展，动态地更新、辩证地否定、螺旋地上升，不断彰显新时代中国特色社会主义的整体优势。将经过"双创"洗礼的传统儒学与社会主义先进文化、革命文化形成文化合力，统合为新时代中国特色社会主义文化的整体，在政治、经济、社会的全系统中发挥作用。在文化整体上发挥的作用越大，就越能突破传统儒学"双创"的困境。

第二，坚持辩证的思维方法论。突破传统儒学的"双创"困境，更好地参与新时代中国特色社会主义文化建设，需要坚持马克思主义辩证的思维方法论。只有对传统儒学资源进行择优汲取、有机整合，才能使中华文明以深厚的人文底蕴、睿智的哲学思想、绵延传承的道德理念、天下为公的伟大情怀等向新时代打开智慧之门。同时，汲取传统儒学精华，不是无原则的调和折中，而是要充分释放创新要素的活力，对其进行辩证的综合创造，以一种创造性的综合不断开启新的创造，顺应时势创新发展，这样才能形成强大的新时代中国特色社会主义的文化优势。

第三，坚持植根实践的方法论。破题传统儒学的"双创"困境，更好地参与新时代中国特色社会主义文化建设，需要植根于中国的社会实践。对任何事物都应该从实践、从作为实践的主体的人出发去理解，人以实践活动改造世界比解释世界更重要，任何理论创新都是以实践为基础的，所以习近平总书记指出："要使中华民族最基本的文化基因与当代文化相适应、与现代社会相协调，以人们喜闻乐见、具有广泛参与性的方式

推广开来。"① 突破传统儒学的"双创"困境，一定要植根于并融入中国社会实践，以及人民群众生存其中的时代，才能使新时代中国特色社会主义文化历史地、具体地、有效地呈现，并且为人民群众所接受，成为人们的人生观遵循、价值观支撑。无论是在形式上还是在内容上"双创"都要符合新时代的特征和需求，并融入人们生活于其中的日用世界，才能真正地突破"困境"，否则只能是不合时宜的形式复古。那时，市场经济实践中的诚信可期；传统儒学的优秀精髓可深入受教育者的骨髓，在内成为我们安身立命的精神坚守，在外凝聚为具有中国影响力的价值观；在传播和推广实践中，政界和学界也会被真正调动起来，促成传统儒学的"双创"在新时代落到实处。

---

① 《习近平谈治国理政》第1卷，外文出版社2018年版，第161页。

【书讯与书评】

专精与兼通的学界楷模

——陈祖武先生《恩重如山》序

张新民*

《恩重如山》一书的出版，是陈祖武先生自述其一生学思心路历程，由王进教授采访录音，并反复认真领会整理，贡献给学界的一份当代学人思想文献礼品。我读后仿佛紧随祖武先生之后，一层一层艰难地拓展自己的心智与眼界，感悟他治学的持恒与辛劳，最终则重走了一遍他的人生旅途，攀登到了他的学术思想发展的高峰，感受到了他用一生精力构建出来的学术宫殿的璀璨和壮伟。然而较诸学术宫殿更为令人瞩目感动的，则是他一生始终不渝的学术职志和人品风范。《易传》既称乾卦"元，善之长"，又称坤卦六五为"美在其中"，如果借用这两句话来形容祖武先生的人品与学问，相信凡与其有过接触或读毕是书的人，都自然心领神会能够赞同。

一 人性真情与世间大义

祖武先生自幼受家学的熏陶，日日目睹家中金字匾额"是乃仁术"四个大字，在祖父的启发下，从小就懂得了传统中国一贯强调的"仁者爱人，有礼者敬人"的道理。他后来治学始终奉"博学于文，行己有耻"八字为矩矱，也与母亲"人不要脸，百事可为"等朴素的训诫有关。

严格地说，无论个人或整个人类社会，伦理实践的起点都离不开家庭，而以"仁"为本的家庭教育，尽管需要时间与社会环境等因素加以培养或强化，但仍深刻地影响了祖武先生的一生，表现为他身上特有的学者

---

* 张新民，贵州大学教授，贵州大学中国文化书院荣誉院长，贵州省儒学研究会会长。

气质与人性美德。也可以说"元者善之长"与"美在其中",二者作为一种天地赋予人的最基本的品质,早在他少年时代的人生实践中,便有了突出的表现。以后无论在昆明如"清洁工"般干活并坚持读书,与装卸工人亲如兄弟般地自然和睦相处,或是荣任中国社会科学院历史研究所所长时,表态"绝不以权谋私",并自始至终奉行不渝,乃至研究黄宗羲结撰《明儒学案》之宗旨内容,表彰其为师门传学术,为故国存信史,为天地保元气,如果通过现在与过去相连的时间之流如实观察,均可见祖武先生前后一贯的为人治学风格。

祖武先生人品与学问的一致,也表现在一些小事上。记得十多年前,他还在历史研究所任所长时,该所时任党委书记李荣金曾告诉我,说祖武先生每天骑自行车,走很远的路上下班,从来不动用本该享受的专用公车,所内的同志都从不同角度好意劝过他,他却始终以正好能锻炼身体作答。今读是书才知道,也曾任过所长的林甘泉先生,退休后看病可用公车,也从来坚持不用。这显然是无形中逐渐形成的好传统,作为一代学人树立的学风世范,在内即表现为内心修持及精神品性的个人美德,在外则反映为严守公共规范与行为准则的社会公德,在祖武先生的身上尤其突出。

中国文化历来"性理"与"性情"并重,不唯重视人的理性,同时也重视人的情感,"理"与"情"都必须发自天然本真的人性。郭店竹简《性自命出》及《语丛二》讲"道始于情,情生于性","礼因人之情而为之",宋明理学家也说"心统性情""心之性情""仁性爱情",均可见除了"理世界"的建构和实现之外,"情世界"的培育及展开也极为重要。而道德情感作为一种先天的心灵禀赋,尤其需要通过各种社会化或仪式化的方式,来多方面地加以展开和实现。祖武先生从小学到中学,再从中学到大学到研究生,其间获得过无数师友的关心和帮助,而在从事学术研究的整个生涯中,更得到了无数同道或同人的支持与鼓励,情义在他看来可谓弥天盖地,不仅丰富了自己的求学致思内容,同时点化了现实的世俗社会,构成了终生难忘的情感记忆,转化为始终精勤不已的上进动力。读是书者皆可知之,也都会深受感动和教益。其中如杨向奎先生是他的恩师固不必论,郑天挺先生则是他走上学术道路的引导人,张政烺、谢国桢等先生更是他的授业师,任继愈先生也在学术交往中给予了不少帮助,书中述及大量的人事往来细节,涉及的耆老硕德既多,提供的学术信息量亦大。

每一个人的后面可以说都有一个故事，亦都从一个侧面反映了学术变迁发展的过程。祖武先生作为置身其中的预流者或当事人，则以充满情感的语言，提供了大量的个人私交信息，还原了不少当时的历史场景，遂使表面纯为理性的学术世界，也充满了难得的情感因素。

但是，无论是心中深藏的"情"，或转由话语表达外显出来的"情"，在祖武先生那里都是"大情"而非"小情"。他感恩师友，感恩同事，感恩社会，感恩民族，感恩国家，知道个人价值的实现与历史社会的进步是须臾不可分离的。因此，举凡一切为他人或群体的生存发展创造良好环境的人，无论过去或现在，古人或今人，贡献尽管有大小，关系难免有亲疏，他都心怀由衷的敬意，表现出博大的人文情怀。是书之题名《恩重如山》，即表示在他人生成长旅途和学术发展的道路上，自己任何一点一滴的进步，都既离不开他人的无私帮助，也离不开时代世运的客观回报。而年愈近耄耋便愈怀念家乡，以为自己一生的成就都得力于他人的关心和支持，尤其不能忘怀者即早年帮助他踏上学术道路的母校，遂将自己长期珍藏的近万册典籍，悉数捐赠家乡供青年学人阅读，并将藏书之地取名为"感恩书屋"。无一不可见其发自个人一己内在生命之情感，早已升华为能够温暖人间社会的普遍性大爱。绝非私下个人利害得失计较的"小义"，而是社会公共乐群生活不可或缺的"大义"；不是个人恩怨止于一己范围的"小情"，而是发自本心真性能感通一切的"大情"。前引"道始于情，情生于性"，即是说人间正道必始于人的真情，而人的真情又产生于人的真性。这样的真性真情是能够陶冶塑造人的精神品质的，甚至可以与天地配合构成宇宙式的意义，当然就应该转化为长久的历史文化记忆，一代一代相传奉为永恒性的典范。诚如郭店竹简《性自命出》所说："知情者能出之，知义者能入之。""情"与"义"都为人间社会永恒的必需，一旦阻塞就会感到生命的窒息或压抑。

二　爬梳文献与开导后学

与祖武先生待人出自本心真性，总是很真诚和真实一样，他一贯抱持的治学态度，也是以真诚与真实为根本出发点的，做到了严格意义上的上内不欺己及外不欺人，亦即《中庸》所说的"合内外之道，故时措之宜"。因而他每立一论，每安一说，都一本实事求是之原则，扎扎实实从文献出发，依据大量可靠史料发言，宁可劳而不获，亦绝不不劳而获。数十年间，先后整理出版的古籍著述成果，即有《李塨年谱》《颜元年谱》《杨园先生全集》《榕村全书》《清儒学案》等，均极具文献学功力，甚有功于有清一代学术。而他之所以为叶衍兰、叶恭绰先生祖孙两代学人合著之《清代学者象传》作校补，也是因为痛感是书第二集凡二百家，均有像无传，半个多世纪以来，前贤未尽之业，始终无人问津。因而一方面广参各种相关文献，重新精校第一集之各家小传；另一方面则发愿依像补足新篇，重撰传文俾成完璧。凡第二集所缺者，均一一悉加补齐。前贤未竟之盛业，自此终得以完成。其拳拳表幽彰微之心，亦跃跃然见诸纸上。凡有用心读是书者，皆当知文中别有深情在。

祖武先生读书既勤，治学亦精，其每进行一专题研究，必广搜各种史料，尽可能竭泽而渔，举凡各种单刻本、丛书本、稿抄本、名人手札，无不旁征博引，一切皆依史料或史实，多方佐证以求折中。例如，他早期研究顾亭林，不仅遍读其各种撰述文集，而且受郑天挺先生启发，更广涉他人较少注意的诗集，旁及其他一切与其有交往的人物，揭示时代变迁及发展走向的脉络特征。在方法论上实际即为"以诗证史""以诗补史"，即使不能相互引发，也可另备异说。陈寅恪、陈援庵两先生均早有示范，祖武先生也深得其堂奥。

当然，更重要的是，"以诗证史"不仅扩大了史料利用的范围，拓展了历史研究的领域，而且通过诗当能更好地观察人物内在的心灵感受状态，了解前人立说的真实用意与潜在目的，总结一时代学术形态变迁发展之内在脉络或理路，从而同时兼顾社会、经济、政治、文化等多方面的影响，不在学术史与社会史之间人为地设置任何畛域或障碍。学术史在他看来绝不可能孤悬于社会之外，因而必须始终关注其与世运生态的关系，考察相互之间必有的渗透和影响关系。"知人"与"论世"从来都是善治学者必须同时关注的两个向度，也可以说是一种内在观察了解与外在分析判断双管齐下的研究进路，因而在资料取用的广泛及立论的周延方面，显然远较一般著述更为严格。

因此，正是从上述严谨的方法论原则出发，祖武先生凡有论著发表，都无不以资料的详尽占有，以及立论的客观精当见长。举其要者，如早年结撰的《清初学术思辨录》，便是在研究顾亭林的基础上，终日浸润在典籍文献之中，阅读了大量名流宿儒的史料，进一步深化了自己对清初八十年来学术思想的认识，遂采取学术史与社会史双重观照的方法，将众多专题和人物个案研究融通整合为一体，涉及经学、哲学、史学、文学、艺术及考据方法等诸多方面的问题，重新评骘顺治、康熙两朝学术史的历史地位，从而成就了这一总结性的学术反思著作。《清史稿儒林传校读记》的写作，亦始自其早年，长期研读《清史稿》，尤重视其中之《儒林传》，因而一方面深感其文献价值的重要，以为治有清一代学术史不可不读之书；另一方面又感叹史馆用人杂乱，错讹可谓不胜枚举。即在《儒林传》，虽有缪荃孙初稿可供凭据，然毕竟统稿乏人，校勘不精，谬误仍多。故在阅读过程中，每有疑问，即随手批注，或旁记侧书，或别纸另写，逐条订改，最终在晚年汇为一帙，成此一部有用之书。具见是书用力前后达四十年，绝非一般泛泛读书者所能比拟。是书开篇《校读前言》，引钱竹汀《廿二史考异》序云："史非一家之书，实千载之书，祛其疑，乃能坚其信，指其瑕，益以见其美。拾遗规过，匪为龃龉前人，实以开导后学。"与历代德才兼备之史家一样，"开导后学"亦为祖武一贯之治学宗旨，即使指出前辈学人的错误，目的也在发扬光大中国的史学传统，从中正可见其既"护惜古人"，又"实事求是"之良苦用心。

在从事个人撰述事业的同时，祖武先生也培养了一大批年轻后进人才。从自己一生的治学经历出发，他始终认为自己之所以能步入清史或学案史研究领域，是得力于恩师杨向老的提携与引导，而杨向老又继承了其师钱宾四先生的治学传统和学风，前后传承，已有三代，均无不重视文献，而又强调义理。因而自己有责任认真关心和培养青年人才，不使学脉传衍受阻中断，遂组织和带领历史所一批年轻学者，潜心从事乾嘉学派的研究。在研究过程中不唯爬梳归纳经疏、史传、文集、谱牒、笔记、档案等文献达百种以上，而且更通读甄采了《清实录》《朝鲜李朝实录中的中国史料》等大量道光前的第一手原始资料，遂先汇纂为卷帙浩繁的《乾嘉学术编年》资料长编，再合撰成代表学界最新成果的《乾嘉学派研究》学术性论著。其中《乾嘉学术编年》上起乾隆元年（1736），下迄道光十九年（1839），凡百年间之学术大事，无不条纲相统，脉络互贯，原原本本，汇为一编。读之则一代学术变化演进之历史轨迹，按年逐条检读，举凡学界人物大事，无一不可了然于心中，遂在刘汝霖《汉晋学术编年》、杨翼骧《中国史学史资料编年》诸书之外，自立一体，别张一军，而可与钱宾四先生的《先秦诸子系年》媲美。虽然《乾嘉学术编年》与《先秦诸子系年》，二者所针对的时代不同，体例亦明显有异，然都是功力极深之宏著，自可分别长传后世。而参与该书撰写工作的年轻学者，后来都成了学界颇有声望的领军人物。所以，祖武先生多次强调集体通力合作开展科研的重要，一部分原因即在于通过集体协作优势的发挥，尤其是主事者的言传身教示范，能够培养出一批优秀青年人才。

祖武先生重视文献的积累功夫，并以此来培养年轻学者，从他的《清儒学案》研究亦可看出。他积历年整理点校《清儒学案》之心得，撰成《徐世昌与〈清儒学案〉》一文，于徐书之利弊得失，皆有客观公正的评价。其中稍值得一提的是，他在整理是书的过程中，意外在史界前辈史树青先生家中，获睹一批徐世昌与其门人曹秉章的往返书札。书札时间跨度近十年，数量达四百余通，均涉及《学案》编纂问题，价值至可珍宝。这批书札以后虽有线装书局整理本，然时序颠倒，校勘不精，舛讹殊多，有失裁别。祖武先生有鉴于此，乃嘱院内年轻学者李立民，重新据原件影本编次整理，并撰成《清儒学案曹氏书札整理》一书。同时又指导研究生朱曦林以《徐世昌与〈清儒学案〉》为题，撰写博士学位论文。前者得先生释疑解惑，多方辨识墨写草书，不仅先后秩序井然，即录文注释亦精当允准。后者则爬梳文献甚勤，不唯引用了前人较少注意的徐、曹两氏函札，而且查阅了不少成书的稿本，厘清了徐书与《清史稿》中《儒林》《文苑》两传的关系，从而将相关研究工作向前推进了一大步。类似的例证可举者尚多，均可见其严谨笃实的学风，通过对年轻优秀人才的培养，已获得了很好的延续和承传。

三　问题意识与学术创新

除充分重视文献资料的广泛搜集外，祖武先生亦强调从问题出发展开研究。他早年受郑天挺先生启发，开始关心顾亭林因受莱州黄培诗案牵连，康熙七年（1668）从北京南下济南府投案，作为一位有影响的明代遗民，其投状时究竟会如何署年的问题。这一问题悬置于心中，前后近二十年，后来读《山东颜氏家藏尺牍》一书，才意外发现其中附有顾氏手笔诉纸，上面赫然署有"康熙七年"四字。由此得出结论，尽管抱持明遗民身份的顾氏，从不承认清朝正朔，但在特殊情况下，为保护自己，也会采取适当的权宜之计，应时势而有所变通。因此，评价历史人物必须注意具体问题具体分析，既要同情地了解，也不能片面拔高，一皆以实事求是为治史的根本原则。

乾嘉时期的吴、皖学者是否分派，也是祖武先生长期关心的重要问题。他固然注意到章太炎、梁任公主张分派的说法，但也重视钱宾四"吴皖非分帜"的异见，同时更受到杨向奎先生思路的启发："与其这样按地域来划分，还不如从发展上来看它前后的不同，倒可以看出它的实质。"遂沿着杨先生的思路继续向前推进，从前人忽略的细微处入手，最终寻绎到了符合历史实际的满意答案，撰成《乾嘉学派吴皖分野说商榷》一文。文中认为从惠学到戴学，既有继承，也有发展，其中固然有差异性，但也存在共同性，只突出前者而忽视后者，显然不尽合乎历史的本来真实。而仅以地域或门户来区分学派，既难以囊括当时活跃于学坛的众多大师名儒，也不能展示乾嘉学术发展的整体全貌，反而容易遮蔽学者之间互为师友及赓续发展的观察视域。因此，未来如果要重新开辟乾嘉学派研究的新途径，就有必要更多地着眼于百年来的学术演进轨迹多方分析，其中既不能忽视以众多学者为对象的个案性探赜，也应加强学术世家与地域学术的群体活动讨论。

因治顾亭林其人其学而读《清儒学案》，又因顾氏旁涉黄宗羲而读《明儒学案》，祖武先生遂对"学案"一词究竟应该如何解释，产生了疑问。先是撰写《学案试释》一文（《书品》1992年第2期），综合梁任公、陈援庵、吕澂诸家之说，认为"案"与"按"固然如有的学者所说，二字本来相通，可以解释为按断，即考察论定，则"学案"两字亦暗含今学术史之意，然考虑到禅宗灯录体史籍的影响，似也可以"学术公案"释之。前修未密，后出转精，较诸"案""按"互诠，祖武先生的发挥似更合理。

然而祖武先生的新解并未就此止步，作为一个在学术上精进不已的学者，他始终认为自己的看法仍不够周延，必须重新寻找更有说服力的答案。以此为问题出发点，他又尝试联系王阳明的《朱子晚年定论》，追问可否以"定论"两字来定义"学案"。同时又认为如此解释并无文献语源学上的佐证，倘若释为"学术考查"，或引申为"学术资料选编"，似也未必妥当。最后则将其界定为古代史家记述学术发展历史的一种独特编纂形式，以学者论学资料的辑录为主体，合案主生平传略及学术总论为一炉,据以反映一个学者、一个学派,乃至一个时代的学术风貌,从而具备了晚近所谓学术史的意义。一个积思三十年的问题悬念,祖武先生告诉我答案至今仍不满意,适可见其为学态度的谦逊自律,以及治学精神的严谨笃实。

中国学术的发展,如长江黄河奔腾,前后赓续不断,然又各有其时代特点。前人予以总结性赅括,则冠以先秦诸子、两汉经学、魏晋玄学、隋唐佛学、宋明理学之名,迄今少见异辞,似已无讨论余地。唯清代总结整理传统中国数千年学术文化,尽管少见义理即理论形态真成系统者,然仍可说是名家辈出,贡献巨大。因而应该如何对其作出准确定位,则是祖武先生晚年病中思考得最多,也最想与年轻朋友一起商量解决的大问题。

回顾前人有关清代学术定位问题的看法,从其长时段视域的立场出发,或称"汉学"(如江藩),或称"经学"(如龚自珍),或称"新学"(如康有为),或称"考据学"(如梁任公),或称"朴学"(如支伟成),讨论虽多,迄无定论。祖武先生既稔熟有清一代学术变迁发展源流,自然赞同王国维的说法:"国初之学大,乾嘉之学精,而道、咸以来之学新。"(王国维《沈乙庵先生七十寿序》)以自己长期治史的经验衡之,他认为该说很好地总结了清代三百年学术变化和发展的特点,但仍需要采用更简洁的称谓来加以定义,遂主张以"朴学"两字来加以总结或概括,以为非此两字即不足以概括有清一代学术之全貌。

祖武先生之所以主张以"朴学"两字来定名整个清代学术,是因为清初兴起反思和批判理学的思潮,相对宋明理学的空谈天道性理,如顾亭林所说"古之所谓理学,经学也"(《亭林文集》卷3《与施愚山书》),便明显表现出以经学济理学之穷的取向,学风已开始朝着朴实的方向发展。乾嘉时代的学者的确以考据见长,但也有章学诚这样的例外,后者主要以史学理论而非名物考证见长,曾激烈批评当时的学术风气,认为"征实太多,发挥太少,有如桑蚕食叶而不能抽丝"(《章氏遗书》卷9《与江龙庄书》)。四库馆臣也认为三礼"不比《孝经》《论语》,可推寻文句而谈",因而有必要"本汉唐之注疏,而佐以宋儒之义理,亦无可疑"(《四库全书总目》卷19"经部礼类一"),表现出折中汉、宋的治学取向。但宏观地看,乾嘉学派和乾嘉学术仍以知识论意义上的"征实"为主要特征,考据不过是其还原事实之真必须采用的一种方法。更能完整全面地反映乾嘉学派和乾嘉学术成就特征的,依然是更能点明其学问实质的"朴学",而非完全复古的所谓"汉学"。

晚清道、咸之后,面对各种时局危机,《春秋》公羊学开始兴起,经世思潮很快成为时代新主题,会通汉、宋亦成为应变谋新的重要新路径。域外之学的挑激,更带来了不少外部学术诱变因素。但朴实的学风依然有所延续,在"变"之中仍有"不变"者。明清更迭之际,顾亭林所说"读九经自考文始,考文自知音始,以至诸子百家之书,亦莫不然"(《顾亭林文集》卷9《答李子书》),到了清末仍有张之洞"由小学入经学者,其经学可信;由经学入史学者,其史学可信;由经学史学入理学者,其理学可信"的呼应式回响(张之洞《书目答问补正·国朝著述诸家姓名略》)。而孙诒让的《周礼正义》《墨子间诂》,以及黄以周的《礼书通故》等,也仍在沿着乾嘉考据学的路向前走。具见朴学之风仍在主盟学坛,并未因新学的兴起而消歇。因此,祖武先生引章太炎"清世,理学之言竭而无余华"之说(《訄书·清儒》),反复强调清代学术的整体特征,认为即使清末发生了深刻的变化,其整体取向也依然"朴质无华,信而有征";借用梁任公的表述,也可以说是"实事求是,无征不信"(梁启超《清代学术概论》)。所以,今天我们既可用"实事求是"四字来归纳整个清代学术的发展走向,也可以"朴学"两字来总结清代三百年间学术变迁演进的具体特征。严格地说,无论较诸"汉学""经学""新学""考据学"任何一说,"朴学"的定义显然更具涵盖性,同时也更符合历史的实际,当然也更允当、更准确,同时更令人佩服祖武先生的卓识与睿见。

从长久的治史经验中发现问题,又以问题为取向查阅大量文献史料,不但寻求问题的合理性答案,更希望借此重新提炼历史研究的新范式,其本身就是推动学术发展的一种重要方法,也是自我创造不断显示生命价值的一个过程。祖武先生并不轻易为文,一旦为文,则多潜藏着重大的问题意识,并步步为营地寻求可靠的佐证与满意的答案。

四 局部解剖与宏观分析

由于长期研治有清一代学术史,祖武先生一方面颇为感慨清初学者治学气象的博大,另一方面又极为佩服乾嘉学者治学方法的专精,同时又与道、咸以后的学者类似,能够因应时代的变化,融通现代学术的各种新知，形成独特的批判眼光和思辨能力，发展出独创之学，从而超越了道、咸以后的学者。质言之，由于时代早已前后判然有别，所吸收的思想资源亦大有差异，因而祖武先生一系列的清代学术研究成果，也明显具有与当今思想文化多元繁荣格局一致的不少新特点，理论的形态特征及说服力量都更胜前人一筹，凡有所著均有引领风气之功，不能不说是吸收了大量古典元素的现代新史学的代表性人物。

通观祖武先生的全部著述，可知他一方面重视"专精"，发表了不少个案式研究的成果，显示出局部解剖式观察判断的深刻分析能力，昭明了学术功底的扎实和深厚；另一方面又极为注意"兼通"，撰写了大量通贯式探讨的著述，表现出整体俯瞰式把握归纳的驾驭技艺，体现了通盘擘画与梳理的独到与合理。诚可谓"有专门之精，有兼览之博"（章学诚《文史通义·横通》）。二者相得益彰，而皆集于其人一身。

因此，如果说祖武先生早年研究顾亭林，即注意同一时代人物交往之关系，眼光已向左右投射，遂顾及整个清初八十年史实，并将其一一纳诸胸中，从而不断有知识产品问世，可谓之"横通"的话，那么以后眼光又不断向上下投射，由清初而乾嘉，又由乾嘉而道咸，乃至延伸至清末民初，并因此而回顾比较宋明两代，陆续出版不少有分量的著述，则不妨称之为"纵通"。这在方法论上可以说是上下左右比观互照，"横通"与"纵通"兼顾，二者不可取一废一，是一种顾及全面的研究方法。其撰作涉及有清一代者，除前已引及之书外，尚有《旷世大儒顾炎武》《清儒学术拾零》《清代学术源流》《清代学林举隅》《学步录》等。其中仅《清代学术源流》一书，不独引据赅洽，考证详晰，而且穷流竟源，知人论世，原原本本，厘清有清一代学术变迁发展大势，示人以读书治学入手轨辙，非有渊博之学，弘通之识，即不足以成此巨著。遂在梁任公《中国近三百年学术史》、钱宾四《中国近三百年学术史》、柴德赓《清代学术史讲义》之外，别张一军，自成一家，卓然可与并埒。然而祖武先生仍始终严守谦道，认为无前人之创辟引路，即难有自己的成就；无前人之深挖开拓，亦难想象学术的发展，他自己不过发挥了承上启下的作用。其由众多著述构成的崔嵬楼阁，无不得力于一步一步踏实的功夫，代表了一代学人的清学研究成就，有待更多的后来者去吸收消化和创造发展。

祖武先生凡研究任何问题，无论微观或宏观，向来注意其横向（空间网络关系）与纵向（时间演进关系）之间的联系，重视学派内部的传承及发展趋势，力图揭示其在不同时期的发展规律和特征，所谓"通"并非仅仅局限于有清一代，必沿波寻流追踪至源头为止，深得辨章学术，考镜源流之法。其中最突出亦最值得称道者，即有关学案体史籍的研究。

学案体史籍的兴起、发展和成熟，虽主要在宋、元以后，然仍在编年、纪传、纪事本末之外，别具一格，自成一体。而历来研究史学史者，虽必论及《明儒学案》，但仍少有人将其视为一种独立的史书体裁，更鲜有人对其展开通盘式的源流追溯考察工作。即使梁任公看到其与《伊洛渊源录》的渊源关系，亦不过点到而已，仍缺乏知识谱系的中间连接环节，未能展开系统性的资料爬梳与研究工作。有鉴于此，祖武先生遂以黄宗羲之《明儒学案》为时间坐标，同时从上下两个历史发展方向维度，展开了穷原竟委的探讨工作，撰成了颇具学术史籍专门性的通史著作——《中国学案史》，既展示了其宏观通览的治史眼光，也体现了其主张综合会通的史学思想。

以熟读精研《明儒学案》为基本前提，祖武先生在研究过程中，首先考察了黄氏之书与师门刘宗周《皇明道统录》的关系，以为二者无论体例或内容，均时有相似或雷同之处，前者实承袭或仿效了后者，并加以补充、扩展、丰富和完善，才最终撰成体例如此成熟的学术史专书。而与《明儒学案》《皇明道统录》同时先后成书者，由近而远，探迹寻踪，尚有孙奇逢之《理学宗传》、周汝登之《圣学宗传》、刘元卿之《诸儒学案》、耿定向之《陆杨二先生学案》等，诚可谓相互关联，脉络秩然。唯《伊洛渊源录》最早，当有发端之功，然未必就无远源可溯。以此为基础层层向上探赜，由《新唐志》而《旧唐志》而《隋志》，又由《隋志》而《汉志》而《史记·儒林传》，乃至溯源至更早的《庄子·天下》《荀子·非十二子》，均可见或载书，或述人，或论学，虽林林总总，名目繁多，详略不同，皆可见学案体史籍之编纂，或亦深受禅宗灯录体著述之影响，然仍有儒学内部自身前后相续的学术发展脉络可供寻绎，相关学术史体典籍不断层累堆积，从而逐渐由粗入精，由浅至奥，由不完善至完善，乃至由不成熟至成熟，先河后海，积少为多，最终至黄氏结撰《明儒学案》，明显为一集大成之学案史体裁宏著，反映学案史体的发展已臻于成熟，蔚然独立为一大国。故《中国学案史》遂采用了由远至近的顺叙方法，出以史家旁征博引叙事之史笔，对其发轫流衍及变化完善的历史全程，作了全面完整的系统阐述和详尽分析。

除了以《明儒学案》为时间坐标,向上追溯至两汉先秦外,祖武先生又由明而清而晚近,考察了依序后出的《宋元学案》《汉学师承记》《宋学渊源记》《皇清经解》《国史儒林传稿》《汉学商兑》《清学案小识》等,认为上述诸书,或宗汉,或尊宋,或褒朱,或扬王,或折中汉宋,或调和朱陆,均可从中窥见一代学术之盛衰升降,亦足可反映学案体史籍本身之演变,具见清代学术主盟者实为经学,理学发展虽不绝如缕,但毕竟已丧失了生机活力。至于心学,亦由盛而衰,转为潜流,延至清末,才稍见复出声响。中华民国则有徐世昌《清儒学案》之修纂,其书网罗宏富,卷帙浩繁,虽难免庞杂之讥,多遗错出之讽,仍全面总结了有清一代学术发展变迁的全貌,成为传统学案体史籍最后的巨篇绝响。是时梁任公倡导"史界革命",传统学案体史籍已向现代学术史著述转型。任公本人即撰有传统向现代转型性质的《中国近三百年学术史》,钱宾四亦接踵而起,撰有名同而内容差异很大的同类著述,章节体的学术史从此取代了学案体的学术史,成为相关研究首选的主导性著述体裁。学案之名虽偶见于学林,然已逐渐成为明日黄花。以后虽时有以学案冠名之著述问世,均不过以旧名写新书而已。《中国学案史》作为专门性的学术著作,则自先秦以迄现代,以整体而全程的史家睿智,历述学案体史籍及其背后的学术思想发展轨迹,考察其形成、产生、变化、发展的历史成因与社会机制,穷尽其产生和发展过程的渊源流派与理路演进特点。全书纵横交错,环环相扣,条分缕析,析理入微,诚乃难得的贯通古今的学术发展叙事通史,具见学术兴替亦关系一国民族精神气节之振颓,从而弥补了既往学术史与史学史研究缺少学案体史籍发展长期观察的不足,发挥了以古鉴今推动学术事业健康发展的重要作用。

由此可见,祖武先生虽以专治有清一代学术史名家,然其背后仍有上下千年的宏阔眼光,遂能在已有长足发展的史学史领域,再创辟出一贯通古今的学案体史籍研究新天地。而通过他的大量研究成果亦不难看到,无论中国学术史或整个思想界,本质上都是在不断发展和向前演进的,否定了发展或演进即否定了整个中国学术史或思想界。

以通识的眼光治学术史,成就通贯有清一代的大量学术史论著,虽断代而仍行通法,同时又以通识的眼光治学案史,成就通贯古今的学案史撰作,虽行通法而不忽视断代,亦为祖武先生治史的一大特点。他的著述如同长幅巨型画卷,一方面注意局部具体的精雕细琢,不乏扎实可靠的个案分析；另一方面又重视宏观整体的笔绘彩绣，示人以清晰的历史大势整体格局。诚可谓以专辅博，以博济专，卓识名理，独见别裁。皆可见时代世运与学术兴替的关系，专精与会通处理得融然无间。而其口述史的及时整理与公开出版，则为我们提供了一个了解当代学人如何取得成就的重要观察窗口。

五　口述史料与实录原则

从文献学的角度看口述史的重要，《论语·八佾》早就有言："夏礼吾能言之，杞不足征也；殷礼吾能言之，宋不足征也。文献不足故也，足，则吾能征之矣。"郑玄谓"文献"即"文章贤才"；朱熹注："文，典籍也；献，贤也。"具见"文"乃指文字记录的典籍，即今日所谓书面材料；"献"则为贤人亲口传述之言行，即今日所谓口头材料。司马迁撰《史记》，强调"网罗天下放失旧闻"（《史记·太史公自序》），显然同时包含了书面与口头两类重要材料。马端临撰《文献通考》，"凡叙事，则本之经史而参之以历代会要，以及百家传记之书，信而有征者从之，乖异传疑者不录，所谓文也。凡论事，则先取当时臣僚之奏疏，次及近代诸儒之评论，以至名流之燕谈，稗官之记录，凡一话一言，可以订典故之得失，证史传之是非者，则采而录之，所谓献也"（《文献通考·自序》）。可见他不唯广采书本记载，即所谓经史、会要、百家传记一类的典籍文献，同时也博取口传议论，即所谓奏疏、评论、燕谈、记录一类的不成文的口述史料。二者相互补充，彼此发明，都可纳入广义的文献范畴。

与古人不同的是，今日的口述史料，其甄采和整理工作，已可利用录音、录像等技术手段加以长期保存，也可转化为声频、视频等多种形式加以传播或扩散，以实现向大众普及的目的。当然，更重要的仍是记录并整理为成文文本，发挥中国文字形、音、义三者兼备的优势，以方便他人手执一卷，随时阅读与默诵。

前人以"贤"来训"献"，主要是想强调：只有将前贤的言行记录下来，才便于后人通过诵阅的方式，达致学习或仿效的目的。文献世代积累并不断传承，文化就会赓续发展而难以中断。《论语》开篇即云"学而时习之"，"学"字固然可以读解为学习，主要偏重知识论的认知，但更应训释为仿效，主要突出道德论的实践。将祖武先生一类德高望重的学者的口述材料，以各种各样的方式记录整理成文，一方面可以方便后学在知识论上取鉴学习，从而薪火相传般地赓续绵延，发扬光大一国民族之学术文化事业；另一方面也能在道德论上激励来者仿效振起，从而人人实践性地争做君子，改良淳化一国民族之精神文化风气。这是华夏民族行之久远的一种优良传统，我们绝不能轻易低估其历史价值与现实意义。

祖武先生一生的学思经历，作为一种长久凝聚在心中的人生经验，早已转化为他的精神气韵和知识睿智，因而不仅在人格气象上蔼然如春，而且在学术造诣上也功力极深。将其一生经历以口述的方式转化为文字文本，固然重新再现了人格气象与学术造诣背后的心路跋涉历程，可以说是语言见证了存在。但更重要的则是后人通过文本的读解，亦可通过文字指涉的大量人生经验与历史事实，再次思考或判断经验与事实所涵摄的实质性思想意义，可以说是语言开启了存在。德才兼备的学者的治学经验之所以值得加倍重视，就在于其总是能够帮助我们不走或少走弯路。

鉴于此，贵州省文史研究馆本着其一贯秉持的"敬老崇文"宗旨，决定采访并编辑出版一套口述史丛书，首选即以祖武先生为优先对象。贵州师范大学王进教授，长期精研细读祖武先生之书，颇有景仰私淑之心，遂经贵州省文史研究馆礼请，主动放弃节假日休息时间，于2022年利用国庆长假赴京，前后连续一周，每日上午前往祖武先生家中采访，下午则返回宾馆整理录音。工作之勤勉，几致废寝忘食。故是书之成，王进教授与有力焉。

尤宜称道的是，王进教授善治政治哲学，尤为关心传统中国的政治哲学问题，同时旁涉学术史领域，所刊论著多受同道好评。尽管祖武先生的著述早已应读尽读，但赴北京前为确保采访质量，仍以重温方式反复伏案补阅，并多方参考其他名家口述撰作，以备采访时提答之切中肯綮，并着手谋划体例布局，尽可能地做到周延完备。故一旦进入采访状态，王进教授善问，祖武先生亦善答，诚可谓"善待问者如撞钟，叩之以小者则小鸣，叩之以大者则大鸣"（《礼记·学记》），非特叩鸣相应，亦颇相得从容。故祖武先生常笑对人言："知我一生者，莫过王进。"王进教授亦大有感叹："进学之道，如春雨润物。"今俱录其言于此，不啻一段学术佳话。

然而，事非仅止于此，王进教授返黔后，虽课务繁重，仍反复抽暇整理修改。而每一新稿初成，必邮寄返回北京，请祖武先生审定修改，如此

【书讯与书评】
专精与兼通的学界楷模

反复不断，最后六易其稿，耗去大量时间精力，终成最后定本。二人一南一北，南之王进教授年轻力壮，乃犯寒涉暑执笔，日日精进不已，颇能尽乡邦后学之责；北之祖武先生虽衰年病痛，亦坚持逐字逐句披览，终日孜孜不倦，大有老辈学人护惜后进之意。二人虽千山万水相隔，却如比邻整日倾心交谈。可谓素心人方有此道交感应妙趣，岂能不再次成为学术佳话乎？

祖武先生之大名，我早在20世纪60年代初，就常听先大人提起，是时祖武先生尚在贵州大学求学，我虽记不清提起的具体缘由，但估计必与其成绩优秀有关。改革开放后，时有年轻教师前来拜访府君，相互闲谈必涉及学界掌故趣事，亦往往会有人提及祖武先生。我在一旁侍陪，记得说得最多的，便是祖武先生笔下有义理，文辞亦渊雅，诚乃母校能出史才大家之佳例，以为最当选为学生参考之范文，府君则一概颔首微笑默许之。

其间印象最深的是，一次周末授课后由城返花溪探亲，府君庭训之余，出示一函一书，令我细读。函即祖武先生所寄，字迹遒劲工整，行文颇有古趣；书则为中华书局1986年刚出版之《书品》，一刊有祖武先生之《〈明儒学案〉成书时间的思考》，再刊有傅振伦先生之《〈史通〉的刊印流传与研究》。盖傅先生文中述及《史通》一书之版本源流，高度评价府君之《史通笺注》，以为是书乃"发扬刘知几史学、中国史学的名著，也不愧为刘知几的功臣。今后进一步整理史学古籍，似是值得取法的"。尤其衡以历来《史通》注家或研究之书，更"欣庆《史通》的研究已进入一个新阶段，深望后起有人，对这部世界史学名著的《史通》，更深入地作全面研究，从我国古代史籍中探求史学源流……以总结出新史学的理论原则，明确今后史学的目的、作用和新任务"（《〈史通〉的刊印流传与研究》）。祖武先生阅后，以为傅先生乃学界大家，其与朱希祖先生皆善治《史通》，评语绝不轻易许人，遂将《书品》并手札一通寄呈府君。兹事在祖武先生口述史中亦有述及，具见其虽远在京城，然情系桑梓，义薄云天，始终怀念旧时师友，感恩一切帮助过自己的学人。

先大人要我细读祖武先生的大作及手札，一方面是赞赏祖武先生的人品学问，为他的学业大进感到欣慰，希望我能仿效而不致太过堕怠；另一方面则是因为善与善处方能有所进步，希望我能广交一些像祖武先生这样的朋友，从而一心向学并稍有成就。因此，他很快便给祖武先生回了信，并在信中提及我的名字。而我以后每次赴京，亦必去看望祖武先生。会议不期然而然，亦时有见面晤谈的机会。尤要者，祖武先生每有新作发表，我均尽量找来细读，而祖武先生亦多赐我大著宏作，无一不常置案头左右。快读之下，必多受益，故每以亦师亦友视之，颇感性情投契相合，时以不能朝夕请益为恨，愈叹府君用心之良苦。今读祖武先生口述史，回首往事，黯然陈迹，不禁心中怅然酸痛。

祖武先生一生潜心研治学术史，是书以口述方式回顾其一生，涉及的人与事颇多，提供了大量学人的往事细节，其本身即为一部难得的当代学术史。昔钱牧斋有云："夫诗文之道，萌折于灵心，蛰启于世运，而苦长于学问。三者相值，如灯之有炷有油有火，而焰发焉。"（钱谦益《有学集·题杜苍略自评诗文》）诗文固然如此，史学又何尝例外？故通过祖武先生之口述史，亦可一窥其灵心之妙用，世运之变化，学问之增长，以及相互之交叉影响。易言之，三者长期交织互动，才有了学术生涯细微生动的内容，有了活生生的人的治学精神，有了人事交往的各种轶闻趣事。加上无论口述者或整理者，都严格恪守实录原则，以为非信史则不足以传人。因此，是书也可视为个人学术档案，浓缩了一个时代的学术信息，具有存史和资鉴的特点，能够激励年轻学者阅后奋起，继续沿着祖武先生走过的道路，如灯之不断加油燃烧，加倍接力式地发扬光大民族应有之学术精神。

浅学不才，自顾疏陋，受贵州省文史研究馆领导之命，为祖武先生口述史撰序。有感于祖武先生治学之严谨，王进教授做事之认真，不敢率尔命笔，乃重新遍读祖武先生之撰述，以为无不纲领宏大，考订赅洽，即使口述之作，亦重民族大义，体现气节精神，寄寓之深，非笔墨所能形容。是以不揣固陋，略述感想如上，虽不能称述其学之万一，然亦可为读是书者补充一参考。遂写下以上文字，敬祈四方读者赐教焉。

壬寅年仲夏谨识于筑垣花溪晴山书屋

《北学研究》征稿启事

"北学"是一个古已有之的学术概念,既指一种学术流派,也指一种学术传统。历史上大约有四种含义:一是指南北朝时期的北朝经学;二是指由清初大儒孙奇逢所开创的夏峰北学学派;三是指燕赵之学,源自孙奇逢让其弟子编的《北学编》一书,其"北学"主要指自董仲舒开始的历代燕赵地域学人的学术思想;四是广义的"北学"概念,泛指包括河北、河南、山西、山东和陕西等广义中原地区的学术思想。虽然"北学"概念有广、狭之分,但彼此并不冲突,其主体是燕赵之学,是燕赵先贤的历史文化自觉,延展则为北方文化学术传统。所以,"北学"既是燕赵文化的精华,又是北方文化精神的象征,是中华优秀传统文化的重要代表。

中华优秀传统文化是中华民族的精神命脉,是涵养社会主义核心价值观的重要源泉,是我们文化自信的两个基础之一。河北省社会科学院为了落实中央关于弘扬中华优秀传统文化的有关指示,成立了"河北省社会科学院北学研究院",并创办《北学研究》辑刊,旨在更好地推进"北学"研究,弘扬"北学"精神,使传统"北学"焕发生机,服务于当代文化建设。

《北学研究》是国内首家专注于北学研究的学术刊物,力图为北学研究提供一个思想交流的学术平台。目前辑刊为一年一期,赐稿请注意以下事项:

1. 征稿内容包括:"北学"的源流、内涵、学术传统、文化精神、当代价值等研究;"北学"代表人物及学派研究;"北学"文献整理研究;"北学"与其他地域之学比较研究;"北学"研究信息与书评等。

2. 稿件应为尚未发表,在境外刊物发表过的稿件仍可投稿。论文稿件字数一般以7000字至20000字为宜。

3. 来稿请附内容提要和关键词,引文和注释采用页下注,引文请务必仔细核对原文。引用著作依次为作者、著作名称、出版社、出版年、页码。引用论文依次为作者、论文题目、刊名、出版年、期刊号。（详见《中国社会科学》杂志的引文注释规范）

4. 来稿请在文末注明作者简介（出生年月、性别、籍贯、工作单位、职务职称、研究方向），联系方式（详细通信地址、邮编、联系电话、电子邮箱、微信号等），以便及时联系。

5. 来稿刊出后，赠送样书两册，并支付相应稿酬。

《北学研究》热忱欢迎国内及海外学者惠赐大作！

收稿邮箱：bxyj2020@126.com